KB042374

스파이 전쟁

미 국무부 요원의 이야기

박영사

들어가며

신사는 다른 사람의 편지를 읽지 않는다.

-헨리 L. 스팀슨
미 국무부 장관, 1929년

방첩의 과거와 현재

　1914년 8월, 당시 미국 대통령이었던 우드로우 윌슨은 미합중국이 중립을 지킬 것을 공식적으로 맹세했고, 유럽 전역에서는 세계대전을 알리는 일제공격이 시작됐다. 독일의 비밀요원들은 미국의 산업시설을 파괴하고, 군수품 제조공장의 노조 파업을 선동하며, 언론매체에 평화주의적 프로파간다를 퍼트리기 위해 이미 미국으로 건너간 상태였다. 미국 인구 3분의 1은 온전히 해외에서 태어났거나 외국계 혈통으로 제5열 군대를 위해 만들어진 기성품처럼 최적화된 상태였다. 적어도 독일의 최고 사령부는 그렇게 희망했다. 비밀리에 워싱턴 DC 외곽에 생화학 전쟁 연구소를 운영한다는 대담한 계획을 위해 독일 요원들이 소집되었다. 이 연구소의 목적은 프랑스 북부의 교전지역을 향해 이동하는 미국산 말과 당나귀를 탄저균에 감염시키기 위한 감염전파체계를 구축하기 위함이었다. 그 외의 보다 덜 대담한 역정보 작전, 방해공작 음모, 간첩행위 사례들은 등은 보다 성공적이었다.

독일제국의 비밀요원들은 미국 본토에서 비밀리에 작전을 수행하기 위해 무사히 대서양을 건너게 해줄 위조가 쉬운 '진본 미국 여권'을 필요로 했다. 진본처럼 보이는 여행문서는 이들이 영국의 보안기관, 그리고 이제 막 활동을 시작한 미국의 방첩기관의 탐지를 피하기 위한 절대적인 필수품이었다. 당시 미합중국과 미군에는 조직적이고 응집력 있는 방첩체계가 없었다. 미국연방수사국^{Federal} ^{Bureau of Investigation, 이하FBI}은 아직 존재하지 않았던 시절이었고, 다른 연방기관들 마저도 스파이 행위와 관련된 여권위조 상황에 대처하기엔 미처 준비가 되어있지 않은 상태였다. 더욱이 당시 미국의 연방법에는 자국 내에서 활동하는 외국 스파이들을 체포하고 죄를 물을 수 있는 조항이 마련되어있지 않았다. 이러한 조항은 이후 1917년 제정된 간첩법^{the Espionage Act of 1917}에 의해 형태가 갖추어졌다.

1916년까지는 독일 스파이들이 자신들이 사용할 미국 여권을 구할 목적으로, 미국 국내와 독일내의 부주의한 미국시민들을 대상으로 삼은 다수의 계략에 독일 황제 휘하의 총참모부 정치 분과가 적극 개입했음이 분명했다. 이와 같은 새로운 위협에 맞서 싸우기 위해 미 국무장관인 로버트 랜싱은 비밀정보국을 설치하고 허위로 미국시민권을 취득하여 미국 내에 체류하고 있는 사람들을 파악하고 조사했다.

조셉 "빌" 나이^{이하 나이요원}는 미 국무부의 첫 특수요원 수장으로 임명되어, 국무장관을 보좌하여 국무부 내 모든 안보 및 기밀관련 사항을 다루는 임무를 맡았다. 소수의 비밀요원과 장관들과 함께 나이 요원은 여권 발급시 사진을 포함, 좀 더 구체적으로 미국시민임을 증빙하도록 하는 보호 장치를 도입하는 등 변화를 추진하였다. 랜싱 국무장관은 또한 나이 요원이 주미 독일대사의 전화선을 도청하여 매일 통화기록을 보고할 수 있도록 승인하였다. 비밀정보부 요원들이 독일 외교관과 스파이로 의심되는 자들의 행동을 감시하기 위해 미국 비밀경호국 및 미국 우편검열국 등과 긴밀히 협력해야 함에 따라 각각 워싱턴 DC와 뉴욕, 이렇게 두 곳에 현장사무소가 개소되었다.

1920년대 중반 들어 비밀정보부는 −오늘날 "세력"으로 통칭되는− 독일의 여권위조 사건들을 다루던 전문수사능력을 활용하여, 당시 신설 된 FBI와 함께 미국에 불법 입국하여 스파이행위를 시도하려던 러시아의 NKVD 요원들을 적발, 송환하게 된다. 당시 미국정부는 볼셰비키의 체제전복주의자들에 대해 크게 우려하여 미국의 공산주의자들에 대한 여권발급을 거부하였다. 미국 정부는 미국 시민이 러시아를 방문하여 혁명훈련을 받고 자발적으로 자신들의 유효한 여권을 NKVD에 넘겨주고, 이를 러시아 요원들이 여권의 본래 소유자 신분으로 가장하여 미국에 입국하는데 사용될 것을 우려하였다. 비밀정보부 요원들은 국무부에 취업하려는 지원자들에 대한 신원조사를 맡았고, 미국 비밀경호국과 함께 미국을 방문하는 공식 초청객 및 미국 영토 내에서 열리는 국제 컨퍼런스의 참석 인사들에 대한 경호 임무를 분담했다.

1929년 국무장관인 헨리 L. 스팀슨은 "신사는 다른 사람의 편지를 읽지 않는다"는 유명한 말을 남기며, 당시 암호해독을 담당하던 국무부의 암호해독 부서를 해체한다. 세계 제 1 차 대전의 종식과 함께 1919년 국제연맹이 창설되어, 집단안전보장, 무기감축, 중재를 통한 국제분쟁의 조율 등을 통해 더 이상의 전쟁을 방지할 것을 도모한다.^{주류 백인들과 정직하기만 한 "신사"들의 모임인 국제연맹은 이를 가능하다고 생각했다} 그러나 국제연맹은 히틀러나 무솔리니와 같이 정규 구성원임에도 규정에 따를 것을 거부하는 인물의 출현을 예상치 못했다. 결국 몇몇 수상한 "신사"들이 전 세계를 무대로 악행을 저지르기 시작하며 세계 제 2 차 대전을 위한 준비수순을 밟게 되고, 실패로 돌아간 국제연맹은 1933년 그 막을 내리게 된다.

아마도 스팀슨 미 국무장관은 신사가 그토록 파렴치할 수도 있다는 사실을 차마 믿지 못한 것뿐일 수도 있다. 어쨌든 미 국무부 암호해독 부서의 업무는 미 육군 신호정보부에 의해 승계되었다. 암호해독 부서가 결코 비밀정보부의 일부는 아니었으나 암호해독부서의 소멸은 국무부 중요 정보자산을 제거해버린 결과를 낳았다.

세계 제 2 차 대전의 종식과 함께 비밀정보부는 안보실^{the Office} ^{of Security, SY}로 명칭을 변경하게 된다. 안보실은 소수의 요원들에게 유럽 대사관들의 안보작전을 담당하도록 배정하고, 국내담당 직원들은 계속해서 여권과 비자위조에 대한 수사 및 외국사절의 방문 시 경호와 고용 전 신원조사 등을 담당하도록 하게했다.

안보실^{SY}은 스파이문제를 우려하여 방첩팀을 구성해 NKVD 와 같은 외국의 스파이에 대응할 수 있도록 했다. 앨거 히스, 노엘 필드, 로렌스 더간과 같은 국무부 직원들은 1940년대 말 소련을 위한 스파이 혐의로 조사받았다. 1960년에서 1975년까지 SY는 해외 공관에 보안 요원들을 파견하여 그 활동영역을 확장했고, 해외 국가원수들이 미국을 방문할 때 경호임무를 맡는 것은 물론, 방첩조사 또한 활발히 수행했다. 80년대 후반에서 90년대 초반 사이 3명의 국무부 직원들이 스파이혐의로 조사받았다. 스티븐 라라스는 그리스를 위한 스파이 혐의로, 제네바 존스는 아프리카의 저널리스트에게 기밀정보를 유출한 혐의로 조사받았다. 비엔나 주재 미국 대사관의 차관이었던 펠릭스 블록은 러시아의 KGB^{Komitet Gosudarstvennoy} ^{Bezopasnosti - 국가안보위원회}1가 암호화된 전화회선을 이용해 모든 스파이행

---

1 이 책에서 다루고 있는 시기에 러시아 정보기관은 두 가지 명칭을 사용했었다. 1954~1991은 KGB, 1991~현재까지 SVR이라는 이름을 사용하고 있다. 일관성을 위해 나는 이 책에서 SVR이라는 명칭만 사용했다.

위를 중지하라는 경고를 한 덕분에 기소를 피할 수 있었다. 블록을 보호해준 인물은 다름 아닌 로버트 한센이었다. FBI의 배신자로 악명 높은 그는 정보기관이 블록을 주시하고 있음을 SVR^Sluzhba Vneshnoy Razvedki – 러시아 해외정보국에 알렸다.

국무부 안보실^SY은 1985년에 외교안보국^the Bureau of Diplomatic Security 으로 명칭을 바꿨다. 외교안보국의 특수요원들은 외교안보부^the Diplomatic Security Service 소속기관이었지만 안보국과 안보부의 명칭이 함께 사용되었다. Diplomatic Security라는 명칭은 보통 DS로 줄여서 사용되며, 안보국과 안보부 관련사항이나 기관, 소속 직원 모두에게 사용된다.

DS에는 현재 800명이 넘는 특수요원과, 이보다 훨씬 더 많은 인원의 공무원과 계약 공무원들이 근무하고 있으며, 이들은 지금은 전쟁으로 폐허가 된 바그다드와 카불을 포함, 해외 285곳의 외교공관에 파견된 국무부 직원들을 대상으로 물리적 인적 보호 작전을 담당하고 있다. 물론, 미국 전역의 여권사무소와, 외교사무소, 그리고 25곳의 지역사무소 등 국내업무도 담당하고 있다.

오늘날, DS의 방첩부서^DS Counterintelligence Division, DS/CI는 국무부 소속 직원과 시설, 그리고 전 세계에서 진행 중인 미국의 외교 전략을 노리는 외국 정보기관의 움직임을 감지하고 이를 무력화시키기 위한 활발한 방첩활동을 펼치고 있으며, 다른 미국정부기관들과 함께 공격적인 방첩임무를 실시하고 대간첩 수사 활동^counterespionage investigations을 담당하고 있다. 모든 대간첩 수사 활동은 스파이행위나 혐의에 대한 기소권이 있는 FBI와의 긴밀한 공조를 통해 실시된다. 또한 해외로 나가는 장관급 관료 및 수행직원 등 미국 정부직원을 위한 방첩 및 보안 브리핑을 실시하고 있다. 가장 최근에 DS 부서는 테러리스트 조직들과 외국 정보기관들과 연루된 근로자를 이용하여 미 대사관으로 침투하려는 시도를 적발한 매우 성공적인 업적으로 바그다드 주재 미 대사관을 지원했다.

DS/CI는 국무부 건물 및 특정 주택에 기술적 침투를 시도하는 타국 정보기관들에 대응하기 위해 보안 전문가들의 도움을 받고 있다. 이들은 벽에 설치된 간단한 도청장치부터 최첨단 기술을 사용한 도청장치에 이르기까지 다양한 침투장비를 탐지한다. 이를 위해 보안 전문가들이 전 세계에 퍼져있는 국무부 시설내 제한구역과 기타 민감한 구역에 대해 정기적으로 도청장치 점검을 실시하고 있다.

DS가 담당하는 여러 가지 임무 중 90년이 넘도록 변하지 않는 것이 있다. 바로 기밀 외교정보를 DS 요원들이 무단유출하지 않도록 주의하는 일이다.

스파이행위와는 달리 언론사에 정보가 흘러들어가는 것은 꽤 흔한 일로, 국무부 내외의 정책에 대한 반대견해를 홍보하는데 가장 자주 쓰이는 방법이기도 하다. 의도와 합리적 이유가 무엇이건 간에 직원들이 이러한 정보를 공개하는 것은 국무부 직원으로써의 맹세와, 기밀엄수에 관한 동의를 위반하는 행위이다. 무단정보공개가 형사사건으로 다루어지는 일은 극히 드문 경우로, 대부분 규정 위반에 따른 행정상의 징계대상이 된다.

국무부 자체는 물론 국내외에서 활동하는 국무부 직원들은 여러 국가의 정보기관들이 노리는 목표물이 되기 쉽다. 냉전시대가 막을 내렸음에도 이러한 분위기는 변하지 않았다. 다른 국가들이 미국의 민감한 외교관계를 캐내어 이를 자신들의 안보적 이점으로 사용하려 하는 한 우리의 국가 안보에는 언제나 위험이 존재한다고 볼 수 있다. 최근 기술의 첨단화에 따라 정보화 시대가 열리고, 이로 인해 기밀정보를 얻을 수 있는 새로운 방법들이 쏟아지고 있지만, 어떤 국가의 계획과 의도를 파악하는데 가장 좋은 방법은 여전히 인적자원, 즉 스파이라고 할 수 있다. 스파이들은 비판적 관점과 맥락, 그리고 직감을 사용하기 때문이다.

2010년 여름, 러시아의 "슬리퍼sleeper" 스파이 12명이 러시아로 송환되었다. 이 사건은 아직도 미국에 정보 위협이 존재하고 있음을 미국인들에게 일깨워줬다. 하지만 여기에서 잘 알려지지 않았던 사실은 이들 12명의 슬리퍼 스파이들과 접촉한 국무부 직원들의 규모였다. 이들과 같은 존재들은 아직도 국무부 주변을 배회하고 있으며, 애석하게도 우리는 종종 이들의 출입을 허락하고 있다.

약간의 허풍이 섞인 진실

1974년 10월 7일, 난 미국 내외의 모든 적들로부터 미국의 헌법을 수호하고 지지할 것을 맹세하는 충성서약을 했던 때만 해도 난 내가 기밀정보의 무단공개를 수사하게 될 것이라고 생각지는 않았다. 이제 막 국무부 보안부서에 들어온 21살 새내기 특수요원이었던 나는, 외국의 귀빈들을 보호하고 형사사건을 조사하며 외국의 공관에 파견되어 안보담당관Security officer으로 일하게 될 것이라고 꿈꾸고 있었다.

워싱턴 사무소에서 처음 10개월간의 오리엔테이션을 마친 난, 이후 6년간 베이징, 제네바, 그리고 도쿄의 외교공관에서 안보담당관으로 근무했다. 나에게는 모두 매우 귀중한 경험들이었다. 2차대전 후 북한을 탈출한 22명의 미군들이 있었는데, 베이징에서 근무하던 당시 난 미국 정부직원으로는 이들 중 한 명을 상대로 디브리핑을 실시했었다. 그는 중국에 정착하여 작은 공장에서 일하며, 중국 국적자와 결혼한 상태였는데, 미국에 있는 모친을 만나러가기 위해 미국 공관에 여권발급을 신청하러 방문했었다.

스위스에서 근무하던 시절 난 미국 공관의 해병대 사무실 금고에 보관되어있던 해병대 자선기금 도난사건의 수사를 맡기도 했고, 일본에서 근무하던 시절에는 러시아의 저널리스트로 위장해 활동하던 SVR의 비밀정보요원이 변절한 사실을 소비에트 인들이 눈치 채기 전에 미국으로 탈출시키는 임무를 맡은 CIA의 동료를 돕기도 했다. 일반적인 보안업무와 더불어 이러한 경험들은 내가 전문가로 성장할 수 있는 밑거름이 되었다.

1980년, 미국으로 돌아간 나는 에드먼드 머스키 장관과 알렉산더 하이그 장관을 경호하는 일을 맡게 되었고, 18개월 동안 전혀 다른 성격의 이 두 사람들이 경호원으로 근무하게 되었다. 지루한 임무는 아니었지만 여유시간이 꽤 주어졌던 때였다. 하지만 평범하던 내 삶에 큰 변화가 찾아왔다.

1982년에서 1986년까지 난 특수조사부^{Sperical Investigation Branch, SIB}에 발령받았다. 여기에서 난 정보유출이나 기밀문서 분실과 스파이로 의심되는 사건들의 수사에 참여했었다. 1985년, 지난 55년간 국무부의 기밀문서들이 어떤 경로를 통해 언론에 공개되었는지 알게 되었다. 때로는 외국 대사관이나 비행기, 열차 안, 호텔 등지에서 고의로 분실되기도 하고, 타국의 정보기관에 의해 유출되었다. 계획에 따라 정보가 유출되기도 했지만, 실수로 인한 경우도 종종 있었다. 하지만 이 모든 사건에는 항상 공통분모가 있었으니, 바로 실수를 저지른 국무부 직원이 자신의 잘못을 감추기 위해 끊임없이 거짓을 만들어냈다는 점이었다. 국무부에서는 자신의 잘못을 마주하면 기억이 나지 않는다며 얼버무리는 경우가 종종 목격되었다. 사건에 연루된 국무부 직원들의 이름들은 저 멀리 잊혀 진 채 수사기록 속에 묻혀 지기도 했다. 이렇게 분실된 국무부의 기밀정보들은 책임자의 이름과 함께 사라져갔다.

SIB에서 근무하던 시절, 난 미국의 언론사들이 구미가 당기는 외교계의 뒷이야기 ─ 기밀정보가 담긴 특종기사거리 ─ 를 얻기 위해 국무부 관료들을 얼마나 끈질기게 쫓아다니는지를 목격했었다. 월스트리트 저널에서 내보낸 기사가 남미의 어떤 국가와의 외교관계에 얼마나 부정적인 영향을 미쳤는지 지켜보기도 했다. 애틀랜틱 신문이 1983년 5월에 내보낸 기사에서 국무부 기밀전송 내용을 문자 그대로 인용한 사건의 수사를 이끈 일이 있었다. 이 이사로 인해 현지의 미국 공관은 연루된 국가의 외교부로부터 힐책받기도 했다. 난 당시 로버트 노박 기자에게 어떤 관료가 이토록 민감한 국무부의 기밀자료를 유출했는지 파악하는 데에 주력했다. 노박 기자는 유출된 기밀자료를 바탕으로 1984년 "Evans and Noval" 기사를 내보냈다. 노박 기자는 나중에 리처드 아미티지 국무차관이 유출한 비밀정보를 바탕으로 작성한 2003년 7월의 기사에서 Valerie Plame이 CIA 요원임을 드러내어 질타를 받기도 했다

1986년에서 1987년까지 난 아이티의 수도 포르토프랭스에서 지역안보담당관으로 근무했었는데, 이때 아이티에서 일하던 미국인 의사, 폴 알렉산더의 살인 사건과, 미 대사관 정책담당관의 부인이 영사부 주차장에서 칼에 찔린 사건, 작멜 근처에서 젊은 평화봉사단 단원이 강간당한 사건, 평화봉사단 단원이 다리를 다친 사건, 거주경비원이 칼에 찔려 사망한 사건, 그리고 대사관 직원들에게 아이티 인들이 살해위협을 했던 사건 3건 등의 수사를 맡았었다. 이와는 별도로 엄청난 양의 여권과 비자위조사건, 직원보안수사와 현지의 불안정한 치안질서로 인한 위협으로부터 대사관과 직원들을 보호하는 임무가 더해졌었다. 여기에, 하이티 해방 기구[Haitian Liberation Organization]로부터 살해위협을 받은 맥킨리 미국 대사를 120일간 경호하게 된 DS 요원 3명을 관리감독하기도 했었다. 꽤 재미있는 임무였다.

아이티에서의 근무경험과 그 외 해외근무이력, 그리고 프랑스어 능력을 인정받은 난 1997년 2월 다시 포르토프랭스로 돌아가 Jean-Bertrand Aristide 아이티 대통령 경호를 맡게 된 미국 보안요원들을 감독하고, 앞으로 대통령 경호를 맡게 될 아이티 보안요원들의 훈련 또한 담당했다.

1990년, 난 SIB로 돌아가 국장으로 부임했고, 50건의 기밀문서 무단유출 사건의 수사를 감독하고 언론에 정보를 유출하거나 기밀문서를 분실한 국무부 직원들을 직접 심문하기도 했다. 또한 FBI와 긴밀히 협력하여 의도치 않게 또는 고의적으로 외부인에게 기밀정보를 제공한 직원들을 파악했다.

1992년부터 1995년까지 나는 파리주재 미국 대사관에서 안보담당관으로 근무했었는데, SVR의 비밀요원과 관계를 구축할 기회를 가졌고, 프랑스 정보기관으로부터 미국의 보호를 원하는 러시아의 전직 해군장교와 이야기를 나눌 기회도 있었다. 또한 과거에 대사관에서 근무한 경험이 있는 소련의 침투요원인 미국 시민권자 두 명을 적발하기도 했고, 성폭행 피해자였던 미국 시민을 조사하던 프랑스 경찰을 위해 통역으로 돕기도 했으며, 클린턴 대통령이 종전 50주년을 맞이하여 파리를 방문했을 당시 경호국의 경호활동을 보조하기도 했다.

1996년 말, 난 국무부 외교안보국의 방첩부서인 DS/CI의 부국장으로 임명되었다. 이곳에서 7년간 근무하면서 난 1999년 러시아가 국무부 내에 설치한 도청장치를 발견했던 사건수사에 깊이 관여했었고, 2001년에 로버트 필립 한센이 체포되기 전, 이를 위해 수사를 진행하던 FBI에게 조력을 제공하기도 했었다. DS/CI는 CIA, DOD, FBI, NSA 등과 긴밀한 공조를 통해 타국의 정보기관에 기밀정보를 유출하는 미 정부직원을 적발해냈다. 2002년 1월,

그해 연말로 예정된 퇴직을 준비하던 때였다. DS/CI의 새 국장의 부임이 늦어진다는 소식이 전달되었고, 9개월간의 공백기간 동안 난 국장대행의 임무를 맡게 되었다.

9월에 접어들면서 난 지난 28년간 다뤄왔던 수많은 형사, 안보사건들의 추억에 잠기게 되었다. DS가 국가의 기밀을 지키기 위해 때로는 성공적으로, 때로는 실패를 경험해야 했던 역사들이 대중에게 알려지지 않은 채 남아있다는 사실이 나에게는 아쉽게만 느껴졌다. 특히 퇴직한 정부 관료들이 자서전을 통해 역사적 사건 가운데 있었던 자신의, 또는 기관의 공적을 늘어놓을 때 DS의 성과가 크게 간과되거나 축소되는 것을 보았을 때 더욱 아쉬움이 더했고, 그래서 이 책을 집필하기에 이르렀다.

발레리 플레임의 정보유출 전설이 터지고 얼마 지나지 않아 난 국무부에서 은퇴했다. 발레리 플레임의 사건에 대해 논쟁이 오가는 것을 보며 난 이 사건에 대해 내 개인적 의견을 펼쳐도 좋을 것 같다는 생각이 들었고, "정보유출에 관한 전반적인 폭로"라는 글을 써 2003년 10월 22일자 뉴욕타임즈에 기고했다. 몇 가지 아픈 곳을 지적한 내용이 포함되어 있었음에도 운 좋게도 내 지인들에게 너그러운 평가를 얻어냈다.

기고문을 올린 지 일 년이 채 되지 않은 어느 날, 법무부는 국무부 EAP의 수석 부차관보인 도널드 카이저가 타이완의 비밀정보요원 두 명과 함께 FBI에 구속된 사실을 발표했다. 우연스럽게도 카이저와 난 1976년부터 1977년까지 베이징 미국 연락사무소와, 1979년부터 1980년까지 도쿄 주재 미국대사관에서 함께 근무한 일이 있었고, 그 후 25년간, 자주는 아니었지만 간간히 업무적 교류가 있었던 사이였다. 카이저는 이들 비밀정보요원들과의 관계로 인해 곧 심각한 파문을 겪게 될 것이다. 그리고 2004년, 외교안보국은 나를 DS/CI 고문으로 초빙하여 주 2일씩 근무하는 계약을 맺었고, 나는 DS²와 FBI 동료들과 재회하게 되었다. 이후 난 국무부에서 근무하던 쿠바의 비밀요원 ―미국시민권자로 피델 카스트로를 위한 가장 위협적인 스파이― 을 적발하기 위해 수년간 이어진 대간첩 수사에서 중심역할을 하게 되었다.

이 책은 국무부의 스파이 사건이나 무단공개사건을 종합적으로 담은 사건모음집이 아니다. 이 책은 지난 35년간 내가 국무부에서 일하면서 쌓은 경험에서 나온 산물이다. 물론 일부 나만의 관점이나 편견들이 이 책속에 담겨 있을 수도 있지만, 모든 사건들을 가능한 한 정확하게 담으려고 최선을 다했다는 점을 밝혀두고 싶다.

간단히 말해서 이 책은, 국무부의 정보누설, 스파이들, 거짓들, 그리고 여기에 함께했던 관료적 권모술수들이 우리의 국가안보에 어떤 악영향을 미쳤는지를 내부자가 들려주는 이야기이다. 당신이 이 책을 즐겁게 읽기를 바란다.

---

2 1917년 당시 비밀정보국(the Security Intelligence Bureau)이라고 불리던 국무부의 안보 및 사법관련 부서는 1946년 안보실(the Office of Security)로 개칭되었다. 1985년, 의회의 결정에 따라 외교안보국(the Bureau of Diplomatic Security)이 창설되어, 안보실(the Office of Security)의 역할을 이어받았다. 일관성을 위해 이 책에서는 DS로 통칭했다.

역자서문

　국가는 인류공영이나 국제규범 또는 평화와 인권 등과 같은 어떤 추상적인 가치를 실현하기 위해 존재하지 않는다. 국가는 스스로의 생존과 번영, 그리고 그 국가에 속한 구성원들의 안전과 이익을 수호하기 위해 존재한다. 국제사회는 이러한 이기적인 국가와 국가가 충돌하는 전장이다. 1, 2차 세계대전이나 한국전쟁과 같은 전쟁의 모습을 띠지 않더라도 늘 국가와 국가는 스스로의 이익을 위해 충돌하며 경쟁한다. 국제사회는 국가들 간의 계속되는 전쟁터이며 국가들은 이러한 지속적인 전쟁 상황에서 스스로의 생존과 이익을 위해 투쟁한다.

　물론 때때로 전쟁과 같은 무력충돌이 발생하면 이러한 국가들 간의 실존적 상황은 적나라하게 대중들 앞에 드러난다. 피와 피가 맞부딪히고 철과 의지가 충돌한다. 국가들은 스스로의 생존과 이익 수호를 위해 불굴의 의지로 다른 국가들의 도전에 응전한다.

　하지만 대부분의 경우에 이러한 국가들 간의 갈등이라는 실존적 상황은 수면 밑으로 가라앉는다. 마치 국가들은 우호적이고 협력적이며, 평화적인 존재들처럼 보인다. 하지만 이러한 국가들을 둘러싼 평화스러운 화장의 얇은 꺼풀을 벗겨내면 우리는 국가들이 생존과 이익을 위해 치열하게 속고 속이는, 투쟁하는 숨은 진실을 마주하게 된다. 여기서 국가를 위해 전장에선 전사는 군복을 입은 병사가 아니라 일상적 복장을 한 스파이가 된다. 서로 속고 속이며 훔치고 막고 염탐하고 체포하는 다른 모습의 전쟁 상황이 연출된다. 이를 우리는 정규전과 대비하여 스파이 전쟁이라 부른다. 마치 물위에 고요히 떠 있기 위해 백조가 바삐 물장구를 치듯 국가의 일상적 평온함은 수면 아래의 스파이로 불리는 또 다른 모습의 전사들의 헌신과 땀과 눈물과 희생의 대가이다.

이 책은 미 국무부 방첩요원의 국가에 대한 헌신과 투쟁의 기록이다. 미국의 일상의 평온함과 영광은 그와 같은 이름 없는 많은 스파이 전사들의 피와 헌신의 대가이다. 미 국민들이 CIA,^{Central Intelligence} ^{Agency} NSA,^{National Security Agency} FBI,^{Federal Bureau of Investigation} DSS,^{Diplomatic} ^{Security Service} 등과 같은 정보공동체에 보내는 신뢰와 존경은 그러한 노고에 대한 감사이다. 이 책에 나오는 이야기들은 스파이 전쟁이 어떻게 진행되며, 스파이 전사들의 역할이 무엇인지를 잘 보여준다. 역자가 지난 10년 간 테러와 안보 분야에서 활동하면서 만났던 세계 여러 국가의 스파이 전사들은 대체로 비슷한 이야기들을 갖고 있다. 미국 비밀정보국 전직 요원, 이스라엘 보안기관의 비밀작전 요원, 독일 보안국의 정보분석관, 민간 보안회사인 Kroll Associates의 러시아 지부에서 근무했던 전직 담당자, 역시 국제적 보안회사인 Control Risk의 싱가포르 지부 담당자 등은 스파이 전쟁에 참여한 각자의 그러나 유사한 경험들을 알려주었다. 이들은 자신들의 업무를 자랑스러워하며 국가와 국민을 위한 자신들의 헌신에 대한 긍지를 가졌다. 물론 누구도 알아주지 않더라도.

역자가 아는 몇몇 우리나라 정보기관의 요원들도 해외의 요원들과 별반 다르지 않았다. 그들은 자신들의 업무에 대해 자랑스러워하며 국가와 국민을 위한 소리 없는 헌신을 명예롭게 여긴다. 우리 국가 내에 잠입한 적대적 스파이 전사들과 치열한 일상의 전투를 수행하고 있다. 이러한 현장을 조금이라도 들여다본다면 우리 국가와 국민이 즐기는 이 평화로움이 얼마나 긴박한 위기와 취약함 위에 서 있는지를 알게 된다. 하지만 국가기밀이라는 전제 때문에 이들의 스토리는 대부분 대중들에게는 알려지지 않고 묻혀진다. 이 책에서 보여주는 미국 요원의 경험적 이야기는 그러한 우리 요원들의 헌신을 간접적으로나마 소개하는 통로가 되길 바란다. 이 책에 나타나는 스파이 전쟁의 스토리와 우리 스파이 전사들이 일상에서 경험하는 스토리는 별반 다르지 않기 때문이다.

아쉬운 점은 여전히 우리사회에서 스파이 기관과 스파이 전사들에 대해 부정적 선입관과 편견이 지속되고 있다는 것이다. 이들은 지금보다는 좀 더 자신들이 정당하게 받아야할 존경과 감사를 받아야 한다. 물론 과거의 유산과 현재의 이따금 나타나는 스캔들은 비판의 정당한 명분을 제공하기도 한다. 하지만 그러한 몇몇 오점들 때문에 이들이 정당하게 평가받아야 할 국가와 국민에 대한 헌신의 기록들이 간과되어서는 안 된다. 전쟁에서 군의 헌신 없이 국가와 국민의 생존이 불가능한 것처럼 정보기관 없이 스파이 전쟁으로부터 국가와 국민이 보호받을 길은 없다. 정보기관의 문제점을 개선하는 것과 정보기관과 그 요원들의 역할의 필요성에 대해 이해하고 그 헌신에 대해 감사하는 것은 별개의 문제이다. 우리 국가는 오늘 이 시간도 생존과 이익을 위해 치열한 싸움의 가운데 있으며 우리의 스파이 전사들은 그 전장터 한 가운데 서 있다.

CONTENTS

들어가며 · i
역자서문 · xiii

 Part 1 쿠바커넥션

chapter 1 3
chapter 2 24
chapter 3 48
chapter 4 62

 Part 2 타이완 팜므파탈

chapter 5 87
chapter 6 104
chapter 7 131
chapter 8 152

Part 3 정보유출과 정보분실

chapter 9 185
chapter 10 213
chapter 11 240
chapter 12 268

 Part 4 성 안에서

chapter 13 291
chapter 14 310
chapter 15 331

에필로그 · 361

제1부

쿠바 커넥션

쿠바가 미국으로 스파이들을 보내는 행위를 계속할 것인지를 2006년에 묻는다면 대문자 Y와 함께, 그렇다가 영어로 제시되는 대답이다.

－ 리카르도 알라르콘, 쿠바 국회의장

만약 사실이라면, 나는 그들의(켄달과 그웬돌린 마이어스) 사심 없고 용감한 쿠바를 위한 행동을 존경하지 않을 수 없다.

－ 피델 카스트로, 쿠바 전 대통령
June 6, 2009

1 장

우리가 그를 발견하기까지 수십 년 동안 포착되거나 처벌되는 일 없이 무사히 활동해온 그는 미 국무부 내에서 피델 카스트로의 가장 소중한 스파이였음에 틀림없다. 우리는 수년간 그를 추적해왔고, 이제 그는 탈출하려고 한다.

용의자인 켄달 마이어스는 수상하게 느끼고 국무부에서 퇴직할 것을 결심한다. 퇴직 후에도 여전히 연방수사원들의 감시를 받고 있음을 두려워한 그는 자신의 부인이자 공범인 그웬돌린과 함께 자신들의 비밀스러운 삶을 완전히 정리하고 거실과 침실이 갖춰진 스웨덴산 말모 보트를 타고 항해를 즐기는 일에 집중했다. 당시 FBI와 DS의 공조수사는 서서히 중단되었고, 18개월에 걸친 집중감시를 위해 많은 비용과 노력을 소모했음에도 스파이 행위를 가리키는 증거를 잡지 못한 FBI는 마침내 2009년 이른 봄, 위험한 도박을 하는 것 밖에 별다른 방법이 없다고 판단한다.

IC^{US Intelligence Community: 미국의 정보공동체}와의 집중논의를 거쳐 FBI는 대담하고 기발한 계책을 세우게 된다. 즉, CuIS^{Cuban Foreign Intelligence Service: 쿠바 해외정보부}의 요원으로 가장한 FBI의 비밀요원이 접근한다는 계책이었다. 접선은 마이어스가 강의를 맡고 있던 워싱턴 DC의 외곽에 자리한 존스홉킨스 대학교의 국제학 대학^{Johns Hopkins School of Advanced International Studies, 이하 SAIS} 캠퍼스에서 이루어질 예정이었다.

마이어스의 생일인 4월 15일, 상당히 준비를 많이 한 FBI와, IC의 우려, 그리고 법무부의 망설임과 DS의 적극적 동조와 함께 "EK"라는 암호명을 가진 FBI의 비밀요원은 SAIS에서 강의를 준비 중이던 마이어스에게 접근했다. 이슬비 내리는 조용한 저녁, 도심 캠퍼스에서 마주한 마이어스는 70대 초반의 나이에 약 2미터에 달하는 장신으로, 안경을 끼고, 벗겨지기 시작하는 흰머리와, 시종일관 미소 띤 입가에 덮인 콧수염은 어딜 보나 평범한 교수의 모습이었다. "EK"는 마이어스에게 자신에 대해 소개를 한 후 쿠바산 시가를 권하며 "쿠바에서 이루어지는 변화와, 새로운 오바마 정부"를 맞이하여, 마이어스도 알고 있는 쿠바의 요원이 "당신을 접촉하도록 날 보냈으며", "몇 가지 정보를 얻으라"고 지시했다고 전했다.

　　"EK"는 몇 블록 떨어진 인근의 더블트리 호텔에서 한 시간 후에 다시 접촉하여 대화를 이어갈 것을 제안했다. 이 모든 것을 듣고 있던 우리들의 만족함에 답하는 듯이 마이어스는 "EK"의 제안에 단순히 응하는 것에 그치지 않고 부인인 그웬돌린에게도 연락하여 흥분된 어조로 그녀에게 중요한 미팅이 있으니 모든 하던 일을 멈추고 즉시 호텔로 오도록 만들었다. 그웬돌린이 어떤 중요한 미팅인지를 물었지만 마이어스는 이제 곧 알게 될 거라고 답할 뿐 이었다.

　　한 시간 후, 호텔 라운지에서 맥주 두 어 잔을 마시며 마이어스와 "EK"는 새로운 행정부가 쿠바에게 앞으로 어떻게 접근할지, 그리고 어떤 인물이 장차 남미의 정책 집행자policymaker가 될지에 관해 거리낌 없는 대화를 이어갔다. 이 중에서도 마이어스는 스파이의 활동에 필요한 지식과 방법을 공개했다.

마이어스는 "우리는 절대로 본명이나 복수의 이름을 사용하지 않으며 별명을 사용한다"라고 말했다. 이어 모르스 코드를 사용해 메시지를 주고받는지에 대한 "EK"의 질문에 마이어스는 그렇다고 대답했다.

마이어스는 그웬돌린과 마지막으로 쿠바를 방문한지가 10여 년 전이었다며 "CuIS요원들과는 제3국에서 만남을 가져왔으며, 마지막으로 접선한 곳은 3, 4년 전 멕시코였다"고 말했다.

그웬돌린은 대화에 참여하며 자신과 남편은 아직도 단파 소니 라디오를 사용해 메시지를 받고 있다고 확인하며, "당신들이 '그 라디오'를 구입하라고 그 옛날에 돈을 줬었죠. 아직도 새것처럼 작동해요 … 한동안 사용하지 않았지만요"라고 말했다.

이들을 감청하고 있던 우리는 다음의 몇몇 불길한 대화로 인해 불안함을 느끼기 시작했다. 마이어스는 "이 나라의 문제는 바로 북미사람이 너무 많다는 거야"라고 말하며 자신의 보트를 타고 "가까운 미래에" 쿠바를 방문할 수 있으면 "좋을 것 같다"라고 말했다. 또한 자신은 이미 "차트와 지도, 그리고 항해가이드 GPS"를 가지고 있으며, "집으로 항해"하는 것이 자신과 그웬돌린의 생각이라고 말했다.

즉, 이들에게 집이라는 곳은 워싱턴 DC가 아닌 하바나를 의미했다. 이들은 서둘러 미국을 떠나려는 것일까? 그렇다면 얼마나 빨리? 다른 수사관들 및 검찰관들과 함께 나 또한 우리들의 모든 노력은 재빠른 대응에 달려있으며, 그렇지 않으면 마이어스 부부를 놓치게 될 것이라고 직감했다. 우리는 이들 부부가 외국의 요원에게 기밀사항을 불법 전송하는 등 연방스파이법의 특정 조항을 위반했다는 사실을 충분히 확보해야 했다.

만약 우리가 재빨리 대응하지 못한다면 그간 사용한 수백만 달러의 작전비용의 성과를 거두지 못하는 것은 물론, 지난 20여 년간 미국 정부의 외교정책을 쿠바에 누설하고, 이러한 업적 때문에 카스트로가 직접 수여하는 메달과 하바나에서의 저녁 만찬까지 즐긴 미국국적의 이들 부부가 결국 자신들의 보트를 타고 무사히 집으로 귀향할 수도 있는 일이었다.

— *** —

때는 1999년이었다. NSA^{the National Security Agency, 이하 NSA} 소속 암호 해독 전문가들은 헤드폰을 낀 채 쿠바의 산티아고에 위치한 라디오시설에서 들려오는 모든 소리를 분석하는 일에 매달렸다. CuIS는 워싱턴 DC에 있는 침투요원에게 어떤 암호 메시지의 전달을 시도하고 있었다. "하바나 아나^{Havana Anna}"라는 별명의 여자 아나운서는 Atencion! Atencion!^{역자 주: 스페인어로 주목}이라고 외치며 방송을 시작했고, 곧이어 각 다섯 자리로 이루어진 150개의 숫자조합을 불렀다. IC는 "스페인어로 된 숫자"조합을 영어로 더빙했다. 고주파 단파 전송신호들은 분석 및 해독을 위해 첨단 테이프 레코더에 빠짐없이 기록되었다.

1991년 이래 NSA는 "202"와 "123"으로 불리는 요원들에게 전송되는 암호화된 단파 라디오 메시지를 감청해왔다. 여기에는 1996년 11월 26일에 라디오 아나운서를 통해 전송된 메시지도 포함되어 있었는데, "123"요원에게 "새로운 거주지" 지역을 탐색하라는 지시였다. 이전에 NSA가 위와 비슷하게 쿠바의 라디오 전송내용을 감청한 케이스 중 카스트로 정부를 위해 스파이 행위를 저지른 혐의로 FBI가 2001년도에 DIA^{Defense Intelligence Agency, 이하 DIA}의 쿠바출신 분석가 안나 몬테스^{Ana Montes}를 체포하여 재판에 회부한 케이스가 있다. 안나 몬테스가 체포된 2001년 이후에도 "스페인어 숫자"의 전송은 계속되었고, IC는 미국의 수도에서 쿠바의 고급 침투요원이 적어도 한명은 활동하고 있음을 알 수 있었다.

2007년 봄, FBI WFO^{Washington Field Office, 이하 WFO}의 쿠바 전담반 소속 특수요원들은 수사의 진행속도를 우려하는 의견을 조용히 나타내었다. IC는 지난 수년간 FBI에 쿠바의 스파이와 관련하여 단편적인 정보를 제공해왔다. 감질나게 하는 "스페인어 숫자"들도 그렇지만, 수사의 단서가 될 정보가 충분치 않았고, 침투요원을 특정할 단서는 더욱 부족했다. 사실상 기초 정보가 너무나도 부족했다 —상대방은 쿠바로, 이들이 노리는 목표물은 아마도 워싱턴 DC이며, 용의자는 미국 정부의 외교 또는 정보관련 기관에서 일하고 있는 인물일 가능성이 높다— 는 정도로, 이정도로는 더 이상의 수사가 어려웠다.

하지만 IC는 CuIS가 미국 내에 심어놓은 자신들의 침투요원과의 교신을 위해 모르스 부호 또는 음성으로 전달되는 일련의 숫자들을 단파 라디오 메시지로 주고받는 방식을 선호함을 알고 있었다. 이 같은 대략적인 정보 하나만으로는 연방수사관들이 수신라디오의 위치를 특정하는 것이 불가능했고, "202"와 "123"으로 불리는 침투요원들이 누굴 위해 일하는지를 파악하는 것은 더더욱 불가능했다. 사건을 다루는 우리에게 이 케이스와 같은 시나리오는 악몽과도 같은 것이었다.

이와는 별도로 CIA의 분석가는 CuIS가 고급침투요원으로 짐작되는 인물을 미국 정부의 외교 또는 정보관련 기관에 장기간 심어두었을 가능성을 강하게 알려주는 배신자의 신원 및 현장정보를 조사해왔다. CIA, NSA, 그리고 FBI 소속 쿠바 전문가들은 논의 끝에 워싱턴 DC에서 근무하는 모든 외교관련 직원의 공식 신상정보와 개인 이력의 수사에 집중할 것에 동의했다. 그러나 수사대상에 포함되는 인물은 가볍게 잡아도 십 만 명 이상이었다.

IC는 쿠바의 침투요원이 알파벳 약자로 통칭되는 CIA, DIA, NSA, NSC 등과 같은 연방기관 소속일 수 있다는 현실적 가능성도 고려해야만 했다. 물론 미국 국무부 또한 침투요원이 소속되어 있을 수 있는 기관의 목록 중 상위를 차지했다. 그러나 침투요원이 외교적 업무를 통해 캐리비안 제도의 국가에 관한 기밀정보에 접근권한이 있는 미국 상무부, 재무부, 또는 국토안보부 등에 근무할 수도 있는 일이었다.

IC가 방대한 규모의 잠정적 용의자 리스트를 추리는 동안, FBI는 수사에 고전을 면치 못하고 있었다. FBI는 "스페인어 숫자"로부터 겨우 얻은 몇몇 정보들조차 NSA의 내부 규정으로 인해 다른 연방수사기관과 공유할 수 없었고, 여기에는 국무부 소속 외교안보국the State Department's Bureau of Diplomatic Security, 이하 'DS'과 방첩실Office of Counterintelligence, 이하 'CI'도 포함되어 문제는 더욱 복잡해질 뿐이었다.

DS 소속 특수요원들은 국무부 소속직원들과 마찬가지로 계약조건 때문에 거짓말 탐지기 조사를 받지 않도록 되어있었는데, 그 결과 DS와 CI 소속 직원들에게는 감청된 데이터는 물론 IC의 "스페인어 숫자"를 분석한 정보에 대한 접근권한이 주어지지 않았다. FBI는 잠재적 용의자로 국무부 직원들에 대해 초동 수사를 실행하려고 했으나, DS/CI의 도움 및 이들의 전문지식이 없이는 수사결과는 매우 제한적일 수밖에 없었다.

물론 나는 FBI의 동료들에게 가장 큰 존경과 경애를 담아 얘기하지만, FBI 요원들로서는 DS의 조언 없이 단독으로 국무부 직원들을 수사하는 것은 도저히 무리일 수밖에 없는 일이었다.

국무부의 본관은 메인 스테이트,^{Main State} 마더 스테이트,^{Mother State} 또는 포기 바틈^{Foggy Bottom}이라는 애칭으로 불리기도 하는데, 워싱턴 DC의 C가 남쪽과 D가의 북쪽, 그리고 동쪽으로는 21번가와 서쪽으로는 23번가에 접해있다. 이 4개의 도로 중 3개는 일반 차량통행에 개방되어 있으며 이 중 두 곳에 주차장이 마련되어있다. 이 건물은 2000년 법에 따라 해리 S. 트루먼 빌딩^{이하 HST}으로 명명되었으며, 건물의 중앙출입구 또는 "외교관 전용" 출입구는 2201 C가에 위치해 있다. 1957년 덜레스 국무장관이 주춧돌을 놓은 이 건물은 1961년에 준공되었다. 150만 평방미터에 달하는 업무공간과 지하의 대형주차공간에 8천명이 넘는 직원들을 수용하는 이 건물은 8층 높이로, 워싱턴 DC의 도심지역에 자리한 연방기관 건물 중 3번째로 높은 건물이다. 미국 정부에 가장 민감한 정보와 대화 중 일부가 이 건물에서 이루어지기도 한다. 외국의 침투요원이 이같은 건물 내의 기밀에 대한 접근권한을 가지고 있다면 국무부는 물론, 백악관과 IC에게는 큰 재앙일 수밖에 없다.

FBI의 사건은 5년간 제자리걸음이었다. NSA의 자료를 IC의 특정 부분에 전달하는 것을 금하는 IC의 내부규정으로 인해 제자리상태에 있었던 것이다. 이러한 행정적 정체현상은 2007년 당시 FBI의 연락담당관으로 DS/CI에 파견되어있던 케이트 앨러맨 특수요원에 의해 창의적으로 해결되었다. 앨러맨 특수요원은 방첩업무의 전문가로 DS/CI 특수요원들과 분석가들의 존경을 받았다. 그녀는 또한 NSA, CIA, FBI, DS와 기타 기관들 간에 방첩업무를 둘러싼 크고 작은 분쟁을 조정하는 중재역할에도 지치지 않는 노력을 보여 많은 존경을 받고 있었다. 그녀는 NSA와 CIA의 쿠바관련 정보에 대한 접근이 허락되어 모두 알고 있던 DS/CI가 민감한 사안의 보호라는 명목 때문에 자신들에게 정보접근권이 제한되어 그들이 지쳐 있음을 잘 알고 있었다. 그녀는 매우 현명하고 매력적이었으며 단단한 체격을 지니고 있었다.^{매일 자전거로 출퇴근을 하던 그녀였다} 또한 그녀는 주변사람들을 모두 웃게 만드는 미소를 지니고 있었다. 당시 IC 내에서 내가 앨러맨 요원 이상 신뢰하는 사람은 없었다.

나는 2002년에 국무부에서 은퇴했지만, 2003년에 수사방첩실 the Office of Investigations and Counterintelligence, 이하 DS/ICI/CI 국장으로부터 연락을 받고 계약직으로 다시 일하게 되었다. 은퇴하기 직전 6년간 부국장으로 일하던 그곳에서 주 3일 DS/CI를 위해 일하게 되었다. 내 직책은 수사전문가로 사진이 부착된 하늘색 신분증과 함께 금빛 국무부 문장이 새겨진 검은 가죽 케이스가 나에게 주어졌다. 신분증에는 다음과 같은 문구가 새겨져있다. "본 수사 전문가는 믿음과 신뢰를 받을 자격이 있는 것으로 추천을 받았다. 본 신분증 소지자는 공공기록을 살펴볼 수 있도록 권한이 부여되었고 미국 국무부 외교안보국의 권한으로 지정된 바와 같이 본 부처를 위해 조사를 수행한다."

위의 허가문구는 내가 이전에 지녔던 특수요원으로서의 신분증에 기재된 내용과 사뭇 다르다. "이 특수요원은 믿음과 신뢰를 받을 자격이 있다. 본 신분증 소지자는 본 부처를 위해 총기를 휴대하고, 체포를 집행하며, 공식수사 활동을 하도록 권한을 부여받았다. 그리고 국무부 장관과 외국 사절들, 그리고 미국 법률의 권한 하에 있는 그 외 사람들을 보호하도록 권한을 부여받았다.”

내게 주어진 새로운 책무는 예산이나 행정, 물자, 관리, 또는 정책심의 등의 업무는 관여하지 않도록 되어있었는데, 이전에 부국장의 직책을 맡던 시절 처리하던 업무의 50퍼센트를 위와 같은 업무들이 차지했었다. 이제 내게 주어진 업무는 오로지 DS/CI의 요원들을 도와 방첩 및 대스파이 수사에 집중하는 것이다. 면담에 배석하거나, 면담을 실시하기도 하고, IC에 질의사항을 보고하고, IC를 대상으로 국가별 스파이 사례를 교육하기도 하며, 과거 기록을 검색하고, 민감한 대상국으로 출국하는 연방공무원을 대상으로 안보 브리핑을 제공하기도 하며, 수사의 최종보고서를 수정하기도 하는 등 나로선 그 어느 하나도 소홀히 할 수 없는 업무였다.

당시의 수사 시점에서 나는 오직 FBI가 202 케이스에 대해 아무런 단서도 잡지 못한다는 사실 외에 아무런 상세내용도 알지 못했다. 빌 스토웰 특수요원은 DS/CI 소속 연락담당관으로 FBI에 파견 중이었는데, 과거 관련파일의 조사를 도울 수 있도록 어느 정도의 배경 정보를 나에게 제공했지만 실질적으로 중요한 의미를 가진 내용은 아니었다. 스토웰 특수요원은 새로 사무실에 합류한 역동적이고 재능있는 인물로, 우리는 함께 여러 건의 방첩사건을 다루었다. 난 그의 수사스타일이 마음에 들었지만, 이 케이스에서 그는 IC의 규정에 발목이 잡혀 있는 상태였다.

그러던 어느 날, 앨러맨 요원은 나와 스토웰 요원을 DS/CI에 위치한 그녀의 작은 오피스로 불러 문을 닫은 후 자리를 권했다. 그녀는 단도직입적으로 이야기를 시작했다. “당신들이 알아야 할 케이스가 있어요”, “하지만 IC의 규정으로 인해 당신들은 몇

몇 정보를 볼 수 없게 되어 있어요."

스토웰 요원과 나는 침묵 속에 그녀를 바라보며 그녀가 계속 이야기를 기다렸다.

"DS/CI가 제대로 케이스에 참여할 수 없는 탓에 FBI는 이 오래된 사건에서 진척을 보이지 못하고 있죠. 당신들은 이제 어떤 암호문을 보게 될 겁니다. 오직 당신들 두 분만이 국무부 직원의 연루여부를 제대로 분석하고 판단할 수 있는 암호 자료이죠." 앨러맨 요원은 "만약 당신들이 동의한다면 나와 함께 본부에 들어가서 몇몇 문서들을 읽어보고 FBI의 쿠바 분석관들과 이야기를 나눴으면 해요. 오케이?" 우리는 "동의합니다"라고 대답했다.

우리가 즉각 동의했음에도 불구하고 난관을 헤쳐 나가기엔 아직 중대한 문제가 남아 있었다. 현 상황에서 내 신분은 정직원이 아닌 일개 자문위원에 불과했고,^{첫 번째 난관} 단 한 번도 거짓말 탐지기 검사를 받은 적이 없으며,^{두 번째 난관} 이 나이가 되어서 그런 검사를 받을 생각은 전혀 없었다.^{세 번째 난관} 하지만 이러한 문제들이 그녀를 단념시킬 순 없었다. 내가 DS/CI의 부국장 시절 나와 함께 일했던 앨러맨 특수요원을 말이다. 예전에 그녀가 수사에서 크게 기여한 덕분에 1998년 동독의 비밀첩보요원이며 모두 미국 시민인 제임스 마이클 클락, 커트 앨런 스탠드, 그리고 테레사 마리 스퀼라코트의 체포 및 재판이 이루어질 수 있었다. 국무부 소속 외무관료^{Foreign Service Officers, 이하 FSOs} 두 명이 마이클 클락에게 기밀정보를 제공하는 등 이 사건에 연루되었으나 재판에 회부되지는 않았다. 왜냐하면 법무부는 이 사건의 기소에서 배심원 항소는 없을 것이라고 판단했기 때문이었다. 앨러맨 특수요원의 수사운영에 따라 나는 마이클 클락과,^{클락의 혐의가 확정된 후}국무부 직원의 면담을 진행했는데, 내 의견은 법무부 의견과 매우 상이하다고 할 수 있다.

지난 15년간 앨러맨 특수요원과 나는 함께 FBI의 수많은 방첩 단서들을 조사해왔다. 30년 이상 국무부에 근무하면서 나는 어디에서 적합한 파일과 기본 자료들을 찾을 수 있는지, 그리고 외교부서만의 독특한 분위기와, 필요한 대답을 듣기위해 누구를 찾아가야 하는지 잘 알고 있었다. 인간관계와 신뢰는 여전히 방첩업무에 종사하는 요원들을 이어주는 끈끈한 연결고리로 작용하고 있었다. 현 상황에 불만을 느낀 앨러맨 요원은 이제 사건을 진전시킬 준비가 되어있었다.

2007년 5월 3일의 이른 아침, 나는 스토웰 요원과 함께 J. Edgar Hoover^{JEH}빌딩 안쪽 깊숙이 자리한 창문이 없는 한 사무실로 안내되었다. 1975년에 완공 당시 1억 2천 6백만 달러를 호가한 JEH 빌딩은 11층의 콘크리트 건물로, 워싱턴 DC 중심부 펜실베니아 가의 두 블록에 걸쳐 위치해 있다. 미국 총무청the General Service Administration은 이 건물을 "오래되고", "사람이 너무 붐비며", 정부건물이라기 보다 세계 1차 대전 당시 프랑스가 축조했던 마지노선의 벙커와 같은 모습이라고 묘사한다. 이 건물은 머지않아 철거될 예정이다.

우리는 이 사무실에 들어서기 직전, 마지막으로 정밀 조사를 거쳐야 했다. 조사를 담당한 FBI 관리자는 민감한 절차에 따라 "일급 비밀"이라는 코드로 분류된 기밀정보를 접근 허가도 받지 않은 국무부 특수요원과 수사전문가에게 공개한다는 사실에 놀란 눈치였다. 다행히도 이 FBI의 관리자와 나는 그리 오래 되지 않은 과거에 함께 몇몇 방첩관련 문제를 다룬 일이 있었다. 그가 앨러맨 요원에게 지금 이 미팅이 "승인"을 받은 사안인지를 묻자 앨러맨 요원은 담담히 미소를 지을 뿐이었다. FBI 관리자는 잠시 고개를 들어 천장을 바라보다가 다시 앨러맨 요원에게 시선을 주고 자신의 책상 위에 놓인 서류더미를 응시했다. 흔히 말하는 "암묵적 동의"의 순간이었다. 그는 앨러맨 요원과 나를 신뢰하며 최고 수위의 민감한 정보자료들이 가득한 그곳으로 문을 열어주었다.

FBI에서 가장 신성한 그곳에 들어서자 FBI의 분석관인 "레이첼", "도나", 그리고 "몽크"가 미소와 함께 맞아주며 반원 형태로 배치된 의자에 우리를 안내했다. 바로 자리를 잡은 우리들은 이제껏 접근이 허락되지 않았던 데이터들을 살펴보기 시작했다.

가장 먼저 도나의 브리핑이 시작되었다. 그녀는 왜 쿠바의 침투요원이 국무부 소속 직원일 가능성이 있다고 결론지었는 지에 대해 설명했으며, 나와 스토웰 요원이 재빨리 파악할 수 있도록 짧은 브리핑 노트를 준비해 우리에게 각각 두 장씩 나눠주었다. 도나의 브리핑 노트를 살펴보던 나는, 3번째 페이지에서 국무부 특유의 약어를 발견했다. 순간 나는 이게 엄청난 의미의 단서라고 생각했고, 재빨리 노트의 남은 부분을 살펴본 후 모여 있는 사람들에게 큰소리로 내 의견을 말했다.

이미 내 회의 스타일을 잘 알고 있던 앨러맨 요원은 웃음을 터뜨리며 나의 특히나 떠들썩한 성격을 지적했다. 좀 더 과묵한 편인 스토웰 요원은 브리핑 노트를 신중히 읽어 나갔다. 적어도 우리들 중 누군가는 프로페셔널한 모습을 유지해야 했는데 사실 나는 그런 류의 역할에 적합하지는 않다.

여러 가지 복잡한 생각들이 교차하는 가운데 나는 브리핑 노트의 마지막 페이지까지 살펴보았다. 나는 또다시 큰소리로 "만약 이 정보가 정확하다면", "그리고 202 요원이 국무부 소속으로 국무부 내 FSI,Foreign Service Institute INR,Bureau of Intelligence and Research 또는
쿠바 담당부서에서 일하거나 이와 관련한 직무를 맡고 있다는 건
데"라고 말하였지만, 분석관들은 아무 대답이 없었고 나는 재차
"내가 알아야 할 다른 단서가 있나요?"라고 확인했다.

그러자 도나는 어떤 문서를 건네며 "이 사람이 우리가 침투
요원이라고 의심하는 '매트릭스'입니다", "스페인어 숫자"를 해독
하여 얻어낸 정보를 바탕으로 만들어낸 9가지의 프로파일이죠"라
고 답했다.

나는 문서를 살펴보았고, 각각의 프로파일을 천천히 살펴보
면서 한 시간이 넘도록 토론을 이어갔다. 어느 정도의 논쟁을 거
쳐 나는 만약 쿠바의 침투요원이 국무부의 직원이라고 가정할 때
9개의 프로파일 중 7개의 프로파일은 밀접한 관련성이 있다고 동
의했고, 앞서 본 데이터를 통해 내 나름대로 분석한 2개의 프로파
일을 추가적으로 제시했다.

미팅을 마치며 나는 "만약 이 정보가 정확하다면 우린 용의
자를 특정해낼 겁니다"라고 말했다.

FBI는 미지의 쿠바 침투요원에게 "Vision Quest"라는 코드명
을 부여했다고 우리에게 알려왔다. 미팅이 끝나고 나는 곧바로
FBI의 WFO로 안내되었다. WFO는 Judiciary Square지역에 위치
한 8층 높이의 근현대적인 디자인의 건물이다. 여기에서 난 "매
트"라는 또 다른 특수요원을 소개받았다. 그는 이 사건을 전반적
으로 책임지는 인물이다.

"Vision Quest의 수사에 오신 것을 환영합니다"라며 매트가
악수를 건넸다. 그는 우선 내가 사용하는 정부의 보안성이 확보된
이메일SIPR net e-mail address을 물었다. "앞으로는 이쪽으로 추가 정보를

보내겠습니다.”

내 사무실은 버지니아 주 로슬린^{Rosslyn}에 위치한 24층 건물의 19층에 위치하고 있었는데, 사무실 출입문은 국무부가 발행한 칩이 내장된 신분증을 사용해야만 열 수있는 강화 도어를 사용했다. 사무실에 오는 모든 방문객은 에스코트를 받아야했다. 사무실 내의 내 개인 공간인 큐비클 19106은 3개의 베이지색 벽으로 구분되어 있었고, 검은 의자와 책상, 그리고 전화와 2대의 모니터가 자리 잡고 있었다. 모니터 한 대는 기밀통신^{SIPR net} 전용이었고, 다른 한 대는 일반 정보를 위해 사용했다. 사무실의 회색 카페트에는 간간히 커피 얼룩이 묻어 있었다. 난 의자에 몸을 묻고 일반정보 전용 컴퓨터를 켰다. DS 기록들을 대강 훑어본 후 새로운 FBI의 동료들 앞에서 당당하게 전개했던 내 추측에 대한 나의 자신감은 사라졌다.

국무부는 전 현직 직원들에 대한 방대한 양의 파일을 보관하고 있었는데, 의료, 보안, 인사, 각 부서, 그리고 HST 전체에 위치한 재무부서 등에 분산 보관되어 있었다. 또한 외부의 열람에 대해 각종 행정절차와 비밀보호규정, 내부 사정 등을 이유로 철저히 보호되고 있었다. 만약 우리가 갑자기 수 백 명의 특정인에 대한 파일을 검토하기 시작한다면 우리 수사에 대한 원치 않는 주목을 끌게 될 것이고, 대스파이 사냥에 나섰다는 사실을 만천하에 알리는 셈이 되는 것이다.

어쨌든, 사람들의 의심을 받거나, 수사의 기밀유지가 위협받지 않으며 검색할 수 있는 데이터베이스가 하나 있었다. 국무부의 인사부서^{office of Human Resources, HR}는 매년 모든 부서 직원들의 이름과 제한적인 신상정보를 담은 리스트를 CD 형태로 제작한다. “Alpha

list"라고 부르는 이 리스트에 담긴 일부 데이터는 "Vision Quest"
의 매트릭스와 대조하여 해당사항이 없는 인물을 제외하는데 쓰일
수 있다.

좋은 아이디어였다. 그러나 당장 직면한 문제는 이 "Alpha
list"를 어떻게 DC/CI의 독립된 컴퓨터 시스템에 업로드할 것 이
며, 조작을 위해 인사부서의 데이터를 구성하고, 방대한 규모의
정보를 축소하여 스프레드시트에 기록하며, 프로파일과 매트릭스
의 필터를 프로그램에 설치할 것인가였다. "Alpha list"는 1만 6천
명이 넘는 인물의 이름과 함께 이에 따른 수백, 수천 건의 데이터
를 담고 있는데, 이 모든 것들이 전산입력을 통해서만 검색이 가
능했다. 내가 가진 컴퓨터 성능은 내가 로마에 어머니와 함께 살
던 1965~1966년에 어머니의 강요로 다닌 타이핑 수업에서 익힌
것이 전부였다.

누가 이 "Alpha list"를 사용자의 편의를 고려한 침투요원 사
냥 프로그램으로 변환해 줄 수 있을까? 이제 내가 해결해야 할 문
제는 수년간 "Vision Quest"의 매트릭스 공유를 규제해 온 "알 필
요가 있는need-to-know" 바로 이 행정적인 격언과 같은 것이었다. 나
는 내 자리에서 15피트 떨어진 곳에 있는 DS/CI의 요원의 자문
을 구하는 것으로 전략을 결심했다.

DS 소속 특수요원인 캐린 테리는 사무실에 새로 온 요원으
로 젊지만 경력이 풍부한 친구였다. 그녀는 이전에도 FBI에서 일
한 경력이 있으며, 뛰어난 컴퓨터 스킬로 매우 인정받는 인물이었
다. FBI 본부에서의 미팅으로부터 며칠 후, 테리 특수요원과 나는
DS/CI의 회의실에 들어섰다. 그리고 며칠 전 앨러맨 특수요원이
나에게 했던 것처럼 문을 닫고 이야기를 시작했다.

"케린, 지금 난 매우 민감한 케이스를 맡고 있어요. 이 사건에 관해 알 필요가 없는 사람들과는 논의하는 것조차 허락되지 않은 케이스입니다."

테리 요원은 5일 전 나와 스토웰 요원이 앨러맨 요원을 바라봤던 것과 같은 표정으로 날 바라봤다.

나는 "하지만 이 케이스의 수사를 진행하기 위해선 당신의 컴퓨터 스킬이 필요합니다." "혹시 케이스의 내용을 알지 못한 상태에서 우리를 도와줄 수 있습니까?"라고 물어보았다.

"물론이죠." 그녀의 대답엔 망설임이 없었다.

"그럼, 국무부의 "Alpha list"라고 하는 특정 데이터베이스를 일반 컴퓨터를 통해 은밀히 검색하여 9개의 신상 프로파일과 대조하여 특정해줬으면 합니다."

"언제 시작하면 되죠?"

"그저 당신이 가진 일반 컴퓨터를 통해 "Alpha list"에 접속하면 됩니다. 당신이 가진 허가권한을 이용하는 거죠. 당신이 준비되는 즉시 시작하면 됩니다."

난 테리 요원을 따라 그녀의 자리로 이동했다. 그녀는 자신이 "Alpha list"를 어떻게 스프레드시트 형태로 변환할 것인지에 대해 찬찬히 설명하려 했지만, 이미 나에겐 이해하기 어려운 말들이었다. 그녀는 전산상의 필터가 어떻게 프로그램에 삽입되어 국무부 직원들의 신상정보 가운데 9개의 "Vision Quest" 프로파일과 매치하는 정보를 특정해내는지 보여줬지만, 그녀가 무슨 말을 하는지 난 도통 알 수 없을 뿐이었다.

"로버트, 사전 테스트와 검색 프로그램을 돌리는데 시간이 좀 걸릴 거예요. 하지만 난 당신이 원하는 정보를 2, 3일 내에 드릴 수 있다고 자신할 수 있어요." 이 부분만은 확실히 이해할 수 있었다. 이제 난 그녀가 가져올 결과물을 침착하게 기다리면 되는 것이었다.

다음날 사무실에 출근하자 테리 요원은 내 자리에 얼굴을 비추더니 함께 DS/CI의 회의실로 가자고 손짓했다. 회의실에 들어가자 그녀는 문을 닫았다.

"어제 당신이 퇴근한 후 "Alpha list"의 개인신상정보들을 제가 만든 전자 데이터 시트에 옮겨 담았습니다."

"어떻게 한 거죠?" 알다시피 개인신상데이터는 수백, 수천 건에 달했다.

"신경 쓰지 마세요. 복잡한 일은 아니니까요. 중요한 건 그 방대한 규모의 데이터를 압축하면서 내 서버가 충돌한 거예요."

오, 안 돼. 작전 중에 현장에서 발각된 것이다.

"내 서버가 충돌하자 이런 기술적 문제들을 모니터링하던 정보통신 쪽 직원들이 바로 나를 호출해 대체 뭘 하고 있는 거냐고 물어봤어요."

이건 좋지 않아. 난 나지막이 읊조렸다.

"매우 다행이었어요." 그녀가 유쾌하게 말했다. "왜냐하면, 난 그들에게 그저 좀 실험적인 새로운 시도를 하는 중이라고 얘기했고, 그러자 IT전문가인 그들이 우리가 원하는 결과를 얻을 수 있는 편리한 프로그램을 만들 수 있도록 도와준다고 나섰거든요. 의심을 살만한 일은 없었을 거예요. 분류된 모든 정보들은 기밀이 아닌 일반정보들이었으니까요. 곧 원하는 정보를 드릴 수 있을 거예요."

그로부터 며칠 후인 5월 8일, 그녀는 자신의 약속을 증명이라도 하듯 내 자리로 찾아와 국무부 직원 27명의 이름이 담긴 리스트를 건넸다. "당신이 무슨 이유로 이 사람들을 찾는지는 모르겠지만, 만약 이 프로파일이 맞는다면 당신이 찾는 용의자는 이 리스트 중 누군가일 거예요."

지난 시절 내가 고집해온 신기술에 대한 불신을 진작 떨쳐버리고 신기술을 받아들이는 흐름에 동참했어도 좋았을 것이다. 이제 "Vision Quest"를 위해 FBI에서 생성한 7개의 프로파일과 국무부에서 생성한 2개의 프로파일에 해당하는 27명의 국무부 직원의 리스트가 내손에 들어왔다. 이 리스트의 27명을 다시 좁혀나가기 위해 확인할 문서가 있는 곳은 국무부 내에 단 한 곳뿐, 바로 DS의 PSS^{Personnel Security and Suitability}부서였다. 이 부서는 국무부의 모든 전 현직 직원의 보안파일^{SY파일이라고 부름}을 다루는 곳이다.

SY파일은 뒷조사, 보안허가 업데이트와 각종 승진, 이직, 해외파견, 표창, 외국어 능력, 징계 등 모든 신상정보가 담긴 종합선물세트와도 같은 자료이다. 이 파일에 대한 접근권한은 극히 제한되어 있었다. 기나긴 내 재직기간 동안 나는 이러한 파일들을 수백 건 봐왔고, 수사 전문가라는 현재의 신분으로도 이러한 파일들에 접근할 수 있긴 하지만 굳이 불필요한 시선을 끌고 싶지는 않았다. 무심결에 파일의 열람을 청구하는 것은 DS/CI가 범법자를 특정하기 위한 또 다른 수사를 진행하고 있거나, 최악의 경우 스파이나 배신자를 잡기 위한 수사를 진행하고 있음을 만천하에 알리는 결과를 만들 수도 있는 일이었다. 그 어느 쪽이라도 국무부가 끊임없는 구설수에 오를 수 있었다. 외교정책이나 보안과 관련된 우려는 언제나 국무부 본부의 모두에게 인기있는 가십거리였다.

운 좋게도 PSS의 고위관리관인 바바라 쉴드는 나와는 25년

이 넘도록 함께한 친구로, 1980년대에 내가 특별 수사과에 근무할 때 함께 일한 동료이다. 앨러맨 요원이 날 신뢰하듯 나 역시 그녀를 신뢰할 수 있었다. 같은 날 나는 쉴드 요원과 조용히 이야기를 나눌 자리를 마련했다.

"바바라, 지금 내가 하려는 요청에 대한 상세한 내용은 알려줄 수 없지만, 내손에는 국무부 소속 현역 직원 27명의 명단이 있습니다. 내가 왜 이 사람들에 대해 알고 싶은지에 대해서도 알려줄 수 없지만, 지금 내가 어디에 소속되어 일하고 있는지 당신도 잘 알고 있고, 그래서 난 우리가 함께 이 조사에 착수한다는 사실을 절대적인 비밀에 붙여줬으면 합니다."

"물론이죠, 로버트. 어떤 도움이 필요한가요?" 쉴드 요원이 대답했다.

"당신의 신분을 이용하여 이 27명에 대한 SY파일을 당신의 사무실로 보내줄 것을 요청해 주었으면 합니다. DS/CI가 이 27명을 주목하고 있다는 사실을 드러내지 않아야 합니다. 받은 SY파일은 PSS의 사무실 중 창문이 없는 곳에 보관하고 내가 살펴볼 수 있도록 해주세요."

그녀는 가볍게 웃으며 "어렵지 않은 일이예요." "난 또 내가 돕기에 어려운 일이지 않을까 생각했거든요"라고 답했다.

다음날 아침, 내 검토를 기다리고 있는 SY파일들이 있다는 전화연락을 받고, 사무실로 향했다. 큰 컵에 커피를 가득 채우고 미소를 띤 쉴드 요원을 맞이했다. 이윽고 쉴드 요원은 옷장 정도 사이즈의 작은 사무실로 날 안내했다. 사무실에는 1미터 가량의 높이로 파일들이 쌓여있었다. 난 흰 테이블에 앉아 파일더미의 가장 위에 놓인 SY파일을 집어 들고 노란색의 파일 표지를 펼쳤다.

적어도 25년은 넘은 것처럼 보이는 종이들을 바라보며 난 더 많은 커피와 함께 혼자 사무실 주변을 잠시 산책이라도 하고 와야 오늘 하루가 가기 전에 겨우 두 건 정도의 파일을 볼 수 있을 것이라고 생각했다.

SY파일은 각각 300~500장 정도의 파일로, 해당 직원의 신상정보와 초기에 이루어진 신상조사정보, 그리고 추가 조사정보 및 보안심사관의 의견요약과 심사결과, 충성 서약, 그리고 그 외 문서들로 구성되어있다. 난 국무부와 FBI의 매트릭스와 관련된 단서와 이를 확인해줄 데이터를 찾기 위해 각 파일 당 3~4시간을 투자하며 한장 한장 신중히 살펴봤다. 문서들은 연대순으로 정리되어있지도 않았을 뿐더러, 모든 문서는 10부의 사본과 함께 있었다.

매일 2건의 파일을 검토하며 일주일이 지나갔지만 아직 전체 파일의 반 정도 밖에 보지 못한 상태에서 난 편두통이 생기기 시작했고, 서서히 낙담하기 시작했다. FBI 본부에서 202 요원을 특정할 수 있다고 자신만만해 하던 내 자신이 후회되었다. 방첩업무를 함께하던 동료들의 나에 대한 신뢰는 이로 인해 처참하게 무너질지도 모를 일이었고, 안 그래도 의심스러운 내 명성에, 또는 IC내의 DS의 명성에 그다지 좋은 영향을 주지 못할 것이 뻔했다.

첫 13명의 SY파일 검토에서는 쿠바와의 연결고리라던가 INR, FSI와의 관계가 있는 인물은 없었고, 모르스 코드나 고주파 라디오 신호 전송에 익숙할 만한 인물은 더더욱 찾아볼 수 없었다. 걱정이 커져만 가는 가운데 나는 IC의 분석관들이 잘못된 프로파일을 설정했을지도 모른다는 생각마저 들었다. 내가 뭔가 놓친 걸까? 이제 어떻게 방향을 잡아야하지?

허탈하고 지친 상태에서 난 14번째 용의자의 파일을 열었다.

꽤 두께가 있는 이 파일뭉치에는 색이 바라고 한 모서리가 닳기도 한 서류들이 각각 스테이플과 클립 등으로 고정되어 있었다. 내가 이 서류들을 읽기 시작한 건 6월 7일 늦은 아침이었다. 이 파일은 월터 켄달 마이어스 주니어에 관한 정보로, 서류를 읽기 시작한지 얼마 지나지 않았음에도 정보가 가리키는 연결고리들이 무심히 읽고 넘기기엔 너무나도 명확했다. 난 드디어 쿠바의 침투 요원을 찾아냈다고 확신했다.

2 장

월터 켄달 마이어스 주니어는 1937년 4월 15일 워싱턴 DC
에서 태어났다. 오형제 중 첫째인 그는 월터라는 이름보다 켄달로
불리는 것을 선호했는데, 나중에 부친의 사망 후 이름에 있던 주
니어를 삭제했다. 마이어스의 모친은 전화기를 발명한 것으로 유
명한 알렉산더 그래험 벨의 손녀딸이었고, 마이어스의 부친은 명
망 있는 심장 전문의였다. 아이러니하게도 부친의 환자 중에 앨거
히스^{Alger Hiss}라는 국무부 직원이 있었는데, 그는 1940년대에 3번째
로 국무부 소속으로 러시아 스파이를 했던 인물이었다.

마이어스의 증조부인 알폰소 태프트^{Alphonso Taft}는 예일 대학교
의 "두개골과 뼈 학회"를 공동 창립한 인물로, 훗날 이 클럽에 부
시 대통령과 존 케리 국무장관 등이 가입하기도 했다.

부유한 삶을 누리던 마이어스는 워싱턴 DC를 떠나 펜실베니
아에 위치한 머서스버그 아카데미에서 고등학교를 마쳤다. 1893
년에 설립된 머서스버그 아카데미는 54명의 올림픽 출전 선수를
배출하고, 7명의 로즈 장학생과, 2명의 아카데미상 수상자, 3명의
명예훈장 수상자, 그리고 한 명의 노벨상 수상자를 배출한 명문고
교이다. 테이블에 앉아 마이어스의 신상정보를 읽어가면서 나는
이 명망높은 학교가 이제 자신들의 자랑스러운 졸업생 리스트에
"한 명의 조국 배신자"를 추가해야 할지도 모른다는 불길한 생각

이 들었다.

마이어스의 SY파일에 따르면 그는 1955년 브라운 대학교에 입학, 유럽역사를 전공했으나, 1959년 미군에 입대하기 위해 학교를 떠난 것으로 되어있었다. 그는 미 육군 보안국에 배속되어 강도 높은 커뮤니케이션 트레이닝을 받았는데, 여기에는 모르스 코드에 관한 기본 과정도 포함된다. 또한 그는 체코어 수업을 들은 것으로 나와 있었다.

그는 당시 서독의 군 기지에서 "음성 절취Voice Interceptor" 업무에 배치되었는데, 체코 군부대의 라디오 전송내용을 감청하여 번역하는 일을 맡았다.

암호화된 단파 라디오 전송에 관한 지식은 FBI의 "Vision Quest"에서 제시한 프로파일 중 하나로, 바로 내가 찾고 있던 해당사항이기도 했다. 국무부의 커뮤니케이션 담당관 외에 모르스 코드를 마스터한 사람은 본 적이 없다. 난 호흡이 가빠지는 걸 느꼈다.

1962년 3월 17일, 5급 전문가로 명예 제대한 그는, 브라운 대학으로 돌아가 1963년 6월에 국제관계학 학사과정을 졸업하고 존스 홉킨스 대학의 SAIS 캠퍼스에서 대학원 과정을 시작했다. 1950년 존스 홉킨스 대학에 단과대로 설치된 SAIS는 국제관계학과 외교정책을 연구하는 곳이었다. IC의 우려대로 그곳은 외교, 비즈니스, 언론 또는 교직원의 신분으로 위장하여 모여든 외국의 정보요원들이, 장차 미국의 정책권자와 리더가 될 인재들을 분석하기에 아주 좋은 환경이었다. 또한 캠퍼스는 좌파들이 소위 지적인 활동을 하는 온상이기도 했다. 쉽게 말하자면 그 곳은 장차 요원이 될 인물들을 모집하기에 이상적인 장소였다. DIA의 선임 쿠바 분석관인 아나 벨렌 몬테스는 CuIS를 위해 스파이 행위를 한 혐의로 2001년 체포, 결국 유죄판결을 받은 인물로, 1988년 SAIS에서 석사학위를 받은 바 있다. 몬테스는 또 다른 SAIS 학생인 마르타 리타 벨라즈케즈의 소개로 CuIS에 가입했다. 벨라즈케즈는 USAID^{State Department Agency for International Development}의 직원으로 쿠바의 침투 요원이었다. 난 그녀가 남미에서 USAID 소속으로 근무하던 시절 FBI와 함께 그녀를 수년간 감시한 일이 있었다.[1]

역사가 되풀이되려 하는 것일까? 출신학교는 우리가 찾고 있던 프로파일 요소에 포함된 것이 아니었지만, 난 마이어스가 SAIS에서 장기간 수학하면서 드러낸 정치적 성향이 외국 정보기관의 관심을 끌게 된 것이 아닌지 하는 의문이 들었다. 1960년대 대학 캠퍼스라면 미국에 대한 반정부 세력의 중심지였고, 대부분의 학생들이 평화시위에 가담할 때, 민주사회 모임^{Democratic Society}이나 웨더멘^{the weathermen}에 소속된 학생들은 폭력에 의존했었다. 그리고 테레사 스퀼라코테, 제임스 클락, 커트 스탠드와 같이 마르크스의 이데올로기에 빠져들어 동독의 정보기관에 은밀히 포섭되고, 이후 국가반역죄 판결을 받은 학생들이 있었다. 마이어스 또한 이들과 같은 계열인 것일까?

1964년 마이어스는 브라운에서 만난 의대생인 모린 리치와 결혼했다. 모린은 조지타운 대학에서 미생물학으로 박사학위를 받은 HIV/AIDS 치료분야의 저명한 전문가였다. 그러나 1977년 이들의 결혼생활은 합의이혼으로 종지부를 찍고 두 자녀의 양육권은 모린이 가져갔다. 4년 후 마이어스는 매달 400달러의 양육

---

1 법무부는 스파이혐의로 벨라즈케즈를 2013년에 기소했다. 그녀는 외무부 직원인 남편과 스웨덴에서 거주하고 있으며, 스웨덴 법에 따라 미국으로 인도되지 못하고 있다.

비를 체납, 총 체납액이 3000달러를 넘어섰고, SAIS에서 받는 그의 임금에는 600달러의 유치권이 설정되어 있었다.

　교수인 그에게 더욱 굴욕적인 일은 두 자녀의 대학 학자금인 30,010달러를 지불하도록 법원의 명령이 내려졌다는 것이다. 이러한 정보는 수사상에 연관성이 있다기보다는, 그의 생활이나 성격 등을 이해하기 위한 별로 중요치 않은 정보에 불과했다. 재정적 어려움이 마이어스가 스파이가 된 동기였을까? FBI와 CIA의 침투 요원들이라면 답은 "그렇다"이겠지만, 어빈 스카벡, 스티븐 라라스, 제네바 존스와 같은 국무부 직원들이라면 그 대답은 언제나 "아니오"일 것이다.

　마이어스는 석사 학위를 취득한 후 SAIS에서 박사과정을 시작, 국제관계에 대한 열정과 특히 영국의 모든 것에 대한 관심을 지속했다. 그는 당당한 영국 예찬론자로, 그러한 자신을 매우 자랑스러워했다. 나중에 알게 된 사실이지만, 마이어스가 1992년 SAIS에서 가르친 제자 중 한 명인 톰 머레이는, 마이어스가 악명 높은 킴 필비와, 다른 두 명의 영국인이자 냉전시대에 SVR의 비밀 요원이었던 도널드 맥린과 가이 버지스를 높이 평가한 사실을 담은 글을 공개했다. 머레이의 글에 따르면 마이어스는 이들이 ^{조국인 영국이 아닌} 유럽을 구해야만 한다는 책임감에 따랐고, 미국과 영국의 정책이 이들을 "스파이로 만들었다"고 주장했다. 머레이는 계속하여 어떻게 SAIS 학생신문사의 직원이 학교의 지하에서 혀를 뺨 쪽으로 강하에 밀어 넣어야 할 정도로 발음하기 어려운 "Alger Hiss Café"라는 커피가게를 운영했는지에 대해 묘사했다.

　1976년 초, 마이어스의 SAIS동료들은 국부무 외무연구소^{Foreign Service Institute, 이하 FSI}와 매우 친밀했는데, FSI는 FSO 직원의 해외파견을 위해 지역학과 외국어 등을 가르치는 곳이었다. 마이어스가 유럽역사를 전공했고, 또한 그의 수업능력 등을 고려한 그의 동료들은 마이어스에게 FSI에 자리를 찾아볼 것을 권했으며, 이를 따른 마이어스는 계약직으로 파트타임 강사직을 얻어냈다. 같은 해 마이어스는 그웬돌린 스타인그래버를 만나게 된다. 4명의 자녀를 가진 이혼녀인 그웬돌린은 워싱턴 DC에서 국회의원인 제임스 아부르즉의 사무실에서 근무 중이었다. 1977년, 쿠바에 대한 경제제재에 불만을 가진 아부르즉 의원의 입장은 캐피털 힐^{역자 주: the Capitol Hill, 미국의 국회가 위치한 곳으로 미 의회를 지칭한다}에 잘 전달되었고, 그는 자신의 지위를 이용하여 수차례 쿠바를 다녀왔다. 그웬돌린의 주 업무는 한차례 실패한 양성평등 헌법수정안의 비준을 위한 시한을 연장하기 위해 의회의 표를 모으는 것이었다. 이때 큰 성공을 거둔 것은 사실 마이어스와 그웬돌린의 관계였다. 이들은 서로에게 영원할 것 같은 이끌림을 느꼈다.

그웬돌린의 신상정보는 마이어스의 SY파일에 포함되어 있지 않아 나는 나중에 그녀의 신상정보를 확인해야겠다고 생각했다. 국무부에서는 직원의 배우자 신상정보까지 조사하지는 않는다.

그웬돌린은 1938년 아이오와 주의 수 시티^{Sioux City}에서 태어났다. 그녀의 젊은 시절은 어린 나이에 시작된 18년간의 결혼생활과 이를 통해 태어난 4명의 자녀로 정리될 수 있다. 그웬돌린은 자신의 자녀가 다니던 학교에서 자원봉사를 했었고, 테니스를 곧잘 하여 학교의 여학생 테니스 팀을 이끌고 시 대회, 주 대회 등에 출전하기도 했다. 정치에 관심을 보이기 시작한 그웬돌린은 사우스다코타 주 애버딘에 있는 School of Hope의 회계담당 간사로 뽑혔다. 그 후 1971년 브라운 카운티의 민주당에서 일하게 된 그녀는 당시 미국 상원의원에 출마한 제임스 아부르즉과 미국 대통령 선거에 출마한 사우스 다코타 주의 상원의원 조지 맥거번의 애버딘 공동선거사무소에서 입법보조 자원봉사를 하게 되었다. 아부르즉은 당선되었지만 맥거번은 낙선했다.

그웬돌린은 1974년 덴버로 이사하여 재혼했지만 결혼생활은 2년을 넘기지 못했다. 그러던 그녀의 삶은 1976년 아부르즉 의원이 그녀를 워싱턴 DC로 다시 불러들이면서 큰 전환점을 맞이했다. 그녀는 아부르즉 의원의 공보업무 보조와 특별 프로젝트를 도왔다. 그녀는 워싱턴 DC에 입성한지 한 달이 채 되지 않았을 때 마이어스의 룸메이트를 통해 마이어스를 소개받았고, 이들은 곧 함께 미국과 해외 도처로 휴가를 떠났다. 그웬돌린의 정치적 사상은 마이어스가 주입한 것일까? 아니면 그 반대일까?

1979년 3월, 마이어스는 FSI의 교직에서 물러나 그웬돌린과 함께 사우스 다코타로 이주해 그녀의 병든 어머니를 돌봤다. 그웬돌린은 정치적 인맥의 도움을 얻어 사우스 다코타에서도 일자리를 찾았고, 마이어스는 영국의 네빌 체임벌린과 영국의 정책에 관한 재고찰이 담긴 자신의 논문 『When Business Rolled』를 드디어 끝낼 절호의 기회라며 자신의 친구에게 언급했다. 짐작컨대 이혼 후 수년에 걸친 외로움 속에 살던 마이어스는 또다시 새로운 인생의 동반자를 잃을 수 있다는 위험을 감수할 수는 없었을 것이다.

수년간 사우스 다코타에서의 생활을 뒤로하고 마이어스 부부는 그웬돌린의 모친과 자녀들과 함께 워싱턴 DC로 돌아왔다. 마이어스는 SAIS와 근처 대학들에서 다시 교직을 구했고, 그웬돌린은 릭스 국립은행에 일자리를 얻어 2007년까지 근무했다. 그들 부부의 생활은 가족이나 친구, 동료 그 누구에게도 의심을 살 일이 없이 조용한, 다른 사람들에게는 드라마에서나 나올 법한 행복한 부부의 모습 그 자체였다.

그웬돌린은 테니스를 즐겼고, 이들 부부는 중고 보트를 구입하여 근처 체사피크 만에서 보트생활을 즐겼다. 보트에 매료된 그웬돌린은 애너폴리스의 연안 경비대 항해학교에서 보트 세일링에 대한 홈스터디를 수강하기도 하고, 1991년에는 실제로 보트에 탑승하여 이틀에 걸쳐 항해실습수업을 이수했다.

이후에 안 사실이지만 이들 부부가 사우스 다코타에서 돌아온 지 얼마 되지 않은 때인 1981년 9월, 마이어스는 CIA의 직원 채용에 지원한 사실이 있었다. 이러한 사실은 마이어스의 SY파일에는 포함되어있지 않았다. 1982년 CIA는 마이어스에게 탈락을 통지했는데, 고용 전 신상조사가 주된 이유였다. 여기에는 개인면담, 신상정보 확인, 그리고 거짓말 탐지기 검사가 포함된다. 마이어스는 조용히 자신의 지원을 철회했다. 이제 IC의 고용 전 신상조사에 대해 잘 알게 된 마이어스는 다시는 거짓말 탐지기 검사에 응하지 않을 것이다. 마이어스는 "일급비밀" 등급의 취급인가권을 지닌 직원들에게 고용 전 신상조사나 거짓말 탐지기 검사를 실시하지 않는 유일한 기관으로 돌아가기로 결심한다.

마이어스는 FSI에 재입사를 위한 지원서를 접수하고, 1982년 5월 8일에 결혼이 필수적이었던 1980년대 당시의 사회분위기에 따라 그웬돌린과 결혼하게 된다.

같은 해 8월 마이어스는 계약직 교수로 FSI로 복귀했다. 1980년대에 FSI에 지원하고 임용된 사람들은 모두 DS에 의해 개인면담과 국가 기관 신원조사 ─모든 지원후보자의 이름들이 CIA를 포함하는 연방 데이터베이스에 대조하여 신원조사를 한다.─

에 근거해 "비밀" 등급의 보안허가를 받았다. 당시 CIA를 통한 신원조사에서 아무런 부정적 결과도 드러나지 않았다. 어떻게 이런 일이 가능했을까?

마이어스가 CIA의 면담에서 탈락한 걸까? 그러기에는 마이어스는 말재주가 좋고 명석하다. 그럼 CIA의 신상조사에서 탈락한 걸까? 그렇지 않다. 1981년 당시 마이어스의 인생을 돌아볼 때 CIA가 그를 탈락시킬 만한 "불합격점"은 찾아볼 수 없었다. 그렇다면 마이어스는 1981년에 받은 CIA의 거짓말 탐지 검사를 통과하지 못한 걸까? 마이어스는 이전에 그의 제자 중 한 명인 브라이언 라그로테리아에게 CIA에 취업을 염두에 두고 있다면 "그들은 너에게 거짓말 탐지 검사를 받게 하고, 만약 하나라도 잘못된 결과가 나온다면 탈락시킬 것이다"라며 조심하도록 당부한 일이 있다. 정말 마이어스는 CIA의 거짓말 탐지 검사에서 탈락한 걸까? 그게 아니라면 이렇게 모든 자격을 갖춘 지원자를 탈락시킬 이유가 없다. 만약 그렇다면 CIA는 마이어스가 2년 후 다시 국무부에 지원했을 때 그의 이러한 이력에 대해 통보했을까? 그가 무사히 국무부에 다시 자리를 얻은 사실로 미루어 볼 때 CIA에서 어떤 통보도 하지 않았음이 확실하다. CIA에서 국무부에 이러한 사실을 통보하지 않은 일은 이번이 처음이 아니다. 국무부의 텔레커뮤니케이션 전문가로, 1993년 스파이 행위로 유죄판결을 받은 스티븐 라라스의 경우에도, 당시 CIA의 훈련에서 탈락한 라라스가 이후 국무부에 지원했을 때 마찬가지로 CIA는 국무부에 이러한 사실을 알리기 위한 어떤 통보도 하지 않았다. 왜 CIA는 국무부가 신상조사를 실시할 때 마이어스의 거짓말 탐지 검사 탈락사실을 국무부에 통지하지 않았을까? 개인정보보호를 우려한 걸까? 아니면 단순히 무능력의 소치일까?

　불행히도 우린 아마 영원히 이러한 사실을 알 수 없을 것이다.

　국무부의 직원이 된 마이어스였지만 그의 "비밀" 보안등급으로는 일부 제한적 상황^{외부 초청강사들이 마이어스도 동석한 자리에서 "비밀분류" 보안등급의 수업을 하는 경우 등}을 제외한 대부분의 경우 기밀정보의 접근이 허락되지 않았다. 1년이 채 되지 않아 FSI는 켄달에게 정규직과 함께 서유럽 지역학과의 학과장직을 제안했다. 이로써 그의 지위는 국무부의 정식직원으로 승격됨은 물론 "일급비밀"에 접근할 수 있는 보안등급을 얻게 되었다. 국무부의 규정에 따르면 "일급비밀" 등급은 완전한 신상조사를 성공적으로 통과한 인물에게만 발급된다.

　내가 켄달의 공식기록을 살펴보기 시작한 이후 처음으로 매우 이상한 점을 발견했다. FSI가 켄달의 지원 서류를 국무부 인사과에 넘겨 정규직원 고용절차를 처리하도록 요청했을 때인 1983년, DS가 그에 대한 완전한 신상조사를 다시 시작한 사실이 있었다. 국무부의 수사관들은 이제 켄달이 주장한 그의 미군 복무사실, 대학 학위, 해외체류기간, 이혼을 둘러싼 정황, 시민권, 그리고 과거 15년간의 주거사실 확인 등을 확인하게 되었다. 추천인, 접촉자, 친구, 이웃, 직장상사, 그리고 유사한 관련인들과의 인터뷰들이 또한 진행될 것이었다. 그러나 FBI, CIA, 그리고 DIA 채용을 위한 지원신청상의 요구사항인 것과는 달리 국무부의 경우에는 거짓말 탐지기 검사는 그때나 지금이나 그러한 채용절차의 일부가 아니었다.

　신원조사가 완료되기까지는 10여개월이 소요되었다. 조사 리포트는 DS 심사관들에게 제출되고, 심사관들은 해당 지원자가 자격조건이나 충성도 등을 이유로 부적격 판정을 받을지를 결정하게 된다. 부적격 판정시 "일급비밀" 보안등급이 부여되지 않는다.

여기에서 내가 발견한 놀라운 사실은 바로, 1976년 마이어스가 과실치사로 유죄판결을 받았다는 사실이다.

1975년 11월 26일, 워싱턴 DC 스프링밸리 49번가에서 운전을 하던 마이어스는 16세 고등학생인 수잔 슬래터리와 그녀의 친구인 피터 발러린을 차로 치어, 슬래터리는 사망, 발러린은 주차된 차에 부딪혀 다리가 골절된 사건이다. 함께 있던 브라이언 윌리는 대퇴골이 부서지는 부상을 당했다.

당시 경찰기록에 따르면 마이어스는 규정 속도 이하로 달리고 있었으며, 음주측정검사도 통과했다. 또한 모든 질문에 대해 회피하거나 숨김이 없이 모두 대답한 것으로 되어있다. 마이어스는 첫 공판에서 무죄를 주장하며 배심원 재판을 요청했다. 마이어스는 사건발생 당시 시각이 저녁 9:30으로 그가 49번가의 3900번지 앞을 지나칠 때 주변이 매우 어두웠으며, 충돌 직전에 사건의 피해자인 10대 아이들을 발견했다고 주장했다. 또한 사건 피해자들은 어두운 색상의 박스를 들고 있었으며, 사건 당시 횡단보도가 아닌 곳을 건너고 있었다고 주장했다. 사건 생존자는 당시 길가에 주차한 차량에 악기들을 싣기 위해 운반 중이었다고 증언했다. 이 사건은 끔찍하고 용서받을 수 없는 사건임이 분명했다.

1976년 12월 30일, 마이어스는 과실치사 혐의에 대한 배심원 판결에서 유죄가 확정되었다. 이듬해 3월, 법원은 마이어스에 대해 벌금이나 자격정지 없이 3년의 보호관찰을 명령했다. 형사재판에 이어 사건의 피해자 중 한 명인 슬래터리의 가족은 마이어스에게 백만 달러의 민사소송을 제기했지만, 8만 5천 달러에 최종 합의했다. 끔찍했던 추수감사절 사건이 있던 당시 마이어스는 국무부와는 아무런 관련이 없던 시절이었다.

만약 내가 1980년대에 국무부의 심사관이었다면, 이러한 사건기록을 어느 정도 신중히 살펴보았을 것이다. 내가 아는 한 그 어떤 국무부 직원도 과실치사 전과가 있음에도 고용된 사례는 없었다. 하지만 이제는 마이어스라는 예외 사례가 등장했다.

마이어스가 두 번째 경찰을 마주하게 된 사건은 좀 달랐다. 1979년 9월 마이어스와 그웬돌린은 대마 소지혐의로 경찰에 체포되었다. 이 사건의 사실관계는 1980년 9월 17일 사우스 다코타 최고법원이 내린 판결에 상세히 기재되어 있는데, 당시 하급심인 순회법정에서 마이어스측이 제기한 특정 증거물 제외 요청을 인정한 것에 대해 검찰이 항소한 건으로 내용은 다음과 같다.

마약거래 관련행위에 대한 정보원이 제공한 정보에 따라 피에르의 노스 그랜드 328번지에 위치한 주택에 대한 수색영장이 발부되었다. 1979년 9월 17일 저녁 7:30에 휴 카운티 보안관대리인 찰스 볼머를 선두로 한 수명의 경찰관이 수색영장을 집행, 경찰관들은 대상 주택의 여러 곳으로 진입했다.

볼머 보안관대리가 문을 두드리지 않고 먼저 주택의 건물외부 스크린도어를 열었고, 다른 두 명의 경찰관과 함께 현관으로 진입, 문을 열고 거실로 들어섰다. 당시 현관문은 잠겨있지 않았고 거실에 들어섬과 동시에 거실에 있던 2명 중 한 명이 마리화나 파이프와 마리화나가 담긴 것으로 보이는 접시를 손에 들고 있음을 확인한 볼머 보안관대리는 즉시 수색영장을 집행하겠다고 통지했다. 다만 볼머 보안관대리는 영장집행 통지를 거실에 들어선 후에 했는지, 아니면 들어서기 직전에 했는지 확실히 기억하지 못했다.

이에 대해 마이어스의 변호인은 볼머 보안관대리가 노크를 하지 않고 문을 열고 주택에 들어서기 전에 이를 통지하지 않은 사실은 "노크를 하지 않은", 즉 불법 침입에 해당되며, 따라서 이때 수집된 모든 증거는 첫 공판에서 제외됨이 마땅하다고 주장했다. 여기에는 당시 수집된 식물 잎이 담긴 여러 개의 가방과, 물 담배, 그리고 "마리화나 키우는 법"이라는 책자가 포함된다. 가방에 담겨있던 식물 잎은 검사를 통해 마리화나로 판명되었다.

그리고 이 사건에 관련된 모든 공식자료가 사라졌다. 당시 재판관이 마이어스에게 집행유예를 내렸고 종국적으로 그의 유죄 사실이 기록에서 말소되도록 하였음이 분명하다고 난 믿었다. 아부르즉 의원이 재판관에게 마이어스가 복역을 피할 수 있도록 편지를 보낸 것이다. 마이어스는 언제나 주변에 고위급 인맥의 혜택을 누렸다.

수사가 시작된 지 거의 1년이 지난 1984년 어느 날, 안보실의 지원자 심사부서의 수장인 윌리엄 두르소는 국무부의 채용, 시험, 고용실Office of Recruitment, Examination, and Employment: BEX에 한 통의 일반보안등급 메모를 전달했다. BEX는 직원 채용을 담당하는 부서이다.

켄달은 "일급비밀" 보안등급의 대상이 될 수 없었다. 1983년 당시에 그 어떤 미국 정부기관도 과실치사 전과와, 대마 소지혐의, 그리고 재정적 어려움을 겪은 이력이 있는 지원자에게 "일급비밀" 보안등급을 허가해 주는 곳은 없었다. DS의 결정은 곧 FSI의 상급 관리자에게 전달되었고, 이 내용은 켄달에게도 전해졌다. "흙먼지를 먹고 죽어라"eat dirt and die라고 불리는 이러한 편지는 지원자의 불합격이 충성심이나 적합성 판정을 통과하지 못했기 때문이라고 명시하진 않는다. 그저 "좀 더 나은 자격을 갖춘 지원자 better qualified applicant: BQA가 선발되었다"라고 설명한다. 이는 국무부가 자신들이 불편해지지 않도록 체면을 차리기 위해 오랜 세월 행해 온 관료적인 조치였다.

BQA 편지를 받은 켄달은 절망에 빠졌고, 자신의 상황을 상무부에 재직 중이었던 친구, 윌리엄에게 상의하면서 국무부의 결정을 재고할 방법이 없는지를 물어봤다. 워싱턴 DC의 작은 레스토랑에서 점심을 함께하며 이야기를 듣던 윌리엄은 샘 넌 상원의원의 사무실에서 일하는 잘 아는 직원에게 연락하여 상원의원의 이름으로 국무부에 마이어스의 고용 신상조사에 대한 "진행상황 보고서"를 요청하도록 설득하겠다고 제안했다. 윌리엄은 미국 상원의원이 발신한 서한이 국무부내 인사과에 미치는 관료적인 우려가 어느 정도인지 잘 알고 있었다. 켄달은 흔쾌히 동의했고, 곧바로 샘 넌 상원의원의 사무실에서 발신한 서한이 BEX 부서에 도착했다.

내 개인적 경험에 비춰볼 때, 상원의원이 발신한 서한이 BEX 부서에 도착했을 때 어떤 일이 벌어졌을지는 너무나도 뻔했다. 패닉 그 자체였을 것이다. 이러한 공식 서한은 BEX가 DS에게 켄달의 보안등급 거부를 재고하도록 압력을 넣었을 만한 중요한 이유였다.

켄달은 또한 자신의 면책을 설명하는 여섯 장의 서한을 작성하여 BEX에 전달했다. BEX는 켄달의 서한과 상원의원의 질의서한 장만으로도 부담감을 느꼈고, 여기에 FSI의 상급 관리자들로부터 이처럼 모든 자격을 갖춘 지원자를 왜 고용심사의 신속절차에 올리지 않았는지 질문을 받자 불안해졌다. BEX의 부국장은

DS 지원자 심사 부서에 서한을 보내, 다음 BEX 회의 전까지 켄달의 서한을 검토하도록 요청했다. 탈락을 재고해달라는 요청에 대해 부국장이 모든 서류를 직접 검토한다거나, 그러한 요청을 직접 접수하지 않았다고 할지라도 부국장의 사무실은 켄달이 기밀 서류 접근에 필요한 보안등급을 받지 못한 것에 대한 충분한 이유를 제공할 책임이 있었다.

DS는 갑작스럽게 마이어스의 "일급비밀" 보안등급 허가요청을 검토해야 했다. 마이어스의 보안등급을 허가하면서도 DS는 BEX에 메모를 보내 마이어스의 보안등급을 허가하도록 압력이 가해진 점에 대해 매우 불쾌함을 표시했다. 이 메모는 당시 DS 국장 데이비드 필즈가 서명했다.^{메모의 내용은 국무부에 의해 편집되어 있었다} 이런 경우에 DS가 모든 권한을 갖고 있다고 생각하면 그건 오해다. 현역실무 DS 특수요원들이 "블랙 드래곤^{지휘부나 관리직 위치에 있는 고위 경력의 외무 관료들}"이라고 별명을 붙인 고위급 경력의 국무부 직원들이 국무부의 내부보안 규정들을 관리했다. 켄달은 1985년에 "일급비밀" 보안등급을 부여받았다.

그리고 켄달의 SY파일은 그 어두운 비밀들을 드러내기 시작했다. 나는 1978년 12월 켄달이 FSI의 동료 2명과 함께 쿠바로 FSI가 승인한 출장을 다녀왔다는 사실에 주목했다. 드디어 내가 켄달과 쿠바의 연관성을 찾아낸 것일까? 난 단어 하나 하나를 신중하게 읽어 내려갔다.

FSI는 수년간에 걸쳐 미국 주재 외교관들과 영사들, 그리고 미국 내에 활동하는 UN 직원들을 대상으로 외교에 관해 기탄없이 대화를 주고받을 수 있는 강의프로그램을 제공했다. 이 프로그램은 자유참가 형식의 오픈포럼으로 운영되었다. 초청된 인물들 중 한명은 뉴욕 UN 본부의 쿠바 대표부에서 1등 서기관으로 근무하던 인물로, 과거 FSI에서 두 차례 강의를 한 일이 있었다. 그는 보통 키에 매우 평범한 체격으로, 짧은 검은 머리와 잘 다듬어진 콧수염을 가지고 있었다. 사실, 이 1등 서기관은 외교관 신분으로 위장하여 활동하는 CuIS의 비밀정보요원으로 IC에 알려져 있던 인물이었다. 이후 그는 FBI의 형사고발에서 공범 "A"로 지칭되었다. 켄달의 지인은 그의 신분을 카를로스 시아노라고 확인했다.

FSI는 자신들이 쿠바 "외교관들"을 캠퍼스로 초빙하여 연방직원들과 "친밀한" 대화를 나눌 기회를 제공하고 있음을 DS에 통지한 일이 없었다. 난 1978년 당시 지미 카터 대통령이 UN 사무국에서 근무하는 쿠바 외교관들이 사무국에서 반경 25마일 밖으로 이동을 제한하던 규정에 유연성을 두었던 일을 떠올렸다. 어찌 보면 경솔했던 백악관의 이러한 처사는 방첩활동에 충분히 악영향을 줄 수 있는 일이었다.

FSI의 이러한 학술교환행사가 끝날 즈음, 카를로스 시아노는 FSI의 모든 교수진과 학생들을 쿠바로 초청했다. 켄달은 다른 두 명의 FSI 동료들과 쿠바로의 여행을 허가받기 위해 상관을 찾아갔다. 켄달과 동료들은 여행비용을 자비로 지불해야 했지만 여행허가는 쉽게 떨어졌다. 켄달과 그의 두 동료들은 시아노와 함께 쿠바까지의 여행계획을 세웠고, 시아노는 곧 쿠바에서 그들을 맞이하기 위한 준비가 마련되었다고 알려왔다. 역시나 이들 세 명의 FSI 교수가 쿠바로 여행할 계획이란 사실은 DS에 전달되지 않았다.

1978년 12월, 켄달과 두 동료들이 쿠바에 도착하자, 쿠바의 하급 외교직원들이 마중을 나왔고, 이들은 오래된 리비에라 호텔로 안내되었다. 하바나에 위치한 이 호텔은 예전에 미국 마피아가 세운 건물이다.

이들의 여행 동안 쿠바의 의사라고 소개된 "Mr. P"가 그룹의 안내를 담당했다. 그는 이른바 쿠바의 장관급 인물로, 이후 뉴욕 UN 사무국의 쿠바 대표로 발령받게 된다. 이들의 여행 동안 Mr. P는 FSI 교수들과 쿠바 측 상대자들과의 미팅을 조정했는데, 그는 이후 법무부의 형사고발에서 공범 "B"로 지칭되었다. 쿠바의 혁명기념일 직전에 도착한 이들 그룹은 지역단위의 인물들은 물론, 국가혁명방어위원회national committees for defense of the revolution 관계자와도 만남을 가졌다. 이러한 공식회동 외에도, 이들 그룹은 여유 시간을 활용해 하바나 거리를 돌아다니고 쿠바 시민들과 즉흥적인 대화를 나눌 기회가 허락되었다. 이들 세 명은 설탕공장과 사탕수수 농장을 방문하고 쿠바가 1961년 미국과 미국이 주도한 1천 5백 명의 이른바 용병 고용인들을 패퇴시킨 것을 기념하여 세운 박물관을 그들이 방문했던 돼지만Bay of Pigs으로의 여행을 포함하여 하바나 외곽으로도 이따금 여행을 하였다.

FBI는 형사고발에서 1978년도 12월 마이어스가 적은 일기 중 다음의 내용을 인용했다.

쿠바는 즐거운 곳이다. 난 지난 몇 달간 매우 울적했었다. 저녁 뉴스를 볼 때마다 급진적으로 변해가는 내가 있었다. 체제를 남용하고, 의료보험 시스템은 부실하며, 석유회사와 공공의 요구엔 무관심한 그들의 태도, 그리고 가난함에 안주하는 행태, 그리고 자신의 상황을 인식할 능력이 없는 무능한 사람들 … 쿠바인들은 물질적 보장을 위해 자신들의 자유를 포기한 것일까? 내가 보고 겪은 바로는 전혀 그렇지 않았다. … 혁명으로 인해 그들이 잃어버린 가치는 어디에도 없었다….

혁명은 쿠바인들의 영혼에 자유와 엄청난 잠재력을 가져다주었다. 마이어스의 글은 계속 이어졌다.

피델 카스트로에 대한 얘기들은 모두 그가 우수하고 카리스마 넘치는 지도자라는 평가 일색이었다. 그의 시종일관 진지함과 결의에 찬 자세는 곧 쿠바 사회주의 체계의 특징적 성격을 말해주는 듯 했다. 혁명은 도덕주의자처럼 구는 것이 아닌 도덕 그 자체였다. 카스트로는 혁명 전 비참하고 억압받던 상태의 쿠바인들을 밖으로 끌어내어 주었다. 그가 바로 쿠바인들이 스스로의 영혼을 구제할 수 있도록 도운 것이다. 카스트로야말로 이 시대가 낳은 가장 위대한 정치인 중 하나임에 틀림없었다.

켄달은 또한 그의 일기에서 "미국 제국주의의 악마 같은 모습을 보기위해 왔다"라고 적으며 그가 해변에서 CIA의 훈련을 받은 쿠바 망명자들이 상륙하는 장면을 목격하던 당시를 묘사했다. 카스트로에 대한 켄달의 믿음은 점점 더 굳건해져갔다. 물론 이러한 정보는 그의 SY파일에는 나타나있지 않았다.

켄달이 하바나의 혁명박물관을 방문하는 동안 누군가가 그의 호텔방에 들어가 그가 남긴 일기를 읽어보았다면 "공범 B"와 CuIS의 일원들이 이 일기를 어떻게 활용했을 지는 충분히 짐작하고도 남을 것이다. 이후에 FBI는 켄달의 쿠바 방문은 CuIS가 마이어스를 분석, 개발하고 종국적으로는 스파이로 모집하는 결정적 기회가 되었다고 주장했다.

켄달은 그가 하바나에서 보내는 마지막 날이었던 그 해 크리스마스 이브는 이상한 일들이 연달아 일어났던 날이라고 기록하고 있다. 켄달과 함께 쿠바를 방문한 두 명의 FSI 동료 중 한 명이, 쿠바에서의 일정 이후 예정되어있던 휴가를 즐기기 위해 먼저 멕시코로 출발했으나, 나중에 하바나 공항에 도착한 켄달과 다른 FSI 동료는 그들이 탑승할 예정이었던 멕시코시티행 항공편과 워싱턴 DC행 항공편이 각각 결항된 사실을 알게 되었다. 운 좋게도 마침 애틀랜타에서 온 미국 변호사 한 명이 미국으로 돌아가기 위한 출국 보안절차를 밟고 있던 중이었다. 하바나에서 열리는 연례 보트경주에 참가하기 위해 자가용 비행기를 이용해 쿠바를 방문했다는 이 변호사는 마이어스 일행을 안내하던 쿠바 측 안내인에 의해 마이어스 일행과 인사를 나눴고, 이 익명의 변호사는 마이어스와 그의 동료 한 명의 동승을 기꺼이 허락했다. 이들은 이윽고 익명의 변호사가 운행하는 자가용 비행기를 통해 쿠바를 떠났다. 일반적인 여행객이라면 엄격히 금지되어 있는 출국 방식이며, 미국인의 경우엔 특히 그러했다. 애틀랜타에서 왔다는 이 익명의 변호사의 신분은 끝내 파악되지 않았다.

나는 마이어스의 SY파일을 읽고 난 2년 후, 새로운 사실을 발견했다. 바로 UN의 쿠바 대표부에서 외교관 신분으로 위장한 CuIS의 비밀정보요원인 카를로스 시아노, FBI의 형사고발에서 마이어스의 쿠바방문을 초청했던 "공범 A"인 바로 그 카를로스 시아노가 1979년 가명을 사용해 사우스 다코타의 피에르를 방문한 사실이었다. 이는 FBI나 국무부도 파악하지 못했던 사실이었다. 켄달의 일기에서 발췌한 내용들은 켄달과 그웬들린의 현관문에 예고 없이 나타나도록 확실히 시아노에게 영향을 주었고 시아노를 대담하게 만들었다. 인디안 원주민의 종교의식을 구경하고, 정치적 토론을 나누는 등 쿠바에서 보낸 5일간의 시간 동안 시아노는 켄달이 조국을 배신하도록 그를 탈바꿈 시키는데 성공했다. 시아노의 포섭시도에 부응하여 켄달은 그웬돌린이 이러한 계획에 동의한다는 조건 하에만 침투요원이 되는 것으로 시아노의 제안을 받아들였다.

시아노의 진짜 목적을 알게 된 그웬돌린은 주저 없이 켄달의 비밀 파트너가 되겠다고 동의했다. 이로써 CuIS는 미국을 대상으로 한 그들의 첩보전에 두 명의 요원을 새로이 추가하게 된 것이다. 1980년에 마이어스는 이미 CuIS의 충성스러운 침투요원이었고, 그의 임무와 목적을 달성하기 위해 미국 정부의 기밀에 대한 접근권한이 무엇보다 필요했다. 이를 위해 그는 1981년 CIA에 지원했으나 탈락했고, 절박함에 다다른 그의 노력, 특히 1985년에 DS의 허가거절에도 불구하고 종국에는 "일급비밀" 보안등급을 얻어낸 이유를 이해할 수 있게 되었다.

나는 오래되어 낡아버린 마이어스의 파일들을 뒤적이며 그가 FSI에서 정년보장교수로 재직하면서 국무부의 정보조사국^{Bureau of} ^{Intelligence and Research, INR} 조사관직에 지원했던 당시의 자료를 찾았다. INR은 국무부 내에서도 감청자료 등 관련 기관들 사이에서 "일급비밀"로 분류되는 가장 민감한 정보를 다루는 곳으로, IC 내의 여러 정보기관들 가운데서도 가장 우수한 분석능력을 갖춘 곳이기도 하다. 나는 FBI가 분석한 "Vision Quest"의 프로파일들에 2가지 추가 프로파일을 제시했었다. 즉, 용의자가 FSI, INR 또는 국무부 내 쿠바담당부서에 근무했을 가능성이었다. 쿠바담당부서의 근무경력은 이미 초기 분석단계에서 제외되었고, 이제 초점은 FSI와 INR에서 근무한 경력이 있고, 기혼 남성으로 자녀가 있으며, 모르스 코드와 라디오 전송에 대한 기본 지식과, 쿠바와의 관련성이 있는 인물로 —이 부분은 수상한 이력을 지닌 쿠바 대표부의 외교관 덕분에 파악이 가능했다—, 이에 따라 최종 용의선상에 오른 27명 중 한 명에게 초점이 맞춰졌다.

켄달은 1999년 8월 25일 INR의 분석관으로 선발되었고, 곧이어 SCI^Sensitive Compartmented Information의 "일급비밀" 보안등급을 통과했다. CIA는 —SCI의 보안등급 발급을 관장하는 정부기관으로 1981년 마이어스의 지원을 탈락시킨 그 기관이다— 마이어스의 SY파일을 검토한 후인 1999년, 켄달에게 "top secret" 보안등급의 SCI 정보에 대한 접근권한을 허가했다. 이제 켄달은 미국에서 가장 민감한 정보에 자유롭게 접근할 수 있는 권한을 손에 넣은 셈이었다.

나는 켄달의 파일을 책상 위에 내려놓고 잠시 휴식을 취한 뒤 일반정보 검색용 컴퓨터를 사용하여 구글에 접속, 켄달의 이름을 검색해 보았다. 내 예상은 적중했다. 켄달은 2006년에 미−영 관계의 전문가로 대외적 명성을 인정받았으며, 같은 해 11월 28일 기준으로 그는 어느새 유명인사가 되어있었다. 켄달은 EU관련 아메리칸 컨소시움이 주최하고 EU연합의 싱크탱크인 대서양 연안 국가 관계 센터^the Center for Transatlantic Relations에서 열린 컨퍼런스에서 발제하기도 했다.

미국 대통령과 영국 수상 사이의 "특별한 관계에 관한 궁금증"에 대해 켄달은, "적어도 우리가 파악한 바로는 미국과 영국 사이에 특별한 관계가 실재하지 않는다"라고 주장했다. 미−영 관계에 관한 강의에서 켄달은 워싱턴 DC와 런던은 외교무대에서 "오랜 시간에 걸쳐 어느 한쪽에 너무 치우쳐 있었다. 영국의 아첨은 토니 블레어가 시작한 것이 아닌, 이미 윈스턴 처칠 때부터 시작된 일이었다"라고 말했다. 켄달은 또한 영국이 미국의 정책에 영향을 주기 위해 행해온 최근 몇 년간의 노력에 대해 "우린 그들의 노력을 보통 무시할 뿐, 안타까운 일이다"라고 마무리지었다.

켄달은 "아마 이 이상은 말을 아끼는 편이 좋을 듯하다"며 강의를 마쳤다. 그의 이러한 발언들은 영국 일간지인 데일리 텔레그라프와 타임즈 지의 11월 30일자 기사에 보도되었다.

국무부에 이어질 후폭풍은 불보듯 뻔했다. 하루도 되지 않아 국무부 대변인인 테리 데이비슨은 다음과 같이 발표했다. "미-영 관계는 알다시피 매우 특수하다. 미국과 영국은 힘을 합쳐 우리가 상상할 수 있는 모든 문제에 대해 유럽과 전 세계에 있는 우리의 동맹국과 함께 대응하고 있다. 마이어스 씨가 제시한 견해는 미국 정부의 견해를 대표하는 것이 아니며, 국무부를 대표하는 입장이 아닌, 학자로서의 견해를 나타낸 것 뿐이다."

부대변인인 톰 케이시는 추가 설명을 통해 INR의 상급감독자가 마이어스를 호출하여 신중히 처신하도록 주의를 주었다고 밝히고, "마이어스의 발언들은, 우리의 입장에서 볼 때 오해의 소지가 다분하며, 틀린 발언이라고 생각한다"고 덧붙였다.

뒤늦게 알게 된 사실이지만, 켄달은 학계에서 자신의 부주의한 행위로 인해 INR의 영국 및 아일랜드 관련 부서에서 담당하던 분석관의 자리에서 물러나, 유럽의 좀 더 일반적인 사항을 다루는 자리로 배치되었다. 하지만 새로운 자리 역시 바티칸이나 스페인 등 유럽 내에서 쿠바와 꽤 흥미로운 관계를 유지하고 있는 국가들에 관련된 위치였기에 마이어스는 여전히 쿠바관련 정보에 접근할 수 있었다. INR가 마이어스에게 내린 처벌은 오히려 그에게 CuIS에서 더욱 흥미를 보일만한 정보에 접근권을 준 셈이 되었다.

영국의 저널리스트인 토비 하든은 2009년 자신의 기고문에서 2003년도에 있었던 켄달과의 만남을 묘사했다. 워싱턴 DC의 Chef Geoff's 레스토랑에서 만난 그들은 Sinn Fein/IRA와 강성 노조계열의 정치인들 사이에서 진행 중이었던 협상에 관한 대화를 나눴다. 이 분야는 켄달의 전문분야이기도 했는데, 그가 정치적인 주제에 대해 저널리스트와 대화를 나누도록 허가를 받았는지 여부는 확실하지 않다. 하든은 마이어스를 "큰 키에 인상적인 모습으로, 학식이 높은 인물이었다. 그는 상냥한 태도로 흥미로운 대화를 즐겼으며, 다른 대부분의 국무부 직원에 비해 매우 숨김없는 인물이었다. 그는 부시 대통령에 호의적이지 않음을 여실히 드러냈고, 유럽에 호의적이며, 국무부의 보수파들이 흔히 얘기하는 중도좌파의 성향으로 보였다"라고 묘사했다.

유럽연합에 관한 아메리칸 컨소시엄에서 마이어스가 보인 결례는 그의 SY파일에는 포함되어 있지 않았다. 공적인 장소에서 웃음거리가 되는 일이 그리 중대한 잘못은 아니었지만, 나를 놀라게 한 사실은 마이어스에 관한 파일이 그에 관한 모든 정보를 완벽히 담고 있는 것이 아닌, 어딘가 부족할 가능성이 있다는 사실이었다. 나는 마이어스가 외국의 저널리스트나 외교관뿐만 아니라 카를로스 시아노와 같이 외교관 신분으로 위장한 외국의 정보요원들과 허가되지 않은 회동을 가졌음이 틀림없다고 믿게 되었다.

이러한 사실들이 INR의 데이터베이스에 기록되어 있을까?

나는 다시 궁금해지기 시작했다. INR의 상급자들은 저널리스트나 외교관[그리고 외교관 신분으로 위장한 외국의 정보요원들] 등과 미팅시 이에 대해 사전에 허가를 구하도록 되어있기 때문이었다. 하지만 INR의 입장에서는 "거친 고릴라 같은" DS의 요원들[마이어스는 이들을 "knuckle draggers"라고 부르곤 했다]이 관여하는 것은 원치 않았기에 DS와 데이터베이스를 공유하지는 않았다.

나의 이러한 의심은 이후 켄달을 통해 확인되었다. 켄달은 외교관 신분으로 미국에 와있는 유럽의 비밀정보요원들과 여러 차례 점심식사를 함께 했음을 인정했다. 켄달이 9개월의 안식기간을 통해 중국으로 건너가, 사업가로 위장한 프랑스의 정보요원들과 접촉한 사실은 그의 SY파일에 포함되어 있지 않았다.

켄달은 외국 국적의 정보요원과 접촉시 이를 DS에 보고하도록 하는 국무부의 규정에도 불구하고 단 한 번도 보고하지 않고 DS/CI의 방첩망을 교묘히 피해 외국 국적의 정보요원과 접촉했던 교활한 인물이었다.

4시간에 걸쳐 6인치 두께의 마이어스에 관한 파일을 읽어 내려가며, 난 만약 FBI/DS의 "Vision Quest"에서 드러난 스파이의 프로파일이 정확하다면, 여기에 들어맞는 용의자는 켄달이 유일하게 가능한 후보라고 99.99퍼센트 확신했다. 난 결코 계산에 밝은 사람은 아니었지만 모든 정황이 한 곳을 가리키고 있었다.

나는 바바라의 사무실로 돌아가 단 한 명의 SY파일이 필요하니 내 사무실로 잠시 빌려가겠다고 말했다. 그녀는 미소를 지으며 혹시 내가 다른 나머지 인물들의 SY파일도 살펴볼 계획인지 물어봤고, 그렇다는 나의 대답에 나머지 13명의 파일은 추후 검토를 위해 그대로 두겠다고 말했다.

나는 내 자리로 돌아와 SIPR 네트워크를 통해 케이스 담당자인 FBI의 매트 특수요원에게 "당신이 봐야 할 SY파일이 있습니다. 지금 내 사무실에 보관중입니다"라고 이메일을 보냈다. 몇 시간 후 매트 특수요원은 6월 11일에 DS/CI에 올 예정이라고 답신을 보내왔다. 그날 오후 난 사무실을 비웠고, 켄달의 파일은 스토웰 특수요원을 통해 매트 특수요원에게 전달되었다.

6월 12일, 내가 사무실로 돌아온 후 난 매트 특수요원에게 이메일을 보내 그가 파일을 읽어보았는지 확인했다. "흥미로운 내용이지 않나요?"

"매우 흥미로운 내용이 군요." 매트 특수요원은 즉시 답장을 보내왔다.

월터 켄달 마이어스의 또 다른 모습인 쿠바 침투요원, 27년간 숨겨왔던 그의 비밀이 세상에 드러나기 시작했다. 앞으로 풀어 나아가야 할 실마리는 아직 많이 남아있었지만 말이다.

3 장

　우리가 가장 크게 우려했던 것은 켄달이 INR에서 일하고 있었다는 사실이었다. 국무부의 꽃이라고 불리는 바로 그 INR 말이다. 외무직과 공무직, 그리고 분석관들로 구성된 INR은 비밀정보를 제공하는 곳이다. 여기에는 IC와 미국 대사관을 통해 수집된 매우 민감한 기술적 보고서도 포함된다. CIA, NSA, 그리고 DOD가 "일급비밀", 또는 "암호문"이라고 부르는 정보자료들은 검토 후 외교 전략에 사용할 수 있도록 정보 보고서의 형식으로 변환한다. 켄달의 전문분야는 미－영 관계에 관한 것이었으나, INR에서는 전문분야에만 국한된 것이 아닌 많은 정보들이 오고 간다는 사실을 난 경험상 잘 알고 있었다.

　우리는 INR의 동료들과 가벼운 비공식적인 대화를 통해, 켄달이 쿠바 전문가들로부터 상당히 중요한 외교 정보를 입수했다는 사실을 알 수 있었다. 켄달이 자신의 재판에서 "미국의 대 쿠바정책에 대한 정보를 얻기 위해 폭넓은 교류관계를 유지했다"라고 말했던 것처럼 말이다.

　INR에서 켄달과 함께 한 동료이자 분석관인 로버트 카하트 주니어는 2011년에 "난 켄달에게 이용당했다. 켄달은 언제나 '우리 카스트로씨는 오늘 좀 어때?'라며 가볍게 대화를 시작했고, 곧 쿠바가 얼마나 환상적인 곳인지에 대한 자신의 생각들을 늘어놨다. 그는 배신한 것이다. 단순히 국가에 대한 배신 뿐 아니라 우리의 친구관계를 이용해 날 배신했다."

쿠바측은 켄달 덕분에 인권, 재정, 가족만남, 의료, 기타 구호계획 등 쿠바와 관련하여 우리가 고려중인 모든 카드들을 외교적 교섭이 채 시작하기도 전에 낱낱이 파악하고 있었다. 우리가 쿠바의 인도주의적 문제해결을 위해 스페인이나 바티칸 등이 대신 나서 줄 것을 은밀히 부탁한 경우에도 이 역시 켄달이 이 지역의 전문가였던 탓에 카스트로는 그러한 움직임의 뒤에 누가 있는지 이미 알고 있었다. 2003년에 카스트로가 반정부 운동과 국가전복 운동을 선동한다는 명목 하에 팔라씨오 벨라스코 세라 빌딩에 위치한 스페인 대사관의 문화센터를 폐쇄했던 사건도, 어쩌면 이를 위한 운동자금을 은밀히 지원한 배경이 실은 미국 정부였다는 사실을 알게 되어서 일수도 있다. USAID의 직원 앨런 그로스라는 인물이 있다. 그로스는 "민주주의 그룹"이 인터넷 접속을 할 수 있도록 비인가 위성통신시스템을 제공한 혐의로 "국가영토의 자유 또는 자유에 반하는 행위"라는 죄목 하에 2009년부터 지금까지 쿠바의 감옥에 수감되어 있는데, 이 또한 켄달이 관여한 탓일까?

우리는 켄달이 INR의 내부 보안서버인 SIPR 네트워크를 이용하여 쿠바에 관한 정보 보고서를 확인한 사실을 파악했다. 더욱 분노할 사실은 마이어스가 미국의 정보기술을 사용해서 수집한 정보를 쿠바에 보고하여 관련 작전들이 노출되고 종국엔 중지되었다는 사실이다. 카스트로는 국무부 깊숙이 침투한 마이어스와, DIA에 깊숙이 침투한 안나 몬테스를 이용하여 미국의 대 쿠바 외교 및 군사전력을 모두 꿰뚫고 있었다. 카스트로가 미국의 지난 열 명의 대통령들을 한 수 앞섰던 것도 어쩌면 당연한 일이었다.

위와 같은 나의 수사결과를 통해, FBI는 즉시 대규모 인력과 장비를 동원해 켄달의 공적생활과 사생활 모두를 감시하기 시작했다. DS/CI는 HST내 켄달의 모든 행동을 기록하도록 했고, 우리는 그가 컴퓨터로 주고받는 모든 기밀, 일반 메시지를 감시했다.

얼마 지나지 않아 사건이 발생했다. 감시 인력을 증원한 지 몇 달 되지 않아 우리는 켄달이 인사부서를 통해 자신의 퇴직절차를 마무리 짓고 있음을 알게 되었다. 마침내 용의자를 파악했는데, 정작 용의자는 자신의 스파이활동 무대를 떠나려 하고 있다니 … 믿을 수 없는 상황이었다.

우려했던 사건이 벌어졌다. 켄달이 HST 외부로 비밀정보를 유출하고 있다는 증거를 FBI가 확보하기 전에 마이어스가 퇴직하고 말았다. 기밀자료에 대한 접근권한이 없는 켄달은 더 이상 정부의 기밀을 빼돌려 쿠바 측에 전달하는 일은 없을 것이다. 즉, 켄달이 뒷일을 대비해 어느 정도 정보를 감추고 있지 않은 이상, 스파이법 위반이 성립되지 않는 것이다. 우리의 지난 모든 노력이 수포로 돌아간 것처럼 보였다.

연방 수사관들은 정부기관 소속 직원이 스파이로 활동하고 있는 유력한 혐의가 있을 시 해당 기관의 장에게 보고해야 하는, 어찌 보면 관료적이고 쓸데없는 절차가 있다. 뒤늦게 발견한 사실이지만, 이러한 관료적 절차로 인해 켄달은 자신이 용의선상에 올랐음을 알아챘던 것이었다. 관료적 절차조건에 따라 국무부 장관과 차관은 FBI/DS가 켄달을 용의선상에 올린 것에 대해 보고받았다. 국무부의 또 다른 상급직원으로, 렌덜 포트라는 인물이 있다. 대통령에 의해 임명된 그는 국무부 차관보로, 2006년부터 퇴임시까지 켄달의 상관으로 근무했다. 그는 골드만삭스에서 글로

벌 시큐리티 담당 국장을 지냈고, TRW의 항공우주방위국의 프로그램 국장을 지내기도 했다. 그는 2006년 6월에 부시 대통령에 의해 국무부 INR 소속 차관보로 임명되었다.

2007년 초, DS와 FBI의 수사에 매우 중대한 결정이 내려졌다. FBI는 차관보와의 첫 브리핑 미팅에서 향후 켄달과의 접촉에서 매우 신중할 것과, 예전과 같은 태도를 유지하여 켄달이 FBI/DS의 수사가 진행되고 있음을 눈치채는 일이 없도록 당부했다.

나는 이처럼 마이어스의 최종 상관인 차관보까지 우리의 수사상 우려를 전달할 필요성을 느끼지 못했다. 포트 차관보가 현 수사상 도움을 줄 수 있는 점이 없었기 때문이었다. 과거에 난 이러한 경우 매우 강하게 반대의견을 내세우는 편이었는데, 스파이에 관한 사건에서는 특히 절대적으로 필요한 인물에게만 수사에 관한 사실을 알려야 정보가 유출되는 불상사를 방지할 수 있기 때문이다. 물론 이러한 경우 사건이 국가안보에 미칠 영향을 고려하여 국무부 내에서 어떻게 수사를 진행할지를 결정하는 것은 국무부 장관의 몫이지만, INR의 차관보에게 공개하는 것이 수사적 가치가 있을까?

이후에 켄달로부터 들은 이야기지만, 2007년 말 즈음, 켄달은 포트 차관보와의 관계에서 전에 없던 "차가운 태도"를 감지했다. 십 년이 넘도록 켄달이 담당해오던 분석보고서의 승인 및 국무부 각 부서로의 전달업무를 차관보가 갑자기 중지시킨 것이다. 켄달은 이후 증언에서 "내 상관이었던 포트 차관보와 충돌이 있었다"라고 말했다.

켄달은 차관보의 이러한 갑작스러운 변화가 자신이 SAIS에서 토니블레어 영국 총리를 비난했던 발언의 여파라고 추측했었다. 켄달은 이후의 증언에서 "INR의 내 상관이 나를 "요주의 리스트"에 올려놓았다. 그래서 당시에는 접선을 위해 멕시코에 가는 일은 현명하지 못한 처사라고 생각했다"라고 말했다.

INR에서 켄달과 함께 일하던 동료는 켄달에게 혹시 차관보의 눈 밖에 날만한 일을 저질렀는지를 조심스레 물어보기도 했다. 이처럼 포트 차관보의 태도가 급변한 탓에 켄달은 결국 수상한 낌새를 눈치챘고, 즉시 퇴직을 위한 수속을 서두른 것이었다. 결국 포트 차관보로 인해 상황이 악화되었다.

INR은 켄달의 송별회를 열기로 했다. 25년이나 국무부에서 근무한 직원을 떠나보낼 때 항상 열리는 행사였다. 켄달의 동료 직원들은 포트 차관보에게 송별회를 위한 송사를 부탁했지만, "그럴 수 없다"는 대답이 돌아왔고 당황했다. 하지만 차관보는 "이번 건은 날 믿으라"며 한사코 거부했다.

이러한 차관보의 반응에 당황한 익명의 동료는 즉시 차관보의 그러한 대답을 켄달에게 전달했고, 침투요원 켄달의 의심은 이것으로 확실해 졌다. 조직 내부의 충돌이 있을까 우려한 INR의 동료들은 켄달의 송별회 자리를 국무부 밖의 레스토랑에서 마련했다. 포트 차관보는 송별회에 초대되지 않았다. 2010년에 FBI의 동료에게 들은 이야기이지만, 당시 두 명의 상급 FBI직원들이 비공식 "대화"를 통해 포트 차관보가 켄달의 수사에 전혀 도움이 되지 않았음을 전달했다고 한다.

켄달은 퇴직했고 켄달과 그웬돌린은 모든 비밀활동을 분명히 접었고 보트 항해술을 배우는 데에 집중했다. FBI의 수사는 정체상태에 있었고, 18개월을 허비한 감시활동의 결과로 무언가 급격한 움직임이 포착되지 않는 이상 그들을 상대로 스파이 혐의를 성립시키는 것은 불가능했다.

그러던 2009년 봄 어느 날, FBI는 켄달이 다시 비밀활동으로 돌아오도록 유인할 계책을 마련해냈다. 수 개월간의 준비기간을 걸쳐 "거짓 깃발false-flag"작전이 시작된 것이다. "EK"라는 코드명을 사용하는 첩보요원이 쿠바의 정보요원으로 위장, SAIS 캠퍼스에서 켄달에게 접근하는 작전이었다. 미끼를 문 마이어스는 그웬돌린과 함께 근처의 호텔 라운지에서 이 첩보요원과 접선했다. 대화를 나누며 그들은 단파라디오를 통해 모르스 코드를 사용한 메시지를 주고받는 등 자신들의 첩보방식을 알려주었고, 이로써 우리가 가지고 있던 혐의가 옳다는 것이 확실해졌다.

켄달은 EK에게 자신과 그웬돌린이 쿠바로 "돌아가기 위한" 항해지도를 입수한 사실을 말했다. 언제 이들이 계획을 실행할 지는 미지수였으나, 우리의 작전에 좋지 않은 조짐임은 분명했다. FBI는 마이어스 부부가 쿠바로 항해를 떠나기 전에 스파이 혐의를 성립할 충분한 증거를 확보해야 했다. 그런데 왜 이들은 미국을 떠나려고 하는 것일까?

대답은 간단했다. 켄달은 EK에게 "내가 한 가지 알려주지 … 우리에게 매우 중요한 일이야 … 당신에게도 중요할 수 있고. 내가 국무부를 떠난 이유 중 하나는 … 사실 2008년에 퇴직하려 했지만 … 하지만 당시 내 상관이었던 포트 차관보와 충돌이 있었네"라고 털어놓았다.

켄달에 의하면, 당시에 차관보와의 충돌로 인해 그는 "불편함을 느낀 것에 그치지 않고 위협을 느꼈다"라며, "그래서 난 다시 접선라인을 구축하는데 매우 조심스러웠지 … 꼭 당신을 가리키는 것은 아니지만 … 우린 행동 하나하나 매우 조심했어. 혹시

라도 어떤 감시의 눈길이 있을지도 모르니까."

마이어스 부부는 EK와 접선을 마치고 다음 날 다른 호텔에서 만나기로 합의했다. 이번 만남에서 무엇보다 중요했던 것은 EK가 요구한 정보를 입수하기로 마이어스 부부가 약속한 것이었다. 즉, 그들은 스파이 미션을 재개할 준비가 되어있던 것이었다. 그들은 또한 앞으로의 접선에서는 자신들이 과거에 쓰던 쿠바 암호를 사용할 것을 고집했다. 좀 과장된 면이 없지 않았지만 이는 마이어스 부부의 스파이 인격spy personas을 나타내는 것이었다.

마이어스 부부는 4월 16일, 30일, 그리고 마지막으로 6월 4일에 EK와 접선했다. 이들의 접선에서 무슨 말이 오고 간 것일까? 접선내용을 기록한 자료에서 볼 수 있듯 이들은 많은 내용들을 주고받았다.

켄달EK가 스카치 한잔을 권하자: "아니 난 괜찮아요 … 일하는 중이니까." 그러면서 켄달은 다시 EK에게 "다음 미팅 때 곧 있을 트리니다드 토바고 정상회담에 관한 정보를 가져오겠어요"라고 말했다.

무엇보다 놀라웠던 것은, 켄달이 자신의 통신코드가 "202"였고, 그웬돌린이 "123"이었다는 사실을 확인해준 일이었다. 감청한 메시지에서 확인했던 바로 그 코드였다. 마이어스는 EK에게 "쿠바에 있는 우리의 친구들 … 두 명의 아주 오래 된 친구들에게 특별한 인사를 전하기 위해"라고 말했다. EK는 SAIS의 학생들 중 "이용할 가치가 있을 만한 학생들"을 파악해 달라고 요청했으나, "그들은 아무도 믿을 수 없다"며 켄달은 EK의 요청을 거절했다.

2009년 4월 30일에 EK와 다시 만난 켄달은 자신과 그웬돌린이 "다시 연락이 닿아 매우 기쁘며, 만남을 고대하고 있었다"고 전하고, "당신은 우리의 삶 전반에서 매우 중요한 부분을 차지하고 있었다. 우리는 어딘가 허전함을 느끼고 있었다. … 우린 당신의 조국을 매우 사랑하며, 그곳 사람들과의 팀은 우리 삶에서 너무나도 소중하다. 또 다시 연락이 끊어지길 원치 않는다"라고 말했다.

마이어스는 자신들 부부가 "필요시 언제든지 준비되어 있는 예비군이 되겠다. 예전 연락책들과도 다시 관계를 재개하고, 위험한 상황이나 우려할 만한 상황, 또는 당신이 알아야하는 상황 등을 대비해서 새로운 연락책도 모색해보겠다. … 하지만 솔직히 말해 우린 일상적인 생활로 돌아가고 싶지 않은 건지도 모르겠다"라고 말했다.

그웬돌린이 이러한 문제에서 죄가 없다고 보기는 사실상 어렵다. 그녀는 피델 카스트로에 대해 "그는 근 백 년 동안에 우리에게 나타난 가장 위대한 정치인이예요"라고 말하며, "난 아나 몬테스가 부러워요. 자기가 하는 일CuIS를 위해 스파이 활동을 사랑할 수 있고, 무슨 일을 하는지, 왜 하는지 말할 수 있으니까 … 난 그렇게 못하잖아요. 그녀는 스파이 활동에 충분히 미쳐 있는건 아니었지만 자신의 일을 사랑했어요. 자기가 좋아하는 일을 한거죠"라고 말했다.

그웬돌린은 이어서, 쿠바가 비즈니스를 하기에 가장 편안한 국가라고 자신의 의견을 밝혔다. "쿠바에 도착하자마자 우린 괜찮을 것이란 걸 알았죠"라며 그녀는, 자신이 미국 내에서 CuIS에 정보를 전달하는 방법으로, 슈퍼마켓에서 쇼핑카트를 서로 교환하는 방식을 선호한다고 말했다. "가장 손쉬운 방법"이었기에 선호했는데, "그 당시엔 없었지만 지금은 CCTV가 있으니 그렇게 할 수 없다"고 말했다.

그녀는 켄달이 국무부에서 유출한 비밀문서들을 서류가방에 담아 집으로 가져오면 자신이 한장 한장 타이프를 이용해[이후에 노트북 사용] 복사했다고 EK에게 말했다. 또한 그녀는 CuIS에 암호화된 이메일을 보낼 때 자신의 컴퓨터를 사용하는 대신 "인터넷 카페"에 가서 메일을 전송했다고 말했다.

마지막으로, 미국을 떠나 쿠바로 향하는 문제에 대해 그웬돌린은, "우린 보트로 가본 적이 있어요. 우린 항상 보트를 타고 갈 것이라고 말하곤 했죠. 기차나 비행기는 타지 않을거예요."

그들은 자신들이 카스트로와 쿠바, 그리고 쿠바인들에게 얼마만큼 유대감을 느끼는지에 대해 늘어놓았다. 그들은 EK에게 1995년 1월 자신들이 쿠바로 은밀히 건너가 하바나 외곽의 작은 집에서 피델 카스트로와 저녁을 보낸 일에 대해 상기시켜줬다. 카스트로는 쿠바 혁명에 기여한 이들 부부를 치하하며 메달을 수여했다. 그들은 자신들이 뉴욕과 워싱턴 DC에서 활동하던 시절 자신들의 초창기에 "은밀히 물건을 전달하는 것"[2]이 얼마나 어렵고 위험했는지 추억을 떠올리듯 이야기했다.

마이어스 부부는 스파이활동에서 자발적으로 물러났음에도 불구하고, 여전히 침투요원의 역할을 즐기는 듯 보였다. 파트타임으로 복귀하는 생각은 즐거운 상상이었다. 이 새로운 관계를 심화시키기 위해, 마이어스 부부는 자신들의 새로운 쿠바 정보관과의 앞으로의 이메일을 암호화하기 위한 목적으로 랩탑 컴퓨터에 사용할 암호화 장비를 받았고 이 사용법을 훈련받았다.

사실 내가 가장 듣고 싶지 않았던 부분은 켄달이 국무부의 기밀문서를 얼마나 손쉽게 유출할 수 있었는지였다. 마이어스는

---

2 Brush pass: 스파이들이 길거리 등지에서 접선하여 자연스럽게 스쳐지나가면서 은밀히 물건 전달하는 방식을 말함.

언제나 국무부의 "공식 봉투official envelope"에 기밀문서를 넣어 들고 다녔기에 길 한복판에서도 의심받지 않고 활보할 수 있었고, 국무부 출입구의 경비원들이 출입하는 직원들을 수색하는 일도 없던 때였다. 만약 이러한 방식이 위험했다면 켄달은 문서를 직접 유출하는대신 문서의 주요 키워드를 암기하거나 간략히 옮겨 적는 방식을 택했을 것이다. 마이어스가 집으로 돌아오면 그웬돌린이 이를 옮겨 적어 쿠바로 전송했다. 매우 간단한 작업이었다.

우리가 그동안 그토록 추적해왔던 침투요원들은 켄달과 그웬돌린임에 틀림이 없었다. 하지만 우리에게는 한 가지 난관이 기다리고 있었다. 바로 켄달은 더 이상 기밀문서에 대한 접근권한을 가지고 있지 않다는 점이었다. 이제 그가 제공하는 보고서나 분석자료들은 대중에 공개된 정보나 예전 동료들을 통해 짜집기한 내용들에 지나지 않을 것이다. 켄달이 자신의 담당자인 "EK"에게 전송하는 이메일에서 특정 비밀정보를 기대하기란 불가능에 가까웠다.

마이어스 부부는 이미 자신들의 이익에 반하는 사실, 즉 과거의 스파이 행위를 인정함은 물론 앞으로 쿠바를 위해 또다시 새로운 스파이 행위에 가담할 의사를 밝혔고, 이를 위해 은밀히 커뮤니케이션을 취할 것을 받아들였다. 이정도 증거라면 이들을 기소하기에 충분하지 않을까? 만약 내가 그때 이 사실을 알았더라면….

FBI와 DS와 공조하던 법무부는 이제 마이어스 부부를 스파이 혐의, 또는 이에 준하는 혐의로 체포할 상당한 근거probable cause 가 성립되었는지를 판단해야 했다. 나는 이를 논의하기 위한 수차례의 회의에 참석했고, 스파이 행위의 성립 요소에 대한 논쟁이 끝없이 지겹게 이어졌다. 클리포드 론스 변호사와 마이클 하비 연방 검사보는 마이어스 부부에 대해 금융사기 혐의를 적용하기로 결정했다. 이들에 대한 금융사기 혐의는 의심할 여지가 없이^{beyond} ^{a reasonable doubt} 입증할 수 있는 혐의였다. 법무부와 FBI, DS는 마이어스 부부에 대해 스파이 혐의를 적용하기에는 이들이 유출한 정보들이 구체적으로 어떤 국가안보와 관련된 정보인지 특정할 수 없었고, 따라서 해당 혐의를 성립할 수 있을지 확신이 없었기 때문이었다. 금융사기에 관한 혐의는 비교적 간단했는데, 마이어스가 미국 정부소속 공무원으로서 부적절한 행위를 하면서도 정부로부터 받은 월급을 자신의 계좌로 송금받은 사실은 사기의 증거로 제시할 수 있었다.

이는 우리가 처한 상황을 고려할 때 꽤 훌륭한 법률 전략이었다. FBI가 밝혀낸 마이어스 부부의 계획, 즉 자신들의 보트를 이용해 쿠바로 건너갈 계획과, 항해에 쓰일 보트 및 항해좌표까지 이미 준비를 마쳤다는 정황은 우리가 신속히 대응할 필요가 있음을 말해주었다. 더욱이 마이어스 부부의 집에 있는 달력이나 일정표 등 어디에도 2009년 11월 이후의 계획이 적혀 있지 않은 점은 우리에게 시간이 얼마 남지 않았음을 암시했다.

FBI, DS, 그리고 법무부가 WFO에 모여 회의를 가졌다. 마이어스 부부가 "집으로 돌아가는 항해"계획을 세운 것과, 이로 인한 파장을 논의하는 자리였다. 회의에서 오가는 대화에 긴장감이 팽팽했다. 우린 켄달과 그웬돌린이 곧 요트 클럽과 함께 캐나다의 노바스코샤로 연습항해를 떠날 계획임을 알고 있었다. 이들 부부가 캐나다가 아닌 캐리비안으로 갑자기 항로를 바꿀 수도 있는 일이었다. 법무부는 연방 판사에게 체포영장을 발부하도록 설득할 만한 증거를 가지고 있을까? 위와 같은 돌발적 상황이 벌어질 위험 속에서 우린 마이어스 부부가 "연습항해"를 떠나도록 두고 봐야할까? 우리가 마이어스 부부의 연방법 위반사실을 확증할 증거를 찾아 헤매는 동안 이들이 먼 바다로 도주할 수도 있는 일이었다. FBI는 정부의 감시망이 닿지 않는 대서양에서 장거리 항해가 가능한 보트를 이용하려는 마이어스 부부의 항해계획이 마음에 들지 않았다.

고조된 긴장감을 풀기위해 난 질문을 던졌다. "미 해군에 요청하여 다음 주 동안 잠수함에게 공격대기를 요청할 수 있습니까?"

법무부 직원이 대답했다. "로버트, 진심으로 하는 말입니까?"

"이들이 만약 영해에서 12해리 이상 벗어난다면 해안경비대는 더 이상 관여할 수 없게 됩니다. 우린 좀 더 강경한 방법을 모색해야 합니다."

"FBI SWAT의 낙하산 부대와 같은 방법을 말하는 겁니까?" FBI 수사관의 질문이었다.

"이번 수사에서 강제적인 승선은 허락할 수 없습니다." 누군가가 대꾸했다.

이런 긴장감 속에 어느 정도의 유머를 유지하는 것이 우리가 할 수 있는 최선이었다. 우린 이미 지치고 불안했다.

마이어스 부부와 EK가 세 번째 접선을 마친 후, 법무부는 체포 및 기소를 위해 충분한 증거를 확보했다고 자신했다. 이제 켄달과 그웬돌린이 항해를 떠나기 전에 잡아들여야 할 시간이 다가온 것이다.

마이어스 부부와 EK의 마지막 만남인 네 번째 접선은 뉴햄

프셔가 800번지에 위치한 호텔로 장소를 결정했다. 정부예산을 고려할 때 부담 없는 숙박료와 길가에 주차가 용이하다는 장점이 있어 선택된 장소였다.

네 번째 접선이 이루어지기 정확히 10시간 전인 6월 4일 아침 6시 16분, 연방판사는 켄달과 그웬돌린 마이어스가 USC 제371조,[3] 18 USC 제951조,[4] 18 USC 제1343조[5]를 위반한 혐의에 따라 체포영장을 발부했다. 같은 날, FBI는 WFO 1층의 창문이 없는 큰 방 두 곳에 상황지휘본부를 설치했다. 지휘본부의 테이블에는 전화와 컴퓨터, 메모지와 펜이 어지럽게 널려 있었고, 수년간 이 사건의 수사에 참여했던 특수요원들과 분석관들로 가득했다. 특수요원 도나와 레이첼의 미소 띤 얼굴이 반가웠다. 정확히 오후 3시 50분이 되자 마이어스 부부가 호텔의 로비에 나타났고, 이윽고 마련된 객실로 향했다.

오후 4시 10분, 마이어스 부부와 EK는 호텔 객실의 침대에 편안히 앉아 마이어스도 잘 알고 있는 어떤 특정 IC의 기술적 작전에 대해 이야기를 나눴다. 마이어스의 입에서 그의 유죄를 입증할 만한 대답이 나온 것을 신호로, 오후 4시 24분, 마이어스 부부는 수갑이 채워진 채 초기 절차를 위해 워싱턴의 FBI 현장사무소로 이송되었다. 오후 5시에 마이어스 부부의 거주지를 대상으로 수색이 시작되었다. 이들 부부의 스파이 행위를 입증하기 위한 증거는 충분히 입수할 수 있었다.

---

3 국무부의 정보를 유출하고 쿠바 정부의 요원으로써 불법적인 행동을 했으며, 기밀 정보라는 사실을 인지했음에도 이러한 정보를 쿠바의 요원에게 전달한 사실

4 법무부 장관의 승인 없이 쿠바 정부의 요원으로 불법행위를 한 혐의

5 금품 취득을 위한 물질적 사기행위 및 미국 정부를 대상으로 한 사기 계책을 마련한 혐의

한 무리의 수사요원들과 마이어스 부부가 WFO의 본부에 들어섰고, 나는 처음으로 켄달을 가까이에서 볼 수 있었는데, 그의 키가 매우 큰 탓에 조금 놀랐다. 그웬돌린은 매우 초초한 모습으로 FBI 요원들이 그녀의 지문을 찍으려 하자 짜증스러운 반응을 보였다. 하지만 마이어스는 시종일관 차분한 모습이었다. 마이어스 부부는 호텔 객실에서 수갑이 채워졌던 순간부터 변호사를 요구했고, 그 후 침묵을 유지했다. 미국 수정 헌법 제5조에 따라 권리를 보장받으려는 것이었다. 물론 쿠바의 사법체계라면 보장되는 않는 권리이다. 어쨌든 이들은 이제 수정헌법의 모든 조항을 동원해도 처벌을 면하기 어려운 상황에 놓여졌다.

4 장

　마이어스 부부는 WFO에서 구속을 위한 FBI의 초기단계절차를 마친 후 워싱턴 DC의 교정시설로 이송되었다. DC 감옥이라고도 불리는 이곳에서 마이어스 부부는 각각 수형번호 323487과 323475를 부여받았다.

　6월 5일, 존 M. 파치올라 치안판사 앞에서 마이어스 부부에 대한 기소사실 인부절차가 이루어졌다. 파치올라 치안판사는 E. 바렛 프레티맨 법원에서 이들의 체포영장을 발부했던 바로 그 판사였다. E. 바렛 프레티맨 법원은 8층 높이의 대리석 건물로, 컬럼비아 특별구^{District of Columbia, DC}의 지방법원 및 항소법원이다. 마이어스 부부에 대한 전자감시를 승인했던 미국 해외정보감시법원^{US Foreign Intelligence Surveillance Court} 또한 이곳에 있다. FBI와 DS의 직원들이 반 정도를 채운 재판정의 오른쪽에는 마이어스의 가족들이 앉아있고, 십여 명의 기자들이 필기구를 들고 한 쪽 구석을 메우고 있었다.

　재판정에 판사가 입정하자 장 내의 모든 사람들이 기립했고, 판사가 자리에 앉자 모두 자리에 앉았다. 이윽고 재판이 시작되었다. 판사는 기소혐의들을 검토한 뒤 마이어스 부부에게 자신들의 유죄를 인정하는지 물었다. 마이어스 부부는 스파이 행위에 및 금융사기에 대한 혐의에 대해 무죄를 주장했다. 이 날의 재판에서 가장 중요한 사안은 파치올라 치안판사가 마이어스 부부에게 보석을 허락할지의 여부였다. 피고 측 변호인은 정부 측이 주장하는 마이어스 부부의 스파이혐의에 대한 내용이 얼마나 조잡하고 터무니 없는지에 대해 긴 이야기를 늘어놓았다. 피고 측 변호인 중 한 명은 스파이 행위에 대한 혐의는 근거가 빈약하며 금융사기에 대한 혐의는 날조된 것으로, 마이어스 부부에 대한 보석이 허락되어야 한다고 주장했다.

마이어스 부부의 변호사인 토머스 그린은 이들에 대해 전자발찌 착용과 가택연금에 처할 것을 주장했다. 반면 원고인 정부 측은 마이어스 부부에 대한 보석 및 전자발찌 착용은 이들이 도주할 위험을 방지하기에 충분하지 못하다고 주장했다. 검사는 이어서 FBI 요원들이 마이어스 부부의 집에서 항해지도를 발견했으며, 이들 소유의 보트에 장착된 GPS에서 쿠바로 가는 좌표가 입력되어 있었음을 강조했다.

재판이 잠시 휴정하자 FBI의 수석특수요원인 "토니"가 나에게 다가와 FBI와 법무부 사이의 민감한 논쟁에 합류할 의사가 있는지 물어왔다. 워싱턴 DC 16번가의 2630번지에 위치한 하바나의 법률 외교 임무를 수행하는 쿠바 이해관계 대표부the Cuban Interests Section는 마이어스 부부의 집에서 2마일 거리에 떨어져 있었다. 만약 파치올라 판사가 보석을 허락할 경우, 마이어스 부부는 쿠바 이익 대표부로 건너가 정치적 망명을 요구할 위험이 있음을 FBI 특수요원들과 법무부 측 변호사들이 논의하고 있었던 것이다. 만약 그렇게 된다면 마이어스 부부에 대한 기소는 중지될 것이다. 토니 수석특수요원에 의하면, 연방 검사들의 일부는 이러한 우려에 동요하지 않고 오히려 FBI에게, 만약 마이어스 부부가 그런 어리석은 행동을 한다면 즉시 연방보안관을 파견해 이들을 잡아들이겠다고 말했다. 또한 토니 수석특수요원은 FBI가 검찰 측이 외교적 불가침권의 민감함을 이해하도록 시도했지만 효과가 없었기에 혹시 다음 휴정시간에 내가 이들에게 DS의 입장을 전달할 수 있는지 물어왔다. 기회가 찾아오자 나는 재판정 밖에서 하비 검사보에게 다가갔다.

"마이크^{하비 검사보}, 잠시 조용히 얘기할 수 있습니까?"

"물론이죠. 무슨 일이시죠?"

"다름이 아니라, 만약 마이어스 부부가 쿠바 이해관계 대표부로 피신하여 망명을 신청한다면 이들에 대한 기소는 끝나게 됩니다."

"무슨 말씀이신지?"

"쿠바 이해관계 대표부는 불가침 구역이고, 이곳에서 마이어스 부부를 물리적 강제력으로 끌어내는 일은 국무부에서 절대로 승인하지 않을 것입니다."

난 하비 검사보에게 설명을 계속했다. 만약 미국 정부가 쿠바 이해관계 대표부의 전기와 수도를 끊는 등의 방법으로 쿠바인들에게 마이어스의 신병인도를 강요한다면 하바나에 있는 미국 외교관들은 카스트로의 손에 의해 이보다 더한 처우에 직면할 것이라는 사실이었다. 물론 나에게 그런 내용을 설명할 권한이 있는 것은 아니었고, 내가 언제나 비엔나 조약을 손에 들고 다니는 것은 아니었지만, 이는 내가 알고 있는 사실이었다. 제정신이 아닌 소리로 들릴 수 있었지만, 미국 정부의 검찰이 이런 상황을 접해봤을 가능성이 얼마나 될까? 이와 비슷한 난국이 마지막으로 일어났던 때는 1985년 11월 21일, 이스라엘 소속 침투요원인 조나단 제이 폴라드가 스파이 혐의로 체포되기 전 워싱턴 DC 주재

이스라엘 대사관에 숨어들었던 때였다. 잠깐의 대치상황이 벌어졌고, 이스라엘 외교관이 폴라드를 에스코트하여 대사관 부지 밖에 기다리고 있던 FBI 요원에게 인도했다. 당시 이스라엘은 수사에 협조하지 않을 시 닥쳐올 외교적 영향을 잘 이해하고 있었지만, 쿠바는 그렇지 않을 것이다.

나는 설명을 이어갔다. "마이크, 국무부가 법무부를 상대로 이기는 일은 흔하지 않아요. 하지만 이번 사건에서 백악관은 국무부의 편을 들어줄 거라고 장담할 수 있습니다. 결국 손해를 보는 건 여기에 있는 우리들입니다. 쿠바 이해관계 대표부에서 마이어스 부부를 물리적 강제력을 동원해 끌어내는 일은 불가능합니다."

하비 검사보는 잠시 나를 응시하더니 고개를 끄덕였다. "감사합니다."

20분간의 휴정이 끝나고 재판정으로 돌아온 하비 검사보는 보석에 반대하는 입장을 전개하면서 마이어스 부부의 거주지와 쿠바 이해관계 대표부의 거리가 매우 가까운 사실을 강조했다. 또한 이들이 가택연금 중에 있더라도, 24시간 감시체계에 약간의 허점이 발생할 시 이들이 바로 빠져나가 쿠바 이해관계 대표부에 피신하여 망명을 신청할 수 있음을 덧붙였다. 70대 노인인 마이어스 부부에겐 연방 교도소보다 외교 대표부에서 평생을 보내는 편이 훨씬 안락할 것이다. 교도소에서 종신형이냐, 아니면 철저히 보호되고 안락함을 누릴 수 있는 외교공관에서 평생을 보낼 것이냐, 선택은 간단했다. 공산주의자들의 강제수용소gulag에 수용되느니 부다페스트의 미국 대사관에서 1956년 11월부터 1971년 9월까지 가택연금을 택한 조세프 민첸티 추기경의 사례에서 보았듯이 말이다.

하비 검사보는 마이어스 부부가 만약 쿠바로 도주하거나 쿠바의 보호 하에 들어간다면 "미국에 대해 실질적으로 현존하는 위협적 존재"가 될 것임을 주장하며 마무리했다.

피고와 원고 양측이 주장이 끝나자 파치올라 판사는 1주일 내에 판결을 내릴 것이며, 그때까지 보석은 불허하는 것으로 재판을 마쳤다.

재판정 밖에서 기자들과 마이어스의 가족은 36장에 이르는 기소장을 검토하고 있었다. 당시 마이어스 부부의 자녀들이 기소장을 읽어 내려가며 고개를 젓는 모습이 아직도 기억난다. 자녀들에게는 어느 정도 측은한 마음도 들었지만 마이어스 부부에게는 일말의 동정심도 느껴지지 않았다. 일주일이 지나고 파치올라 판사는 판결에서 마이어스 부부에 대한 보석신청을 기각했다.

그 다음 달이었던 2009년 7월 24일, 난 다시 E. 바렛 프레티맨 법원으로 향했다. 다음 공판이 시작되기 직전인 오후 1시 27분에 법원에 도착한 나는 레지 B 월튼 판사의 16호 재판정에 들어섰다. 재판정 안은 많은 것들이 달라져 있었다. 그 어디에도 쿠바 이해관계 대표부의 사람들은 보이지 않았고, 기자와 아이들도 보이지 않았다. 재판정의 좌측에는 2명의 DS 요원과 5명의 FBI 요원들이 있었으며, 오른쪽에는 2명의 신원미상의 여인들과 역시 신원을 알 수 없는 여성 리포터가 있었다. 여섯 줄의 벤치가 놓여진 재판정은 대부분이 비어 있었다.

월튼 판사의 자리 옆에 위치한 문이 열리고 미소를 띤 그웬돌린과 켄달이 등장했다. 이들은 흰 티셔츠를 속에 받쳐 입고 짙은 푸른색의 수의를 입고 있었다. 그웬돌린은 어깨까지 내려오는 머리를 하나로 묶었고, 벗겨지기 시작하는 켄달의 머리는 헝클어져 있었다. 아마도 교도소의 침대 탓일 것이다. 이들 부부는 보안관이 인도하는 대로 판사의 좌측에 위치한 피고인석에 착석했다.

십 여분 후 서류 폴더 더미를 오른손에 든 월튼 판사가 입정했다. 월튼 판사는 50대 중반으로, 항상 엄격한 표정 —먹이를 낚아채기 직전의 맹금류와 같은 모습이 연상되는 표정을 짓고 있었다. 그는 대학 시절 미식축구를 했고, 2005년에는 워싱턴 DC에서 자신의 차를 운전하면서 지나가다가 어떤 사람이 택시 운전기사를 공격하는 모습을 목격하고 현장에서 나와 가해자를 제압하고 경찰이 올 때까지 붙잡고 있던 이력이 있다. 난 그가 눈을 깜박이는 것조차 본적이 없다.

월튼 판사의 오른쪽엔 하비 검사보가 낮게 깔린 목소리로 재판 연기를 신청하고 있었다. 재판을 진행하기 위해 검토해야 할 문서들이 상당하다는 것이 그 이유였다. 피고 측 또한 즉시 이에 동의했다. 월튼 판사는 마이어스 부부에게 기립하여 재판정을 바라볼 것을 주문했다.

월튼 판사는 몇몇 형식적인 이야기를 한 후, 마이어스 부부에게 신속재판을 받을 권리를 포기할 것인지 재차 물어보았다. 이들 부부는 명확하게 이에 동의했다. 피고와 원고 양측 모두 9월 25일 오후 2시에 재판을 계속할 것에 동의했다. 재판이 끝나고 마이어스 부부는 입정했던 문으로 되돌아 나갔다.

16호 재판정 밖에서 FBI와 DS의 특수요원들은 다음 재판에서 기밀문서들의 제출 문제를 어떻게 처리할 것인지 검사 측과 상의하고 있었다. 나는 하비 검사보에게 국무부의 행정절차상 DS가 개입해야 할 수도 있음을 알렸고, 하비 검사보는 이에 동의하며, 만약 국무부의 법률담당 부서^{지금까지는 수사와 기소절차에서 제외되어 있었으나} 부터 상황에 맞지 않는 개입이 보이면 수사팀에 연락하겠다고 답했다. 스토웰 특수요원과 앨러만 특수요원은 서로 악수와 인사를 나눴다.

뜻밖에도 켄달과 그웬돌린을 대리하던 피고 측 변호인단이 마이어스 부부의 스파이 혐의와 금융사기 혐의를 인정할 것을 알려왔다. 마이어스는 판결 전 홍정^{plea bargain}의 대가로 DS를 포함, IC의 요소들에 대해 조사받는 것을 동의했고, DS와 FBI의 특수요원들은 기쁨을 감추지 못했다. 마이어스가 DS와 FBI의 수사팀에게 심문을 받는 것은 판결전 홍정 협상의 결정적인 요소로, 월튼 판사는 마이어스 부부에 대한 최종 판결 시 마이어스의 협력 정도를 참작하게 될 것이다.

시간이 흘러 2009년 11월 20일 금요일, 워싱턴 DC는 아직 선선한 날씨였고, 월튼 판사가 주재하는 16호 재판정의 오후 재판 일정은 관타나모 수감자들에 대한 공판 등으로 가득 차있었다. 오후 3시에 예정되어 있는 미국 대 마이어스 부부의 공판보다 조금 일찍 도착해 빈 자리를 찾으려던 나는 DS/CI의 동료 4명과 함께 비어 있는 재판정으로 들어섰고, 가장 앞줄에 자리를 잡았다. 그리고 FBI 특수요원들과 분석관들, 기자들과 기타 관심을 가진 방청객들이 속속 재판정으로 들어왔다.

어느덧 시계가 오후 3시를 가리켰고, 하비 검사보와, 법무부 국가안보국의 방첩과 소속의 론스 검사가 재판정의 좌측에 착석했고, 반대편은 피고인단인 토머스 그린, 브래드포드 배런슨, 그리고 주디 갤러거가 자리를 잡았다.

오후 3시 2분, 정복을 갖춰 입은 두 명의 연방 보안관이 판사석 좌측의 문을 열고 마이어스 부부를 인도하여 입정했다. 피고인석으로 걸어오던 마이어스는 방청석을 돌아보며 자신의 남자형제로 보이는 인물에게 눈인사를 건넸다.

수형번호가 적힌 오렌지색 번호표가 부착된 푸른색 수의 차림의 그웬돌린은 정면을 바라보며 자신의 변호사 옆에 착석했다. 이전보다 머리가 센 모습의 그녀는 어딘가 피곤해 보였으며, 언제나처럼 심각한 표정이었다. 피고인석에 착석한 켄달은 자신의 앞에 마련된 문서들을 검토했고, 간간히 자신의 부인과 대화를 나누는 모습이 보였다. 몇 분후 이들은 테이블 건너편의 배런슨과 갤러거 변호사와 대화를 나눴다.

오후 3시 14분, 월튼 판사가 입정하여 착석했다. 빳빳하게 풀을 먹인 판사복 차림의 월튼 판사는 금방이라도 누군가에게 판사봉을 던질 것 같은 모습이었다. 월튼 판사는 더 이상 지체하지 않고 마이어스 부부를 앞으로 불렀다. 재판에 앞서 선서를 위해 수많은 질문들을 던질 참이었다.

이윽고 월튼 판사는 마이어스 부부가 판결전 흥정이 가져올 결과를 충분히 이해하도록 자신의 "규정 11"에 대해 90분 동안 설명했다.

"선고 선택에 대해 이해했습니까?" 월튼 판사의 물음에 "네"라고 마이어스 부부가 대답했다.

월튼 판사는 켄달의 눈을 직시하며 다시한번 질문했다. "가석방 없는 종신형을 받을 수 있음을 이해했습니까?"

켄달은 헛기침을 한 후 "네"라고 대답했다.

이어서 그웬돌린을 바라보며 월튼 판사는 "수사에 협조하더라도 6~9년형을 받을 수 있음을 이해했습니까?"

"네." 그웬돌린이 나직이 대답했다.

"판결전 흥정에 동의함은 배심원 판결을 받을 헌법상의 권리를 포기한다는 것을 의미합니다. 두 사람 모두 이해했습니까?"

켄달과 그웬돌린 모두 "네"라고 대답했다.

"두 사람 모두 증인에 대한 반대 심문권을 포기할 것을 이해했습니까?"

"두 사람 모두 합리적인 의심을 넘어 유죄가 입증되어야 함을 이해했습니까?" 모든 질문에 마이어스 부부는 "네"라고 대답했다.

그리고 비슷한 질문들이 이어졌다.

"규정 11"은 만약 마이어스 부부가 변호가 불충분하다거나 판결전 흥정의 영향을 충분히 이해하지 못했다고 주장하며 구형에 반대할 경우에 유용하게 쓰일 수 있다. 마이어스 부부가 위와 같은 사유를 주장할 경우 법무부는 규정 11의 단서조항을 들어 마이어스 부부가 판결전 흥정에 따른 영향과 결과를 충분히 인지했음을 보여줄 수 있다.

그웬돌린과 켄달은 각각 16장과 17장에 달하는 사실조항을 작성했는데, 자신들이 포기하는 법적 보호 및 보장 장치들에 대한 설명이었다. 월튼 판사의 질문들에 대해 마이어스 부부는 나란히 서서 "네", "아니오"로 짧은 대답만 할 뿐이었다. 그웬돌린만이 모든 이의 시선이 집중되는 앞에서 장시간 대답하는 일이 불편하다고 조용히 불평을 하는 정도였다.

"정부 측은 당신이 국방에 관한 정보를 수집 및 전송하기 위해 공모하여 18 USC 793 g.를 위반한 혐의를 증명했습니다. 당신은 이에 따라 자신의 유죄를 인정합니까? 월튼 판사가 질문했다.

"네." 그웬돌린이 대답했다.

"사실관계에 따라서 자신의 유죄를 인정하는 것입니까?"

"네."

월튼 판사는 켄달을 돌아보고 "정부 측은 당신의 스파이 행위가 18 USC 793 a.와 c.를 위반하고, 송금사기 행위로 인해 18 USC 1343을 위반한 혐의를 증명했습니다. 자신의 유죄를 인정합니까?"

"네." 마이어스가 답했다

"사실관계에 따라서 자신의 유죄를 인정하는 것입니까?"

"네."

오후 4시 33분, 난 재판정에서 나와 FBI 분석관 도나와 레이첼을 포옹하고, 마이어스의 체포 및 기소에 이르기까지 함께 고생했던 FBI 특수요원들과 악수를 나눴다. 난 그날 공판에 5개의 시가를 가져왔다. 하바나에서 만든 수제 시가인 몬테크리스토 4번이었다. 재판정 밖 복도에서 난 시가 박스를 열고 FBI 특수요원인 토니와, 케이스 담당관인 매트, 그리고 FBI 분석관인 도나와 레이첼에게 각각 하나씩 권한 후, 하비 검사보에게 마지막 남은 시가를 권했다. 시가를 받아 든 하비 검사보의 표정은 더할 나위 없어 보였다.

고개를 숙여 시가를 받아 든 하비 검사보는 미소를 띠며 아무 말 없이 "밀수품"을 주머니에 넣었다. 그가 마이어스를 기소하기 위해 고안해낸 "금융사기" 혐의는 앞으로 또 다른 미국 정부 소속 직원이 스파이 행위를 할 경우 법무부가 효과적으로 대응할 수 있는 값진 선례가 될 것이다. 간단히 설명하자면, 마이어스의 송금사기 혐의는 그가 전자송금을 통해 자신의 계좌로 국무부로부터 월급을 이체받고 있으면서 고의적으로 국무부 직원으로써의 의무를 다하지 않았다는 것이었다. 이제는 축하할 일만이 남아있었다. 물론 아직 최종 선고를 기다려야 했지만….

선고가 내려지기에 앞서 켄달의 심문을 위해 스토웰 특수요원, DS/CI 분석관인 마크 에반스, 그리고 나, 이렇게 3명으로 DS 심문팀이 구성되었다. 우리의 목적은 켄달의 스파이 행적과, 국무부 방첩상의 취약점을 파악하는 것이었다. 나와 켄달은 서로 잘 맞는데, 켄달이 이전에 WFO에서 다섯 차례에 걸쳐 DS의 심문을 받았던 상황을 목격했던 다른 FBI 동료들은 그저 놀라워할 따름이었다. 심문의 모든 과정은 DS 트레이닝 센터에 의해 모두 녹화 및 녹취되었다.

켄달은 스파이로서 자신의 업적을 매우 자랑스러워했고, 미국의 외교정책과 동맹국의 정체를 유출하고 그로 인해 수백 만 달러가 소비된 계획들을 수포로 돌아가게 했던 자신의 잘못을 뉘우치는 기색이 없었다. 켄달은 2010년 7월 자신의 선고공판에서 그러한 일들을 저지르게 된 동기를 설명했다. 그의 목적은 쿠바혁명을 적국의 개입이나 조종과, 미국의 영향을 받은 반 카스트로 세력의 압력으로부터 보호하는 것이었다.

2010년 7월 16일, 난 다시 재판정으로 향했다. 16호 재판정은 오전 9시 45분에 이미 가득 차 있었고, 미처 자리를 확보하지 못한 방청객들이 복도에서 초조하게 자리가 날 것을 기다리고 있었다. 모두 월튼 판사가 마이어스 부부에게 내릴 선고를 기다리고 있었다.

오전 10시 14분, 소란스럽던 재판정은 월튼 판사의 입정과 함께 일시에 조용해졌다. 3년여에 걸친 이들의 연극이 막을 내리는 순간이었다. "형사사건 09-150번, 미국 대 마이어스 부부의 사건을 시작합니다." 법원 서기대리가 시작을 알렸다.

검찰 측이 먼저 시작했고, 마이어스의 대리인인 토마스 그린 변호사는 월튼 판사에게 행정적 문제를 논의하기 위해 11분간의 휴정을 요청했고 그것이 받아들여졌다.

재판이 재개되자 하비 검사보는 주장을 좀 더 간략화했다. 먼저 그웬돌린에 대한 내용으로 시작했다. "그웬돌린은 지난 30년간 스파이 행위에 몸담았으며, 자신이 한 일이나 그로 인한 미국에 미친 피해에 대한 일말의 후회도 보이지 않고 있습니다. 그녀는 자신의 남편과 마찬가지로 자신의 행위에 대한 부끄러움을 느끼지 못하고 있는 것입니다."

이에 대에 피고 측의 그린 변호사는 다른 견해를 보였다 "존경하는 재판장님, 그웬돌린에 대한 선고를 고려하시도록 저희 측의 주장과 이를 위한 모든 자료는 이미 제출했습니다. 따라서 번거롭게 이 모든 사실들을 다시 설명드릴 이유는 없습니다만, 몇 가지 꼭 짚고 넘어가야 할 중요한 사실들이 있습니다."

"피고인이 미국을 위해 협력한 사실에 대한 사항입니다"라며 그린 변호사가 변론을 이어갔다. "마이어스 부부가 체포되었던 당시, 이들은 어떠한 저항도 보이지 않았으며, 자신들이 한 일을 부정하거나, 그에 따른 처벌을 회피하려 하지 않았습니다."

"피고인은 결국 판결전 흥정을 통해 정부에 협력하려 했습니다. 모든 상황을 고려할 때 이들은 재판절차 중 노출될 수 있는 국가의 안보를 보호하려 한 것이라고 생각됩니다. 그리고 이들이 판결전 흥정에 동의함에 따라 협조를 위해 여러 기관들과 수백시간에 걸친 심문을 받았고, 이는 피고인들에게 큰 개인적 부담이 되었다는 사실이 고려되어야 할 것입니다."

이 말을 듣는 순간 난 실소를 금할 수 없었다. WFO에서 이루어진 심문에는 나도 참가했었기 때문이었다. 마이어스는 여러 살인범과 다른 강력범들이 함께 수용되어 있던 DC 교도소의 밖으로 나온다는 사실만으로도 매우 즐거워했었다. 마이어스는 "교도소에는 나를 해치려 하는 정말 나쁜자들이 있습니다"라며 나에게 말하기도 했었다. 심문을 시작할 때 난 언제나 그에게 커피를 권했고, 때로는 그의 요청에 따라 점심식사로^{자비를 들여서} 파스트라미 샌드위치와 당근 케익을 사오기도 했었다. 마이어스는 자신의 "민폐 행위"를 즐기고 있었고, 이러한 모습들의 녹화자료가 생생히 남아있던 터였다.

"선고가 내려지기 전에 마이어스 씨가 자신과 부인을 대신하여 잠시 하고 싶은 말이 있다고 합니다. 허락해 주시겠습니까?"

월튼 판사가 물었다 "그웬돌린이 직접 발언하기를 요청하는 것입니까?"

그린 변호사가 답했다. "그웬돌린은 마이어스가 자신들 부부를 대표해 발언하기를 원합니다. 하지만 재판장님이 그웬돌린에 대한 선고를 먼저 내리신다면 지금 발언의 기회를 주시면 감사하겠습니다."

월튼 판사가 답했다 "좋습니다."

"피고인들이 함께 재판장님 앞에 서도록 허락해 주시기 바랍니다." 그린 변호사가 요청했다.

"좋습니다."

월튼 판사는 마이어스 부부에게 재판정의 중앙에 나와서 설 것을 주문했다. 중앙에 놓인 발언대 앞에 선 켄달은 발언의 기회를 얻은 사실이 기쁜 모습이었다. 자신의 부인과 나란히 선 켄달은 경직된 표정의 월튼 판사를 향해 15분간 발언했다.

그는 다음과 같이 말하면서 시작했다. "좋은 아침입니다. 재판장님, 제 이름은 월터 켄덜 마이어스, 그리고 이쪽은 제 아내인 그웬돌린 스타인그래버 마이어스입니다. 이 자리에서 몇 가지 말씀드리고자 합니다. 우리의 행위에 대한 동기와, 우리의 관계, 교육배경, 그리고 수감에 관한 내용입니다. 먼저, 우리의 동기에 관해 말씀드리겠습니다. 지난 11월 판결전 흥정의 동의서에 서명함으로써 우리는 정부가 제기한 혐의들을 인정했습니다. 우리가 지난 30년 동안 한 일들은 우리의 생각과 믿음에 따른 것임을 지금 이 자리에서 말씀드리고 싶습니다. 우리가 한 일들에 대한 어떤 대가나 금품을 원했던 것이 아닙니다."

이어진 그의 설명은 간단했다. "우리는 반미주의나 어떤 분노로 인해 그런 행동을 한 것이 아닙니다. 우린 미국 시민 개개인을 해치려는 의도는 전혀 없었습니다. 단지 우리는 쿠바혁명의 사상과 그들의 꿈을 함께했을 뿐입니다. 우린 세상에서 고통받는 사람들을 구하는 일에 함께 기여하고 싶었습니다."

켄달의 말을 듣고 있다 보니, 그는 자신이 카스트로가 위대한 미국에 대항하는 위업을 이룰 수 있도록 국제적인 차원의 조력을 제공한 것이라는 자신만의 생각에 빠져 있다는 인상을 받았다. 켄달에 의하면 "쿠바인들은 미국에 의해 위협을 느끼고 있었다." 그리고 "카스트로 또한 위협을 느낄 이유가 충분합니다." 켄달은 자신의 발언을 이어갔다. "지금 현재 마이애미에는 쿠바에 잔혹한 테러 공격을 가한 범죄자들이 살고 있습니다. 지난 날 쿠바항공에 폭탄테러를 하여 75명의 목숨을 앗아간 사건 말입니다. 쿠바인들은 1961년 이래 지금까지 금수조치 상태에 있습니다. 쿠바의 입장에서 본다면 충분히 미국을 두려워할 만한 일입니다. 미국 또한 이러한 쿠바의 두려움을 잘 알고 있습니다. 쿠바와 미국은 오랜 세월동안 친밀관계에 있었으며, 상호이해관계를 유지해왔습니다. 물론 서로 위협을 느끼는 관계이기도 합니다. 우리 부부의 동기는, 이러한 두려움을 덜어내고, 미국의 정책에 대해 가능한 한 정확하고 공정하게 보고하려던 것에 있습니다. 동시에 쿠바를 보호하고, 위험을 미리 알려주며, 쿠바에 대한 위협의 근본을 분석하는 것이 제가 뜻하던 일이었습니다."

월튼 판사가 "당신의 정부를 희생해서 말입니까?"라고 질문하며 켄달의 말에 끼어들었다.

당당히 서있던 켄달이 답했다. "대답하기 어려운 질문이군요, 존경하는 재판장님. 하지만 저는 단지 성공 여부를 떠나서 쿠바인들과 쿠바의 혁명에도 기회가 주어져야 한다고 생각합니다. 난무하는 선전전술과 적대행위에 위협받지 않고 말이죠. 그러기 위해서 저는 미국법에 반하는 행동을 할 수밖에 없었습니다. 판결전 흥정의 동의서에 서명한 것과 같이 저는 제 행동이 미국법을 위반한 사실을 온전히 인정합니다. 이미 진술서에도 명시했듯, 저에게 있어서는 쿠바인들을 보호하고 돕는 것이 최우선이었기 때문입니다."

한 순간, 나는 월튼 판사가 앞에 서있는 두 명의 피고인을 다시 응시하기 전에 잠시 고개를 들어 재판정의 천장을 15초가량 올려다보는 것을 알아챘다.

발언 중에서 켄달의 목소리가 흔들린 때는 그웬돌린을 향한 자신의 사랑을 말하던 부분뿐이었다. 그제야 난 그가 진실을 말하고 있음을 알 수 있었다. 켄달이 발언을 마치고 그와 그웬돌린은 피고인석으로 돌아가 착석했다. 방청석의 맨 앞줄에 앉아있던 그

가족들의 눈엔 눈물이 고여있었다.

월튼 판사는 검찰 측으로 시선을 돌려, 마이어스 씨에 대한 정부의 주장을 들을 준비가 되었다고 말했다.

하비 검사보는 마이어스 부부가 막 자리를 비운 바로 그 발언대로 나가 자신의 차례를 준비했다. "감사합니다. 존경하는 재판장님. 그럼 정부의 입장을 말씀드리겠습니다. 먼저, 미국의 이익에 반하는 마이어스 부부의 범죄행위는 어떠한 말로도 미화될 수 없음을 말씀드립니다. 그는 반역자입니다. 국무부의 동료들을 배신하고, 그를 믿고 기밀정보를 맡긴 정부를 배신했으며, 우리의 조국을 배신한 인물입니다. 방금 들으신 바와 같이, 마이어스는 자신의 악행에 대한 일말의 뉘우침도 보이지 않고 있습니다. 또한 미국에 끼친 피해를 인정하지 않을 것입니다."

얼마 뒤에 하비 검사보는 켄달이 국무부에서 퇴직한 후에 "인민의 낙원"인 쿠바에서 사는 것을 선택하지 않았다는 것을 지적했을 때 중요한 점수를 획득했다. 하비 검사보가 설명한 것처럼 "켄달은 쿠바혁명을 경탄한다고 하나, 그것은 언제나 안전하고 안심할 수 있는 만큼 떨어져 있는 여기 미국에서 만이었습니다."

하비 검사보는 법정에 다음과 같은 점을 상기시켰다. "물론 쿠바정권의 입장에서는 그가 제공한 정보들이 매우 유용했을 것입니다. 이들의 노력과 정성을 높이 사 그웬돌린과 켄달 마이어스 부부는 쿠바정보부로부터 훈장을 수여받았고, 1995년 CuIS는 마이어스 부부가 피델 카스트로를 접견할 수 있도록 비밀 여행을 마련했습니다. 마이어스 부부가 체포되었을 때 피델 카스트로는 세상의 모든 영광을 마이어스 부부에게 돌린다고 말한 사실만 봐도 이들이 어떤 영향을 주었는지 알 수 있습니다."

하비 검사보는 켄달이 FBI 잠복요원인 EK에게 다시 스파이 임무에 복귀하고 싶다며 "재미있을 것"이라고 말한 사실을 강조했다. 그는 계속 진술을 이어갔다. "진실은 켄달 마이어스는 짜릿한 재미를 느끼기 위해 자신의 조국인 미국을 팔아넘긴 것입니다. 하지만 이제 배신의 대가를 치룰 차례입니다. 그는 가석방 없이 종신형을 받음이 마땅합니다."

하비 검사보는 마지막으로 "그에 대한 구형에, $1,735,054의 벌금도 함께 부과할 것을 정중히 요청하는 바입니다. 그가 쿠바정권을 위해 일하면서도 미국 정부에 소속되어 받았던 임금의 총액과 같습니다"라며 발언을 마무리했다.

그렇게, 하비 검사보는 미국 정부의 입장을 정리했다. 사람들이 법정에서 일어나 환호할 수 없는 것은 불행한 일이었다.

이제 켄달과 그웬돌린의 변호인단이 최후의 변론을 할 차례였다.

그린 변호사는 "존경하는 재판장님, 저는 마이어스 씨에 대한 전혀 다른 입장을 말씀드리려고 합니다. 하비 검사보가 묘사한 피고인들의 화려한 생활과는 달리 이들의 실생활은 매우 검소했습니다."

"피고인들은 자신들이 마주하게 될 엄중한 대가에도 불구하고, 수백시간에 걸친 기관들의 심문에 성실히 임하였으며, 수천가지의 질문에 모두 대답하려 노력했습니다. 판결전 흥정을 통한 협의에 따른 일이기도 하였으나, 지금 피고인들의 삶에서 할 수 있는 가장 올바른 일이었기에 적극 협력한 것입니다."

발언대에 나선지 5분도 채 되지 않아 준비한 내용을 모두 마친 그린 변호사는 재빨리 피고인단 석으로 돌아와 착석했다. 의뢰인이 유죄를 인정할 때는 수고를 아끼는 것이 상책이었다.

최종 선고에 앞서 월튼 판사는 마이어스에게 몇 가지 질문이 있으며, 굳이 대답하지 않아도 된다고 말했다.

"지금 이 사건으로 나는 매우 고심하고 있습니다. 미국은 완벽한 국가가 아닙니다. 나 또한 이 나라에서 기본적 인권을 거부당한 선조들을 목격한 일이 있습니다. 평생을 노예로 살아야만 했던 증조할아버지와, 노예로 태어난 후 어린 나이부터 소작농으로 한 달에 8달러를 버는 것이 고작이었던 할아버지, 그리고 내가 어린 시절에 살던 펜실베니아에서 제철소에 다니던 친척들, 평생을 노동자에서 벗어나지 못했던 그들과 내 아버지가 그러했듯이 말입니다. 내 부모는 매우 현명한 분들이었지만, 그 당시 유색인종에 대한 시대적, 사회적 분위기 탓에 고등 교육을 받을 기회를 얻지 못했던 분들이었습니다."

"그런 역사에도 불구하고, 난 미국은 충분히 자랑스러운 국가이며, 이러한 점을 당신들은 감사히 여길 줄 모르는 것으로 보입니다. 미국은 당신들이 생각하는 것만큼 극악한 곳이 아니며, 그렇다고 해서 미국이 완벽한 곳이라는 것은 아닙니다. 쿠바가 자유로 가득한 오아시스와 같은 곳이라고 보여 지지는 않습니다. USA 투데이의 오늘자 기사에서 다룬 쿠바의 교도소에서 운 좋게 탈출한 사람들에 대한 이야기만 봐도 쉽게 알 수 있을 것입니다."

"따라서, 피고인들이 처음에 쿠바인들을 돕기 위해 국가에 반하는 행위를 했다고 주장할지라도, 기밀정보를 쿠바정부에 전달하는 일이 쿠바 국민을 돕는 일에 이어진다고 볼 수 없습니다. 물론 쿠바에도 새로운 물결을 위해 노력하는 좋은 사람들이 있을 거라는 당신의 의견에 나 또한 동의합니다. 하지만 쿠바의 정권은 이를 허락하지 않습니다. 피고인들의 반역행위가 쿠바의 선한 자들의 위치를 개선하는데에 그 어떠한 도움이 되었다고 볼 수 없습니다. 만약 피고인들이 혁명을 믿고, 이를 위한 일을 하고 싶었다면 쿠바로 건너가 쿠바인들을 돕는 일에 평생을 바쳤음이 옳을 것입니다."

"하지만 조국을 배신하고 정보를 유출하는 행위는 … 기밀정보가 유출될 때마다 피고인들의 의도와는 상관없이 누군가 피해를 입을 수 있으며, 이로 인한 파급효과는 감히 예측할 수 없는 일입니다. 정보기관에 소속된 누군가의 목숨이 희생될 수도 있다는 말입니다. 그리고 불행하게도, 마이어스 씨, 좀 전에 부인을 대신한 당신의 발언으로 미루어 봤을 때, 일말의 뉘우침도 보이지 않았습니다. 피고인들은 본 재판관이 이해할 수 없는 상식으로 자신의 행위에 정당성을 부여하고 있음이 느껴졌습니다. 검찰 측이 지적한 바와 같이, 애석하게도 피고인들은 자신의 행위를 자랑스러워하고 있습니다. 피고인들은 이 나라의 많은 사람들이 누리지 못하는 특권을 누리고 살아왔습니다. 자신의 정부를 희생하여 그러한 특권이 낭비된 것과 다르지 않습니다."

"이미 피고인은 자신들의 상황을 고려해 결정을 내린 것으로 판단됩니다. 자신의 행동에 대한 결과 ─종신형에 처해질 수도 있는 결과를 받아들이는 자세는 인정할 만 하다고 할 수 있습니다. 또한 이와 같이 자신의 처벌을 기꺼이 받아들이는 자세를 통해 자신의 아내만큼은 다시 자유로운 몸이 될 기회를 얻고자 한 노력 또한 인정합니다. 희생하겠다는 선택을 한 점은 어느 정도 명예를 인정할 수 있다고 봅니다."

월튼 판사는 마이어스에 대해 가석방이 없는 종신형을 선고

했고, 검찰의 구형에 따라 1백7천만 달러의 벌금이 부과되었다.

그웬돌린에게는 81개월의 징역형이 선고되었다. 월튼 판사는 이들 부부가 근거리에 수감될 수 있도록 하여 가족들이 면회할 수 있도록 배려하였다.

오전 11시 50분경에 16호 재판정의 문이 열리고, 수사관들과 검사들이 악수를 나누며 복도로 나왔다. 마이어스 부부의 가족과 지인들은 재판정 안에 남아 피고인단과 대화를 나누고 있는 모습이 보였다. 나는 우리의 승리가 그리 오래가지 못할 것이라는 느낌이 들었다. CuIS의 또 다른 비밀침투요원들은 아직도 국무부 안의 어딘가를 활보하고 있을 것이다.

그웬돌린은 텍사스의 포트워스에 있는 공군기지 내의 연방메디컬센터로 이송되었다. 이 수감시설에는 약 1400명의 수감자들이 생활하고 있었으며, 연방 교도소 중 유일하게 여자 수감자를 위한 의료시설이 마련된 곳이었다. 그웬돌린은 심장병을 앓고 있었기에, 이곳이 유일하게 그녀를 수감할 수 있는 시설이었다. 그웬돌린과 같은 방을 쓰게 된 사람은 바로 쿠바의 또 다른 침투요원이었던 안나 몬테스였다. 이들이 식사시간에 함께 앉아 무슨 이야기를 나눴을 지 궁금하다.

마이어스는 "슈퍼맥스^Supermax"로 불리는 교도소에 홀로 수감되었다. 덴버에서 약 100마일 가량 떨어진 곳에 위치한 이 수감시설은 1971년에 개소한 곳으로, 500명을 수감할 수 있다. 정식 명칭은 플로렌스 행정 최고 중구금 시설^Administrative Maximum Facility Florence: ^ADX로, 미국에서 가장 위험한 범죄자들을 수감하기 위해 지어진 곳이다. 이곳의 수감자들은 하루 23시간을 자신의 독방에서 지내게 되며, 방 안에는 탈부착이 불가능하도록 콘크리트로 만들어진 침대와 의자, 그리고 책상이 마련되어 있다. 샤워시설에는 타이머가 부착되어 있으며, 화장실이 막히는 경우 수도공급이 중단되도록 설계되어 있다. 텔레비전은 교도소에서 자체 전송하는 종교나 여가프로그램만이 제공된다. 수감자에게는 1회당 한 시간씩, 주 5회의 운동시간이 주어지며, 2~3명의 교도관이 동행하게 된다. 마이어스와 함께 수감되는 인물로 FBI의 로버트 한센과 CIA의 해럴드 니콜슨이 있었으나, 이들이 서로 마주칠 일은 없을 것이다.

2009년 후반, DS 본부 23층에 있는 어느 한 작은 회의실에서 외교안보 차관인 에릭 보스웰의 주관으로 명예수여식이 마련되었다. 지난 6개월간 우수한 근무성과를 보인 직원 개인과 팀에 대한 수여식이었다. 수여식장은 이내 직원들로 가득찼고, 수여식 후반에 스토웰 특수요원과 케린 테리, 그리고 PSS 감독관인 바바라 쉴드가 호명되었다. 미국 국기와 국무부의 깃발이 양쪽에 나란히 걸린 단상으로 올라온 그들은 "Vision Quest"를 성공리에 완수한 공을 치하하여 최고 명예상^{Superior Honor Award}을 수여받았다. 그 상의 인용구는 간략히 읽자면 "FBI와 함께 "Vision Quest" 스파이 사건의 용의자를 찾아내는데 기여한 탁월한 노력에 대하여"라고 적혀있었다.

그 상의 원래 추천에 올렸던 내용은 다음과 같다.

DS의 퇴직 특수요원^{현재 DS/ICI/CI 계약직} 로버트 부스는 수십 년에 걸친 경험을 바탕으로 주어진 정보를 신중히 분석하여 "matrix points"라는 용의자 특정을 위한 요소를 파악, 미상의 용의자에 대한 정보를 구성했다. 로버트 부스, 바바라 쉴드, 조셉 스토웰, 그리고 케린 테리로 이루어진 DS의 수사팀은 단 30일 만에 2,000여명에 달하는 용의자들 중 켄덜 마이어스를 가려내는 놀라운 성과를 보여주었다.

DS/CI 부서장에 의한 많은 선의의 노력에도 불구하고, 공적에 내 이름이 포함되지는 않았다. 국무부 규정에 따라 계약직의 공적은 포함되지 않은 탓이었다. 난 자존심에 상처를 받았지만, 옛말에 이르기를 "좋은 일을 하고도 나쁜 일이 생길 수 있다"라고 하지 않았는가.

2010년 9월, 피델 카스트로는 아틀랜틱 신문사의 제프리 골드버그에게 "쿠바의 방식은 더 이상 효과가 없다"라고 말했고, 라울 카스트로는 쿠바 정부가 2011년 3월까지 50만 명의 쿠바 노동자들을 배출할 것을 선언했다. 지금까지 쿠바에 존재하지 않았던 자본주의 사업가들이 만들어내는 일자리를 위해서 말이다. 나는 켄덜이 이 뉴스를 접하게 되면 자신이 동경하던 최고 지도자가 이끌던 찬란한 사회주의 혁명의 현재에 대해 어떻게 생각할지 궁금해졌다. 물론, ADX교도소에서 뉴스매체를 접할 수 있다면 말이다.

마이어스의 이전 동료이기도 한 국무부 선임분석관인 매튜 위멧은 2011년 다음과 같이 말했다. "어느 날 내 친구가 나라 안에 몇 안 되는 국제스파이라는 사실을 알게 되었을 때, 그때 비로소 방첩업무의 진실에 눈을 뜨게 됩니다. 단테의 지옥에서 말하는 가장 나쁜 죄목은 무엇일까요? 배신입니다. 믿음을 저버리는 자들을 말하는 것이죠."

제2부

타이완 팜므파탈

국무부서류를 가지고 나가 다른 사람에게 주면 안 된다는 사실을 모른다고 하는 국무부 직원이 있다면 그는 완벽한 멍청이다.

- US District Judge Harold H. Greene

(국무부 직원인 제네바 존스가 비밀 분류된 국무부 정보를 외국세력에 불법적으로 알려준 것 때문에 그녀를 37개월 간 연방 징역형에 처하는 1994년 선고 중에)

여자에게 멋진 인상을 주기위해 국가 비밀들을 배신하는 공무원을 조심해라
- 이름 없는 누군가 (1961년 10월 티벳 게릴라에 의해 입수된 중국 군사 저널)

5 장

DS 특수요원인 케빈 워러너는 몹시 화가 나있었다. 그는 잠복차량인 Crown Vic의 액셀을 힘껏 밟으며 워싱턴 DC를 빠져나가는 덜레스 공항행 고속도로를 달리고 있었다. 석양이 아름다운 9월의 어느 늦은 오후였지만, 워러너 특수요원은 창밖 풍경을 즐길 여유가 없었다. 당장이라도 차량의 사이렌을 켜고 싶었지만, 자신이 근 2년간 추적해온 목표물은 이미 공항을 떠났을 터였다. 어쩌면 자신이 달리고 있는 도로의 반대편 차선에서 스쳐 지나갔을 지도 모를 일이었다.

워러너 요원은 끝이 없을 것만 같은 고속도로를 내달려 하루 수천 명이 오고가는 공항의 메인터미널로 향했다. 저 멀리 현대적 건축미가 돋보이는 공항 건물이 눈에 들어왔다. 유명한 장관의 이름을 딴 덜레스 공항은 연방정부가 소유한 민간 공항 중 하나였다. 그 덕분에 공항 관계자들을 상대하기엔 좀 수월할 수도 있을 것이다.

그는 공항 주차장에 급히 차를 대고 터미널로 뛰어 들어갔다. 이민세관국Immigration and Customs Enforcement, ICE으로 향한 워러너 요원은 카운터에 앉아있던 젊은 ICE 직원에서 신분증을 보여주며 자신을 외교안보과 특수요원이라고 소개했다.

워러너 요원은 FBI와 DS가 2년에 걸쳐 공들인 방첩수사의 새로운 단서가 곧 눈앞에서 사라질 것만 같아 다급해졌다. 워러너 요원은 동료들로부터 끈질기고, 침착한 성품으로 방첩업무에 타고났다는 평가를 받고 있었고, 공로는 부하들에게 돌리고 잘못은 자신이 책임지려 하는 성품으로 부하들에게 칭송받는 인물이었다. 사무실 밖에서 일할 때 그의 외교적 처사는 완벽에 가까웠다. 자신의 방문 목적을 필요 이상으로 드러내지 않으려 조심하며 그는 ICE의 직원 "크리스"를 찾았고, 유나이티드 항공편 8228로 방금 전 도쿄로부터 도착한 승객들의 6059B 출입국신고서를 찾아봐 달라고 주문했다.

크리스는 즉시 "네"라고 답을 했다. 그 둘은 함께 미로와 같은 공항의 지하층으로 향했다. 컴컴한 복도를 따라 얼마나 걸어갔을까. 크리스는 작고, 꽃향기가 나며, 창문이 없는 한 방으로 난 문을 열었다. 그 곳에는 그날, 그러니까 2003년 9월 7일 하루 동안 덜레스 공항을 통해 입국한 수천 명의 세관신고서가 약 50개의 박스에 담겨 이들을 기다리고 있었다.

미국으로 향하는 밀수품과 불법입국을 시도하는 자들을 가려내기 위해 세관은 미국으로 입국하려는 모든 승객들에게 이미 기내에서 배부된 신고서를 작성하도록 하고 있다. 워러너 요원은 크리스 요원과 함께 박스에 담긴 6059B 신고서들을 조사하기 시작했다.

그리고 90여분 동안 이들 두 명의 요원들은 간간히 가벼운 대화를 주고받으며 수천 장에 달하는 세관신고서를 한장 한장 살펴나갔다. 워러너 요원은 P228 시그 사우어 9밀리 반자동 피스톨을 선호했고, 크리스 요원은 글록을 선호했다. 둘 다 조지아 주 글린코에 위치한 FBI 법집행 훈련센터[Federal Law Enforcement Training Center]

에서 기본 범죄수사과정을 이수했다. 그리고 서로 FBI에 친구들이 있었으며, 역시 자신들의 상관에 대한 작은 불만을 얘기하는 것도 잊지 않았다.

그렇게 대수롭지 않은 대화를 나누며 세관신고서들을 살피던 중 워러너 요원의 눈에 유나이티드 항공 8228편을 통해 한 시간 전에 도착한 승객이 작성한 것으로 보이는 세관신고서가 포착되었다. 파란색과 흰색의 신고서 종이를 살펴보던 그는 승객의 이름을 확인했고, 신고서를 재빨리 훑어보았다.

DS와 FBI의 특수요원들은 지루하고 힘겨운 1년여의 감시기간 동안 국무부 EAP$^{East Asia and Pacific affairs}$의 주 차관보인 도널드 윌리스 카이저의 모든 행각을 주시하고 있었다. 그는 타이완의 젊은 여성 비밀요원과 비밀스러운 관계에 있었다. 카이저 차관보가 드디어 미국 정부를 속이는 범죄를 저지른 것일까?

워러너 특수요원은 입국신고서 8번 문항을 주시했다. 미국에 입국하기 전 방문한 국가들을 묻는 질문이었다. 워러너 요원은 자신의 용의자가 8번 문항에 "중국과 일본"으로 답한 것을 확인했다. 신고서의 뒷면에는 3가지의 물품이 반입신고되어 있었다. 족자 하나와 2개의 나무판으로 150달러의 가치로 기재되어 있었다. 어쨌든 가장 중요한 사실은, 신고서의 하단에는 성실히 신고했음을 나타내는 서명란이 있다는 사실이었다. 워러너 요원이 들고 있던 그 신고서의 서명란은 "도널드 W. 카이저"로, 입국날짜는 2003년 9월 7일로 기재되어 있음을 확인했다. "우리가 잡았다." 깊은 숨을 내쉰 워러너 요원이 말했다.

— *** —

1943년 7월 17일생인 도널드 윌리스 카이저는, 1961년 대학에 입학하기 전까지 볼티모어에서 성장했다. 매릴랜드 대학에서 우등으로 정치학과를 졸업한 그는 1968년까지 조지워싱턴 대학교의 대학원에서 수학했다. 1963년에 베벌리 루이즈 노엘과 결혼한 그는 여러 명의 자녀를 두고 있었다. 카이저는 스탠포드 대학의 교환학생 프로그램을 이용해 1968년에서 1970년까지 타이완 타이페이에 머물며 중국어를 공부했다. 그 후 현지 회사에서 일하며 중국의 문화와 정치적 지식을 더했고, 타이완 사람들과 교류하며 자신의 중국어 능력을 성장시켰다. 카이저가 선택한 최종적 커리어를 생각해보면, 아마도 당시 타이완 국민들에게 널리 퍼져있던 반 공산주의 사상이 카이저의 친 타이완적이며 반 중국적 성향에 영향을 주었던 것 같다.

　　미국으로 돌아온 카이저는 외교와 중국관련 관심사를 살려 국무부에 지원하게 된다. 1970년 12월과 1971년 5월 시험과, 1971년 9월 신상조사를 거쳐 외무국에 배치된 그에게 주어진 첫 임무는 아시아 공산주의 담당부서에서 8개월간 미중 양국 관계에 대한 모니터링 업무였다. 1973년 2월부터 1975년 7월까지 그는 정보조사국 내 동아시아 조사부서에서 근무하며 중국－타이완 통합에 관한 복잡한 사안들과 문화혁명 이후 중화민국^{PRC}의 정치동향 등을 다룬 보고서를 작성하는 일을 담당했다. 그의 우수한 분석능력과 보고서들은 곧 중국 담당부서의 주목을 받았고, 베이징에 새로이 개소하게 된 미국연락사무소^{United States Liaison Office, USLO}에 파견되기에 이르렀다.

　　베이징에 도착하기 전, 카이저는 1975년 7월 타이완으로 돌아가 1년간 지내며 USLO 파견을 준비하기 위해 타이쭝에서 FSI

의 중국어 통역수업을 이수했다. 그의 성적은 만다린 중국어가 4/4^{fluent}, 그리고 아모이 중국어^{타이완어}가 2/2^{proficient}로 놀라운 성과를 보여주었다.

카이저는 1976년 6월 베이징에 도착, 나를 비롯한 22명의 국무부 직원들과 합류했다. 나는 당시 1949년 이후 중지되었다가 이제 막 재개된 미국-중국의 외교관계 보고를 담당하고 있었다. 자신감이 넘치고 어딘가 오만하기까지 했던 카이저는 얼마 지나지 않아 USLO 내에서 외교관들과 외신기자들, 그리고 중국공산당에 대해 세세한 정보를 제공해주던 현지 중국인들과 친분을 구축했다. 그의 정보원은 대부분 아시아 지역에서 경험이 풍부한 타국의 외교관들이었다.

1976년 후반, USLO의 정무사무관인 스탠 브룩스와 찰스 실베스터, 그리고 카이저는 모택동의 사망을 워싱턴 DC에 보고하는 업무를 담당했는데, 모택동의 부인과, 모택동 사후의 사인방, 그리고 공산당 내부에서 계속되던 싸움 등이 주 내용이었다. 실베스터는 USLO의 안보담당관들의 신임을 받고 있었다. 그의 부친은 해군 준장 출신으로, 제2차 세계대전 전에 상하이로 배치된 일이 있었는데, 실베스터는 그때 부친과 함께 그곳에서 어린 시절을 보내기도 했다. 이후 미 해군에 입대한 실베스터는 해군조종사로 복무하던 중 1961년 국무부 외무국에 합류하게 되었다. 그는 내가 아는 좋은 사람들 중 한 명이다.

브룩스, 실베스터, 그리고 카이저는 1976년에 국무부의 선임 아시아담당이 되었고, 모택동 사후 등소평으로 실세가 옮겨간 정황을 워싱턴 DC에 보고하기도 했다. 이 보고서에는 정치적 상황이 사실적으로 묘사되어 있었고, 백악관과 외교계는 서둘러 이를 탐독했다. 카이저는 적절한 유머와 다양한 주제가 담긴 보고서를 상당량 작성해냈고, 그 내용은 언제나 USLO 직원들 사이에서 화제가 되었다. 외국의 외교사절들과 언론인들로부터 정보를 수집해내는 카이저의 능력은 장차 워싱턴 DC와 다른 외국 근무지에서 그가 맡게 될 임무를 위한 중요한 밑거름이 되었다.

세계 각지의 대사관을 중심으로 한 사교모임은 외교사절들과 언론인들이 모여 서로 정보를 나누는 중요한 자리이다. 각 국가의 정치·사회적 상황에 대한 정보교환은 외교계의 생명과도 같은 것이었다. 그러나 이러한 사교 관계의 특성을 잘못 이해할 가능성도 무시할 수 없었기에 국무부는 모든 외무사무관^{Foreign Service Officers,} ^{FSOs}들이 기본적인 규칙을 숙지하도록 가이드라인을 만들어 나눠주었다. 이 보안 규정들을 제대로 지키지 못했던 카이저의 실책이 훗날 그를 추락하게 했다.

베이징에서의 근무를 마친 카이저는 도쿄주재 미국 대사관의 정치군사 담당관으로 발령되어 1979년에서 1981년까지 근무했다. 그의 주업무는 미국-일본 간의 공동안보조약과 SOFA^{Status of Forces} ^{Agreement}협정에서 비롯되는 문제들을 모니터링하는 일이었다. 우연히도 나는 1978년에서 1980년까지 도쿄의 지역안보사무소에 파견되어 있었고, 다시 카이저를 만나게 되었다. 주일 미국 대사관에 근무하고 있던 직원들이 매우 많았기에 서로 만날 일이 흔치는 않았다. 내가 도쿄에 있던 당시 카이저에 대해 기억나는 일은 1979년 후반 어느 날, 마찬가지로 도쿄로 발령받아 근무 중이던 FSO인 패트리샤가 나에게로 와서 했던 말이었다.

"로버트." 그녀가 말했다. "카이저와 잘 아는 사이인가요?"

"무슨 일이죠?"

"당신 베이징에서 그를 알았죠? 그렇죠?"

"네. 보고서 작성능력이 아주 뛰어난 유능한 사무관이죠."

"네. 하지만 그에 대해 개인적으로 얼마나 알고 있나요?"

별로 반가운 질문은 아니었지만, 어느 정도 타당한 질문이라고 생각했다.

"외도에 대한 루머들이 좀 있었죠?"

패트리샤는 아무 말 없이 잠시 내 눈을 응시하더니 털어놓았다. "그가 여자들을 대하는 태도가 좀 유별난 것 같아요, 평소 그와 함께 일하기에 불편해요"

"내가 해 줄 수 있는 일이 있나요?"

"아니요. 하지만 도움이 필요할 땐 다시 물어볼게요."

처음 이 이야기를 들었을 때 난 패트리샤가 과민하게 반응하는 것이라고 생각했었다. 25년 후 그녀의 느낌은 적중했음이 드러났고, 난 당시 그녀의, 내 동료의 말을 무시했던 일을 후회했다. 몇몇 동료들은 이미 카이저가 총명하고 매력적인 여성에게 약하다는 점을 잘 알고 있었다. 그 당시 난 카이저의 그런 부분을 잘 알지 못했다. 패트리샤가 나에게 다시 같은 고민을 털어놓는 일은 일어나지 않았고, 8개월 후 그녀는 도쿄를 떠났다.

도쿄 근무를 마친 카이저는 "국무부 외부 파견" 임무를 맡게 되었다. 1981년 5월부터 1982년 6월까지 특별보좌관으로 하와이 주지사를 수행하는 일이었다. 이후 본토로 돌아온 카이저는 지위가 급상승하게 되었고, 많은 사람의 부러움을 사는 동경의 대상이 되었다. 1982년 7월, 또 다시 주 베이징 미국대사관으로 발령받은 그는, 이번에는 정무 및 내무관련 부서의 책임자가 되어 중국의 외교부와 싱크탱크의 학자들, 언론인, 그리고 중국의 정치권의 인사들과 관계를 형성하는 일을 맡게 되었다.

성공적으로 업무를 완수해 낸 카이저의 능력을 높게 산 국무부는, 그를 다시 워싱턴 DC로 불러들이고, 중국/몽골 담당국의 부국장으로 임명했다. 카이저는 그곳에서 미국-중국의 양국관계를 분석하는 6명의 부하직원과 함께 1984년 당시 레이건 대통령의 중국 방문을 위한 정치/외교적 어젠다를 담당하기도 했다.

워싱턴에서 2년간의 근무를 마친 카이저는 다시 도쿄에 있는 미국 대사관으로 돌아가 1985년부터 1988년까지 정치외무관련 부서의 책임자로 부임했다. 그곳에서 그는 대일정책 조정을 담당했는데, 당시 대일정책의 중점은 미국-중국의 관계에 악영향을 주지 않도록 하는 것이었다.

도쿄 근무를 성공적으로 마친 카이저는 포트 맥내어^{Fort McNair}에 위치한 국가전쟁대학^{National War College}에서 국무부 파견으로 10개월간의 연수를 받는 프로그램에 선발되었다. 이 프로그램은 육, 해, 공군의 장교들과, 같은 인원수의 상급 정부 관료들을 함께 모아 국가안보에 관한 교육을 제공하기 위해 마련되었는데, 연수생들은 각자 외교정책에 대한 논문을 제출할 것이 요구받는다. 카이저가 제출한 분석 보고서는 "우수논문상^{Certificate for Excellence in Writing}"을 받기도 했다.

1989년 8월에서 1992년 7월, 카이저는 정무 공사참사관^{Minister-Counselor for Political Affairs}자리로 베이징에 있는 미국 대사관에 발령을 받아, 미국-중국 양국관계에 관한 부서의 총책임자로 근무했다. 즉, 그는 주 베이징 미국 대사관에서 대사와 부대사에 이어 3번째로 높은 자리에 앉게 된 것이다. 당시 미국 대사관 내에는 정치적 망명자로서 7개월간 대사관 내에 숨어 지내던 중국인 의사 팽 리지 박사라는 인물이 있었는데, 카이저의 유창한 만다린 중국어 능력과 중국 관료들과의 친밀관계를 높이 산 제임스 릴리 대사는, 카이저에게 닥터 팽의 출국을 위해 중국 당국과 긴밀히 논의할 것을 주문하기도 했다.

릴리 대사는 CIA 베이징 지부의 지부장[1973~1975] 출신으로, 같은 시기 조지 부시 전 미국 대통령이 CIA 국장으로 부임하기 직전 국무성의 베이징 연락사무소 소장으로 근무하고 있었다. 릴리 대사의 저서인 "중국의 손들[China Hands]"에서 그는 1973~1975년 사이에 진행된 USLO 비밀임무에 대해 이야기하고 있다. 이 임무는 당시 중국정부의 연락사무관을 워싱턴 DC에 파견하는 것을 조건으로 중국의 승인을 받은 바 있다. 내가 베이징에 도착하기 전 릴리 대사는 중국을 떠났고, 곧이어 칼럼니스트인 잭 앤더슨은 1974년 10월 30일 워싱턴 포스트 지에 기고한 "CIA Plant"라는 기사를 통해 USLO 근무 당시 릴리 대사와 CIA의 연관성을 폭로한 일이 있다.

베이징으로 돌아와서, 카이저는 참사관으로 승진했다. 외교 직함이 다른 직급으로 치면, 준장에 맞먹는 위치였다. 카이저의 부임에서 놀라운 사실은, 그가 인터폴의 베이징 연락사무소 소장인 주 엔타오의 담당을 맡았다는 것이다. 주 엔타오는 중국의 MSS 요원으로, 1986년에 스파이 혐의로 체포된 CIA 요원인 래리 우 타이친의 관리자였다. 카이저는 주 엔타오가 MSS 요원임을 알고 이 사실을 대사관의 RSO인 데일 맥엘해튼에게 알렸다. 마침 카이저와 맥엘해튼은 주 엔타오와 오찬회동을 가질 예정이었는데, 카이저는 맥엘해튼에게 상대가 비밀요원이니 말조심을 하라고 일러준 것이었다. 오찬회동에서 주 엔타오는 미국의 입장에서 자신이 외교상 기피인물persona non grata임을 알고 있으며, 캐나다를 통해 나이아가라 폭포로 여행을 갔던 때, 일부러 한쪽 발을 나이 아가라의 미국 영토 쪽에 밟으며 "FBI의 눈을 피해 미국에 들어 가는" 만족감을 느꼈었노라고 말하기도 했다.

물론 카이저는 외국 비밀요원들이 여러 가지 공직이나 신분 을 사용해 위장하는 사실을 잘 알고 있었다.

중국 주재 대사관에서 정무의 권위자로써 성공리에 임무를 마친 카이저는 다시 워싱턴으로 돌아와 중국/몽골 담당국의 국장 으로 임명되었다. 그는 몽골이 새로운 지정학적 요점으로 부상하 도록 조력하는 등 미-중 관계에 관한 일을 집중적으로 맡았다.

그 후 카이저는 잠시 중국에 집중되었던 일에서 벗어나, 아 시아/아프리카/유럽의 다자관계에 관한 담당국의 국장으로 부임 하여 2년간 마약과 범죄에 관한 문제를 다뤘다. 도착한 후 얼마 지나지 않아 카이저는 공사참사관minister-counselor으로 승진했다. 국무 부의 고위직으로, 소장과 맞먹는 자리였다. 이미 55세의 나이에 국무부 내에서 더 이상 올라갈 수 있는 요직이 없었던 카이저에 게 이번 승진이 마지막이었을 것이다.

1997년, 그는 감사실Office of Inspector General, OIG로 파견되어 러시아, 남아프리카, 싱가포르, 말레이시아에 나가있는 미국 공관의 정무에 대한 감찰을 이끌게 되었다. 카이저가 OIG에 파견되어 있던 동안 그는 DS의 보안절차에 대한 불만을 일부 드러내기도 했는데, 1998 년 주 모스크바 공관에 대한 감찰보고서에 그러한 내용이 나타나 있다. 감찰기간동안 카이저는 감찰팀 부팀장으로 감찰보고서를 최 종 작성하는 일을 담당했는데, 감찰에서 발견된 사항에 대한 이견 이나, 반대의견은 담겨 있지 않았다. 일반문서인 이 감찰보고서의 두 번째 페이지에는 다음과 같은 내용이 담겨있다.

한편에서의 전반적인 러시아의 급변과 다른 편에서 미 대사관의 구조 —그리고 생각— 사이에는 차라리 충격적이라고 할 만큼 서로 간에 불일치가 존재한다. 대사관의 태도는 온 나라가 "사악한 제국^{Evil} ^{Empire}"을 상대하던 그 시절로 돌아가려는 듯 보일 뿐이다. 러시아 사회는 전에는 찾아볼 수 없을 정도로 열려있으며, 러시아의 정치기관과 절차들은 개방적이고 자유로운 태도로 외부의 의견과 접촉을 수용하는 등 10여 년 전에는 상상할 수 없던 변화를 보여주고 있다. 그에 반해 주 모스코바 공관의 업무와 시설유지에 관한 현재 보안기준 및 절차는 이 같은 변화된 러시아의 현재를 반영한다기보다, 항상 포위공격에 대비해야 했던 냉전시대에 더 어울린다고 할 수 있다. 양국 관계의 새로운 현실에 걸 맞는 적극적인 외교정책을 펼치는데 위협적인 인상을 주고 실질적으로 장애물로 작용할 뿐이다. 물론 보안적인 우려사항이 해소되었다고 할 수 없으며, 경비체계가 필요한 것은 사실이지만, 시대에 뒤떨어지고 비생산적인 냉전시대의 체계를 재고하고 재정비 하는 데에 우선순위를 두어야한다는 것이 OIG의 견해이다.

위와 같은 보고서가 가지는 의미가 그리 중요하지 않았다면 웃어 넘길수도 있는 내용이었다. 하지만 변덕스러운 외교계 뒷얘기에서 궁지에 몰린 건 카이저와 그의 동료들이었다. 카이저가 여전히 국무부의 보안절차를 불신하고 있음이 확연했다. 어쨌든, 새로운 러시아가 보고서에 묘사된 것만 같은 모습은 아니었다. OIG의 보고서가 작성되는 동안 크렘린은 SVR에게 새로운 작전계획을 승인하고 있었다. HST와 FBI의 특수요원인 로버트 한센에게 은밀히 도청장치를 설치하도록 하는 것이었는데, 한센 특수요원은 이후 SVR의 침투요원으로 유죄판결을 받은 인물이었다. OIG의 보고서가 새로운 러시아 사회의 밝고 긍정적인 면만 부각시켰지만, 크렘린 정보국의 태도는 냉전시대와 티끌만큼도 변한 것이 없었다.

1990년대 중반, 국무부는 모스크바의 신축 공관 바닥을 모두 뜯어내야 했다. 건물 전체에 도청장치가 심어져 있었기 때문인데, 이를 위해 수백억 달러가 소요되었다. 카이저와 당시 OIG의 팀장인 리처트 멜튼은 대체 무슨 이유로 효율적이었던 냉전시대의 보안절차와 규정을 시대에 뒤떨어지고 비생산적이라고 평가했던 것일까? 냉전시대가 종식되었다고 해서 러시아 정보국이 민감한 정보를 얻기 위해 국무부 사람들과 미국 공관을 타겟으로 삼는 일을 그만 두는 것도 아닌데 말이다.

지금은 은퇴한 SVR 소장 올렉 칼루긴은 1965년에 워싱턴 DC에 있는 러시아 대사관에서 2등 서기관 및 공보담당관이라는 외교적 신분으로 위장근무 중이었다. 퇴직 후 그가 쓴 책인 "제 1 국 ^{The First Directorate}"에서 그는 당시 SVR의 주요 세 타겟이 백악관, 미국의회, 그리고 국무부라고 밝혔다. OIG의 15년 전 보고서에도 불구하고 난 블라디미르 푸틴으로 인해 국무부의 타겟화가 좀 더 앞당겨졌을 뿐이라고 본다.

OIG에서의 임무를 마친 카이저는 1998년 국무부의 나고르노 카라바흐와 신생독립국가 ^{Newly Independent States, NIS}를 위한 특수교섭 사무소로 배치되어 특수 교섭인으로 일하게 되었다. 그곳에서 카이저는 구소련 국가들에서 여전히 지속되는 몇몇 분쟁의 평화해결을 모색하는 어려운 임무를 맡게 되었다.

1년 후 카이저는 국무부의 정보조사국^{Bureau of Intelligence and Research,} ^{INR}의 부차관보로 임명되었다. INR은 국무부 내 최고의 분석능력을 자랑하는 부서로, IC의 "일급비밀"로 분류되는 가장 민감한 기술적, 인적 정보를 다루는 곳이다. 카이저는 INR에서 켄달 마이어스의 최고 감독관이기도 했다.

INR에서 근무하는 동안 카이저는 2000년 4월 보도된 기사를 통해 반갑지 않은 악평을 얻게 되었다. "일급비밀" 코드로 분류되는 핵무기확산에 관한 정보가 담긴 노트북이 분실되었고, DS와 FBI의 특수요원들이 이를 수사 중이라는 내용이었다. 요원들은 노트북이 분실된 정황과, 노트북에 담겨있던 INR의 전략, 확산 및 군사적 분석 정보의 파악을 위해 노력했다. 수사를 통해 분실된 노트북의 구매과 관리의 부분에서 행정 및 절차적 허점이 발견되었다. 하지만 이번 분실 사건에 대한 책임자를 밝혀내지는 못했다. 분실된 노트북은 발견되지 않았고, 이 사건은 부족한 단서에도 불구하고 아직도 수사 중에 있다. 외부의 비난을 고려할 때 누군가가 희생양이 되어야만 했다. 이 모든 상황을 잠재울 수 있는 만큼의 위치를 가진 희생양은 단 한명 뿐이었다.

INR의 부차관보인 카이저는 조사국 내에서 가장 높은 지위를 가진 인물로써 이번 사태에 대한 모든 책임을 지기로 했다. 국무부의 결정에 따라 카이저는 30일간 무급에 처해졌다. 국무부의 고위급 블랙 드래곤이며 베이징에서 카이저의 상관이었던 스태플턴 로이 −중국, 싱가포르, 그리고 인도네시아에서 미국대사를 지낸 바 있다− 는 이와 같은 처분에 반대하며 사임하기도 했다. 카이저는 2001년에 한 주간 무급 정직처분에 처해졌고, 곧 이어

EAP^{East Asia and Pacific affairs}의 주 차관보로 발령받았다.

애초에 노트북 분실사건에 실제로는 아무런 책임이 없었던 카이저였기에 이같은 처벌이 그의 커리어에 영향을 미치지는 않았다. 난 이 유감스러운 사건에서 카이저가 희생양이 되었다는 로이 대사의 의견에 동의한다. 하지만 이 사건으로 인해 올브라이트 국무장관은 국무부의 내부 보안절차를 점검하고, 각 부서는 개선된 보안 프로그램의 책임자를 지정하도록 명령했다. INR에서 이 임무를 맡겠다고 지원한 사람이 바로 월터 켄달 마이어스, 다시 말해 우리의 쿠바 스파이, "202" 요원이었다.

카이저와 난 지난 25년간 서로 비슷한 커리어 경로를 거쳐왔다. 모든 만남은 일적으로나 사적으로나 모두 우호적이었으며 내 기억에 좋은 사람으로 남아있었다. 2001년에 내가 방첩국의 부국장으로 재직하던 당시 카이저는 EAP의 주 차관보로 근무하고 있던 어느 날, 우리는 국무차관인 제임스 켈리의 부름을 받아 방첩문제를 논의한 일이 있었다. 미국의 외교관들을 대상으로 현지 정보요원들이 공격적인 대응을 하는 것으로 알려진 국가로 파견되는 FSO^{Foreign Service Officers, 외무관}들의 개인적 "취약점"에 대한 문제였다.

내가 근무하던 곳은 방첩 환경이 우호적이지 않은 국가에서 근무하게 되는 국무부 직원의 국가안보에 관한 권고를 제시할 때, 규정에 의해 "그렇다" 또는 "아니다"라고만 제시할 수 있게 되어 있었다. DS/CI는 해당인의 SY파일상에서 나타나는 잠재적인 "부적격" 정보^{부적격이라고 쓰고 "취약점"이라고 읽는다}에 기초하여 권고안을 제시하게 된다. 이러한 규정은 "Pass－Through" 프로그램이라고 알려져 있는데, 1991년 클린턴 대통령에 의해 규정된 국가안보 결정지침

National Security Directive Decision, NSDD에 의해 공식적으로 실행되기 시작했다. 우리 쪽에서 "아니오"라고 권고하는 일은 전체의 2%정도에 지나지 않았지만, 이것만으로도 국무부 인사담당부서에는 골칫거리가 되기에 충분했다. 외국의 정보요원들이 어떻게 미 국무부 직원들을 노리는지 잘 이해하지 못하는 일부 국무부 직원들에게는 우리의 이러한 권고가 문젯거리였다.

카이저의 직속상관인 켈리 국무차관은 우리 부서가 파일을 검토하고 외무국 국장the director general of the Foreign Service에게 "네" 또는 "아니오"로 권고하는 절차가 불공정하고 변수가 많으며 임의적이라는 불만들을 들어왔다. 외무국 국장은 1996년에서 2000년 사이에 직원 파견의 적합성에 대해 우리가 보낸 "아니오" 권고를 99.8퍼센트 받아들였고, 이로 인해 EAP의 대사관들은 행정상의 이유로 인한 직원부족 문제에 시달렸다. DS/CI가 완벽한 것은 아니지만 기관의 업무상 필요성보다는 국가의 안보가 우선되어야 한다.

2001년 8월 29일 오후 2시30분, 난 내 상관인 윌리엄 아머와 함께 HST의 회의실 4314A에 들어섰다. 나무로 된 테이블이 놓여진 회의실은 별다른 특징이 없었고 이미 여러 사람들이 자리를 잡고 있었다. 1978년에서 80년까지 나와 함께 도쿄에서 근무했던 크리스 라플러, 맥스 배어, 그리고 여기에서 볼 거라고 예상치 못했던 카이저가 함께 있었다. 카이저의 모습을 보자 이제껏 무표정했던 내 표정이 조금 풀리는 것이 느껴졌다.

"니 하오, 로버트." 카이저가 중국어로 인사를 건넸다. "오랜만이군. 잘 지냈나?"

카이저를 싫어할 사람은 아무도 없었다. 악수를 청하는 카이저의 손을 잡았다. 쓰리피스의 정장과 흰 셔츠, 줄무늬 타이를 갖춘 카이저는 이미 백발에 가까웠다.

"존이랑 데이비드, 에반은 잘 지내죠?" 베이징의 내 동료 보안요원들의 안부를 물어왔다.

"다행히도 다들 잘 지내고 있네. 아직도 국무부에서 활동 중이야. 물론 우리 베이징 동료들 중 가장 잘 나가는 사람은 조지 부시이겠지만 말일세."

"대사에서 CIA국장으로, 그리고 이번엔 부통령에서 대통령으로 말이지. 놀라운 일이야."

"우린 아직도 서신을 주고받는다네. 바바라와 조지가 1994년에 파리를 방문했을 때, 바바라가 우리 4살짜리 딸 클로이를 만나고 싶다고 해서 우리 와이프와 함께 잠시 이들을 사석에서 만날 기회를 얻었었지. 조지는 매우 편안하고 즐거워 보였다네. 그때 기념으로 함께 사진도 찍었어."

"조지와 바바라는 언제나 자네들 4명의 보안요원들을 좋아했지." 카이저는 웃음을 터트리며 말했다.

"자네도 단기간에 꽤 많이 발전하지 않았나?"

그는 내 어깨에 팔을 두르며 말했다. "이 바닥은 모를 일이야, 어서 자리에 앉아 회의를 시작하세."

곧바로 회의가 시작되었고, 참석자들은 "Pass－Through" 프로그램이 어떻게 운영되는지를 살펴보았다. 아머는 나에게 DS의 입장을 설명하도록 주문했고, 난 국무부에서 어떻게 국가안보결정지침^{NSDD}을 해석하는지 설명할 기회가 주어진 사실이 반가웠다. 회의는 전반적으로 정중한 분위기였으나, 때때로 나에게 화살이 향하기도 했다. 처음에는 우리의 방식에 의문을 품고 있었던 카이저와 인사담당부서의 직원은 회의가 끝날 무렵이 되자 이 프로그

램이 모두 공정하고 투명하다는 사실을 납득했다. 회의의 마지막
에 카이저는 켈리 차관에게 DS가 "Pass－Through" 프로그램을 다
른 젊은 국무부 직원들에게 설명하여, DS가 자신들의 커리어를 방
해하고 있다는 루머를 해소할 수 있는 자리를 마련할 것을 요청했
다. 켈리 차관은 이런 요청을 받아들였고, 우리는 설명할 기회를
얻었다. 이 프로그램은 여전히 국무부에서 운영되고 있다.

나중에 카이저는 EAP의 수석 부차관보로 임명되었고, 베이
징－타이완－워싱턴 DC의 주요 정치 외교적 사안들을 모니터링
하는 임무를 맡게 되었다.

이 새로운 자리에서 카이저는 워싱턴 DC에 위치한 타이완의
준 외교공관인 주미 타이페이 경제문화 대표사무소<sup>Taipei Economic and
Cultural Representative Office, TECRO</sup>의 첸 니엔－츠 하급 사무관을 만나게
된다.

첸 니엔－츠는 이사벨 쳉이라는 이름으로도 알려져 있는데,
타이완의 정보기관인 국가보안국^{Taiwanese National Security Bureau, NSB}소속의
비밀정보요원이었다. 이사벨을 만난 후 카이저의 모든 것에 돌이
킬 수 없는 변화가 일어나게 되었다.

6 장

1955년 3월에 설립된 NSB는 타이완 국가보안회의 산하 기관으로, 타이완의 국가 및 전략적 이익에 관한 모든 정보를 수집하고 분석하는 일을 맡고 있다. 이사벨 쳉은 33세로, 국립 타이완 대학에서 정치학을 우등으로 졸업한 인재였다. 그녀는 NSB에 입사하기 전 타이완 국회의원인 첸 치엔ー젠 밑에서 일한 경력이 있으며, 첸 치엔ー젠은 현재 TECRO의 소장을 맡고 있다.

이사벨은 워싱턴 DC에 도착하던 당시 차이나 포스트의 통신원인 크리스 콕클과 약혼 중이었는데, 그는 마침 워싱턴으로 부임하던 차였다. 이들은 2004년 7월에 결혼할 예정이었다. 이사벨의 임무는 매우 단순한 것으로, 외교공관에서 비밀정보요원으로 근무하는 것으로, 일 자체는 꽤 따분해 보였다.

TECRO의 직원들은 중국이나 타이완 정부를 위한 로비스트 집단에 지나지 않았다. 1977년에 지미 카터 대통령이 취임했던 때, 그는 자신이 포드 대통령과 키신저 국무장관이 만들어 놓은 외교적 참사, 즉 중국과는 워싱턴과 베이징에 서로 준외교공관인 연락사무소를 두고 있는 반면에 타이완과는 상대국의 수도에 대사관을 두고 정식 외교관계를 유지하고 있다는 사실을 알게 되었다. 카터 대통령은 이 같은 정치적 가면놀이를 끝내고 외교의 상대방을 타이페이에서 베이징으로 옮기고 싶어 했으나, 다른 정부

관계자들은 물론 막강한 실력을 행사하던 타이완의 로비스트들은 새로운 정부가 원하는 형태를 고집한다면 타이완과의 상업 및 정치적 연결고리를 포기해야 할 것이라고 주장했다.

워싱턴과 베이징은 2년간의 조용한 협상 끝에, 카터 대통령이 타이완을 국가로 "불인정"하는 것에 동의하고 중화민국의 유일하고 적법한 정부는 베이징임을 받아들이기로 하였다. 타이완의 로비스트들은 이와 같은 카터 대통령의 물밑 전략에 굴하지 않고, 타이완을 강력히 지지하던 배리 골드워터 의원 등과 함께 의회가 타이완 관계에 관한 법을 통과시키도록 설득했다. 이로써 미국이 중화인민공화국만을 적법한 국가로 인정했음에도 불구하고 타이완과의 공적인 관계를 계속할 수 있게 되었다. 모택동의 후계자이자 1979년 당시에 이미 최고 지도자의 자리에 있었던 등소평은, 미국과 타이완의 이러한 특수 관계를 충분히 용인할 수 있는 실리주의자로, 미국과의 정상적 관계를 유지했다.

그 결과 타이완 주재 미국 대사관은 워싱턴 주재 타이완 대사관과 마찬가지로 문을 닫았고, 각각 타이완 소재 미국 연구소 _{American Institute in Taiwan: ATI}와 TECRO로 대체되었다. 국무부 직원들은 미국의 정부기관 외부에서 타이완 대표들을 만날 수 있었다. TECRO의 직원들은 미국의 공기관 및 사기관을 모두 동원하여 자국의 정부가 가능한 한 유리한 정치적 입지를 얻을 수 있도록 노력을 기울였다.

TECRO에 파견된 NSB 요원들은 워싱턴에 파견된 다른 SVR, DGSE, 모사드, MSS와 같은 외국 정보요원들과 마찬가지로 비밀 임무를 수행했다. 국무부의 사무관들과 외국 대사관의 상대방들은 동맹국과의 전략 및 방첩 목표 등 서로 다양한 사안에 대한 견해를 주고받았는데, 우리의 적대국들과도 마찬가지로 이러한 교환이 이루어졌다. 아시아의 이슈에 정통한 국무부 직원들은 타국의 외교관은 물론 이 지역에 해박한 민간인들과 만나 전문적인 관계를 유지했다. EAP의 주 부차관인 카이저는 워싱턴으로 파견된 모든 아시안 외교관이 만나고 싶어하는 대상일 것이다.

FBI는 관례적으로 미국에 파견된 외국의 외교관들 중 국무부가 비밀정보요원일 것으로 지적한 대상들을 관찰하고 있다. TECRO에 파견된 마이클 황 중장은 미국에 파견된 NSB 요원들 중 가장 선임요원이었다. 황 중장의 공식 직함과 계급, 그리고 NSB에서의 직위 등은 CIA 지부장의 신분이 파견국에 보고되는 경우와 같은 방식으로 미국 정부에 보고되었다. 이러한 편의를 통해 미국의 정보요원들은 상대방 국가의 요원들과 공식적으로, 때로는 은밀하게 만나 양국에 영향을 미치는 다양한 정보관련 문제들을 해소해왔다. 모든 것들은 비밀리에 처리되었으며, 다른 정보요원들은 연락이 필요한 상황이 아닌 이상 모두 은밀한 상태를 유지했다. 마이클 황이 NSB 소속임을 인지한 FBI는 TECRO 직원 중 누가 마이클 황과 사석에서 가장 많이 어울리는지를 주시했다. 실제로 새로 TECRO에 파견된 하급 요원들 중 마이클 황과 어울리는 자를 파악하게 된다면 그 요원이 맡은 진짜 임무에 대한 단서를 얻을 수 있는 일이었다. 2001년에 워싱턴에 파견된 이사벨 쳉은 TECRO에 합류한 가장 새로운 직원으로, FBI의 적대적 정보요원의 프로필을 빠르게 충족시킨 인물이었다.

이사벨 쳉의 어떤 점이 FBI의 의심을 사게 된 걸까? 2001년 여름 중반 무렵이었다. 마이클 황이 워싱턴 안팎에서 열리는 사교 및 준 공식적인 모임들에 이사벨 쳉을 대동한 모습이 FBI의 감시망에 기록되었다. FBI가 내린 결론은 다름 아닌 마이클 황이 자신의 직속부하를 교육시키고 있다는 것이었다.

2002년 5월, 카이저는 국무부의 승인 하에 TECRO직원 7명과 포시즌 호텔에서 미팅을 가졌다. 여기에는 마이클 황과 IC 요원들도 함께 자리했었다. 이사벨 쳉은 회의록을 작성하는 임무를 맡았다. 회의실에 있던 모두의 눈에 이사벨 쳉은 마이클 황의 제자임이 확연히 드러나 있었다. 이 미팅에서 카이저와 이사벨 쳉은 서로 대화를 나누거나 명함을 교환하는 모습은 보이지 않았다. 이번 첫 미팅에서 다음 만남을 기약하는 일은 없었지만, 이들은 5개월쯤 후에 어느 저녁식사에서 재회하게 되었다.

2002년 가을, AIT 국장인 그레그 만은 자신의 집에서 TECRO 직원들을 위한 저녁식사자리를 마련했다. 여기에는 마이클 황과 이사벨 쳉, 국무부 직원 몇몇과 미국 및 타이완을 오가는 사업가들이 초청되었다. 이 자리에 참석한 사람의 말에 따르면, 다른 모든 참석자들이 거실과 식당에서 서로 대화를 주고받는 동안 카이저와 이사벨 쳉이 함께 부엌으로 사라졌고, 소란스러운 공간에서 벗어난 이들 둘은 약 2시간가량 조용히 대화를 나눴다. 그날 저녁이 파하기 전 이사벨과 카이저는 서로 자신들의 사무실 전화번호와 이메일 주소를 교환했다.

다음 날, 이사벨 쳉은 카이저의 국무부 사무실로 전화를 걸어 다가오는 주에 점심식사를 함께 할 것을 제안했고, 카이저는 그녀의 제안을 바로 받아들였다. 이렇게 미끼가 던져졌던 것일까?

몇 주 지나지 않아 카이저와 이사벨은 수시로 전화와 이메일을 주고받으며 오후 틈날 때 마다 버지니아와 매릴랜드 외곽의 레스토랑에서 만남을 가졌다. 이들 둘의 만남에는 마이클 황이 종종 동석하곤 했다. NSB의 중장 마이클 황은 아마도 자신의 어린 제자의 외교성과를 보며 매우 흐뭇해했을 것이다.

2002년 후반, 지난 몇 주간 카이저와 NSB 요원으로 보이는 인물들의 미팅을 감시해온 FBI는 DS/CI에게 조용히 우려를 전달했다. DS/CI는 당황한 FBI 요원들에게 국무부 직원들은 규정에 따라 미팅을 보고하는 한 타국의 외교관들이나 민간인들과 -비밀요원일 가능성이 있더라도- 만날 수 있으며 일상적으로 그런 만남이 이루어지고 있다고 설명했다. 국무부 직원은 이러한 접촉 없이는 자신의 임무를 효율적으로 수행하기가 어려운 것이다. DS/CI의 부국장은 DS의 규정상 국무부의 사전승인 없이 타국 외교관을 만나는 것을 금하는 규정은 없다는 사실을 지적했다. 인사담당 부서는 FSO들이 외국 국적자와의 결혼 등 사회적 관계를 보고하도록 하고 있다.

DS/CI의 부국장은 FBI 요원들에게 FSO의 보고 규정을 설명했다. FSO는 12FAM262에 따라, 1) 비밀정보를 요구받을 경우, 2) 스파이가 될 것을 권유받은 경우, 또는 3) 미국의 국익에 반하는 국가로 지정된 국가의 국민일 경우에 한하여 보고할 의무가 있다. 이러한 경우, 국무부 직원들에게는 내부 규정에 따라 다음과 같은 권리포기각서가 있다. "본 규정에 따라 사회적 관계를 보고하지 않더라도 자기결정권의 기준에 따른 것으로 보아 보안 위반에 해당하거나 처벌의 대상이 되지 않는다."

2006년 1월 18일, 카이저는 첫 디브리핑에서 이사벨 쳉이 NSB의 정보요원임을 인지했음에도 국무부의 규정에서 말하는 개인 판단에 따라 DS/HR에 이사벨 쳉과의 만남을 보고할 의무가 없었다고 진술했다.

DS/CI는 국무부 직원들이 제출한 모든 외국인과의 접촉 보고서들에 관한 전자 데이터베이스를 유지하고 있다. 이 데이터베이스를 빠르게 검색해보았으나, 2000~2002년 사이에 카이저는 TECRO 직원과의 접촉을 보고한 사실이 없었다. DS는 각 개개인의 부서 직원들이 잠재적 또는 실제적 방첩 위협들을 인지하고 필요에 따라 적절한 대응책을 마련할 수 있도록 DS/CI에 알려주는 것에 의존한다.

카이저는 그의 외교관 경력동안 수차례 안보의식제고에 관한 브리핑을 받았고, 아시아의 정보기관들의 작업 방식을 인지하고 있었다. DS/CI 요원들은 카이저가 2명의 외국 정보요원들과의 접촉을 보고하지 않은 것은 국무부의 규정을 위반한 것에 해당할 수 있으나, 이에 대한 정당한 외교적 이유가 있어 DS/CI에 보고할 필요성이 없는 것으로 판단했다고 결론지었다.

카이저는 다양한 외국의 외교관들, 그리고 워싱턴에 적을 둔 외교관이나 외신 기자들로 위장한 비밀정보요원들과 업무 관계를 유지하고 있었다. 일례로, 카이저는 프랑스 대사관의 정책고문인 버트랜드 로토래리와 업무적 관계에 있었는데, 로토래리가 담당하는 업무 중에는 미-중 이슈들을 모니터 및 분석하여 파리의 외교부에 분석보고서를 제출하는 일도 포함되어 있었다. 2003년 7월 당시, 카이저는 EAP의 주 부차관보로써 미국 정부에 미치는 그의 영향력과, 아시아의 정세에 대한 해박함이 더해져 프랑스 대사관으로써는 꼭 관계를 구축하고 싶은 국무부의 내부 인물이었다.

2003년 7월 2일, 프랑스 대사관은 매서스, 로토래리, 그리고 카이저가 공동의 이해에 관한 문제들을 논의할 수 있도록 국무부에 대한 예방을 요청하는 팩스를 보냈다. 이들은 첫 미팅에서 일부 민감한 정보를 교환했을 것이다. 카이저는 로토래리와의 미팅에 대한 보고서를 DS에 제출해야 했을까? 만약 미팅 때 로토래리의 행동이 DS가 규정하는 보고서 제출 의무에 해당하는 경우였다면 카이저는 해당 보고서를 제출할 의무가 있었을 것이다. 그렇다면 이사벨 쳉과 미팅의 경우는 어떨까? 이 또한 만약 카이저가 보기에 이사벨이 어떤 안보적 위협이 될 가능성이 있는 경우에 한해서 보고서를 제출할 의무가 있었을 것이다. 우리 측의 방첩 데이터베이스에 따르면 카이저의 개인판단은 그러한 위협이 있다고 보지 않았고, 따라서 카이저는 접촉에 관한 보고서를 제출하지 않았다.

국방부의 젊은 사무관인 프레드릭 크리스토퍼 해밀턴 역시 카이저와 마찬가지로 미국정부의 기밀정보들 중 어떤 종류가 외국 정부와 공유할 수 있는 사항들인지에 대한 의견을 전개한 바 있다. 해밀턴은 페루의 수도인 리마에 위치한 미국 대사관에 조사관으로써 1989년부터 1991년까지 파견된 바 있었다. 그는 DIA 소속 공무원이었다. 해밀턴은 리마로 발령받기 전인 1986년, "대외공개에 대한 분석가관련 안내서Analyst's Guide to Foreign Disclosure"라는 글을 쓴 일이 있었다. 여기에서 해밀턴은 미국 정부가 만약 "A"라는 국가가 "B"라는 국가를 공격할 계획두 국가 모두 미국의 우방국이라면 그러한 기밀정보를 외국 정부에 제공해야 한다는 논리를 전개했다. 그의 주장의 핵심은 우리가 지닌 정보를 선별된 상대와 공유하여 군사적 긴장을 축소하고 외교적 마찰을 피하자는 것을 상기시키는 것이었다. 해밀턴은 몇 년 후 자신이 주장하던 내용을 행동으로 옮기게 된다.

해밀턴은 사교모임을 통해 외국군의 상대방들을 만나게 되었고, 그와 친밀한 사람들 중에는 리마의 에콰도르 대사관에 근무하는 직원들도 있었다. 해밀턴의 부임기간이 끝나갈 무렵, 오랜 기간 심화되어 왔던 에콰도르와 페루의 국경 분쟁이 심각한 상황으로 전개될 수 있다는 기밀보고서가 DAO에 접수되었다. 양국의 충돌이 불가피하다는 입장을 공표했음에도 불구하고 미군의 정보는 양국 어느 쪽도 전쟁준비 태세가 아니라고 보고했다. 해밀턴은 자신과 친밀한 에콰도르 군의 관계자가 DAO의 정보를 입수하여 퀴토에 있는 장군에게 전달하면 국경의 긴장이 해소될 것이라고 생각했다.

정부직원으로써 했던 기밀유지의 서약에도 불구하고 해밀턴은 1991년 2월 13일과 5월 20일, 에콰도르 군의 관계자에게 몇 가지 기밀정보와 정보보고서를 전달했다. 이 정보보고서는 페루 군의 군사능력, 미국의 첩보작전과 이 지역의 미국 정보망을 상세히 담고 있었다. 에콰도르의 국방부는 이 기밀정보보고서를 통해 페루의 군대들이 실제로 전쟁준비를 갖추었는지 아니면 무력행사의 의사를 밝힌 것이 단순히 대중의 시선을 위한 것인지 파악할 수 있었다. 정보보고서는 페루가 에콰도르와 국경에서의 무력충돌을 준비하고 있는 것이 아니며, 단순히 방어를 위한 움직임이라고 결론짓고 있었다.

그 다음해, 해밀턴의 실책이 밝혀졌고, 그는 결국 외국에 기밀정보를 전달한 2건의 불법행위에 대한 유죄를 인정했다. 1993년 4월 16일, 그는 연방 교도소에서 36개월의 징역을 선고받았다.

미국 외교관들이 외국의 외교관들과 정보를 주고받는 일이 새로운 일은 아니었지만, FBI와 DS 요원들은 카이저가 TECRO의 연락책에게 불법적인 경로를 통해 기밀정보를 제공하고 있는 것은 아닌지 확인할 필요가 있었다. 수 개월간의 감시 결과, DS/ CI와 FBI는 카이저와 이사벨 쳉의 관계에 대해 집중적으로 감시할 필요가 있다고 동의했다. 이들 두 사람은 시작부터 업무적인 관계는 물론 사적인 관계도 함께 즐기고 있었음이 분명했다. FBI와 DS는 즉시 카이저에 대해 인적, 기술적 감시를 승인했다.

수사가 진행 중임을 통보받은 나는 FBI와 DS의 요원들에게 카이저의 뒷배경과 MSS가 외국 외교관들을 타겟으로 삼아온 일들을 알리기로 결심했다.

1976년, 카이저가 베이징에 도착하기 직전의 일이었다. USLO의 연락사무관인 크리스토퍼 헨리 발루는 1965년 봄에 카이저가 부인인 베벌리에게 자신이 곧 중-러 관계를 좀 더 공부하러 볼티모어를 떠나 조지워싱턴 대학교의 대학원으로 진학하겠다고 말한 사실을 내게 이야기한 일이 있었다. 사실 카이저가 볼티모어를 떠난 데에는 숨겨진 이유가 있었는데, 바로 그의 "비공인된undeclared" CIA소속 문제였다. 그의 이러한 고용상태뿐 아니라, 그가 조지워싱턴 대학교에서 만난 버지니아 리 메이라는 젊고 매력적인 미혼여성에게 품은 관심 또한 그의 숨겨진 이유 중 하나였다.

1966년 초, 카이저가 잠시 집에 다니러 왔을 때의 일이었다. 카이저는 부인에게 곧 CIA의 비밀작전을 위해 한동안 캘리포니아에 다녀와야 한다고 말했다. 언제나 카이저의 일을 응원하던 부인은 남편의 임무에 행운을 빌어주었다. 1966년 7월, 카이저는 부인의 응원을 뒤로하고 샌프란시스코로 건너가 아파트를 빌리고 메이와 함께 동거를 시작했다. 근처 주립대학에서 중국어 과정을 들으며 미션 스트리트에 위치한 해상청에서 파트 타임 근무를 시작했다.

카이저는 부인만 저버린 것이 아니었다. 그의 캘리포니아에서의 비밀작전을 알 리 없는 CIA는 몇 달 후 카이저가 얼마나 더 캘리포니아에서 비밀작전을 수행해야 하는지 궁금해 하는 카이저의 부인으로부터 전화를 받게 되었다. CIA는 카이저의 부인에게 자신들도 카이저와 연락을 취하려고 시도 중이라고 대답했다.

카이저 부인은 사립탐정인 로버트 브루스 토라를 고용하여 남편을 찾기 시작했다. 토라는 카이저와 메이가 함께 살고 있는 아파트를 찾아내었고, 이들의 동향을 감시하여 카이저 부인에게 모두 보고했다. 카이저 부인은 즉시 이혼 소송에 들어갔고, 카이저는 부인이 제기한 간통 및 유기에 대한 주장을 일체 부인하지 않았다. 1968년 7월 15일, 카이저의 첫 결혼생활은 이렇게 볼티모어 법원의 판결로 정리되었다. 이혼결정으로부터 14일 후, 카이저와 메이는 캘리포니아의 산 라파엘에서 결혼식을 올렸다.

카이저의 베이징 USLO 파견임무 또한 이와 비슷하게 무분별한 남녀관계로 타격을 입었다. 1977년, 내가 베이징을 떠나고 몇 개월 후의 일이었다. 당시 내 이웃주민이며 호주 대사관의 안보담당이었던 브렌트 존스가 나에게 편지를 보내왔다. 중국에 있는 외교관들 사이에서 카이저가 줄곧 젊은 여성에게 빠져있으며, 당시 미국 대사인 레오나드 우드콕에게 카이저 자신이 이 일에 대해 보고했다는 소문으로 시끄럽다는 소식이었다.

70년대 중후반 베이징의 외교관들 사이에서 혼외관계나 남녀관계가 드문 일은 아니었지만, 왜 카이저가 자신의 사소한 성적인 실수를 대사와 자신의 부인에게까지 알린 것인지 의문이 들었다. 동료나 부인의 귀에 소문이 들어 갈까봐 두려웠던 것일까 아니면 다른 어떤 이유가 있었던 것일까?

베이징에 주재하는 모든 외교관들은 중국 정부가 엄중히 관리하는 아파트에 거주하고 있었는데, 대사관 부지 내의 특별한 구역에서 거주하던 러시아의 외교관들은 여기에서 제외되었다. 이 "외교적 게토"는 인민해방군에 의해 출입이 제한되었으며, 모든 USLO의 직원들은 중국 정부가 관리하는 이 아파트에 당연히 최신 감시 및 도청장치들이 심어져있을 것으로 짐작했다.

카이저는 외교관용 아파트와 때로는 베이징 호텔에서 자신의 애인과 무분별하게 만남을 가져왔고, "총수사국^{General Investigation Bureau:} GIB"으로 불리는 중국의 정보기관은 카이저의 이러한 행적을 인지하고 있었다. 카이저의 행적에 대한 기록을 담보로 GIB는 카이저에게 접근해 협박을 시도했다. GIB의 이러한 협박 시도는 카이저가 자신의 밀회를 부인과 국무부에 숨기고 싶어 할 지에 전적으로 달려있었고, 이러한 상황에서 카이저가 협박을 이겨내는 길은 스스로 나서서 자신의 잘못을 자백하는 길뿐이었다.

카이저의 "결혼생활 문제"는 국무부의 우려를 사기에 충분했고, 1978년 6월 5일, DASS인 빅터 디케오는 우드콕 대사에게 전신을 통해 "141355"를 전송하여 카이저에 대한 방첩과 관련된 우려를 표명하였다. 만약 카이저가 GIB를 두려워했다면 그 공포 또한 어느 정도 타당했을 것이다. 이후에 중국에서 벌어진 방첩사건들을 통해 중국의 정보기관이 기혼 외교관들을 밀착 감시하고 있었음이 드러나게 되었다.

GIB가 새롭게 탈바꿈한 중국의 국가안전부^{The Chinese Ministry of State Security: MSS}는, 1988년 베이징의 미국 대사관으로 발령된 홍보사무관인 폴 더밋^{45세}에게 협박을 시도했다. 더밋의 부인은 병석에 있는 모친을 돌보기 위해 프랑스에 머물고 있었는데, 더밋은 당시

...

리우 "제인" 지에라는 23세의 중국인 상점 점원과 장기간에 걸쳐 비밀스러운 관계를 즐기고 있었다. 국제연합통신^{United Press International:} ^{UPI}은 1988년 11월 11일자 보도에서 이 사건을 "^{베이징의} 홍보부서에서 근무 중인 신원미상의 미국인 직원이 MSS의 성적 미끼/협박의 타겟이 되었다"라고 보도했다. 더밋은 제인의 아파트 길 건너의 호텔객실에서 MSS와 마주하게 되었고, 그가 미국 대사관에 파견된 정보요원들의 신원을 넘기지 않으면 그의 불륜행각에 대한 증거들을 부인과 미국 대사에게 넘기겠다고 협박당했다. 더밋은 미 대사관에 파견된 비밀요원들의 신원을 넘기기를 거부하고, 대신에 대사관 내에서 지역안보담당관들^{Regional Security Officers, RSOs}로 근무하는 DS요원들이 비밀 요원일 "가능성"이 있다고 둘러댔다. 미 대사관으로 돌아온 더밋은 눈물을 머금고 RSO에게 자신의 경솔한 행동들을 털어놓았다.

당시 미국 대사였던 윈스턴 로드는 전화를 통해 워싱턴에 이를 보고하고, UPI 직전에 더밋을 중국 업무에서 제외시켰다. 더밋은 1994년에 파리 주재 미 대사관으로 발령받았고, 안보담당으로 근무했다. 어느 정도 시간이 흐른 뒤 더밋은 나에게 MSS의 협박 사실을 상세히 털어놨다.

2004년, MSS는 또 다시 협박을 시도했다. 이번에는 상하이 주재 일본영사관에 근무 중인 기혼 외교관으로, 그의 부인은 일본에 체류 중이었다. 이 일본 외교관은 가라오케에서 일하던 중국인 접대부와 간통한 후 적발되었는데, MSS는 더밋과 마찬가지로 홍보담당관이었던 일본 외교관에게 일본의 외교 암호코드를 내놓으라며 협박했다. 더밋과 달리 이 일본 외교관은 사무실로 돌아가 자신의 부인과 상관에서 사죄의 편지를 남긴 후 영사관 안에서

목을 매 자살했다. 이에 굴하지 않고 MSS는 2005년에 또 다른 외교관을 대상으로 협박을 시도했다. 이번에는 국무부 소속 기혼 직원이 그 대상이었는데, 마사지사와 성관계를 가진 후 베이징 외곽에 잠시 나가있던 중 MSS의 협박을 받았다. 베이징으로 돌아온 그는 대사관의 보안담당에게 MSS의 협박사실을 보고했고, 대사는 이 직원에게 즉시 미국으로 돌아갈 것을 명령했다. 이처럼 기혼임에도 남녀관계의 실수를 저지른 외교관들에 대한 협박은 정보기관들이 100년이 넘게 사용해온 도구로써, DS는 이러한 취약점에 대응하고자 해외에 파견되는 외교관들을 대상으로 정기적인 보안 브리핑을 실시해왔다. 카이저는 이러한 브리핑을 워싱턴에서는 물론, 해외 근무지에서도 수차례 받은 바 있었다.

카이저가 다음 발령지인 도쿄로 이동을 위해 짐을 챙기던 그때, 부인인 버지니아 카이저는 간통을 사유로 이혼을 신청했고, 카이저는 "조정할 수 없는 차이"를 이유로 이에 교차신청 했다. 담당판사는 카이저 부부의 이혼신청에 대해 이들이 1년 이상 자발적으로 떨어져 생활한 것을 이유로 1985년 12월 13일 무책이혼으로 결론을 내렸다. 카이저 부부의 아들인 그레고리[12세]의 양육권은 부인에게 주어졌다. 1986년 2월 22일, 카이저는 아담하고 우아한 용모의 CIA 직원인 마가렛 "페기" 라이온스와 결혼했다.

— *** —

특수요원 케빈 워러너는 이 수사에서 FBI의 도움을 얻기 위해 찾는 사람으로 DS/CI에 의해 지목된 요원이었다. 그리고 그는 이 사건에 대해 동료들과 논의하지 않도록 지시를 받았다. 그러나 워러너 요원이 바그다드로 출장을 가게 되자 담당 부서에서 이 사건에 관해 연락을 취할 수 있는 요원은 신참인 지오바나 카발리에 요원뿐이었다.

카발리에 요원은 뉴욕 태생으로, 2003년에 조지타운 대학에서 방첩에 초점을 둔 안보학으로 석사를 받았고, DS/CI에 배속되기 전에 요원이 되기 위한 기본 트레이닝을 받았다. 워러너 요원은 출장 전 이 수사에 관한 사항을 카발리에 요원에게 인계하는 수밖에 없었다. 워러너 요원은, 떠나기 직전에 카발리에 요원과 함께 FBI의 담당요원과 만나 향후 카이저를 감시하기 위한 최선책을 논의했다. 이들은 카이저가 외국의 연락책들과 어떤 정보를 주고받으며, 이사벨 쳉과 주고받는 내용과도 대조하기를 원했다.

수사팀에게는 운좋게도 카이저는 자신의 사무실 일반 이메일 시스템을 사용해 이사벨 쳉과 연락을 주고받고 있었다. 이를 통해 FBI와 DS는 그가 TECRO에 전송하는 개인 이메일들을 확인할 수 있었다. 국무부의 컴퓨터 시스템은 직원이 로그인하면, 즉시 사용자에게 모든 시스템이 국무부의 정보보안 직원에 의해 모니터링되고 있음을 알리는 경고창이 뜨게 된다. 이러한 경고 시스템은 스파이 행위에 대한 증거를 잡기위한 것 보다는 직장에서 포르노 사이트에 접속하는 행위를 방지하기 위함이었다. DS요원들은 카이저의 이메일을 감시하기 시작했고, 이윽고 그가 이사벨 쳉에게 즐겨 연락한다는 사실을 발견했다.

2004년 9월경에 이르러서는 카이저는 하루 평균 5건의 이메일을 이사벨에게 보내고 있었다.

2002년 10월 23일과 26일, 카이저는 이사벨 쳉에게 장문의 이메일을 보냈다. 얼마 전 자신이 조지 부시 대통령과 장쩌민 주석의 회담 내용을 번역한 일에 대한 상세한 내용이었다. 카이저는 장쩌민 주석이 HIV/AIDS 문제와, 안보적 협력, 종교와 WTO, 양안문제, 체니 부통령이 부주석인 후진타오에게 보낸 초청장에 대한 회신 등의 문제를 자세히 설명하고 있었다. 그의 이메일은 단순히 회의내용을 보고하는 것에 그치지 않고 그의 심층 분석 또한 담고 있었다. 이사벨 쳉과 NSB에게는 값진 보너스였다.

2002년 11월 22일, 카이저는 또다시 이사벨 쳉에게 이메일을 보냈다. 일전에 그녀가 카이저에게 국가안보책임에 대한 장쩌민 주석의 추측에 관한 기사를 보냈는데, 이에 대한 답신으로 기사에 대한 그의 분석이었다. 카이저의 분석 보고서는 그가 알고 있는 미국 정부의 고급 정보들을 바탕으로 구성되었다. 카이저는 자신과 이사벨 쳉이 나눈 대화가 타이페이의 NSB에 보고되며, 타이완의 상급 요원들에게 공유되고 있음을 알고 있었다. 2003년 3월 6일 오찬이 끝나고 카이저는 다음과 같은 내용의 이메일을 이사벨 쳉에게 보냈다.

"당신이 이번 오찬회의의 기록을 담당하고 있기 때문에 내가 말을 너무 많이 하면 당신이 수고스러울 것 같아 말을 아꼈습니다. 하지만 내가 너무 말을 아껴서 오찬에서 중요하지 않은 이야기나 나누고 식사나 한다고 당신과 황 중장이 오해하지 않았으면 합니다. 국민들의 세금^{타이완 국민들의 세금}으로 비싼 식사나 하고 아무런 성과가 없다면 이제 NSB가 추궁하기 시작하겠죠."

이 이메일에서 카이저는 이사벨 쳉이 NSB의 내규에 따라 접촉 보고서를 작성해야 하지만, 자신은 국무부의 내규에 따라 접촉 보고서를 작성할 필요가 없다고 판단했음을 인정했다.

2003년 3월 16일, 카이저는 이사벨 쳉에게 다음과 같은 이메일을 보냈다.

"내가 당신을 부담스럽게 한 것은 아닌지 모르겠습니다. 최근 뉴스를 살펴본 바로는 내가 당신에게 주요 아이템들을 보내준 것 같아요. 이제 당신이 이 주요 정보들을 소화하여 무엇이든 당신이 쓸 필요가 있는 것을 쓰도록 더 이상의 정보는 보내지 않겠습니다. 내 "음모 행적의 목적은 당신이 가능한 한 많은 정보를 얻어 타이페이의 상부에서 당신이 워싱턴에 꼭 필요한 직원이라고 여기도록 하는 것입니다 ….""

카이저가 무심코 쓴 이 이메일은 많은 것을 설명하고 있었다. 그가 읽은 "최근 뉴스"와, 이를 분석하여 NSB의 연락책에게 전달한 내용은 NSB가 가지고 있지 않았던 내용임이 분명했다. 카이저가 이사벨 쳉에게 3월 6일에 보낸 이메일에서 지적했듯, 카이저가 무엇인가 좀 더 실질적인 정보가 아닌 그다지 가치 없는 정보만을 제공했다면 NSB가 지속적으로 고급식사를 대접할리 만무했다.

이후 카이저는 그때 당시 NSB에게 제공한 정보는 공개적인 자료, 즉 인터넷과 싱크탱크, 기타 학술연구소 등에서 얻은 데이터를 사용한 것이었다고 주장했다. 이 정보들이 기밀사항이 아니었다고 하더라도 외국의 일급 정보기관들영국, 이스라엘, 러시아, 중국 등은 일반보고서는 물론 기밀보고서 작성을 위해 막대한 재정과 인적 자원을 투자하여 공개된 정보들을 수집, 검토, 분석하고 있었다. 정직한 분석관들이라면 기밀보고서 작성에 사용된 자료의 95%가 이미 공공에게 열려있는 내용들이며, 4%만이 "머리 위 영상overhead imagery"이라고 불리는 전자적 절취electronic intercepts를 통해 얻었음을 알려줄 것이다. 마지막 1%만이 가장 신뢰하기 어려운 인적 출처를 통해 얻은 자료들로 구성된다. 아시아 문제에 정통한 카이저가 공개된 문서라 할지라도 어떤 특정 문서가 NSB에게 효용가치가 있다고 판단한다면 이는 그의 개인적 경험과 정부의 기밀자료들을 분석한 결과에 따라 특정해낸 것으로, NSB가 쉽게 찾아낼 수 있을 만한 내용이 아니다. 카이저가 선별한 씽크탱크와 연구기관의 자료들이라면 그 유효성은 증명되고도 남음이 있다. 카이저 외에 아시아의 현 상황에 대한 전문적인 시각을 갖춘 국무부 직원은 몇 명 없었다.

2003년 3월 28일, 카이저가 아직 한국 측과의 협상에 참여하고 있던 때의 일이었다. 카이저는 한국에 있는 태평양함대의 미국 사령관과의 회의에 참석했고, 곧 그 내용들을 이사벨 쳉에게 알려주었다. FBI와 DS는 계속하여 이들의 관계를 밀착 감시했고, 카이저가 이사벨 쳉에게 정보들을 전달하고 있음을 알아차리는 것은 그리 어려운 일이 아니었다. 어려운 부분은 카이저가 미국 정부의 기밀문서들 중 구체적으로 어떤 정보들을 전달했는지 였다. 또한 법정에 제출할 수 있도록 논쟁의 여지가 없는 어떤 단서를 찾는 것이 관건이었다. 물론 운도 따라줘야 하는 일이었다.

그러던 어느 날 DS와 FBI는 카이저가 이사벨 쳉에게 보낸 한 통의 이메일에 주목했다. 다음 오찬을 약속하는 내용의 이메일이었다. "내가 예기했던 나의 곤페이 저널리스트/MSS[리 젭그힌]가 좋아하는 스페인/지중해식 레스토랑입니다. 아마도 우리가 그를 그곳에서 만나게 될 것입니다. 만약 그렇다면, 내가 당신을 소개해도 될까요? 그리고 뭐라고 소개하죠?"

이 이메일에서 카이저는 저널리스트로 위장한 외국의 비밀정보요원과의 만남을 인정한 것이었다. 데이터베이스를 조합해본 우리들은 카이저가 외국 요원과의 만남에 대해 EAP나 DS에 보고하지 않은 사실을 발견했다. IC의 규정을 명백하게 위반하는 행위였다. 카이저가 NSB의 비밀정보요원에게 자신이 MSS의 비밀정보요원으로 보이는 사람과 업무적 관계를 맺고 있음을 비보안 이메일을 통해 인정할 수 있으면서도, 국무부의 방첩부서에는 접촉보고서 조차 제출하지 않았던 것이다.

FBI와 DS는 모두 고개를 저었다. FBI와 DS의 요원들은 도청 외에도 카이저와 이사벨 쳉을 미행하고 이들의 조용한 오찬회동의 모습들을 필름에 담았다.

2003년 6월, 카이저와 이사벨 쳉은 이메일을 나누며 타이완에서의 재회를 계획하고 있었다. 카이저의 상관이나 동료들, 그리고 부인에게는 알리지 않은 비밀스러운 만남이었다. 6월 28일, 카이저는 이사벨에게 "당신이 안내해 줄 타이페이의 플랜A나 플랜B를 고대하고 있겠습니다"라는 애매한 내용의 이메일을 보냈다. 카이저의 다른 이메일 내역들을 살펴보니 그가 이미 도쿄에서 타이페이에 가는 비행기 편과, 9월에 타이페이에 숙박할 호텔 객실들을 알아본 것으로 나타났다.

FBI와 DS는 좀 더 주의를 기울여 카이저가 타이완 여행에 대해 이사벨 쳉과 주고받는 이메일들을 살펴보았다. 8월 30일에 카이저가 이사벨에게 보낸 이메일은 "교통편이 괜찮아 보입니다. 1830을 시도해보고 무리일 것 같으면 다시 연락하겠습니다"라는 내용을 담고 있었다.

DS의 요원들은 이미 FBI에게 카이저가 국무부를 대표해 국제회의 참석 차 중국 본토의 칭다오에 갈 계획이 있으며, 프레젠테이션을 위해 국무부의 노트북을 가져갈 것이라고 알렸다. 국무부의 규정에 따르면 컴퓨터의 하드디스크에 저장하는 정보들은 비보안 데이터만으로 제한하고 있지만, 평소 보안규정을 무시하는 카이저의 성향으로 볼 때 모든 상황이 가능했다. 더더욱 신경 쓰이는 점은, FBI에 따르면 카이저가 국무부의 노트북뿐 아니라 개인의 노트북도 함께 가져간다는 사실이었다. 중국은 물론 타이완까지 함께 가져간다는 것은 뻔한 일이었다. 방첩에 관한 우려에도 불구하고 DS로써는 카이저의 이번 출장을 막을 방법이 없었다.

8월 30일 오후, 카이저가 중국 출장을 준비하던 그때, 이사벨 쳉은 워싱턴의 덜레스 공항을 이용해 로스앤젤레스를 경유, 타이완으로 출국했다. 8월 31일, 카이저는 워싱턴을 떠나 9월 1일에 중국 칭다오에 도착했다. 같은 날 카이저는 이미 타이완에 도착해 NSB 본부에서 사람들을 만나고 있을 이사벨 쳉에게 이메일을 보냈다. "이번 여행에서 가장 복잡한 부분이 원만히 해결되었으니, 다음 일정 －화요일에 칭다오를 떠나 서울로, 그리고 도쿄로－ 또한 잘 진행될 겁니다. 모든 일이 끝나면 나머지 계획을 진행하도록 하죠. 무슨 일이 생기면 최대한 휴대폰과 이메일로 연락하겠습니다." 이 이메일은 중국 정부가 이메일 통신을 허가한 3곳의 서버 중 한 곳의 비보안 시스템을 거쳐 전송되었다. MSS가 이 이메일의 내용을 어떻게 받아들였을지 궁금할 따름이었다. 1976년부터 작성하기 시작한 카이저에 대한 MSS의 인물서류는 점점 두꺼워져갔다.

카이저는 이사벨 쳉에게 이메일을 보내는 동시에, 워싱턴에 있는 자신의 직송 상관, 국무부 차관인 제임스 켈리에게도 이메일을 보냈다. "이번 주에 연차를 사용하여 일본에 갈까 합니다. 워싱턴, 서울, 베이징 등 여기저기에 흩어져서 만나지 못했던 사람들이 운 좋게도 한자리에 모일 일이 생겼습니다. 계속 만나고 싶었던 지인들이 일본에 있는데, 이 중 한명은 얼마 전 부인이 백혈병으로 세상을 떠났죠. 9월 8일 월요일 아침에 사무실로 복귀하겠습니다."

켈리 차관은 카이저의 연차요청을 승인했다. 나중에 카이저가 타이완으로 비밀스러운 여행을 떠난 일에 대해 FBI가 켈리 차관에게 질문했을 때 켈리 차관은 만약 카이저가 타이완을 방문하겠다고 사전에 허락을 구했다면, 그 지역의 정치적 지리적 문제를 들어 그 방문이 공식일정, 사적인 일정에 관계없이 바로 허가하지 않았을 것이라고 답했다. 카이저는 다음날 타이페이로 향하는 비행기에 올랐다.

카이저의 연막작전은 꽤 치밀하게 만들어진 것이었다. 수사관들을 가장 곤란하게 했던 것은 바로 카이저가 중국에 가져갔던 두 대의 노트북이었다. 8월 30일 카이저가 국무부의 동료에게 보낸 이메일에서는 그가 업무를 위해 칭다오에 "노트북과 액세서리"를 가져간다고 되어있었다. 수사관들이 우려한 부분은 이 노트북에 기밀정보가 저장되어 있었는지, 그리고 만약 그럴 경우 카이저가 타이완에 체류하는 동안 저장된 비밀정보들을 NSB에 넘겼을 지였다.

수사관들의 우려는 나중에 현실로 드러났다. FBI의 과학수사 분석관들은 카이저의 주거지에서 발견된 플로피 디스크에 "34건의 파일이 있었으며, 그 중 9건은 기밀정보로, 플로피 디스크에 저장된 34건 파일 모두 작성일과 마지막 수정일이 2003년 8월 29일"로 나타났다. 바로 카이저가 중국 출장을 떠나기 이틀 전으로, 그가 출장 시 함께 가져가기 위해 파일들을 다운받았음을 가리키는 것이었다. 더욱이 플로피 디스크에 저장된 9건의 기밀정보는 마지막 조회일이 2003년 9월 1일로, 노트북의 하드디스크에 이 파일들에 상응하는 링크 파일들이 저장되어 있었다. 즉, 카이저가 중국에 있던 9월 1일에 노트북을 사용해서 이 파일들을 열람했음을 나타내는 것이다"라고 확인했다.

사안의 민감성을 고려하여 FBI는 중국과 타이완, 일본에 있는 방첩요원들에게 카이저가 칭다오에 있음을 알리지 않기로 했다. 어차피 이들이 수사를 위해 할 수 있는 일이 없었기 때문이었다. 중국을 떠나 타이완으로 향하고 있는 카이저는 DS와 FBI 수사관들의 시야 밖에 있었다.

미국의 외교정책을 진전시키고 중국의 상대방들과 여러 문제들을 다룬 카이저는 중국의 외교관 사회에서 외교관의 본보기 같은 존재였다. 칭다오 출장을 마친 카이저는 베이징으로 돌아온 후 한국으로 향했고, 마지막으로 일본행 비행기에 탑승했다. 이제 그는 DS와 FBI 감시망으로 돌아온 것이었다.

카이저는 2006년 2월 14일 FBI에 제출한 진술서에서 자신이 타이완에 머물던 기간 동안 이사벨 쳉 외에는 다른 어느 누구와도 만나지 않았다고 주장했다. 하지만 거짓말 탐지기 조사에서는 그의 주장에 거짓이 있음이 나타났다. 그가 타이완에 머무는 동안 외국 정보기관에 불법적으로 기밀정보를 제공했는지를 물어본 질문에서 거짓말 탐지기의 바늘이 카이저의 답변에 두 차례 거짓이 있었음을 나타냈다. FBI 또한 카이저에게 다음과 같이 질문했다.

FBI: 타이완에서 누구를 만났습니까?
카이저: 이사벨 쳉만 만났습니다.

FBI: 이사벨 쳉만 만난 것이 확실합니까?

카이저: 확실합니다.

FBI: 2003년에 타이완에서 만난 유일한 사람이 바로 NSB의 정보
요원으로 알려진 사람입니다. 이 사실을 말하고 있는 겁니까?

카이저: 내가 타이완에서 만난 사람은 이사벨 쳉 한 사람입니다.

카이저의 진술에 의하면 그가 타이완에 간 이유는 이사벨 쳉
과 함께 3일간의 시간을 보내기 위해서였다. 물론 그의 부인이나
상관에게는 알리지 않은 채였다. 카이저는 타이완에서 관광을 했
을 뿐이며, 그곳에서 만난 사람들은 가게 점원과 같은 민간인들뿐
으로, 타이완 정부직원들과 만난 일은 없다고 주장했다.

9월 3~5일까지 카이저가 타이페이에서 사용한 신용카드 내
역에서는, 타이페이의 크리스찬 디올에서 $570.01을 사용한 내역
과, 그랜드 포모사 리전트 타이페이 호텔에서 사용한 $333.19가
조회되었다. 카이저가 타이페이에 체류한 3일 동안 그 외의 카드
사용 내용은 나타나지 않았는데, 식사와 교통, 그 외 관광을 위한
자잘한 모든 비용들을 현찰로 지불했다고 보기에도 이상했다.

카이저는 출장비용 청구를 위해 영수증을 제출할 때 자신의
타이완 여행을 숨기기 위해 "교섭상대로 적절한 사람을 발견하여
잠시 다녀왔다"며 연차를 냈다고 말했다. 그가 국무부에 제출한
출장비용 영수증에는 타이완에서의 이용내역은 포함되어 있지 않
았다.

도쿄 주재 미국대사관의 RSO는 DS/CI의 지시에 따라 일본
출입국 기록을 조회했고, 카이저가 9월 2일에 일본에 도착하여 다
음날 타이완의 국적기인 중화항공에 탑승했고, 또다시 중화항공

을 통해 9월 6일에 나리타 공항으로 돌아와 곧바로 덜레스 공항으로 가는 유나이티드 항공의 직항 편에 탑승한 사실을 확인했다. 1970년대 말, 내가 카이저와 함께 도쿄에서 근무하던 당시에도 느낀 사실이만, 일본정부는 매우 상세하게 기록을 남겨놓는다.

DS 요원들은 카이저가 도쿄 주재 미국대사관 직원에게 자신이 타이완에 다녀왔음을 알린 사실을 뒤늦게 발견하고 충격을 받았다. 2003년 9월에 도쿄로 발령받은 더글러스 모리스에 따르면, 2007년 7월 당시에 대사관에 있던 모든 사람들이 카이저가 그해 9월 타이완에 다녀왔다는 사실을 인지하고 있었다고 말했다. 이들은 카이저가 미국으로 돌아간 후 자신의 타이완 여행을 숨기려고 했다는 사실을 듣고 놀라움을 금치 못했다. 2003년 9월에 도쿄 주재 미국대사관으로 발령받았던 마리아 말빈스 역시 2007년 6월 당시 자신을 비롯한 모든 대사관 직원들이 카이저의 타이완 여행에 대해 알고 있었다고 말했다. 그녀는 내가 FSI에서 강의를 마친 후 당시 대사관 내에서는 카이저의 타이완 여행이 공공연한 것이었으며, 왜 그가 미국 출입국 신고에서 거짓을 적었는지 이해할 수 없다고 말했다. 카이저가 타이완을 여행한 본 목적을 모르는 그들이라면 그러한 카이저의 행동이 이해하기 어려울 것이다.

나중에 카이저는 자신이 2003년에 사적으로 타이완을 여행한 사실을 보고할 의무가 없었다고 주장했으나, 역시 사적으로 2000년 4월에 프랑스를 방문하고 2003년에 아일랜드를 방문했던 때는 국무부에 정식으로 신고한 사실이 있었다. 보고에서 누락된 것은 타이완뿐이었다. 이 3일간의 타이완 여행, 카이저가 단순히 보고하는 것을 잊은 건 아닐까? 사전에 이루어진 여행준비와 눈속임들을 생각한다면 그런 단순한 핑계가 통할 리 없었다.

워싱턴으로 돌아온 카이저와 이사벨 쳉의 관계는—업무적, 개인적 모든 면에서 더더욱 깊어졌다. 2003년 10월 3일, 카이저와 이사벨 쳉은 다시 이메일을 주고받았고, 이들이 12시 반에 Les Halles 레스토랑에서의 점심식사를 약속한 사실을 포착했다. 카이저의 전자 캘랜더를 모니터링 하던 수사관은 그가 Les Halles의 점심약속을 "Juergen Probst"라고 적어놓은 것으로 확인했다. FBI는 2003년 11월 26일에도 같은 오찬약속이 있음을 확인했다. 카이저의 캘린더에는 "존 맷칼프"와의 식사약속으로 표시되어 있었다. 카이저가 자신의 공식 스케줄 캘린더에서 이사벨 쳉의 존재를 감추려고 시도한 흔적은 2003년 1월 16일부터 시작되었다. "라나드"와의 오찬약속은 2004년 6월 3일까지 이어지는데, 이사벨과의 점심약속은 "이안 패터슨"으로 표시되었다. FBI는 이 오찬약속들을 집중적으로 감시했다.

2003년 11월 14일은 카이저가 황 중장과 점심식사를 함께 한 날로, 캘린더에도 그대로 기록되어 있었다. 이사벨 쳉과의 사적인 점심만남은 감추면서 왜 황 중장과의 만남은 그대로 기록한 걸까? 카이저는 2004년 5월 22일에 황 중장과 또 다시 만날 스케줄을 기록해 놨다. FBI가 DS의 수사관들에게 물어본 질문 중 하나는 카이저가 NSB의 요원들을 빈번히 만나면서 어떻게 다른 업무들을 수행할 수 있는 지였다. 그가 부족한 업무시간을 보충하기 위해 집에서 얼마나 많은 시간을 투자해 업무를 처리해야 했는지를 생각하니 모두들 웃음이 났지만, 나중에 실제로 카이저가 집에서 대신 업무를 처리하기 위해 많은 시간을 투자했음이 밝혀졌을 땐 더 이상 농담으로 넘길 수 없었다.

국무부 고위관료와 젊은 TECRO 직원 사이의 관계는 점점 바람직하지 못한 방향으로 흘러갔다. 2003년 12월, FBI 요원들은 카이저와 이사벨 쳉의 점심 만남에서 "신체적 친밀관계"를 포착했다. 이전까지의 관찰 기록에는 이들 둘 사이의 친밀한 관계는 목격된 바가 없었다. 그러나 이제 우리는 카이저가 공공장소에서의 점심식사를 넘어선 침대에서의 관계로 발전된 것이 아닌가 하는 우려에 휩싸였다. 기밀정보들을 엄수해야 하는 남자에게 가장 위험한 상황은 정보를 빼내도록 훈련받은 매력적인 여인이 접근할 때이다. 우리는 이사벨 쳉이 유혹하는 기술 또한 훈련받은 것으로 짐작했다.

12월 초, 황 중장, 이사벨 쳉, 그리고 카이저가 함께 오찬을 가졌다. 카이저는 미국정부의 원자바오 총리에 관한 민감한 정보를 제공했고, 타이완이 어떤 구체적인 국제정책 또는 국내정책을 시도할 시 중국 정부의 군사적 대응책에 대한 카이저의 분석 또한 함께 제시했다. 카이저가 황 중장과 이사벨 쳉에게 제공한 내용들은 법무부가 이사벨 쳉이 2003년 12월 5일에 NSB 본부로 전송한 텔레그램을 검토하면 확인할 수 있을 것이다. NSB는 이 정보가 매우 민감한 사안이라고 판단하여 NSB의 본부 내에서도 특별한 안전조치를 적용하고 있었다.

이전에 11월 14일에도 카이저와 황 중장, 이사벨 쳉이 워싱턴의 한 레스토랑에서 함께 있는 모습이 FBI에게 목격되었다. 11월 25일에 만남을 가진 이후, 이사벨은 TECRO로 돌아가 카이저와의 미팅의 주요 내용들을 작성한 목록을 NSB 본부에 전송했다. 이사벨 쳉은 "EAP의 주 부차관보인 도널드 카이저는 중국의 최근 외교동향을 설명했다"라고 보고했다. FBI의 수사관들은 카이저와 NSB가 만날 때 마다 이사벨 쳉이 그 내용을 기록해 NSB 본부에 전송하고 있음이 확실하다고 보았다.

2003년 12월 19일, FBI 요원들은 카이저가 TECRO에서 이사벨 쳉을 자신의 차에 태워 매릴랜드에 있는 어떤 레스토랑으로 데려가는 모습을 포착했다. 2시간에 걸친 저녁 식사가 끝나고 카이저는 이사벨을 차에 태워 매릴랜드에 있는 그녀의 집으로 향했다. FBI의 기록에 따르면, 카이저는 이사벨의 집에서 10시 58분부터 11시 45분까지 머물렀던 것으로 나타난다. 다음 날 DS와 FBI의 수사팀은 함께 모여 47분간 그녀의 집에서 무슨 일이 벌어졌는지를 추측할 수 있었고, 이들의 추측은 적중했다. 2006년에 카이저는 당시 이사벨 쳉의 집에서 그녀의 옷을 벗기고 전신을 만진 것을 인정했으나 성적 관계는 가지지 않았다고 진술했다.

여기서 상황이 더 악화될 수 있을까?라고 생각했지만, 이게 끝이 아니었다. 카이저가 이사벨 쳉에게 보낸 이메일 중 전 국무부 직원들 중에 NSB가 포섭할 만한 인물들에 대한 리스트가 발견된 것이다. 이는 수사관들의 공분을 사기에 충분했다. 2004년 5월 8일 카이저가 이사벨에게 보낸 이메일에서 그는 "이 사람들은 정보기관이 포섭할 만한 사람들로, 신중하고 체계적인 접근이 필요합니다. 냉전 시대에 구소련과 동독의 정보요원들은 이러한 대상을 파악하는데 익숙했죠. 어느 날 아침에 일어나 갑자기 "난 배신자가 되겠어"라고 말하는 사람은 없으니까 말입니다. 어느 정도 약한 부분이 있으면서 자기 만족감을 원하는 사람들이 잠재적인 리크루트 대상이 될 수 있어요."

카이저는 리스트의 인물이 "외교업무에 평생을 보냈지만 제대로 평가받지 못했다"라고 불만을 표시했다는 설명을 덧붙였다. 리스트에 나온 전 국무부 직원의 실명은 재판 기록에서는 편집되었으나, 언론에는 알려졌다. 존 트카식 주니어는 INR 출신으로,

2006년 재판 당시에는 헤리티지 재단에서 수석연구원으로 근무 중이었다. 언론의 연락을 받은 트카식은 카이저의 그러한 행위에 대해 "그들이 카이저에게 책이라도 던졌으면 좋겠다"라고 답하며 강한 분노를 표현했다.

카이저가 NSB의 공급책이었던 것일까? 그는 FBI의 디브리 핑에서 "국무부 관계자에게 전 직원인 "미스터 트카식"이 국무부에게 등을 돌릴 것으로 알고 있다고 이사벨에게 말하려 한 것뿐"이라며, 단지 국무부에서 이를 인지하고 있음을 이사벨에게 알리려 한 것이라고 주장했다.

2004년 5월 22일, 카이저는 이사벨 쳉과 황 중장과 만나 미국, 중국, 타이완의 삼자관계에 대한 심도 깊은 대화를 나눴다. 만남이 끝나고 이사벨 쳉이 TECRO의 본부로 보낸 비밀 보고는 카이저와의 오찬에서 오고간 내용을 분석한 것과 "황 중장 참고용 기록자료"가 포함되어 있었다. 이로써 카이저는 자신의 친구들에게 모든 것을 숨김없이 제공한 것으로 보여 졌다.

TECRO의 NSB 요원들과 오찬회동을 가진 다음 날, 카이저는 이사벨 쳉에게 이메일을 보냈다. "배경자료가 도움이 됐으면 좋겠군요. 이제는 잘 알겠지만 당신이 원하는 것은 무엇이든 할 수 있습니다. 뭐든지 물어보세요, 내가 할 수 있는 한 최선을 다해 응하겠습니다. 공적인 일이든, 사적인 일이든, 그 어떤 것도 좋습니다." 5월 23일에 작성된 이 이메일을 본 FBI와 DS의 수사관들은 카이저가 위험한 길에 들어섰다는 사실을 더 이상 의심할 여지가 없었다.

7 장

　2004년 5월 29일, FBI 요원들은 카이저와 이사벨 쳉이 워싱턴의 유니언 역에서 함께 암트랙 열차에 탑승하는 모습을 목격했다. 이들의 행선지는 뉴욕으로, 낮에는 관광을 즐기고 저녁에 집으로 돌아가기 전에 뉴욕 호텔에서 목을 축이며 즐거운 시간을 보냈다.

　다음 날, 카이저는 자신의 국무부 사무실의 컴퓨터를 이용해 이사벨에게 이메일을 보내 다음과 같이 말했다. "잠든 당신의 어깨를 안고 당신의 머리를 내 가슴에 기댄 채 당신의 손을 잡고 보낸 두어 시간이 나에겐 더할 나위 없는 시간이었습니다. 이젠 6월 중순에 당신을 호놀룰루로 함께 데려갈 방법을 모색해야겠군요." 애석하게도 수사관들은 카이저가 이토록 로맨틱한 메시지를 자신의 부인에게 보낸 기록은 단 한건도 발견하지 못했다.

　2004년 6월 30일, 카이저와 이사벨 쳉이 워싱턴 외곽에 있는 화이트플린트 몰에서 함께 산책하는 모습을 목격한 FBI 요원들은 이전에 카이저가 이사벨에게 보낸 이메일을 떠올리고 이들의 쇼핑몰 산책을 경계했다. "토요일에 어디에 있을지 알려줄 때는 조심하도록 해요, 화이트플린트 몰에서 '우연한 만남'을 가장한 지 좀 오래됐으니까요."

　수사관들은 카이저가 CIA의 기본 트레이닝 지식을 사용해 이사벨 쳉에게 돋보이려는 노력이 가상히 여겨졌다. 훗날 카이저는 부인했으나, 이러한 이메일 내용으로 이사벨 쳉과 은밀한 관계에 있었음을 인정한 것이나 다름없었다. 그리고 카이저의 예상치 못한 행동으로 인해 수사는 새로운 국면을 맞이했다.

7월 중순, 카이저는 2004년 9월 말을 끝으로 은퇴할 의사를 국무부에 전달했다. 국무부는 이미 카이저에게 그가 AIT 최고직의 후보에 올랐음을 통지한바 있었다. AIT는 TECRO와 같은 역할을 하는 미국 정부의 기관으로, AIT의 자리에 부임하기 위한 유일한 정식조건은 해당자가 현역 국무부 또는 미국 정부의 공무원이어서는 안 된다는 것이었다. 이 조건은 외교적 민감성과 교묘한 속임수와 그 외 다른 것들에 대한 것이었다. 카이저는 이미 퇴직에 필요한 정년을 넘어섰고, 양안관계에 관한 전문가였으며, 유창한 중국어 실력과 더불어 타이완에서 2년 이상의 체류경험이 있는 최고의 적임자였다. 자신에게 주어진 기회를 잠시 고민한 후, 카이저는 타이페이 부임을 위해 국무부에 퇴직을 요청했다.

외무업무 규정에 따르면 모든 국무부 직원들이 퇴직예정일을 퇴직과에 통지하여 모든 행정절차가 제때 이루어질 수 있도록 해야 한다. 퇴직 절차의 일환으로 대상 직원들은 FSI의 직업전환센터에서 2개월간 진행되는 은퇴계획 세미나에 참가해야 한다. 퇴직을 앞두고 있는 카이저로 인해 수사관들은 또 다른 난관에 마주해야 했다. 수사 결과 국무부 EAP의 수석 부차관보가 외교관 신분으로 위장해 미국에 주재중인 외국 정보요원과 은밀한 관계에 있다는 사실을 확인했지만, 수사관들은 실제로 카이저가 NSB 요원에게 미 정부의 기밀자료를 건네는 모습을 목격하거나 기록한 사실이 없었다. 그리고 이제 카이저는 퇴직을 눈앞에 둔 상태로, 국무부의 기밀정보에 접속할 권한 또한 종료되기 직전에 있었다. 그의 스파이 행각을 적발할 기회가 사라지고 있었다. 켄달 마이어스 사건 때에 경험한 것과 같은 난관이 다시한번 벌어지고 있었다.

이젠 법무부가 나서서 이 희극의 막을 내려야 할 때가 왔다. 어쨌든 법무부의 결단이 내려질 때까지 카이저와 이사벨 쳉은 만남을 계속 이어갈 것이었고, 그저 지켜보며 기다려야하는 감시팀의 지루함은 더해져만 갔다.

2004년 7월 23일, 저녁 8시 10분, 카이저는 또 다시 이사벨 쳉을 TECRO에서 자신의 차에 태워 매릴랜드 로크빌에 있는 워싱턴 가스공사의 공터로 향했다. 이들을 감시하던 FBI 요원들은 보조석에 앉은 이사벨 쳉이 운전석 시트를 젖히고 누운 카이저에게 머리를 묻고 엎드려 있는 모습이 20분간 이어지는 모습을 지켜보았다. 당시 카이저는 아마 자신과 이사벨 쳉의 이러한 행각이 법무부의 자료에 세세히 기록될 거라고는 상상도 하지 못했을 것이다.

그로부터 8일 후, 카이저는 3개의 서류봉투를 든 채 자신의 차에서 내려 버지니아주 알렉산드리아의 포토맥 랜딩 레스토랑으로 향했다. 수사관들에게는 다행스럽게도 카이저는 다시 한번 자신의 캘린더에 오찬회동의 본래 목적과 참석자들의 신분을 위장하려는 시도를 했다. 서툰 시도였다. 레스토랑에 들어선 카이저는 이사벨 쳉과 황 중장이 앉아있는 테이블로 다가갔다. 자리에서 일어난 이들 둘은 악수를 나누고 곧바로 일을 시작했다.

FBI는 카이저가 이들 NSB 요원 두 명에게 각각 큰 서류봉투를 건네는 모습을 포착했다. 이사벨 쳉은 서류봉투를 받아 자신의 핸드백에 넣었고, 황 중장은 내용물을 꺼내어 본 뒤 다시 봉투에 넣었다. FBI 요원의 진술에 따르면 봉투에 담긴 서류에는 파란색의 국무부 도장이 찍혀있는 것으로 보였다.

이들 세 명은 점심식사를 하며 활발히 대화를 나눴다. FBI는 카이저가 레스토랑을 나설 때 반으로 접은 서류봉투 하나만을 들고 있는 모습을 확인했다. 다른 두 개의 서류봉투는 이미 NSB의 손에 들어간 후였다. FBI는 나중에 이 오찬에 참석한 NSB 요원들이 타이페이의 본부로 보낸 보고를 입수한 후에야 이 봉투의 내용물을 알 수 있었다.

8월 초, 카이저는 이사벨 쳉에게 "중국 무기"라는 제목의 서류를 이메일을 통해 전송했다. 이 때 당시 타이완과 중국의 관계는 매우 급박했는데, 중국 정부 측은 또다시 무력을 행사하며 힘을 통해 중국을 하나로 합칠 때라고 주장하고 있던 시기였다.

중국의 의도가 내포한 심각성과는 별도로 NSB는 타이완 정부에게 중국군의 잠재적 위험도에 대한 수준 높은 분석 자료를 제출해야 했다. 카이저의 경력을 고려할 때 그의 분석 자료는 타이완 측에 매우 귀중한 자료였다.

법무부가 카이저를 연방법정에 세우기 위해 그가 어떤 위반 사항들을 저질렀는지 파악하는 동안 카이저는 또다시 이사벨 쳉에게 이메일을 보냈다. 2004년 8월 1일, 그가 FSI에서 은퇴를 위한 세미나에 참여하기 시작한 날이었다. 이번 이메일에서 카이저는 이사벨과의 관계를 좀 더 구체화했다. "지난 2년간 함께 마음을 나누며 -상당히 은밀한 마음을 말이오- 나는 다른 삶은 상상할 수조차 없게 되었소. … 오래 전에 당신에게 말한 적이 있지만, 당신에게는 어떤 얘기도 쉽게 할 수 있을 것 같아 … 난 항상 기도 한다오._{난 종교적인 사람이 아니지만} 지금 이시간이 영원하기를 조용히 기도한다오."

　은퇴를 위한 세미나에 참석하기 시작한지 며칠 되지 않아 카이저는 FSI의 알링턴 캠퍼스를 나와 워싱턴의 19번가에 위치한 해산물 레스토랑 '핀'으로 향했다. FBI 요원들은 카이저 종이를 한 장 손에 들고 레스토랑에 들어서는 모습을 목격했다. 그로부터 15분 후 이사벨 쳉이 같은 레스토랑에 도착했고, 카이저는 그녀의 테이블로 걸어가서 들고 있던 종이를 그녀 앞에 내려놓았다.

　카이저는 말없이 종이를 읽고 있는 이사벨을 마주보고 앉았다. 이들은 즐거운 듯 대화를 나누며 2시간여의 점심식사를 즐겼다.

　지난 몇 년간 이사벨 쳉에게 푹 빠져있었음이 분명한 카이저는 2004년 8월 11일, 그녀와 만날 약속을 잡았고, 이들은 좋은 술과 함께 긴 점심식사를 즐겼다. FBI 요원들은 식사를 마친 카이저와 이사벨이 함께 차를 타고 이동하는 모습을 쫓았다. 워싱턴의 어느 한적한 골목에 차를 세운 이들을 지켜보던 요원들은 지난번 7월 23일의 관찰 기록에서와 같이 이들이 탑승한 차가 "심하게 흔들리는" 모습을 목격했다. 또 다시 20분 동안 이사벨 쳉의 머리는 이들의 시야에서 사라졌다.

　주차상태였던 카이저의 차가 이사벨 쳉의 아파트로 향했다. 그녀가 집으로 들어간 뒤 얼마 되지 않아 카이저는 이사벨 쳉의 휴대폰으로 전화를 걸었다. "음식도, 와인도, 샴페인도 매우 좋았어. 그리고 당신도 매우 좋았어." 이들 사이의 모든 것이 좋았을 터였다. 훗날 카이저는 부정했지만 이사벨 쳉과의 은밀한 관계는 모두 사후증거를 위해 차곡차곡 기록, 저장되고 있었다.

　6일 후, 2년간 계속되던 수사는 와해될 위기를 맞이했다. 카이저는 또다시 TECRO에서 이사벨 쳉을 태우고 어디론가 향하려

했다. TECRO의 부지를 나선 카이저의 차는 매릴랜드의 한적한 외곽에 위치한 PEPCO 발전소의 부지에 들어섰다. 30초 후 FBI의 잠복차량이 이들의 행적을 쫓기 위해 카이저의 차로부터 약 30야드 정도 떨어진 곳으로 다가갔다. 의욕이 앞선 FBI 요원 한 명이 비디오 카메라를 든 채 차 밖으로 상체를 너무 많이 내놓은 것이 화근이었다.

마침 근처를 지나가던 민간인이 이러한 FBI의 모습을 발견했고, 카이저의 차로 다가가 창문을 두드렸다. 이 민간인은 카이저에게 저 쪽에 워싱턴 DC의 번호판을 단 차량을 탄 백인 남성 두 명이 당신들을 촬영하고 있는 것 같다고 알려준 것이었다. 카이저는 이 친절한 시민에게 감사의 인사를 전한 뒤 이사벨 쳉의 아파트로 향했다.

다음 날, FBI는 수사가 와해되는 것을 막기 위해 노력을 기울였다. 요원들은 이날 아침 녹음된 전화통화에서 카이저가 이사벨에게 누군가 PEPCO 부지에서 일어난 일을 물어봤을 때 어떻게 대처해야 할지를 알려주고 있음을 확인했다. 이들은 여러 가지 가능한 시나리오와 이를 위한 핑계를 의논했다. 아무 죄가 없었다면 이들이 굳이 입을 맞출 필요는 없었을 것이다. 카이저는 이사벨에게 "먼저 어떻게 설명할지를 고민해보고 그다음을 생각해야 할 것 같아 … 상황이 좋아보이지는 않지만 … 아마도 5가지의 상황설명이 가능할 것 같소. 딱히 마음에 드는 건 아니지만 … 이 상황들을 잘 생각해 보고 어떻게 설명을 해야 할지를 함께 고민해 봅시다"라고 말했다.

카이저가 가장 두려워한 것은 무엇일까? 예전에 첫 부인이 그랬던 것처럼 지금의 부인이 사설탐정을 고용해 자신의 새로운 저녁 놀이를 알아낼까봐 두려웠던 것일까? 아니면 자신이 범죄나 외국 정보기관의 협박의 희생양이 되는 것이 두려웠던 것일까? 아마도 그는 연방 수사관들이 뭔가 오해를 하고 자신을 감시하고 있었다고 생각한 것인지도 모르겠다. 나중에 카이저와 이사벨 쳉과의 대화를 도청한 기록에서 카이저는 "우리가 어떤 법이나 규정을 어기지 않았고, 어떤 나쁜 일도 일어나지 않았다는 것은 나도 알고 당신도 잘 아는 사실이오"라고 이사벨에게 말했다. 어쩌면 카이저는 자신의 전화통화가 도청되고 있다는 사실을 알고 일부러 이런 말을 한 것인지도 모르겠다.

2004년 8월 27일, 패어팩스 카운티의 형사는 상관의 승인을 받아 카이저의 집에 찾아가 문을 두드렸다. 잠재적 테러활동에 대한 수사 중이라며 목적을 밝힌 형사는, 자신의 파트너가 카이저의 명의로 등록된 버지니아주 번호판 차량이 공공시설 근처에 주차된 모습을 목격하여 이를 수상하게 여기고 있다고 말했다.

카이저는 자신을 국무부 고위관료라고 밝히고, 해당 차량은 자신의 소유가 맞으며 그날 저녁 자신이 운전하고 있었다고 설명했다. 몇 가지 추가 질문을 한 이 형사는 인사를 나눈 뒤 일단 물러났다. 일은 계산대로 진행되고 있었다. 테러에 대한 공포는 때로는 국가를 위해 일하는 사람들에게 ‒ 그리고 스스로 타락의 길을 걸어가는 사람에게 특히 좋은 구실이 될 수 있었다.

몇 분후 카이저는 이사벨 쳉에게 전화를 걸어 음성 메세지를 남겼다. "방금 흥미로운 일이 일어났소. 전화로 얘기하기는 곤란하고 … 우리가 얼마 전 경험했던 … 미스터리 … 가 이제 막 해결된 것 같소. 그리고 우리가 상상했던 것들 중 가장 바람직한 결과였소. 자세한 이야기는 나중에 합시다."

카이저의 퇴직일이 다가올수록 수사팀에게 주어진 시간은 줄어들고 있었고, 법무부는 아직도 스파이 혐의로 카이저를 기소할 만한 물증을 손에 넣지 못하고 있었다. 카이저가 이사벨 쳉에게 기밀자료를 넘기는 사실을 확인하기 위해 FBI는 카이저와 NSB의 다음 오찬회동을 모두 녹화하기로 결심했다. 수사관들은 카이저와 이사벨이 워터게이트 호텔의 아쿠아렐 레스토랑에 3명의 자리를 예약한 것을 확인했다.^{황 중장도 참석할 예정이었다}

지오바나 카발리에 특수요원과 FBI의 요원들은 카이저와 이사벨이 도착하기 20분 전에 레스토랑에 자리를 잡았다. 레스토랑 직원의 도움을 받아 창밖에 포토맥 강이 내려다보이는 전망 좋은 자리였다. 무엇보다 중요한 것은 이 자리에서 카이저 일행의 자리를 관찰하는데 장애물이 없었다는 것이었다. 감시팀은 카이저 일행의 테이블을 향해 감시 카메라를 설치했다.

이윽고 FBI/DS 감시팀의 시야에 황 중장과 이사벨 쳉, 그리고 카이저가 점심메뉴를 고르는 모습이 들어왔다. 모르는 사람들의 눈엔 평범해 보이기만 할 카이저와 NSB 요원들의 점심식사 모습에 수사관들은 탄식할 뿐이었다. 외국의 정보기관들은 언제나 스파이 행위에 대한 일반 미국시민들의 무관심과 불신을 영리하게 이용하고 있다.

점심식사 중 FBI 요원 한 명이 일어나 화장실로 향했고, 마침 카이저가 스테이플로 묶은 몇 장의 서류를 꺼냈다. 카이저가 이 서류뭉치를 이사벨과 황 중장에게 건네는 순간 레스토랑의 손님 몇몇이 이들 앞을 지나갔고, 마침 서류가 건네지는 장면을 찍고 있던 카메라의 시야가 가려졌다. 어쨌든 카발리에 요원은 이 서류의 앞장에 빨간 줄이 쳐진 한 줄을 볼 수 있었는데, 정확하게 뭐라고 쓰여 있는 지는 보지 못했지만 그녀가 볼 때 국무부에서 기밀서류의 앞에 사용하는 빨간색 표시인 "비밀/외부공개불가"인 듯 했다.

이 문서가 어떤 것인지 궁금했던 FBI는 다음날 DS/CI에 찾아와 카발리에 특수요원이 정확히 어떤 것을 봤는지 논의했다. 서류가 건네지는 장면이 카메라에 포착되기는 했으나, 거기에 적힌 정확한 내용까지 알아내기엔 무리였다. FBI에게는 실망스러운 일이었지만 DS/CI는 "비밀/외부공개불가"의 기재여부를 확인할 수 없었고, 건네진 문서에 국무부의 기밀문서 마크로 보여 지는 붉은 글자가 있었다는 사실만 확인했다. 나중에 이사벨 쳉이 FBI에 제출한 문제의 그 문서에는 중앙 상단에 "대화 논점"이라는 글씨와 날짜가 빨간색으로 적혀있었다.

카이저 은퇴까지 앞으로 2달도 채 남지 않았고, 사건의 진행 상태는 FBI의 수사관들이나 법무부가 원하는 만큼 승산이 있어 보이지 않았다. 카이저의 스파이 혐의에 대한 입증을 뒷받침할만한 물증은 빈약했으며, 대부분 정황적 증거에 지나지 않았다.

DS는 다른 연방법을 위반한 혐의로 카이저를 체포하여 기소할 기회를 잡자고 수사 초기에 FBI와 논의한 바 있다. 어떤 위반 혐의라도 상관없었다. 2004년 초, DS는 카이저에게 보안에 관한 설문지를 제출하도록 통지한 일이 있었다. 표준양식 Standard Form: SF86이라는 설문지로, 카이저의 "일급비밀" 접근권한을 갱신하는 통상적인 절차였다. 집행명령 Executive Order 12986에 따라 해당 접근권한을 가진 모든 사람은 주기적으로 재조사를 받아야 하며, 마지막 조사로부터 5년 이내에 재조사가 이루어져야 한다. 카이저는 마지막 조사로부터 4년째로, 아직 정해진 기한보다 1년이 남아있었지만 DS/CI는 그에 대한 재조사를 서두르기로 했다.

SF-86 설문지는 작성자에게 다음과 같이 요구하고 있다:

"지난 7년 간 정부의 공식 업무로 인한 출장목적을 제외한 모든 방문 국가를 기재하시오." 카이저는 이 항목에서 개인 여행으로 2000년 4월에 프랑스를 방문한 사실과, 2003년 5월에 아일랜드를 방문한 사실만을 기재했을 뿐, 2003년 9월에 타이완을 방문한 사실은 제외했다. 이때 카이저는 켈리 차관에게 연차 사용을 요청했으므로 공식 업무로 인한 출장에 해당되지 않는 여행이었다. 카이저는 켈리 차관에게 의식적으로 연차를 요청하고 타이페이에 방문할 목적만 드러내지 않는다면 문제될 일이 없다고 생각했을 것이다.

SF-86 설문지를 온라인으로 제출하기 전, 카이저는 "모든 질문에 성실히 답했음을 증명하는" 페이지를 인쇄하여, "본 설문지에 기재 및 첨부한 나의 모든 진술은 정확하고 온전한 진실만을 최선을 다해 작성하였습니다. 본 진술에 고의로 허위사실을 기재 시 벌금 또는 징역에 처해질 수 있음을 이해합니다[18 USC 1001]"라는 서약을 자필로 다시 적은 후 서명했다. 카이저는 2004년 5월 3일, SF-86 설문지와 서약서를 함께 버지니아 알링턴의 DS 인사보안부서에 팩스로 제출했다.

며칠 후 카이저가 서명한 서약서를 본 워러너 특수요원은 9개월 전 덜레스 공항에서 보다 더 큰 목소리로 "드디어 잡았다!"라고 외쳤다. 카이저는 2003년 타이완으로부터 귀국했던 때 출입국신고서에 불성실하게 기재한데 그치지 않고, 이번에는 연방서류마저 허위로 기재했던 것이었다. 카이저의 속임수가 드디어 가치를 발휘하기 시작했다.

수사관들은 보안등급 갱신절차를 이용해 카이저가 이사벨 쳉과의 관계를 숨기기 위해 또다시 거짓말을 할지 알아보기로 했다. 우리는 18 USC 1001을 두 차례 위반한 사실을 확보한 것만으로는 만족할 수 없었다. 추가발견이 가능한 혐의가 있는지 찾아봐야 했다. "일급비밀" 접근자격의 갱신에 관해 국무부에서 실시하는 모든 갱신조사에는 보안수사관에 의한 해당 직원의 대면조사가 포함된다. 이 대면조사가 제대로 실시된다면 단순한 조사에서는 드러나지 않는 정보를 이끌어 낼 수도 있었다. 적절히 사용된다면 상당히 효과적인 수사도구로 이용될 수 있는 절차였다.

　　2004년 8월 9일, DS의 특수요원은 FSI에서 카이저를 만나 갱신을 위한 대면조사를 진행했다. 외교안보국에 소속된 모든 특수요원은 국내외 재직기간 중 적어도 한번은 갱신 조사를 담당하게 된다. 나는 지난 28년간의 재직기간 동안 수백 건의 갱신 조사를 담당했는데, 정확히 몇 건의 조사를 담당했는지는 기억하지 못하지만 매번 대면조사 대상자들에게 솔직하고 진실되게 응할 의무를 강조하는 중요한 과정은 잊은 적이 없다. 이 의무를 강조함으로써 대면조사를 받는 직원들은 허위사실을 진술할 경우 보안등급이 박탈되는 것은 물론, 형사처벌의 대상이 될 수 있음을 되새기게 된다. 카이저를 대면한 요원에게는 사전에 우리의 관심사항에 대한 설명이 제시되었다.

　　카이저는 면접 동안 온전히 정직하고 솔직해야 하는 중요성에 관해 통보를 받았고, 미국 법률 18조,[Title 18 United States Code, section 1001] 특히 1001항에 따라 배경조사와 관련한 사실을 고의로 위조하거나 숨기는 것이 범죄라는 사실을 특별히 고지받았다. 그는 직접심문 과정에서 보고대상과의 상관관계를 부인했을 때 솔직하지 못했다.

더욱이 그는 자신이 서명한 SF-86 설문지에서 외국 국적자와의 관계와, 자신의 경솔한 행동, 그리고 외국으로의 행적을 허위로 기재했다. 대면조사를 마친 후 대면조사를 담당한 요원은 카이저에게 시간을 내주어 감사하다는 인사를 건넨 뒤 자리를 떴다.

데이비드 러프만 검사보와 수사보조에 참여한 법무부 직원은 얼마 남지 않은 카이저의 은퇴예정일을 고려할 때 이제는 승부를 던질 때가 왔다고 판단했다. 2004년 8월 말, 이들은 FBI에 카이저를 대면조사할 것을 주문했다. 운이 따라준다면 스파이 혐의에 대한 증거를 찾거나, 자신의 죄를 인정할 수도 있는 일이었다.

이제 주어진 시간은 얼마 남지 않았다. 러프만 검사보가 지켜보는 가운데 FBI는 상황에 상관없이 카이저가 이사벨과 황 중장을 만나 또 다시 서류를 넘기는 때에 개입하기로 결정했다. 수사팀은 이들 세 사람이 9월 4일에 오찬예약을 한 사실을 확인했다. FBI와 DS의 특수요원들은 9월 3일 하루 종일 이들의 접선현장을 덮치고 체포 및 수색을 위한 사전연습을 진행했다. 이제 막 바그다드의 임무에서 돌아온 워러너 특수요원 역시 기꺼이 수사팀을 도와 카이저의 가택수색에 참여하였을 것이다. 카발리에 특수요원은 NSB 요원 두 명을 구속, 심문하는 팀에 참여하기로 했다.

9월 4일, 카이저는 포토맥 랜딩 레스토랑에서 이사벨 쳉과 황 중장을 만났다. 아늑하고 편안한 분위기의 이 레스토랑에서 감시팀은 카이저가 이사벨 쳉에게 서류봉투를 건네는 장면을 목격했다. 언제나 그렇듯 서류봉투를 챙긴 이사벨 쳉이 식사비용을 지불했다. 디저트를 마친 이들이 자리에서 일어섰고, 두 명의 NSB 요원들이 먼저 레스토랑을 나섰다. FBI 특수요원들은 주차된 차로 향하던 이들을 체포했고, 다른 FBI팀이 카이저를 맡았다.

이 두 명의 TECRO 직원들은 FBI에 저지당한 즉시 자신들의 신분을 말하고, 자신들이 NSB 요원임을 숨기지 않았다. 이사벨 쳉은 바로 서류봉투를 건넸고, FBI 요원들이 이 봉투에서 6장의 서류를 발견했다. 이 중 한 장에 "대화 논점"이라는 문구가 적혀있었다. 요원들은 6장 모두를 살펴보았으나 정부기관의 표식이나 기밀정보를 나타내는 문구는 보이지 않았다. 조짐이 좋지 않았다.

카발리에 특수요원은 레스토랑의 복사기를 이용해 재빨리 이 6장의 서류를 복사했다. 나중에 들은 얘기지만 카발리에 요원은 복사기에 임시 저장된 서류의 내용을 삭제하기 위해 적어도 25번은 빈 종이를 출력해야 했다.

FBI가 이사벨 쳉과 카이저를 대면조사하는 동안 카발리에 특수요원은 자신의 사무실로 돌아가 보호된 텔레그램 프로그램에 접속했다. 그녀가 CI에서 맡고 있는 직책에 따라 그녀는 국무부의 비밀전송 프로그램을 통해 송수신된 거의 모든 기록에 접속할 수 있었다. 그녀는 카이저가 NSB 요원들에게 건넨 "대화 논점" 문서에 나타난 문구와 날짜, 주제들을 검색했고, 얼마 지나지 않아 카이저가 건넨 문서의 단어들이 국무부의 제한공개 전송과 "비밀/외부공개금지" 전송 정보와 부합하는 것을 확인했다. 일치된 문구가 너무나도 똑같아서 만약 카이저가 "대화 논점"을 학교 과제로 제출한다면 표절로 걸릴 수 있을 정도였다.

카발리에 특수요원은 재빨리 자신의 상관과 FBI에 이를 보고했다. 그녀가 포착한 증거는 연방판사에게 카이저의 가택수색 영장을 요청하기 위한 결정적 요인이었다. 이후에 국무부 분석관에 따르면 카이저가 작성한 문서의 내용은 모두 국무부의 제한공개등급 기밀문서에서 나온 것들이었다.

이제 스파이 공모혐의를 받고 있는 이 두 명의 TECRO 직원들과 국무부 고위관료를 어떻게 해야 할까? 이들이 자신이 스파이임을 입증하는 어떤 소지품을 가지고 있는 것도 아니고, 유죄를 입증할 증거가 필요했는데 FBI의 해결책은 간단했다. 황 중장과 그의 제자인 이사벨 쳉을 개별 심문하는 것이었다. 분리하고 정복하는 것을 통해 좋은 성과를 기대하는 일만 남아있었다.

레스토랑에서 한 블럭 떨어진 곳에서 두 명의 FBI 요원들이 카이저를 멈춰 세웠다. 신분을 밝힌 이들은 카이저에게 몇 가지 질문에 대답해줄 것을 요청했고, 카이저는 이에 동의했다. 이들 3명은 다시 포토맥 레스토랑으로 돌아가 안쪽 테이블에 자리를 잡았다. 화장실이나 음식주문을 하지 않고 카이저는 물 한잔을 주문했다. 앞으로 4시간 동안 이어진 FBI와의 대화에서 그가 섭취한 것은 이 물 한잔뿐이었다.

카이저는 자신이 국무부 EAP의 수석 부차관보이며, 자신과 함께 오찬미팅을 한 사람들은 TECRO의 직원이라고 설명했다. FBI는 카이저에게 정식으로 체포된 것이 아니며 원할 때에는 언제든지 자리를 떠나도 좋다고 말했다. 초반에 카이저는 매우 말이 많았고, 요원들에게도 자신이 방금 두 명의 "연락사무관"들과 오찬을 마친 참이라고 얘기했다. 또한 자신이 이들에게 6장의 서류가 들어있는 서류봉투를 건넸음을 인정했다. 카이저는 자신이 2001년부터 황 중장과 알고 지낸 사이이며, 이사벨 쳉은 2002년에 헨리 차이를 위해 그레그 만의 저택에서 열린 만찬에 참석했을 때 그레그 만의 소개로 알게 되었다고 말했다.

이야기를 듣고 있던 FBI 요원들은 본론으로 들어가, 카이저가 제한된 정보나, 민감, 또는 기밀정보를 부서 외부인에게 전달했는지 질문했다. 카이저는 그저 눈썹을 치켜 올리는 것으로 대답을 대신했다. 그는 자신이 직권으로 "기밀이지만 공개 가능한" 국무부 정보를 TECRO의 상대방에게 전달했다고 진술하며, 국무부의 수석 부차관보로서 외국 관료에게 기밀정보를 전달할 독립적 직권이 주어진다고 덧붙였다. 또한 같은 정보를 TECRO의 데이비드 리 대사에게도 전달했다고 말했다.

　이때 궁금해진 것은 도대체 TECRO의 직원들 중 몇 명이나 카이저를 정보원으로 사용했는지 였다. 어쩌면 카이저는 "기밀이지만 공개 가능한" 정보를 TECRO의 NSB 요원들에게 전달하는 한편, 또 다른 "기밀이지만 공개 가능한" 정보들을 TECRO의 외무부 관료들에게 전달하고 있었을지도 모를 일이었다. 나중에 이어진 대면조사에서 카이저는 이사벨 쳉과 황 중장이 외교부 소속이 아닌 NSB의 요원들이라고 인정했다. TECRO 직원들에게 기밀정보를 넘긴 행위를 정당화하기 위해 카이저는 FBI에게 국가안전보장위원회의 데이비드 윌킨스 또한 TECRO의 데이비드 리에게 "기밀이지만 공개 가능한" 정보를 제공하고 있음을 알렸다. 카이저를 통해 예상치 않게 드러난 NSC의 정보유출로 인해 타이완 정부가 워싱턴의 여러 곳에서 정보를 제공받고 있음이 확실해졌다.

　FBI 요원들은 카이저가 NSB 요원들에게 정부의 기밀정보를 제공했는지 질문했다. 카이저는 자신이 황 중장과 이사벨 쳉에게 제공한 "대화 논점"은 여러 학술지와 신문기사, 그리고 외교위원회의 발간자료 등 대중에 공개된 정보자료들을 취합하여 핵심내용만을 간추린 것이라고 대답했다. 단지, 카이저가 답하지 못했던 부분은 "얘기한 대화 논점"에 공개 불가능한 기밀정보들이 포함되었는지 여부였다.

FBI의 질문들에 대해 카이저는 자신이 외국의 외교관들 및 정보요원들과의 교류를 외교안보국은 물론 다른 누구에게도 보고할 의무가 없다고 말했다. FBI 수사관들은 마지막으로 카이저에게 그의 가택수색에서 "일급비밀" 또는 기밀정보가 발견될 것으로 생각하는지를 물었다. 비로소 카이저는 지금 자신이 생각하는 것보다 훨씬 더 큰 사건에 대한 수사가 진행되고 있음을 눈치 챘다. 카이저는 혹시 자신의 집에서 그런 증거물이 나온다면 "충격적"일거라고 답했다. FBI의 이 마지막 질문은 카이저에게 자신이 FBI와 나눈 대화가 단순한 대면조사가 아니었음을 일깨워줬다. 카이저가 FBI 요원들과 대화를 나누고 있던 그때, FBI와 DS의 또 다른 요원들은 카이저에 대한 가택수색영장을 집행하여 그의 집에서 연방법을 위반한 물증이나 정부의 기밀자료를 불법적으로 집안에 은닉하지 않았는지를 파악 중이었다.

한편, 카이저와 대화를 마친 FBI 요원들은 카이저를 남겨둔 채 자리에서 일어섰다. 다른 한쪽에서는 아직도 NSB 요원들에 대한 대면조사가 이제 막 시작하려던 참이었다.

이사벨 쳉은 황 중장과 분리되어 현재 자신이 처한 상황과 앞으로 어떤 일이 벌어질지 갈피를 잡지 못하고 있었고, FBI는 그런 그녀에게 TECRO로 돌아가서 그녀가 지난 2년간 카이저와의 오찬회동을 정리해 NSB 본부에 전송한 기밀내용을 가져오도록 설득했다. 여기에서 흥미로운 점은 바로 TECRO 소속 직원들은 다른 외교관들과 같은 면책특혜를 누리지 못한다는 사실이었다. TECRO 직원들은 TECRO의 건물 또는 차량 내에서만 수색 및 체포에 대해 면책특권을 행사할 수 있었다. 지금 이사벨 쳉은 FBI에게 잡힌 상태로, 정식 체포로 이어질 수 있는 상황이었다.

이런 상황 속에 이사벨 쳉은 FBI에 협조할 수밖에 없었던 것인지도 모른다. TECRO의 전송기록은 그녀와 카이저와의 관계를 규명하는 데에 핵심적인 증거였다. 이 사건의 담당 연방검사인 데이비드 러프맨은 이사벨 쳉이 카이저의 이메일과 함께 NSB 본부로 보낸 모든 기밀전송기록을 "자발적으로 입수"했다고 밝혔다. NSA가 어떤 사기를 친 것이 아닌, 이사벨 쳉이 검찰에 협조하는 차원에서 법무부에 중요 증거자료를 넘긴 것뿐이었다. 그렇다면, TECRO의 전송자료에서 밝혀진 것들은 무엇이었을까?

2003년 9월 23일, 이사벨 쳉은 카이저가 중국 외무부장관인 리자오싱이 미 국무장관인 콜린 파웰과 주고받은 대화를 분석한 자료를 NSB 본부에 기밀전보로 전송했다. 몇주 후 이사벨 쳉은 당시 타이완 대통령인 첸 수이벤이 뉴욕을 방문한 일로 중국이 격노한 일에 대해 카이저가 분석한 자료를 NSB 본부에 기밀전보로 전송했는데, 전보의 마지막에 이사벨은 "카이저가 말하는 내용은 매우 민감한 사안들로, 다른 사람들과 이메일로 주고받은 내용이 포함되어 있습니다. 상호간의 이익과 신뢰관계를 유지하기 위해 이 보고서를 다른 곳에 인용할 시에는 반드시 출처를 비공개 처리해주시기 바랍니다"라고 요청했다.

2003년 11월 25일 NSB 본부로 전송된 기밀정보에서 이사벨 쳉은 "카이저가 제공한 정보의 출처가 불확실합니다. 정보출처가 노출되지 않도록 이 정보는 사용하지 말아주세요"라고 요청했다. 카이저의 주장과는 상관없이 NSB는 그의 신분을 비밀에 부쳤다. 신분의 비밀보장은 은밀한 세계에서는 빼놓을 수 없는 상징과도 같은 것이다.

카이저가 포토맥 레스토랑에서 FBI 요원들의 질문에 대답하고 있던 그때, FBI/DS팀은 버지니아주 맥린의 외곽에 있는 Quail Pointe Lane 9500번지에 위치한 카이저의 집으로 향했다. 5개의 침실이 있는 카이저의 집은 $750,000로 근처 집들과 비슷한 모습이었다. 조용하던 집의 문을 열고 카이저 부인 마가렛이 밖으로 나와 수색영장을 받아들었다.

수사관들은 카이저의 집에서 3,600건이 넘는 기밀자료들을 발견했다. 여기에는 25건이 넘는 "일급비밀" 문서들이 포함되어 있었는데, 모두 깔끔하게 분류되어 옷장, 지하실, 베란다 등 집안 곳곳에 숨겨져 있었다. 예상을 훨씬 넘는 분량의 기밀문서와 컴퓨터파일들이 발견되자 FBI와 DS는 수색을 진행하기 위해 증원을 요청해야 했다. 곧이어 청바지와 티셔츠 차림의 DS 요원과 검은 정장 드레스에 진주로 장식한 FBI 요원이 현장에 도착했고, 수색 작업에 투입되었다. 수사팀이 가장 관심을 가진 증거품은 소니사의 바이오 노트북과 아무런 표식이 없는 컴퓨터 디스크였다.

수색 과정 중에 냉장고 자석에 적힌 문구가 워러너 특수요원의 시선을 끌었다. "여자 스파이를 조심할 것. 적들은 남자보다 여자에 대한 경계가 덜하다는 점을 이용해 여자들을 이용한다. 호기심 많은 남자들은 물론 여자들 또한 조심하라."

워러너 요원은 이 냉장고 자석의 사진을 찍고 DS/CI의 카이저 파일에 넣었다. 워러너 요원이 FBI의 동료 수사관과 카이저의 10대 딸 방을 수색하려는 순간 마가렛이 불편한 기색을 표하며 말했다.

"딸아이의 방까지 뒤져봐야 하나요?"

잠시 동료와 눈빛을 교환한 워러너 요원은 그렇다고 대답했다.

"그럼 당신들이 수색하는 동안 함께 방에 들어가도 되나요?"

마가렛이 부탁했다.

대답은 "No"였다. 워러너 요원 역시 자녀를 둔 아버지로써 갈등이 느껴졌지만 어쩔 수 없는 일이었다. 카이저 딸의 방에 대한 수색을 마친 요원들은, 그곳에서 발견한 노트북을 압수해야 한다고 마가렛에게 통지했다. 카이저 딸은 학교 숙제가 노트북에 저장되어 있어서 꼭 필요하다고 말했다. 그녀는 패어팩스 카운티의 영재들을 위한 토마스 제퍼슨 과학기술 고등학교에 재학 중이었다. 특수요원들은 규정대로 노트북을 압수할 수밖에 없었다.

과학수사팀의 조사결과 카이저의 컴퓨터에는 수천페이지에 달하는 기밀정보가 저장되어 있었다. 카이저 딸의 노트북에는 수상한 점이 없었다.

수색이 절반쯤 진행되었을 무렵, FBI 요원들과 4시간에 걸친 대화를 마친 카이저가 집에 도착했다. 워러너 요원은 나중에 나와 나눈 대화에서 카이저가 집에 들어섰던 당시의 모습을 설명해줬다.

"로버트, 카이저의 모습은 정말 힘들어 보였어요." 워러너 요원이 말했다.

"그가 집에 도착하고 무슨 일이 있었나요?"

"현관에 들어선 그는 부인이나 아이들을 찾지도 않고, 그저 거실로 들어와 소파에 앉았습니다."

"집안에 있던 특수요원들에게 무슨 말을 하던가?"

"아니요. 그저 소파에 앉아 두 손으로 머리를 감싸쥐고 있었습니다."

연방요원들이 자신의 집을 샅샅이 뒤지는 동안 카이저는 홀로 덩그러니 앉아 아무 말도 하지 않았다. 그의 가족들은 집안 다른 곳에 모여 있었다. 나는 혹시 카이저의 이웃이 찾아오지는 않았는지 워러너 요원에게 물어보았다.

"제가 기억하는 바로는, 당시 집주변에 돌아다니는 사람들은 우리 요원들뿐이었습니다."

"그럼 수색은 순조롭게 진행되었겠군요."

"네 물론이죠." "하지만 우리가 떠난 후에도 집안 분위기가 순조로웠는지는 모르겠습니다." 워러너 요원이 답했다.

몇 시간 후 요원들은 수색을 종료하고 기밀문서와 노트북 등 압수물품들을 정리하기 시작했다. 요원들의 차량이 떠나는 뒤로 현관문을 닫는 카이저의 모습이 보였다. 아마도 이제 그는 당황한 가족들에게 이 상황에 대한 설명을 시작해야 할 것이다.

카이저의 집이 "털리는" 동안, 카발리에 특수요원은 윗선의 승인을 받고 서둘러 차를 몰고 애너폴리스로 향했다. 카이저의 상관인 제임스 켈리 국무차관에게 카이저의 타이완 여행 등 그간의 행적을 보고하기 위해서였다. 켈리 차관은 해군사관학교[BS 1959] 동창회에 참석중으로, 카발리에 특수요원이 다른 DS 특수요원과 함께 행사장에 도착했을 때 켈리 차관은 부인 및 지인들과 즐거운 시간을 보내고 있던 참이었다. 켈리 차관에게 신분을 밝힌 요원들은 잠시 조용한 곳에서 대화를 나눌 것을 요청했다.

한손에는 스카치 잔을, 다른 한손에는 시가를 든 켈리 차관은 어리둥절한 표정을 지으며 요원들을 따라 조용한 방으로 들어갔다. 즐거운 시간을 방해받은 켈리 차관은 화난 기색이 분명했는데, 이들이 차관을 찾아온 이유를 설명하자 차관의 분노는 상승했다. 자신의 오른팔로 여기던 사람이 스파이 혐의로 조사 중이며 이를 까맣게 모르고 있었다니….

FBI와 DS 모두 켈리 차관을 수사에서 배제할 수밖에 없었다. 켈리 차관은 카이저와 친밀한 관계에 있었으며, FBI와 국무부 고위관료들은 이미 카이저가 FBI의 첫 심문을 마치기 전까지는 차관에게 이 사실을 알리지 않기로 결정한 터였다. 카발리에 요원은 카이저의 "대화 논점" 사본을 차관에게 보여주며 이 문서에 담긴 내용이 얼마나 중요한 기밀정보인지 확인해 줄 것을 부탁했다. 문서의 내용확인을 부탁하기 전에 충격적인 소식에 망연자실한 차관에게 조금 생각을 정리할 시간을 주거나, 아니면 동창회가 끝날 때까지 기다리는 편이 나았을지도 모르겠다.

카이저가 NSB 요원들에게 넘긴 정보에 대해 켈리 차관은 DS와 FBI의 분석과는 매우 다른 견해를 보였다. "대화 논점" 문서를 살펴보고 이 문서의 몇 구절이 국무부의 기밀전문내용과 일치한다는 사실을 확인한 차관은 국무부의 전보를 기밀로 분류한 이유는 이런 목적이 아니라고 말했다.

켈리 차관은 기밀등급의 분류 권한자로서, 카이저가 외국 비밀정보요원에게 기밀정보를 넘긴 혐의로 기소되는 상황을 피해갈 수 있는 일련의 상황을 만들어 주었다.pg.146

8 장

　국무부의 분류권자는 전에 기밀정보로 분류된 정보의 기밀단계를 유지할 지 아니면 애초에 분류가 잘못되었는지를 결정할 독립적이고 자주적인 권한을 가지고 있다. 카발리에 특수요원은 켈리 차관에게 문제의 국무부 전송기록을 기밀정보로 분류한 이유를 물어보았으나, 차관은 자신이 매달 수백 건의 기밀정보 문서를 승인하고 있는 관계로 당장 답을 줄 수 없다고 말했다.

　켈리는 가능한 한 신속히, 카이저가 자신의 뒤에서 몰래 그랬다는 사실에도 불구하고, 카이저가 이사벨 쳉과 황 중장과 만난 것에 대한 타당한 이유를 제시했다. 켈리는 카이저가 몰래 타이완을 방문한 사실을 알게 된 순간 더욱 화가 난 듯 보였으나, 카이저가 악의를 갖고 행동했는지에 대해서는 답변을 거부했다. 그는 오히려 법무부가 수사에 대해 미리 통지하지 않은 데에 대한 반감을 나타내었다. 차관과의 대면조사는 수사에는 재앙이었다.

　사무실로 돌아와서, 카발리에 특수요원은 아직 수색팀과 카이저의 집에 있던 워러너 요원에게 대면조사의 결과들에 관해 알려주기 위해 전화했다. 워러너 요원은 카이저의 집 지하실에서 수천 건의 기밀문서가 발견되었음을 알렸다. 카발리에 요원도 현장에서 수색에 참여하고 싶었지만 상관으로부터 부족한 잠을 보충하고 휴식을 좀 취하라는 명령을 받았기에 아쉬워할 따름이었다.

법무부 담당자들은 카이저의 집에서 압수한 증거자료들을 검토하고 범죄행위에 대한 반박할 수 없는 증거에 해당한다고 결론 내렸다. 하지만 범죄행위라 함은 스파이 행위일까, 아니면 다른 범죄를 말하는 것일까?

2004년 9월 15일, 배리 포어츠 치안판사는 FBI에게 카이저를 체포하도록 영장을 발부했다. 스파이 혐의가 아닌 거짓에 대한 혐의였다. 좀 더 전문적으로 말하자면 "미국 정부의 관할지역 내에서, [카이저]는 고의로 사실을 감추기 위해 계획을 세우고 사실을 조작했으며, 허위로 진술했다"는 혐의였다.

현 수사단계에서 법무부는 카이저를 보다 가벼운 혐의를 핑계로 체포하기로 결정하였다. 허위 진술을 통해 18 USC 1001을 위반한 혐의였다. 정부 측 변호사들은 현재 확보한 증거만으로는 스파이 혐의가 성립되기에 부족하며, 깊이 반성하고 있을 카이저에게 미국 정부를 도와 그가 끼친 피해정도를 파악하고 FBI와 함께 이사벨 쳉과의 관계를 밝히는데 조력하라는 판결이 나올 것으로 예상했다.

FBI와의 대면조사와, DS/FBI에 의한 가택수사로부터 며칠간 카이저는 자신에게 닥친 불행이 그저 오해에서 비롯된 것에 불과하며 곧 모든 것이 제자리로 돌아올 것이라고 믿고 있었을 것이다. 2004년 9월 15일, 체포영장을 손에 든 카발리에 특수요원과 FBI의 동료 수사관은 FSI의 컴퓨터실에서 업무를 보고 있던 카이저를 체포했다. 카이저는 밖에 기다리고 있는 차량으로 이동하는 내내 자신의 무고를 주장했다. 동료들 앞에서 그의 체면을 고려한 수사관들은 주차장에 들어설 때까지 카이저에게 수갑을 채우지 않았고 몸수색도 하지 않았다.

알렉산드리아의 구치소에 도착한 카이저는 형식적인 신체검사를 받았다. 지문날인 차례가 오자 보기와는 달리 까다롭고 호전적인 모습을 보이며 이를 거부하기도 했다. 카이저는 법적문제에 마주칠 때면 언제나 자신의 헌법상 권리를 주장하는 것으로 유명했다. 그가 1985년에 알렉산드리아 지방법원에서 그의 둘째 부인 버지니아와 이혼소송 중이었을 때, 미국 수정헌법 제5조에 언급된 권리를 들며 법원에 자신의 거주지 주소 제시 및 자신의 여자친구와의 관계정도에 대하여 상세히 진술하기를 거부했다.

이번 지문날인 또한 거부하며 몇 시간을 유치장에서 보낸 후 겨우 동의했다. 결국 그는 부인의 보증으로 $500,000의 보석금을 지불하고 풀려났다. 또한 자신의 외교여권과 일반 여행자 여권을 모두 포기해야 했으며, 앞으로 9개월 동안 전자발찌를 착용해야 했다.

2004년 9월 16일, 뉴욕 타임즈와 워싱턴 포스트지는 신문 1면에 국무부 고위관료인 도널드 카이저가 "타이완 방문을 숨긴" 것을 이유로 체포되었으며, "타이완의 정보요원들에게 불법적으로 문서를 유출한 혐의"를 받고 있다는 기사를 실었다.

황 중장과 이사벨 쳉의 상관인 TECRO의 쳉 치엔-젠은 이 사건에 대해 뭐라고 말했을까? 그는 별다른 언급 없이 곧 워싱턴 DC를 떠났다. 2004년 9월 24일 유럽연합의 타이완 대표로 부임한 그는 이사벨 쳉과 카이저의 사건과 관련하여 인터뷰를 받게 되었다. 쳉 대표는 이사벨 쳉은 드물게 우수한 공무원으로써, 자신은 그녀의 일을 존중한다고 말하고, 기자들에게 그녀에 관해 이야기를 만들어내지 말 것을 부탁했다. 쳉 대표는 카이저가 타이완을 방문했던 당시 TECRO의 수장이었지만, 카이저가 2003년 9월 타이완을 방문한 사실에 대해 사전보고 또는 사후보고를 받은 일이 있는지에 대해서는 대답을 거부했다.

2004년 9월 23일, 타이완 의회에서 벌어진 청문회에서 타이완 총통인 요시쿤은 카이저가 타이완의 정보요원들에게 논의 주제나 기밀정보를 넘겼는지를 판단하기가 어렵다고 답했다. 그는 또한 "카이저의 지인에 의하면 카이저는 사람들을 만날 때마다 논의할 주요대상들을 정리해서 다니는 습관이 있는데, 주로 정리한 종이를 봉투에 넣어서 다녔다"라고 말했다. 타이완 외무부 차관인 마이클 카우는 같은 청문회에서, 외무부는 카이저와 이사벨 쳉의 관계에 대해 인지한 바가 없으며, 황 중장이 TECRO에서 보내오는 출처가 미기재된 대화내용을 NSB를 통해 전달받았다고 답했다.

그로부터 1년 후인 2005년 12월, TECRO의 데이비드 리는 미국 관료들에게 타이완은 미국에 대한 비밀정보활동을 용납하지 않을 것이라고 전달했다. 이러한 타이완의 반응은 지난날 1985년 조나단 제이 폴라드가 스파이 혐의로 체포되었을 당시 이스라엘 정부가 공개적으로 대처했던 모습과 비슷했다. 이사벨 쳉과 폴라드 모두 은밀한 작전 중이었기에, 국제관계에 있어서 백악관의 관대함에 의지해야만 했던 고위관료들은 이러한 비밀작전을 인지하거나 승인할 리 없었다.

카이저가 체포되기 수개월 전, 이사벨 쳉은 차이나 포스트의 워싱턴 통신원인 크리스 콕클과 결혼했다. 콕클은 중국과 타이완─국무부 사이의 관계를 모니터링하여 보고하는 업무를 담당하고 있었다. DS와 FBI 수사관들은 이 저널리스트와 NSB 요원이 흥미로운 관계에 있다는 사실을 발견했다.

2003년 8월 1일, 국무부 부대변인인 필립 리커가 외신기자들을 상대로 한 브리핑에서 질문을 받고 있던 때의 일이었다. 차이나 포스트를 대표해 그 자리에 나와 있던 콕클이 질의응답이 끝나갈 무렵 질문을 던졌다. "10여일 전에 타이완의 고위관료가 다양한 회의에 참석하기 위해 워싱턴을 방문한 일이 있습니다. 그런데 우리 차이나 포스트지는 그 고위관료가 정확히 무슨 목적으로 워싱턴을 방문했으며, 누구와 회의를 가졌는지 파악하지 못했는데요. 혹시 이 고위관료가 누구를 만났으며, 회의의 성과는 어떤 것이었고, '타이완의 독립문제 vs. 중국통합문제와, 타이완의 네 번째 원자력발전소 건설'에 관한 문제들이 논의되었는지 여부에 대해 답해주실 수 있습니까?"

리커 부대변인이 대답했다. "이 문제에 대해서는 답변할 수 없습니다. 잘 알다시피 중국의 하나의 중국 정책과 타이완과의 비공식적 관계를 유지하는데 관해 수시로 다양한 회의를 가지고 있습니다. 하지만 이에 관해 답변해 드릴 수 있는 내용은 없습니다."

이사벨 쳉은 그 고위관료가 워싱턴에서 무엇을 하고 있었는지 잘 알고 있었을 테지만, 콕클에게 이를 알려주지 않았거나, 아니면 콕클은 이사벨이 알려준 내용만으로는 기사를 작성하기에 부족하여 또 다른 정보가 필요했을 수도 있다. 카이저는 물론 이 타이완의 고위관료가 미국에서 무슨 일을 하고 있었는지 상세히 알고 있을 터였다. 하지만 내가 아는 한 이 둘이 만난 일은 없었다.

카이저가 체포된 지 얼마 지나지 않아 콕클은 워싱턴에 있는 타이완의 연락책에게 편지를 보내 긴급히 사실관계를 확인해줄 것을 요청했다. 자신의 부인과, 카이저가 함께 연관된 방첩활동에 관한 기사를 쓰기 전에 이를 확인하고 동료들과 함께 기사가 미칠 영향을 생각해야 했다. 콕클의 부인 - 이사벨 쳉이 2004년 9월 그날 오후에 FBI에게 숨김없이 털어놓았던 것처럼 자신의 남편에게도 솔직했는지는 당사자만이 알 수 있는 일이었다.

9월 4일에 FBI와 DS 요원들과 마주한 후, 카이저는 워싱턴의 유명 로펌인 '아놀드&포터'의 파트너 변호사인 로버트 리트를 고용했다. 리트는 과거 클린턴 대통령의 변호사로 고용되기도 했었다. 2004년 9월에서 2005년 12월 사이, 카이저와 법무부측 변호사들은 판결 전 흥정을 논의하며 팽팽하게 맞섰고, 법원은 여러 차례 카이저의 구금연장을 허가했다. 그러는 동안 법무부측 변호사들은 카이저의 기소방안을 논의했다. 카이저가 주장했듯 밀접하지만 성적인 접촉이 없는 관계를 FBI와 DS가 잘못 짚은 것은 아닐까? 카이저는 타이완과 국무부 사이의 비공식루트를 개척하기 위한 일환으로 비밀공작요원에게 이미 검증된 기밀정보를 제공한 것일 수도 있다. 아니면 카이저가 사실은 국무부의 뛰어난 스파이로 임무를 맡았던 것은 아닐까?

여기서 모두를 복잡하게 만든 문제는 정부가 미국과 타이완, 그리고 미국과 중국의 관계에 관한 기밀정보를 공개하는 위험을 무릅쓰고 카이저를 스파이 혐의로 기소할지 여부였다. 여기에 관련된 기밀정보 중 일부는 공개법정에서 드러내고 인증하기엔 너무나도 민감한 사안들이 포함되어 있었다. 법무부는 2003년 "팔로 메이드" 사건 당시 비슷한 이유로 기밀정보 공개를 거부한 일이 있었다. FBI의 요원인 제임스 스미스는 기혼자로 카트리나 룽과 밀접한 관계에 있었는데, 카트리나는 FBI의 방첩 공작원이며 MSS를 상대로 활동 중이었던 FBI의 이중스파이였다. 불행하게도 MSS는 카트리나를 "역이용"해 FBI에 대응했고, 법무부는 이어진 재판에서 이에 관한 기밀정보를 공개하기를 거부했다. 그 결과 스파이혐의에 대한 재판은 이루어지지 않았고, 카트리나 룽은 결국 FBI에 거짓말을 한 혐의와 연방세금환급에 허위신고한 혐의를 인정했고, 스미스는 룽과의 관계를 고의로 숨긴 혐의를 인정하여 3개월의 가택연금이 선고되었다.

법무부측 변호사들은 미국 정부의 관료 몇 명에게 접촉하여 이번 기소에 협조할 것을 요청했으나, 대부분 카이저가 이사벨 쳉에게 보낸 이메일이 기밀정보에 해당하는 것을 이유로 요청을 거절하거나 불가하다는 입장을 밝혔다. 이처럼 관료들의 비협조적이고, 때로는 거절 일색인 분위기는 DS와 외교부의 고위관료들 사이에 긴장상태를 야기했다.

연방검사들은 유죄를 얻어내기 위해 카이저와의 감형거래에서 보다 죄질이 가벼운 위증 및 허가 없이 기밀정보를 배포한 혐의로 협의하려고 할까?

2005년 11월말~12월초, 양측 변호사들은 합의점에 도달했다. 카이저는 3건의 범죄혐의에 대해 유죄를 인정한 것에 동의했다. 불법적으로 기밀문서를 유출한 혐의 1건과, 허위 진술에 대한 혐의 2건이었다. 정부와 피고간의 감형거래는 양쪽 모두 이익을 가져갈 수 있는 법적 구속력이 있는 거래이자 계약이다. 법무부는 카이저에게 본래 연방교도소에서 최고 13년형까지 가능한 구형을 감형할 것을 제의했고, 그 대가로 "카이저 또는 다른 사람이 관여한 모든 범죄행위 및 방첩행위에 대해 자신이 알고 있는 모든 정보를 제공하여 미국 측에 성실하고 솔직하게 협조"할 것을 요구했다. 매우 대가성이 짙은 거래였다.

2005년 12월 12일, 카이저는 버지니아 동부지방법원의 900호 재판정에 앉아있었다. 이 법원은 현대적인 10층 벽돌 건물로, 알렉산드리아의 Courthouse Square 401번지에 위치해있다. 재판정은 판사석 및 대리인석과, 방청석으로 크게 두 구역으로 나뉘어져 있으며, 대리인석 주변에는 법원서기, 재판정 직원, 법원 기자 등 법원의 직원들을 위한 자리가 함께 마련되어 있다. 방청석은 성당에서 볼 수 있는 모양의 긴 벤치가 7줄로 놓여있었다. 나는 좌측 벤치 한곳에 자리를 잡았다.

자신의 변호사와 법무부측 변호사가 잠시 대화를 나누는 동안 카이저는 딱딱한 나무의자에 조용히 앉아있었다. 예상외로 재판이 시작하기 전까지 방청석에 들어온 사람들은 고작 13명 정도였다. 어쩌면 너무 아침 일찍이어서 일수도 있고, 앞으로 진행될 재판에 비하면 이번 판결 전 흥정에 대한 공판은 너무나 간단한 탓일 수도 있었다. 스파이혐의에 대한 기소가 이루어지지 않아 실망스럽긴 했지만 FBI와 DS의 수사팀에게도 흥분되는 순간임에는 틀림없으리라.

카이저 측 변호사인 리트를 필두로 피고인단이 카이저와 웃음섞인 대화를 나누고 있었지만, 그의 뒤에 앉은 가족들에게는 아무도 관심을 주지 않았다. 옅은 회색에 흰 줄무늬 수트를 입은 카이저는 꽤 말쑥하고 편안한 모습으로 자신의 변호인단과 함께 대화를 나누고 있었다.

오전 10시 10분, 토머스 셀비 엘리스 III 판사가 재판정에 입정했다. 엘리스 판사는 1961~1966년까지 공군 전투기 조종사로 복무했으며, 이후 군을 떠나 하버드 대학에 진학하여 1969년 JD. 학위를 취득했다. 그는 1987년에 레이건 대통령에 의해 연방판사의 후보로 지명되었고, 피고들에게 "인생이란 자신의 선택에 따른 결과로 살아나가는 것"이라는 말을 건네는 것으로 유명하다.

재판정의 모든 사람들은 법원서기의 신호에 따라 기립하여 엘리스 판사에게 아침인사를 건넸다. 엘리스 판사가 착석하자 모두들 따라서 자리에 앉았다.

"좋은 아침입니다 재판장님." 카이저가 엘리스 판사의 인사에 답하여 중앙의 증언대로 걸어갔다. 법원서기는 카이저에게 증언에 대한 서약을 받았고, 카이저는 "다시 한번 좋은 아침입니다 재판장님"이라며 차분한 목소리로 인사를 건넸다. 하지만 5분 후 판사와 방청객들에게 자신이 자발적으로 모든 권리를 포기하고 3건의 위법행위에 대한 유죄를 인정한다고 설명하면서 차분하던 그의 목소리가 떨리기 시작했다. 그렇게 카이저가 첫 진술을 마치고 엘리스 판사가 정부 측의 기소장을 검토할 차례가 왔다.

엘리스 판사가 카이저에 대한 3건의 혐의 '1992년에서 2004년까지 자신의 직장에서 고의적이고 불법적으로 기밀문서를 유출하고, 2003년 9월 7일 미국 세관신고서를 허위로 작성하여 18 USC 1001을 위반하였으며, 2003년 8월 9일 DS의 특수요원에게 허위로 진술하여 18 USC 1001을 위반한 혐의'를 낭독하는 동안 카이저는 증언대의 가장자리에 자리를 잡고 무표정하게 듣고 있었다.

낭독을 마친 엘리스 판사는 카이저에게 "당신에게 제기된 혐의를 이해합니까?"라고 질문했다.

카이저는 증언대에 두 손을 얹은 채 조용이 대답했다. "이해합니다. 재판장님."

엘리스 판사는 각 혐의에 대해 유죄를 인정할 경우 예상되는 결과를 얘기했다. 첫 번째 혐의에 대한 처벌은 가석방 없는 징역

3년형에 $250,000 벌금형이 추가되며, 허위 진술에 대한 다른 두 혐의에 대한 처벌은 가석방 없이 각각 최고 5년간 연방교도소에서 징역형과, $250,000 벌금형이 추가된다. 엘리스 판사는 정부 측과 카이저 모두 판결 전 흥정의 영향을 받지만 이 거래는 양측에에만 적용되는 것으로, 법원은 이 거래에 구속받지 않음을 지적했다. 또한 카이저가 FBI와의 디브리핑에 협조하더라도, 이는 이미 감형거래의 조건으로 동의된 사항이기 때문에 앞으로 내려질 판결에 정상참작의 요소로 작용하지 않는다는 것을 덧붙였다.

엘리스 판사는 카이저의 변호인이 FBI와 국무부의 디브리핑에 배석하는 것을 허락했다. 카이저의 변호인단은 정부 측이 카이저의 항변에 반대의견을 제기할 경우, 이후 공판에서 카이저의 거짓말 탐지기 조사결과를 증거로 제시하는 것에 동의했다. 엘리스 판사는 카이저에게 공판에서 합리적인 의심을 넘어선 유죄입증의 책임은 검찰 측에 있으며, 무기명 배심원 12명 모두의 찬성을 얻어야 함을 통지했고, 카이저는 이를 이해했다고 대답했다.

판사는 이어서 카이저가 판결 전 흥정에서 유죄를 인정한 사실이 자신이 유죄라고 믿기 때문에 인정했는지 질문했다. 시계가 오전 11시 43분을 가리킬 때 엘리스 판사는 카이저에게 첫 번째 혐의에 대해 직접 질문했다.

"당신은 이 혐의에 대해 유죄를 인정합니까?"

"네 재판장님." 피고가 대답했다.

엘리스 판사는 카이저에게 자신이 이 재판정에 서게 된 연유를 직접 설명하도록 주문했다. 첫 번째 혐의, 기밀정보의 무단유출 혐의에 대해 카이저는 자신이 연방정부에서 32년간 일해 왔으며, 국무부 직원으로써, 발령이 끝나면 자신이 담당하던 서류들을 모두 박스에 담아 후임자에게 넘겨주는 것이 관례라고 말했다. 직원이 보안규정에 맞는 방법을 통해 상관의 승인을 거쳐 후임자에게 기밀문서를 넘겨주는 것은 가능하지만, 자신의 집으로 가져가도록 허락되는 것은 아니다.

카이저는 자신이 마지막으로 근무한 정보조사국에서 개인물품을 박스에 담을 때 충분히 주의를 기울이지 못했다며 설명을 덧붙였다. 자신의 물품들을 박스에 정리하던 당시 자신에게 배정된 비서가 임시직으로, 이름은 기억하지 못하지만 그 직원이 당시 수천 건의 기밀정보를 박스에 담는 일을 담당했으며, 결국 그 박스들이 자신의 집으로 배송되었다고 설명했다.

카이저의 해명을 듣고 있자니, 직원 한명이 부주의하게 수천 건의 기밀문서들을 십여 개의 박스에 나눠넣고 INR의 직원들이 모두 볼 수 있는 제한구역에서 누구의 제지나 질문도 받지 않은 채 배송하려고 하는 장면이 연상되었다.

카이저는 해명을 계속했다. "난 박스들을 집으로 부쳤습니다. 그리고 그 박스들이 지하실에 보관되고 있었다는 사실을 알았죠." 물론 가정집이나 지하실이 미국 정부의 보안규정에서 말하는 SCIF에 부합하는 시설일리 없었다. 조금 전 그는 동료 몇몇이 가끔 사무실에서 기밀문서를 집으로 가져가 긴급한 업무를 처리하기도 했다고 말했다. 어쨌든, 카이저도 이러한 관행이 국무부의 보안규정에 어긋난다고 인정했다.

이때 검찰 측이 카이저의 말을 가로막았다.

"재판장님." 러프만 검사보가 입을 열었다. "기밀문서들은 지하실의 선반에 깔끔하게 정리되어 있었습니다. 카이저가 자신의 집 지하실에 기밀문서가 있다는 사실을 발견한 경위를 설명하도록 요청하고 싶습니다."

엘리스 판사는 카이저에게 이를 설명할 것을 주문했다. "제 아내에게 들었습니다." 방청석 첫 줄에 앉아있는 자신의 3번째 아내, 마가렛에게는 눈길도 주지 않은 채 엘리스 판사를 바라보며 카이저가 답했다.

그의 주장을 들은 재판정 내의 모든 요원들은 황당해했다. 검찰 측은 법정에서 카이저의 부인 마가렛이 CIA의 고위관료이며 국가정보국장인 존 네그로폰테의 밑에 있다는 사실을 밝히지 않았으며, 사실을 축소하려고 했었다. FBI와 DS의 특수요원들이 카이저의 가택수색영장을 집행했을 당시, 이들은 국무부의 문서들 속에서 CIA의 "일급비밀" 문서들을 여러 건 발견한 사실이 있다. 연방법원에서 선서까지 마친 카이저는 지금 자신의 부인이 CIA의 내부규정을 어기고 중요문서들을 집에 보관했을 가능성은 물론, 그녀가 기밀정보를 무단으로 보관하여 연방법을 위반함을 알고도 이를 도왔을 가능성이 있음을 인정하는 것이었다.

우아하고 정숙한 차림의 마가렛은 자신의 딸과 중년의 신사 사이에 앉아 카이저가 엘리스 판사의 질문에 대답하는 것을 듣고 있었다. 정면을 주시하고 있는 그녀의 모습에서는 어떤 감정도 읽을 수가 없었다.

카이저는 진술을 이어갔다. 그는 이사벨 쳉이 정보요원임을 알고 있었고, NSB 요원인 그녀와 사적인 관계를 이어갔으며, 이를 자신의 부인과 국무부에 숨겼기 때문에 자신의 사회적 명예를 실추시켰다고 주장했다. 카이저가 진술을 마치자 엘리스 판사는 그에게 착석하도록 말했다. 오후 12시 5분, 다시 자신의 변호인단에게 돌아간 카이저는 공판 시작 때의 활발했던 모습을 찾아볼 수 없었다. 그는 방청석에 조용히, 그리고 고통스럽게 재판을 지켜보고 있는 부인과 딸에게는 단 한 번도 시선을 주지 않았다.

오후 12시 15분, 엘리스 판사는 카이저의 감형거래를 받아들였고, United States of America v. Donald Willis Keyser에 대한 재판이 끝났다.

법원의 선고를 받기위해서 카이저는 법무부 수사에 협조하고 모든 사실을 털어놔야 했다. 이 2년간의 수사에 참여한 수많은 FBI와 DS의 특수요원들은 판결 전 흥정의 조건에 만족하지 못했지만, 결과에 영향을 미치기엔 이들의 힘이 부족하기만 했다. 수사관들은 카이저가 타국 정보기관에 정보를 넘긴, 즉 스파이 혐의에 대한 유죄가 확실하다고 보았다. 카이저는 피해분석팀의 조사에 협조하고, 지난 2년간 NSB 요원과 있었던 일을 상세히 털어놓는 조건으로 스파이 혐의로 기소되는 상황을 피해갔다. 즉, 카이저의 변호인단과 법무부는 서로 수긍할 만한 출구전략을 통해 2년간의 법적 난관을 해결한 것이었다. 난 카이저나 연방 수사관들 모두 양측 변호사들이 협의한 내용에 만족했다고 생각하지는 않는다.

법무부와 정부가 가장 얻고 싶었던 답은, 카이저가 유출한 기밀문서의 정체, 또는 그 내용이었다. 정부는 카이저가 황 중장과 이사벨 쳉, 그리고 기타 다른 대상에게 제공한 정보를 재구성하는데 협조하여 그가 미국의 안보에 끼친 피해를 파악할 수 있다면 카이저에 대한 더 중대한 혐의도 포기할 의향이 있었다. 법무부는 다행스럽게도 FBI에 설득당한 이사벨 쳉은, 알렉산드리아의 레스토랑에서 체포된 후, 그간 카이저에 대해 자신이 작성한 보고서는 물론, 카이저가 제공한 의견 등 모든 원본을 FBI에 넘겼다.

여기에서 또 다른 문제가 생겨났다. 이사벨 쳉이 FBI에 제공한 TECRO의 기밀전송기록들은 진본이었을까? 그리고 이 기록들을 법원에 제출한다면 카이저의 무죄 주장에 영향을 줄 수 있을까? 카이저를 옹호하는 많은 사람들은 TECRO 전송기록의 진위 여부에 의문을 제기했다. 어쨌든, 이 문제에 대한 답은 2006년 8월 타이완 정부에 의해 해결되었다. 타이완 정부는 미국인 변호사인 토머스 코코란을 고용하여 컬럼비아 특별구의 지방법원에 긴급동의를 청구했다. 이 긴급동의청구^{Case 1: 06MS00369}는 미국 정부에 이사벨 쳉이 FBI에 넘긴 TECRO의 문서를 반환할 것을 요청하는 내용이었다. 타이완 정부는 여기에 그치지 않고 별도의 서면이의신청을 제기하여 긴급동의신청을 청구한 사실이 미국과 타이완 사회에 비공개로 처리될 것을 요청했다. 이러한 움직임은 지난 2004년 9월에 타이완의 외교부가 타이완 정부는 아무것도 감출 것이 없으며 미국 당국과 적극 협력하겠다고 공식발표했던 내용과는 대조적이었다.

이러한 타이완 정부의 청구에 연방검찰은 이사벨 쳉이 TECRO의 전송기록을 "자발적으로 회수"하여 FBI에 넘겼다고 회신했다. 2006년 8월 11일, 폴 프리드먼 연방판사는 5분간 진행된 공판에서 TECRO의 긴급청구를 파기했을 뿐 아니라, TECRO의 청구사실 자체를 공식적으로 기록에 남기도록 명령했다. 아마도 프리드먼 판사에게는 이미 버지니아 주 연방법원에서 판결이 내려진 카이저의 케이스와 관련하여 TECRO가 뒤늦은 주장을 하는 법률적 실수만이 거대하게 보였을 것이다. 가장 중요한 것은 TECRO의 이의제기를 받아들이기엔 아무런 법적 이익을 찾아볼 수 없었다는 점이다. 기밀정보를 유출한 혐의로 카이저를 기소하려는 연방검찰에게 또 다른 난관을 줄 뻔한 타이완의 시도는 프리드먼 판사의 도움으로 무산되었다. 타이완 정부가 말하던 협력이 과연 이런 것을 의미한 것일까? 이러한 움직임들이 카이저가 미국의 기밀정보를 타국에 유출한데 책임이 있다는 사실을 나타내는 것은 아닐까? 2006년 9월 20일, TECRO의 청구는 버지니아 주 법원에서 카이저의 사건과 병합되었다. TECRO는 법원에 청구를 재신청했고, 카이저 또한 비슷한 내용의 이의신청을 제기했다. 이 두건의 신청 모두 2007년 사건의 최종판결과 함께 사건심리 없이 파기되었다.

타이완의 정부는 2003년 11월 25일, TECRO가 타이페이에 보낸 기밀전송기록을 되찾는데 혈안이 되어 있었다. 이 기록에서 이사벨 쳉은 "EAP의 수석 부차관보인 도널드 카이저는 최근 중국의 외교동향에 대해 설명을 계속했다"라고 전송했다. 11월 25일 전송기록과, 2004년 5월 22일 이사벨 쳉이 카이저에 대해 "미국과 중국 타이완의 삼자관계에 대한 심도 깊은 의견교환"이라고 보고한 기밀전송기록 그 어느 쪽도 카이저가 타이완 측에 기밀정보를 넘기지 않았다는 주장을 뒷받침하는데 도움이 될 것 같지 않았다.

IC가 NSB에게 넘겨진 정보파악에 고심하는 동안, 수사관들이 가장 궁금해했던 문제는 카이저도 대답할 수 없는 내용이었다. 2002년 9월의 저녁만찬에 이사벨 쳉이 참석했던 것은 우연이었을까, 아니면 미리 계산된 행동이었을까? 황 중장은 그날 저녁 이사벨 쳉을 그레그 만의 집으로 데려와 카이저를 만나게 하고 이들이 어떤 관계를 만들어가도록 의도한 것일까?

수사관들이 볼 때 타이완은 이미 황 중장을 통해 카이저를 정보원으로 여기고 있었음이 확실했다. 이들은 이미 업무적으로 아는 사이였고, 원할 때는 언제든지 서로 연락을 취할 수 있었다. 또한 가장 중요한 것은, 국무부에는 이들이 연락을 취하는 것을 금하는 규정이 없다는 사실이었다. 왜 타이완 정부는 한 명의 정보원에게 두 명의 정보요원을 배치한 걸까? 어디까지나 추측이었지만 우리들 대부분은 이사벨 쳉이 황 중장보다는 좀 더 매력적인 친구로 다가갈 수 있었기 때문이라고 보았다. 어쩌면 NSB는 카이저의 개인사를 이미 파악하고 있었고, 카이저의 중─미 관계에 대한 관심사를 공유할 수 있는 똑똑하고 매력적인 젊은 여성이라면 카이저로부터 유용한 정보를 얻어내기에 훨씬 유리할 것이라고 판단했을 것이다. 2005년 12월 카이저 자신 또한 재판정에서 다음과 같이 진술했다. "나는 이사벨 쳉과 나 사이의 사적인 관계로 인해 부당한 행동에 대한 유혹에 취약해졌던 것일 수도 있습니다."

이 사건의 마지막 퍼즐이 수사팀의 발목을 잡았다. 카이저는 스파이 혐의를 피하기 위해 자신은 타국의 정보요원들과 접촉한 사실을 보고해야 한다는 것을 모르고 있었다고 주장했다. 카이저가 체포된 지 얼마 지나지 않아 워러너 특수요원과 카발리에 특수요원은 EAP의 인사과에서 카이저의 신상파일을 입수하도록 명령받았다. 이 파일에는 카이저가 보고의무에 대해 이해했음을 인정하는 그의 서명이 들어간 동의서가 포함되어 있어야 했다. 그러나 이들 요원들을 놀리듯 카이저의 신상파일은 인사과의 파일함 그 어디에도 보이지 않았다. 카이저의 파일이 들어있어야 할 곳에는 작성된 지 채 2주도 지나지 않은 것처럼 보이는 종이 몇 장만 들어있을 뿐이었다. 애석하게도 이 "잘못 들어있는" 파일에는 카이저의 주장을 뒷받침하는 증거가 담겨져 있을지도 모르는 일이었다.

사무실의 기록을 관리하는 인사과 직원의 대부분과 면담을 했지만 카이저의 파일은 그 어디에서도 발견되지 않았다.

카발리에 특수요원은 2006년 1월 18일로 예정된 카이저의 첫 디브리핑팀에 참가하게 되었다. DS의 젊은 편에 속하는 카발리에 요원은 매우 긴장하고 있었다. 그녀는 카이저에 대해 1년 가까이 탐구해 왔고, 이사벨 쳉에 대해서도 충분히 조사했었다. 그녀는 이들의 입장에서 생각해보려고 노력했다.

내가 카발리에 요원에게 어떻게 심문을 준비하고 있는지 물어봤을 때, 그녀는 꽤 흥미로운 대답을 내놓았다. "이 모든 건 카이저의 자존심과 그의 관심을 끄는 것에 대한 문제입니다." "신체적 관심과 카이저의, 자신에 대한 과대평가죠."

"그럼 이사벨 쳉은?" 카발리에 요원에게 질문했다.

"이사벨 쳉은 호기심 많은 여학생의 역할을 완벽하게 수행해 냈습니다." 카발리에의 설명이 이어졌다. "정보를 얻기 위해 그녀는 종종 순수한 호기심으로 위장했어요. 밝고 호기심이 많지만 아직 순수하고 어딘가 경험이 부족한 여학생이 자신의 멘토에게 방대한 지식을 펼쳐달라고 바라보는 거죠. 그녀는 카이저의 자부심을 발동시켰고, 그의 자신감은 자신과 이사벨의 관계가 보안규정에 얽매이는 종류가 아니라고 느끼게 했습니다." 카발리에 요원이 볼 때 카이저는 자신이 DS 요원 그 어느 누구보다도 규정에 대해 잘 알고 어떤 규정만이 자신에게 적용될 수 있는지 잘 알고 있다고 여기는 것이 확실했다.

디브리핑팀이 해결해야 할 장애물이 있었는데, 바로 카이저가 이사벨 쳉은 선량한 사람이며 그녀와의 만남은 자신이 EAP의 임무를 수행하기 위한 외교적 이유였다고 주장하는 부분이었다. 여기에서 주요쟁점은, 카이저와 같은 직급의 인물이 이사벨 쳉과 같이 낮은 직급의 외교관과 회의를 통해 어떤 이익을 얻을 수 있었냐는 것이었다. 보통 그가 외교관들과의 만남을 가지면 서로 "기브 앤 테이크"로, 각자 돌아가서 보고할 수 있을 만한 어떤 가치 있는 정보를 교환하게 된다. 카이저는 이사벨 쳉은 물론, 황 중장, MSS의 비밀요원이나 저널리스트인 리 젭그힌과의 만남에 대해 단 한 번도 보고서를 제출한 일이 없었다. 카이저가 사무실에서 사용하는 캘린더에는 이사벨 쳉과 황 중장과의 약속을 적을 때 코드명을 사용하여 이를 숨겨왔다. 다른 외교관들과의 만남에서는 하지 않는 행동이었다.

수사관들은 카이저가 사실은 이사벨 쳉이 적대적 관계에 있는 정보요원임을 인지했다는 사실을 증명해야 했고, 카발리에 요원은 기꺼이 이 일을 맡을 준비가 되어있었다. 카발리에 요원은 디브리핑에서 이사벨 쳉을 모방해보기로 했다. 위험한 결단이었다. 그녀는 이사벨 쳉의 스타일을 연구했다. 비디오와 사진을 통해 이사벨 쳉의 옷 입는 스타일을 익히고, FBI의 녹음파일을 통해 그녀가 카이저와 어떻게 대화를 나누는지를 연구했다. 이사벨 쳉은 보수적인 스타일로 드러나게 섹시한 스타일이 아니었다. 카발리에 요원은 총명한 여성과 카이저의 천재성을 동경하는 호기심 많은 여학생의 중간을 연기했고, 단정하면서도 젊고 여성적 매력을 어필하는 의상을 준비했다.

디브리핑의 날이 밝았다. 카발리에 요원은 셔츠와 스커트를 착용하고 이사벨 쳉과 똑같이 긴 머리에 한쪽으로 넘긴 머리스타일로 단장했다. 이제 그녀는 경험 많은 외교관이 다가오고 싶어할 만한 모습을 갖췄다. 남은 일은 어떻게 대화를 이끌어 낼 지였다.

2006년 1월 18일, 카발리에 특수요원이 디브리핑실에 들어섰다. 법무부와 국가안보과, DS, FBI, IC기관 등 이 사건에 관여한 다양한 기관에서 나온 사람들이 벽을 등지고 서있었다. 카발리에 특수요원은 FBI 요원들과 함께 조를 편성했다. FBI 요원은 카발리에 요원에게 먼저 DS측의 질문부터 시작하라고 제의했다.

DS측의 질문은 간단했다. 카이저가 이사벨 쳉을 정보요원으로 대했는지, 그가 개인 노트북을 타이완에 가져갔는지, 그리고 3,000건이 넘는 기밀문서들이 어떻게 그의 집 지하실에 보관되어 있었는지 였다. 카발리에 특수요원과 FBI에서 나온 그녀의 파트너는 테이블 한쪽에 자리를 잡았고, 카이저와 그의 변호사인 제프리 스미스가 반대편에 자리했다.

카발리에 특수요원은 먼저 자신을 소개하고, 국무부에서의 그의 노고를 치하하며 심문을 시작했다. 그녀는 자신이 이 사건에 관해 대화를 나눈 모든 사람들이 카이저에 대해 좋은 이야기만 들려줬다고 말했다. 꼿꼿이 앉아 방어적인 자세였던 카이저의 태도와 자세가 조금 더 편안해졌다. 그의 마음이 조금 움직인 것이었다.

카발리에 특수요원은 카이저에게 몇 가지 질문할 것이 있으며, 그의 시간을 빼앗게 되어 양해를 구한다고 말했다. 카이저는 자신은 질문에 답하기 위해 여기에 나와있다고 말했다. 그녀는 카이저에게 본인의 직업에 대해 말해달라고 했고, 카이저가 이에 답했다. 이어서 카발리에 요원은 카이저에게 이사벨 쳉이 TECRO에서 어떤 일을 했는지 물었고, 카이저는 이사벨이 정치 관료라고 답했다.

카발리에 요원은 이사벨 챙이 카이저와의 점심식사 자리에서 자주 그랬듯, 테이블 앞으로 약간 몸을 기대며 외교정치담당관과 외교공관에 파견된 비밀정보요원과의 차이를 잘 모르겠다고 말했다. 여기에, 아직 해외로 파견된 경험이 없는 평범한 DS요원인 자신은 좀 더 넓은 맥락에서 이러한 직책들이 우리 국무부와 다른 여러 외교부 기관들이 담당하는 역할이 어떤 것인지 잘 모르겠다고 덧붙였다. 카발리에 요원은 카이저에게 정치 관료의 평소 업무가 어떤 것들인지 설명해 줄 것을 요청했다.

카이저는 외교정치담당관의 역할에 대해 매우 상세하게 설명하기 시작했다. 이미 같은 직책을 맡은 경험이 있는 그로써는 매우 쉬운 일이었다. 그러자 카발리에 요원은 비밀정보요원이 하는 일이 어떤 것인지 물어봤다. 카이저는 곧 전문적인 단어를 사용해 가며 정보수집과 보고절차에 대해 정의했다. 카발리에 요원은 자연스럽게 카이저에게 TECRO에서 이사벨 챙이 맡은 임무가 어떤 것인지, 그리고 그 임무가 정보요원의 임무에 가까운 것인지 질문했다.

그제야 카이저는 카발리에 요원이 자신에게 전혀 다른 두 가지 직책에 대해 자신의 입으로 설명하게 하여 함정에 빠뜨렸음을 눈치 채고 눈에 띄게 화난 기색을 보였다. 카이저는 "네"라고 대답하며, 이사벨 챙이 수행한 임무는 정보요원의 임무였고, 자신이 그녀가 NSB 소속임을 인지하고 있었다고 답했다.

카발리에 요원은 카이저를 동경하는 호기심 많고 경험 부족한 소녀의 역할을 계속하고 싶었지만 더 이상 카이저가 여기에 넘어갈 것 같지 않았다. 카이저에게 왜 이사벨 챙과의 관계를 보고하지 않았냐고 질문하자, 그는 보고하기에 부끄러웠다고 답했다. 왜 그녀와 1:1로 만났냐는 질문에 대해 카이저는 그녀와 함께 있는 것이 즐거웠다고 답했다. 마지막으로 카이저에게 주어진 질문은 이사벨 쳉이 그에게 자신이 NSB에서 어떤 직책을 맡고 있는지 알려준 일이 있는 지였다. 카이저는 이사벨이 "황 중장의 보좌관"이라고 말했다고 답했다.

카이저는 이 질문들이 전혀 반갑지 않았다. 그는 잠시 자신의 변호사를 바라보다가 의자에 깊게 기대어 팔짱을 끼고 그 방 안에 다른 사람이 없다는 듯이 카발리에 요원만을 주시했다.

카이저에게 아시아의 정보기관들이 노년의 남성에게 매력적인 젊인 여성으로 접근을 시도하는 방법을 사용한다는 사실을 알고 있냐는 질문을 했다. 그는 알고 있다고 답했다. 그녀가 자신을 포섭한다고 의심하지 않았냐는 질문에 카이저는 자신이 60세에 은퇴를 앞두고 있었고, 1964년 이후 타이완은 미국 외교관들을 대상으로 비밀공작을 시도하지 않았기 때문에 의심하지 않았다고 답했다. 카이저는 자신과 이사벨 쳉과의 관계를 국무부에 말하지 않았던 것은 부끄러웠기 때문이며, 이사벨과의 관계가 사적인 과계로 보여 질 것을 우려했다고 말했다.

카이저는 타이완이 자신을 포섭하려고 했다고 생각하지 않았다고 말하며, 이사벨 쳉과의 육체적 관계에 대해서는 부인했다 FBI는 이들이 차량에서 가진 관계에 대한 비디오자료를 가지고 있었다. 그는 자신의 타이완 여행에 대해 국무부의 승인을 받을 의무가 없었다고 말했다.[6] 그는 자신이 타이완 여행에 대해 동료들에게 말하지 않았던 것은 "잘

---

6 FBI는 카이저가 자신의 여행 제한규정에 대해 이사벨 쳉과 다른 사람들에게 이메일을 보낸 기록을 가지고 있었다.

못된 판단"이었지만 이는 "거짓"이 아니었다고 덧붙였다. 카이저는 타국의 정보요원과 접촉 시 보고할 의무가 있다는 IC의 규정DCIDs을 알지 못했다고 주장했다.7 그는 자신이 마지막으로 근무한 사무실에서 수천 건의 기밀문서들을 함께 포장하여 자신의 집으로 보낸 정체모를 "임시비서"를 탓했다. 카이저는 자신의 노트북과 지하실에 보관된 기밀문서들에 관한 질문에 대해 각각 "네"와 "아니오", 그리고 주로 "기억나지 않습니다"로 답했다.

카발리에 요원은 카이저에게 마지막 질문을 던졌다.

"카이저 씨, 당신이 타이완에서 이사벨 쳉과 관광을 나섰을 때 기밀정보가 저장된 당신의 노트북을 호텔에 두고 나갔습니까?"

"내 수트케이스에 넣고 잠갔습니다."

카발리에 요원에 따르면, 카이저의 이 대답에 그 방안에 있던 모든 방첩 관계자들은 충격으로 숨이 멎을 뻔했다. 그날 NSB의 기술팀은 카이저의 호텔로 현장근무를 나왔을 것이다.

심문이 끝나고 카이저와 그의 변호사가 디브리핑실을 나서자 방 안에 있던 모든 사람들은 카이저가 모든 질문에 상당히 기만적이었다며 흥분했다. 이 후 수차례 이어진 심문에서 카이저는 일관된 자세를 보였다.

4번의 디브리핑1월 18일, 1월 27일, 2월 21일, 3월 28일과 2번의 거짓말 탐지 조사2월 14일과 4월 5일를 거쳐 법무부는 카이저가 2005년 12월 12일에 협의한 것과 달리 수사에 협조하지 않았다고 결론을 내리고 기소를 준비하기 시작했다. 2006년 6월 29일, 정부 측은 카이저가 판결 전 흥정을 어겼으며, 따라서 정부 측은 판결 전 흥정에 따른

---

7 DS는 타국의 정보요원과의 관계에 대해 보고할 의무가 있다는 규정을 이해했다고 카이저가 서명한 양식을 이미 여러 장 입수한 후였다.

의무에 구속되지 않겠다는 이의제기를 신청했다. 정부 측이 7월 5일에 제출한 이의제기는 다음과 같다.

> 피고 "미스터 카이저"는 감형거래에 따른 협조의무를 성실히 이행하지 않았습니다. 정부의 이익을 위해 자신이 알고 있는 정보를 자발적으로 제공하는 대신, 피고는 직접 질문이 주어져야만 사안의 중요성에 대해 답했으며, 그마저도 대부분이 얼버무리거나 신빙성이 없는 답변들이었습니다. 피고는 디브리핑 중에도 자신과 타이완의 정보요원인 이사벨 쳉과의 관계를 숨기려고 했으며, 2003년 9월에 타이완에서의 행적과 자신의 집에 보관 중이던 기밀문서들에 대한 사실도 마찬가지로 숨기려고 했습니다. 더욱이 피고는 수차례에 걸쳐 심문관들이 반박의 여지가 없는 과학적 증거를 제시할 때만 소극적으로 사실을 인정했습니다.^{때로는 일부분만 인정했습니다} 피고가 이와 같이 성실히 협력하지 않는 태도는 그와 이사벨 쳉, 그리고 타이완 국가안보국과의 관계와, 그의 집에서 발견된 엄청난 양의 기밀정보자료, 2003년에 중국, 일본, 타이완 방문 시 기밀정보가 저장된 노트북을 반출한 행위 등을 고려할 때 특히 죄질이 나쁘다고 할 수 있습니다.

매우 실망한 법무부는 판결 전 흥정을 파기하기를 원했고, 이를 위해 법원으로 향했다. 이로써 정부 측 변호사들은 카이저에게 다른 연방법 위반혐의를 제기할 수 있게 될 것이다. 2006년 7월 21일, 정부 측 변호사들이 엘리스 판사의 판사실을 찾아가 2005년 12월 12일자 판결 전 흥정의 파기를 정식으로 요청했고, 정부 측이 카이저에게 추가혐의를 제기할 의사가 있음을 밝혔다. 법무부 측 변호사들은 카이저가 법원명령으로 실시된 디브리핑에 성실히 협조하지 않았고, 거짓말 탐지 조사에서 그가 타국 정보기관에 기밀정보를 넘겼는지에 대해 질문했을 때 거짓반응이 나타났다고 주장했다. 재판정의 방청객은 이전 공판 때에 비해 반 정도의 인원에 지나지 않았다. 이 책을 쓰고 있는 나를 제외하고 그날 재판정에 있던 사람은 차이나 타임즈의 통신원과 FBI 관계자 한 명, 그리고 신원을 알 수 없는 중년의 신사 한 명이 뒷줄에 앉아있었다.

엘리스 판사는 즉시 정부 측의 청원을 받아들였으나, 만약 정부 측 변호사들이 형사사건을 계속한다면 기밀정보 또한 증거자료로 제출될 수 있다는 점을 상기시켰다. 즉, 이러한 상황을 규정하는 기밀정보절차법으로 인해 버지니아 주 동부지방법원에서 기소를 진행하기 어렵게 되었다. 피고인석에는 미소가 감돌았다. 그러자 법정에서의 몰상식을 결코 용납하지 않는 것으로 유명한 엘리스 판사는 앞으로의 재판절차에서 피고 측이 "판사 쇼핑"을 시도할 경우 이를 좌시하지 않을 것이라고 강조했다. 이번엔 검찰 측에 미소가 감돌았다. 엘리스 판사는 몇 가지 실질적인 법적 문제들에 대해 판결을 내리고 8월 25일을 재판일로 지정했다. 이로써 그날의 공판이 끝났다.

나는 재판정을 나서면서 드디어 정부 측이 주장을 펼칠 기회가 찾아왔음에 흐뭇해했다. 이제 배심원이 카이저의 무죄 주장에 대해 판단을 내릴 것이다.

예상한대로, 카이저는 자신이 판결 전 흥정을 위반한 사실을 부인했다. 그의 주장을 요약하자면, 수사 첫날부터 자신은 스파이 행위에 연관되지 않았다고 주장했다는 것이었다.

2006년 12월 중순, 정부는 판결 전 흥정의 파기를 포기했다. DS와 FBI는 당혹감을 감추지 못했다. 결국 문제는 바로 법무부였다. 카이저가 스파이 혐의로 기소될 경우, 카이저가 기밀정보를 NSB에 넘겼다는 사실을 증명하기 위해 재판정에서 미국 정부의 민감한 기밀정보들을 공개해야 할 수도 있었고, 법무부는 그런 위험을 감수할 수 없었다. 결국 법무부는 카이저가 2건의 허위사실을 증언한 혐의와 1건의 기밀정보 무허가로 반출한 혐의에 대해 유죄를 인정하는 것으로 이 사건을 마무리하기로 결정했다. 엘리스 판사는 1월 중에 선고기일을 선택하기로 했다.

2007년 1월 22일, 900호 재판정은 엘리스 판사의 입정을 기다리고 있었다. 재판정 우측에는 15명의 전, 현직 외교관들이 카이저를 응원하기 위해 와있었다. 카이저의 국무부 동료들과 함께 자리한 사람은 그의 부인인 마가렛이었다. 방청객 사이사이에는 미국 국내 기자들과 타이완 신문사에서 나온 기자들을 포함한 몇몇 외신기자들이 자리해 있었다. 나는 DS와 FBI 방첩요원들과 함께 자리를 잡았다.

리트 변호사는 그사이 턱수염을 길렀고, 짙은 회색의 핀스트라이프 수트에 붉은색과 흰색 줄무늬 넥타이를 착용했다. 카이저를 응원하는 사람들은 모두 짙은 색 옷차림으로, 카이저는 보수적인 회색 수트에 은은한 색 넥타이를 착용하고 있었다. 아침 10시 17분, 엘리스 판사가 입정했고 모두 착석했다. 이제 공판이 시작될 차례였다. 엘리스 판사는 이어질 공판에서 "이미 산더미 같은 서류들을 읽었으며 이를 다시 낭독할 필요는 없다"고 말했다.

이후 몇 시간은 앞서 켄달과 그웬돌린 마이어스의 재판 때와 같이 연방규정 11에 대해 양측이 이 규정들이 엘리스 판사가 내릴 판결에 어떤 영향을 미칠지를 검토하는 시간을 가졌다. 그 외의 사항들에 대한 논의가 이어졌고, 점심식사를 위해 잠시 휴정했다. 오후 1시 5분, 재판이 재개정되었고, 카이저는 굳은 표정으로 부인의 손을 잡은 채 정면을 응시하며 재판정으로 들어섰다. 카이저가 날 알아봤는지 모르겠지만 내 존재를 인지하는데 관심이 없어보였다.

이어진 공판에서 엘리스 판사는 카이저가 주장하는 자신과 이사벨 쳉의 은밀한 관계를 인정하지 않는 것이 확연했고, 리트 변호사가 관용을 호소함에도 흔들리지 않는 듯 보였다.

카이저는 엘리스 판사에게 자신이 "용서받을 수 없을 정도로 부주의했으며", "타국의 정보요원과 모험을 했다"로 말했다. 또한 "2002년에 이 매력적이고 흥미로운 이사벨 쳉 양을 만났을 때 내가 무슨 생각을 했는지 지금으로썬 상상할 수 없다"고 덧붙였다. 그는 자신의 그러한 관계를 국무부 당국에 보고하지 않음으로써 자신의 실수가 악화된 사실을 인정한다며, 거짓말 한 것을 엘리스 판사에게 사과한다"고 말했다.

엘리스 판사는 카이저의 해명에도 설득되지 않았다. 카이저는 판사에게 "난 NSB의 요원이 아니었다는 사실을 강조하고 싶다"고 말했고, 엘리스 판사는 즉시 "속았다는 것입니까?"라고 질문했다.

카이저는 "아닙니다"라고 답했다.

엘리스 판사의 질문이 끝나자 카이저 변호인단에게 차례가 돌아왔다. 리트 변호사는 엘리스 판사에게 보호관찰을 요청하며 이 사건을 "안타까운 결점으로 인해 위대한 사람이 끌려 내려오는 고전 그리스의 비극과 같은" 사건이라고 설명했다.

리트 변호사는 카이저가 젊은 여성에 대한 감정적 이끌림으로 인해 판단이 흐려졌던 것이라고 주장했다. 그는 카이저에게는 고등학생 딸이 있고 가정이 있다며 징역을 면하도록 재판정 모두의 감정에 호소했다.

엘리스 판사는 리트의 변론을 중단시키고 "수많은 범죄자들이 마찬가지로 부인과 학교에 다니는 딸이 있다"며 리트 변호사에게 다른 방법으로 호소하는 편이 "보다 많은 동정"을 받을 수 있을 것이라고 말했다.

리트 변호사는 방향을 전환하여 카이저가 이사벨 쳉에게 제공한 정보는 "일반적으로 효용가치가 없는" 정보들이었다고 주장했다. 하지만 카이저에게 관용을 베풀어 엘리스 판사에게 보호관찰이나 사회봉사, 또는 가택연금에 처하게 해달라는 설득은 통하지 않았다.

오후 4시 40분, 엘리스 판사는 재판정 내의 모두에게 선고를 내리기에 앞서 이의가 없는지 물었고, 이의를 제기하는 사람은 없었다. 엘리스 판사는 카이저에게 "3가지 중범죄에 대한 유죄"를 선고했으며, 이 사건이 매우 "중대한" 사건임을 강조했다. 또한 AFSA^{American Foreign Service Association}의 변호사인 샤론 팝으로부터 그녀가 카이저의 행위를 축소하고 DS 수사관들의 탓으로 돌리는 등 카이저를 옹호하는 편지를 받았다고 말했다. 재판정에 있던 DS 특수요원들은 이 편지의 내용을 듣고 모욕감을 느꼈다^{AFSA는 외교부 관료들의 노동조합이다}. 하지만 AFSA의 편지도 이 재판정에서 별다른 설득력을 발휘하지는 못했다.

전 대사이자 최고위 블랙 드래곤인 스태플던 로이는 INR의 노트북 분실사건에 대한 카이저의 처벌에 반대하며 사임했던 인물로, 카이저가 윌리엄 이토, 제프리 베이더, 윈스턴 로드, 필립 드 히어^{네덜란드 외교부장관} 등 외교 관료들, 대사들과 같이 징역형을 면할 수 있게 선처해달라며 법원에 편지를 보냈다.

엘리스 판사는 카이저가, 그와 이사벨 쳉의 비공식적 관계는 미국의 외교목적을 달성하기 위한 것이었다는 주장은 "외교정책을 발전하기 위한 방법"이 아니라고 자신의 의견을 밝혔다. 결국 엘리스 판사는 카이저에게 연방교도소에서 1년에 하루를 더한 형을 선고했다.

그동안 자신과 카이저와의 관계에 대해 침묵을 유지하고 있던 이사벨 쳉은 2007년 10월, 타이완에서의 인터뷰에서 말문을 열었다. 그녀는 해외에서 박사과정 진학을 위해 정부장학금을 물색하던 중이었는데, 차이나 타임즈와의 인터뷰에서 자신이 "새로운 삶"을 찾고 있으며 카이저는 "매우 애국자로, 그는 연금까지 박탈당했다"고 전했다^{이사벨 쳉의 말과는 달리 카이저의 연금은 박탈되지 않았다}. 어쨌든, 이사벨은 NSB와의 비밀유지서약을 인용하며 그녀의 이전 신뢰관계에 있는 친구와의 관계에 대한 대답은 모두 거절했다. 그녀는 타이완 정부로부터 장학금 신청이 받아들여져 유학길에 올랐고, 영국의 런던대학교 SOAS^{the School of Oriental and African Studies}에서 박사학위를 받았다. 그녀는 현재 포츠머스 대학교의 동아시아학과에서 강의자로 일하고 있다. 그녀는 NSB를 퇴직하여 크리스 콕클과 행복한 결혼생활을 즐기고 있다.

2005년, 타이완 정부는 이스라엘 정부에 황 중장을 텔아비브의 TECRO사무소 소장으로 발령하라고 제의했다. 원형빌딩의 21층에 위치한 이 사무소는 워싱턴의 TECRO사무소와 비슷하게 준외교공관의 기능을 맡고 있다. 외교절차상 의무로, 파견국은 외교대사^{또는 이에 준하는 직책} 임명 시 대상국의 승인을 얻어야 한다. 황 중장의 발령 소식에 이스라엘 정부는 이의를 제기했다. 아마도 미국의 의사를 존중하여 보인 반응이었거나, 아니면 자신들의 모사드 요원들과 같이 텔아비브에 또 다른 정보요원이 외교적 신분을 위장하여 들어오는 것을 원치 않았을 수도 있다. 타이완 정부가 호주 정부에 황 중장의 임명을 제의했을 때에도 역시나 거부한다는 회신이 돌아왔다. 안 그래도 점점 위축되어가는 타이완의 해외 주재 외교사절들 사이에서 황 중장은 더 이상 사용할 수 없는 카드가 되어버렸다. 황 중장에게는 보상으로 NSB본부의 고위직이 주어졌다.

카이저를 변호했던 로버트 리트 변호사는 '아놀드&포터'에서 파트너 변호사로 활동하다가 오바마 정권이 들어서면서 법무부에 등용되었고, 그곳에서 해외정보활동법 Foreign Intelligence Surveillance Act 운용을 감독하는 일을 맡았다. 2009년, 그는 국가정보국 office of the director of national intelligence 의 법률자문위원으로 임명되었다.

워러너 특수요원에게는 2012년 9월 14일 튀니지 주재 미국 대사관에 가해진 공격 및 이후 복구와 재건작업에서 보여준 그의 "단호한 리더쉽과, 흔들리지 않는 헌신, 그리고 동료들에 대한 배려와 용기"를 치하하여 2012년 12월에 국무부에서 가장 높은 용맹에 대한 훈장인 "영웅훈장"이 수여되었다.

2014년 3월, 하와이에 있는 미국 태평양 사령부에서 민간 계약직으로 근무하던 벤자민 피어스 비숍[59세]은 미국에서 학생비자로 체류 중이던 중국 국적의 27세 여성에게 국방정보를 전송한 혐의에 대해 유죄를 인정했다. 이들은 컨퍼런스를 통해 처음 만났다. 이보다 1년 전인 2013년 3월 18일, 하와이 지방검찰청은 언론에 보도 자료를 발표했다. 비숍은 수차례 방첩관련 브리핑을 받았음에도 불구하고 핵무기와 방어미사일, 전쟁계획 등의 기밀정보들을 이메일을 통해 이 중국여성에게 전송했다. 그는 정부의 공식 서류에서 이 여성과 함께 런던으로 여행한 사실을 허위로 기재했다. 비숍의 변호사인 버니 버바는 이들 둘의 관계를 "사랑에 빠진 두 사람"으로 정의하며 스파이가 아니라고 말했다.

카이저는 연방 교도소에서 1년하고 하루를 복역한 후 2008년 1월에 석방되었고, 3년간 보호관찰을 받았다. 카이저는 교도소에서 나온 뒤 얼마 되지 않아 스탠포드 대학교의 쇼렌스타인 아시아태평양 연구센터에서 프레젠테이션을 가졌다. 그가 제시한 관심연구주제 중에는 중국과 "양안관계"에 대한 미국의 정책이 포함되어 있었다. 나중에 들은 이야기이지만 카이저의 3번째 부인은 카이저가 교도소에 들어간 그날 이혼을 청구했다고 한다.

2013년 12월 10일, 중국정책연구소의 블로그^{노팅햄 대학교, 영국}는 이사벨 쳉^{포츠머스 대학교}과 돈 카이저^{퇴직 미 국무부}를 여러 다른 사람들과 함께 자신들의 기여자에 올려놨다.

제3부

정보유출과 정보분실

비밀은 국가의 업무에 있어 최우선되는 본질이다.
- 리셜리외 추기경(Cardinal De Richelieu)

우리의 인쇄업자들이 많은 자신들의 출판물에 대해 더 사려 깊었기를 무척이나
바란다.
- 조지 워싱턴 장군(General George Washington)

나는 미국 신문에서 여러 차례 매우 민감한 정보를 발견한 사실에 대해 상당히
놀랐다-모스크바는 매우 감사할 일이지만. 내 생각에는, 미국인들은 국가안보에
대해서 보다 자신들끼리의 경쟁을 뉴스거리로 만들어내는데 더 신경을 쓰는
경향이 있는 것 같다. 그리고 그러한 사실은 내일을 더 쉽게 만든다.
- GRU 스나니슬라브 루네프 대령(Colonel Stanislave Lunev)

9 장

2010년 5월 27일, 이라크의 일급비밀 정보센터의 정보분석가로 지정된 젊은 미국 사병인 브래들리 매닝은 군 수사관에 의해 체포되었다. 미국 정부의 기밀정보를 위키리크스 웹사이트에 비인가로 전송한 죄목으로 기소된 것이다. 유출된 서류 가운데는 1966년 12월부터 2010년 2월까지 25만 개의 이상의 국무부 전보들이 포함되어 있다.

매닝이 체포된 지 10개월 후, 위키리크스는 미 대사관에서 보낸 몇 개의 기밀외교 전보들을 공개했는데, 그 내용들은 멕시코 대통령인 페리페 칼데론과 그의 정부의 "마약과의 전쟁"에 대해 비판적인 내용을 담고 있었고, 내용의 공개 후에 멕시코 주재 미 대사인 카를로스 파스큐얼은 멕시코시티를 떠나도록 강요당했다. 미국 언론은 멕시코 대통령 칼데론에게 유출된 전보들이 미국-멕시코 간 관계를 훼손시켰는지의 여부를 물어봤고. 칼데론 대통령은 유출된 전보들이 "심각한 손상"을 초래했다고 답했다.

파스큐얼 대사가 사임한지 한 달 후, 에콰도르 외무부 장관인 리카르도 파티노는 미 대사인 헤더 호지에게, 에콰도르 고위경찰에 대한 비판적인 내용을 담은 기밀외교 전보를 2009년에 위키리크스가 발표한 후에, 라파엘 코레아 대통령이 미 대사인 헤더 호지의 영구추방을 요구했다고 통지했다.

어떤 이들은 매닝에 의해 유출된 국무부 전보들이 중동 지역 "아랍의 봄"의 시작을 둘러싼 사건들에 영향을 주었다고 주장한다.

유출된 전보들은 문제가 된다.

2013년, 에드워드 스노든이 가디언 지의 칼럼리스트인 글랜 그린월드에게 NSA의 국내와 해외 사찰 프로그램에 관련된 수천 페이지의 정보를 제공했다. 많은 미국 정부의 기술정보수집 노력 가운데서, 스노든은 독일 앙겔라 메르켈 수상, 브라질 딜마 루세프 대통령의 사적인 휴대전화 대화를 NSA가 도청한다고 폭로했으며, 메르켈 수상과 루세프 대통령 둘 다 이러한 활동에 대해 격분을 표출하였다. 몇 달 후에 루세프 대통령의 미국방문은 취소되었다.

스노든의 폭로 후에, 특히 2014년 3월 푸틴의 크림반도 합병과 관련하여 오바마 대통령의 외교 노력에 대한 메르켈 총리의 미온적인 지지는 아마 당연히 가디언지의 기사에 영향을 받았을 것이다.

2013년 7월, 프랑스 대통령 프랑수와 올랑드는 "동맹국과 파트너 사이에 이러한 종류의 행동은 받아들일 수 없다. 우리는 이러한 행동을 즉각적으로 멈추도록 요청한다"라고 분노를 터트렸다. 정보 유출로 인해 미국에 화가 난 국가의 최고 지도자들이 생긴다는 것은 정말로 심각한 문제이다. 현재까지 국무부의 비밀이 에드워드 스노든에 의해 위협받지는 않았다. 그러나 동맹국들과 우리의 외교적 관계는 심각하게 손상되었다.

2014년 4월, 가디언 지와 워싱턴 포스트 지는 미 정부의 기밀들을 알린 것 때문에 2014년 퓰리처 공공부분상을 수상했다. 기밀정보를 언론에 비인가 공개를 하는 것은 심각한 결과를 초래하게 된다. 수사관으로서 근무 첫날부터, 나는 국무부 정보 유출자를 파악하는 바람직하지 않은 업무에 투입되었으며, DS에서 내 28년 이상의 경력 동안에, 나는 언론에 유출되고 비행기, 기차, 자동차에서 분실된 기밀들에 대한 다수의 사건들을 조사하였다.

비인가된 폭로가 얼마나 흔한 일인지, 그리고 그러한 폭로가 수반하는 국가안보와 관련된 결과를 이해하기 위해서는 약간의 역사적 배경이 필요하다. 국무부 직원이 외국 외교관들과 국내 저널리스트들에게 민감한 정보를 유출하는 것이 최근의 현상은 아니다. 실제로 언론은 기회가 되면 늘 의원들의 메일을 읽고 있다.

미 국무부의 기원은 1781년 1월 10일 "외무부"를 탄생시킨 의회법령에서 발견된다. 1789년 7월, 조지 워싱턴 대통령은 외무부 장관을 설치하는 법안에 서명했다. 이 외무부는 9월에 국무부로 바뀌었고, 이 부서의 최고 수장은 국무부 장관으로 바뀌었다. 이 이후에 곧바로, 워싱턴 대통령은 민감한 정보를 기밀로 유지할 수 없는 국무부 장관을 접하게 될 수밖에 없었을 것이다.

미국의 첫 국무부 장관인 토마스 제퍼슨이 1793년에 사임했을 때, 전직 법무장관인 에드먼드 랜돌프가 국무부 장관직을 맡게되었다. 1795년 8월, 랜돌프 장관은 설명도 듣지 못한 채 워싱턴 대통령의 자택으로 소환되었다. 대통령과 몇 명의 각료 앞에 서서, 랜돌프 장관은 한 장의 종이를 건 내 받았고, 그 내용을 읽고 설명하도록 요청받았다. 명백하게 유럽으로 향하는 배를 탄 영국 해군 몇 명이 미국에서 일하도록 배치된 프랑스 관료인 조셉 포셰가 파리에 있는 프랑스 외교부의 상급 관료에게 보낸 외교문서를 가로챘다. 그 외교문서는 프랑스 외교관이 워싱턴 대통령과 그의 각료들 간의 사적인 대화를 분석한 것이었으며, 그 대화에서 워싱턴 대통령이 반 프랑스적 입장을 표명한 것은 분명했다. 프랑스 외교문서에는 이러한 정보의 출처로 랜돌프 장관을 인용하고 있었다. 워싱턴 대통령은 신임 재무부 장관인 올리버 월콧과 국방부 장관인 티모시 피커링을 불러서 국무부 장관의 신중하지 못한 행위를 조사토록 하였다. 마침내, 랜돌프 장관은 사임하였고, 대통령은 이것을 받아들였다.

워싱턴 DC에서 연방정부와 관련된 기밀은 매일 만들어진다 ─국가안보부의 직원이 암호를 만들 때, CIA 요원이 외국에 파견된 그들의 요원들에게 지시할 때, FBI 요원들이 그들의 출처로부터 보고를 들을 때, 합동참모들이 군대의 이동을 논의할 때 기밀은 만들어진다. 이러한 기밀들이 언론에 노출될 때, 기밀들은 미디어나 뉴스에 유출되었다. 정확한 기술적 용어는 "비인가 폭로"이지만, 용어들은 종종 상호 호환적으로 사용된다. 유출의 동기가 다 다른 것처럼, 의도된 그리고 의도되지 않은 그 결과들 역시 모두 다르다.

정보유출의 첫 번째 유형으로는 승인된 혹은 인가된 유출이 있다. 사실상 대부분의 유출된 뉴스는 백악관과 그 행정당국에 의해 교묘히 획책된다. 굳이 보도해도 좋다고 공공연하게 말하지 않으면서, 구체적인 정책 견해들을 알리기 위해서, 익명의, 도처에 존재하는 "상급 정부 관료"를 이용하는 것이다. 유출은 행정당국과 그 관료들에게 부담을 주지 않으면서, 미국 정부의 정치적 방향성과 입장들을 소통시키기 위한 하나의 방법이다. 정보유출은 국내와 해외의 반응을 측정하기 위하여 잠재적으로 논쟁을 일으킬만한 정책적 이슈들을 미리 공표하는 역할을 하기도 한다. 정보유출은 단지 여론의 반응을 보기 위한 목적을 가진다.

정보유출의 두 번째 범주는 정부의 승인이나 인가가 없는 관련 정보의 폭로이다. 이러한 유출은 공직자가 사전에 상급자의 승인 혹은 행정적인 승인 없이 정보를 언론이나 다른 비승인 수령인에게 정보를 공개하는 것이다. 이러한 형태의 폭로는 미국 정부의 연방 수사관에 의한 조사 대상이 된다. 그 가운데 가장 피해가 적은 것이 관련 부처의 내부 업무를 다루는 것과 관련된 정보들인데, 다양한 합법적인 이유 때문에 행정통제의 대상이 되고 있으며 민감하긴 하지만 기밀은 아닌 정보들이다.

이러한 유형의 정보는 보통 많은 행정 부처 기관이 "공적인 목적의 사용에 한정됨Official Use Only" 이라고 표시하게 된다. 그러나 국무부 자료의 경우는 2000년대 중반까지 "제한적으로 공적인 목적에만 사용됨Limited Official Use"이라고 표시되어졌다. 그러나 이제는 "민감하지만 기밀사항은 아님Sensitive but Unclassified"이라고 표시된다. 이러한 유형의 정보들의 속성은 국가안보 정보로 분류될 기준을 충족시키지는 않는다. 또한 때때로 정부 공직자들을 당황스럽게 만들고, 불안하게 만들지만 이러한 유형의 정보들이 국가적 안보 관련 이해관계를 위험에 빠뜨리지는 않는다. 비록 이러한 유형의 정보유출이 범죄수사가 아니라 행정조사로 다루어지기는 하지만, 그 유출이 문제가 없는 것은 아니다 – 유출자는 해당 부서의 규정에 따라 어떠한 조치가 취해지게 된다.

가장 해로운 정보유출은 대부분 언론으로의 유출인 경우로서, 비승인 수령인에게 정말 기밀인 정부관련 정보를 전달한 것이다. 기밀정보의 비인가 수령인이 비밀 외국 정보국 요원이라면, 이 유출은 스파이 행위로 간주된다. 착수단계에서 이러한 유출은 전형적으로 잠재적 범죄행위로 취급되고 이에 따라 수사를 받게 된다. 행정적 혹은 정치적 편의때문에, 또한 이러한 경우를 기소하는 어려움 때문에, 이러한 유출자들이 법정에 서는 경우는 매우 드물다. 대신에, 유출자가 밝혀지면 그 사람은 해고를 포함한 부서의 징계조치를 받게 된다.

국무부 직원이 국가안보관련 정보에 접근권한을 얻기 전에, 그들은 반드시 연방정부에서 실시하는 배경조사를 성공적으로 통과해야하며, 민감한 정보에 대한 그들의 책임을 확인하는 선서를 해야 한다. 선서를 하는 것은 참신하거나 새로운 콘셉트는 아니다. 1775년 11월 9일, "이차 대륙의회"에 참여한 의원들은 그들의 생명과 자유를 보호하기 위하여 비밀유지 맹세에 서명을 하였다. 오늘날, 누렇고 빛바랜 "비밀유지" 문서는 국립 기록보관소에 헌법 바로 왼편에 밀봉되어 보관되어 있다.

― ✳✳✳ ―

왜 국무부 직원이 기밀외교정책 정보를 사전 승인 없이 미디어에 유출시키는지를 이해하기 위해서는 2008년 9월 21일자 워싱턴 포스트 지를 살펴보는 것이 가장 좋은 방법이다. 이날 워싱턴 포스트 지는 "미국이 학대의 증거에도 불구하고 유엔 대사를 지지하다"라는 헤드라인을 요란스럽게 달아놓았다. 워싱턴 포스트 지는 르완다의 임마뉴엘 카렌지 카라케가 1990년대에 르완다에서 인권 말살에 연루된 혐의가 있음에도 불구하고, 어떻게 백악관이 그를 다푸르에서 활동하는 만 명의 평화유지군을 지휘하는 유엔 지상군 부사령관으로 입후보할 자격이 있다고 지지하는지를 상세히 묘사하였다. 카렌지 소장은 1994년에 후투가 이끌던 르완다

정부를 전복시키는 것을 도운 "르완다 애국 전선"의 하급 관리였으며, 정부 전복 과정에서 80만 명의 투치족이 살해되었다. 알려진 바로는 이 신문기사는 하나의 기밀부서 전보와 기밀 INR 보고서를 바탕으로 작성되었으며, 카렌지는 보복성 학살과 민간인 학살을 감행한 408대대를 지휘했다고 언급하고 있다. 워싱턴 포스트 지의 콜럼 린치가 작성한 이 기사는 2007년 9월 국제기구의 수장으로 밝혀진 크리스텐 실버버그에 의해 쓰여진 기밀메모를 광범위하게 인용하고 있다. 이 메모는 카렌지 장군의 임명에 대한 미국 정부의 공식적인 입장에 대해 국무부 내에서 부서끼리 다투는 내용을 담고 있었다.

기사내용은 "국제기구가 미국과 유엔이 모두 카렌지를 거부하거나 아니면, 미국 혹은 유엔의 일방이 카렌지를 거부한다면 발생하게 될 정치적 분란을 알고 있다. 카렌지는 르완다 최악의 인권 탄압자에 속하지는 않는다"라는 기밀메모를 인용하였다. 국무부 내에서 국제기구^{IO}의 입장을 반대하는 부서는 "민주주의국_{Bureau of Democracy}"과 "인권과 노동국_{Bureau of Human Rights and Labor}"이었으며, 전해지는 바로는 이들 부서들은 카렌지의 지휘 하에 발생한 인권 유린의 믿을만한 증거를 가지고 있었으며, 국무부가 정책적 이유 때문에 그의 입후보 자격을 지지하는 것은 불가능하다고 말하였다.

명백하게, 국무부는 카렌지의 임명에 대한 입장을 표명한 문서를 준비했었다. 신문에 인용된 "실버버그 메모"의 초안 기밀버전은 검토, 편집, 승인을 위해서 뉴욕시에 있는 유엔 미 사절단을 포함한 국무부 내 많은 부서에 배포되었다. 미승인 폭로 예비조사 동안에 DS 요원이 인터뷰한 국무부 관리들은 워싱턴 포스트 지에 인용된 내용들은 부서에 배포되었던 기밀메모 초안이라고 지적했다. 이러한 진술은 요원들이 정보유출의 시간대를 밝혀내는 데 도움을 주었으며, 그 기간에 초안에 접속했던 두 개의 부서가 파악되었다.

기사를 작성한 린치에 따르면, 이 국무부 문서는 미국이 카렌지를 지지하는 것에 비판적인 익명의 제보자로부터 워싱턴 포스트 지의 직원이 얻은 정보라고 밝혔다. 신문사는 그들이 초안 복사본을 가지고 있음을 밝히면서 그들이 서류를 가진 것을 자랑스러워했다. 워싱턴 포스트 지는 문서의 신뢰성이 내부 논쟁에 익숙한 미국 정부 관료에 의해 확인되었다고 보도하면서 기뻐했다. 슬픈 사실은 이것이다. 만약 당신이 이 기자를 믿는다면, 기꺼이 비밀 정보를 예기하는 다수의 정부 관리들이 있다는 것이고, 정부 부서 내에 언론과 협조하는 내부자들이 있다는 것이다. 그러나 다수의 정부 관리들에게 가장 곤란한 것은 그들의 더러운 세탁물들_{내부의 부끄러운 일들}이 대중들에게 밝혀진다는 것이다.

내부의 논쟁들은 국제기구와 "인권과 노동국" 사이의 논쟁이었으며, 그 두 부서 모두 그들의 견해를 아프리카를 담당한 국무부 차관인 젠다이 프레이저에게 전달했다. 젠다이 프레이저는 스탠포드 대학에서 라이스 국무부 장관의 학생이었으며, 이 문제에 대한 최종 결정을 내린 사람이었다. 추가적으로 유출된 기밀문서에 따르면, 프레이저는 2007년 9월 7일에 "아프리카 연합 다푸르" 미션 지도자에게 백악관은 카렌지 장군이 유엔 지상군 부사령관으로서의 직위를 지속하는데 반대하지 않을 것이라고 보장했다는 것이다. 유엔 사무총장인 반기문이 카렌지의 직위를 연장하는 것에 결국 동의했다는 것이 밝혀졌다.

DS 요원들에게, 기밀 유출자의 신원은 확실해졌다. 조사에 따르면, 유출자는 기밀문서에 접속하였으며, 내부 부서의 업무에 직접적인 지식을 가지고 있으며, 예비 초안 단계인 8월 초에 "실버그 메모"의 골자를 볼 수 있는 사람이었다. 조사에 따르면 워싱턴 포스트 지에서 인용된 문장들은 초안에서 인용된 것이며, 최종버전에서 인용된 것이 아니라는 것이다. 정보 유출자는 국무부의 공식 입장에 불만을 가진 부서 내 공직자이었으며, 그는 카렌지 장군에 대한 부서의 입장이 틀어지기를 바랐다. 더 많은 부서내 상급 관료들이 숙고한 끝에 내린 판단에 대해서 다소 경험이 부족한 프레이저 국무부 차관이 거절한 것을 노출시키길 원했다. 기소를 위해서는 증거가 불충분하지만, 조사관들은 기밀 유출이 어디서 시작되었고 누가 유출했는지에 대해 확신이 있었다. 법무부는 배심원을 설득시키는데 불충분하다는 이유로 부서 내 용의자를 기소하는 것을 거절하였다.

— *** —

1986년 4월 10일, 특별 조사국^{Office of Special Investigation, SIB}의 대리 수장을 맡은 동안에, 나는 조사 국장인 클락 디트머에게 즉각적으로 보고하도록 전화로 소환을 당했을 때, 나는 내 인생 최악의 공포감 중의 하나를 경험했다. 1974년에 내가 처음으로 국무부에 합류했을 때, 디트머 국장은 외교안보국의 워싱턴 현지 사무소를 맡고 있는 특수 요원이었으며, 가능하다면 무슨 수를 써서라도 피하고 싶은 인물 중의 하나였다. 6피트 이상의 큰 키, 탄탄한 몸매, 끝이 평평한 머리 스타일, 유머의 기미는 찾아볼 수 없는 디트머 국장은 어리석은 사람 혹은 부하를 견뎌내지 못하는 것에 대한 평판때문에 같은 사무실에서 말하기 좋아하는 사람들로부터 "다스 디트머"라는 별명이 붙여졌다. 우리 조직에서 디트머 국장을 만나는 것을 바라는 사람은 아무도 없었다.

국장이 나를 소환한 그날 아침 역시, 그와 갖게 되는 다른 만남과 다를 바 없이 나는 공황상태였다. 나는 아무런 장식도 없고, 어떠한 개인적 기억이나 사진도 없고 단지 수동 타이프 라이터만 놓여있는 그의 사무실로 안내되었으며, 내 뒤로 그의 사무실 문이 닫혔다. 나는 갇힌 것 같았다.

디트머 국장은 그가 흔히 입는 짙은 갈색 양복을 입고 있었는데 빛나보였으며, 부서 상급자가 그의 무릎에 던져놓은 최근의 문제들을 그가 말하는 동안 나에게는 계속 서있으라는 몸짓을 했다.

"로버트, 이 사건은 당신의 온전한 관심이 필요할 것이야." 그는 퉁명스럽게 말했다.

"예, 알겠습니다."

"당신은 마치 당신이 워싱턴 포스트 지, 로스앤젤레스 타임즈, 로톤 교도소 유출 사건에서 일을 아주 잘 처리한 것처럼 느낄지 모르지만, 그건 누구나 잘할 수 있는 쉬운 사건들이었어. 이 새로운 사건은 달라."

"고맙습니다. 난 그렇게 필요합니다"라고 생각했다.

디트머 국장에 따르면, 국무부 차관인 엘리엇 아브람이 4월 7일에 워싱턴 포스트 지에 특별칼럼을 기고하는 로랜드 에반스와 접촉하였으며, 에반스가 아브람 차관에게 부에노스아이레스에 있는 미 대사관에서 보낸 기밀전보가 존재하는 지를 확인해달라고 요청했다는 사실을 국무부 장관이 알게 되었고 이에 격분했다는 것이다.

디트머 국장은 계속 말했다. "4월 8일에 또 다른 특별칼럼 기고자인 로버트 노박이 아브람 차관을 전화로 다시 접촉해서 그에게 "부에노스아이레스 2888"이라는 명칭의 국무부 기밀전보가 존재하는지를 확인하고자 했네." 1986년에 특별칼럼 기고자인 에반스와 노박 둘 다 워싱턴 포스트 지를 위해 기사를 썼다. 1991년에 아브람 국무부 차관은 이란-콘트라 사건 관련하여 상원의원 첩보 위원회에 정보를 제출하는 것을 불법적으로 보류시킨 것 때문에 두 건의 경범죄로 기소되었지만 1992년에 조지 부시 대통령에 의해 사면되었다.

"예, 알겠습니다." 나는 말했다. "예, 이해합니다."

해외 외교 우편을 통한 국무부 전보는 일반적으로 우편이 보내진 곳에 의해서 파악될 수 있다. 이런 경우, 부에노스아이레스에 있는 미국 대사관은 숫자 0001로 시작되는 일련번호를 사용하였으며, 이것은 1986년 1월 1일 자정 이후에 보내진 첫 전보이다. 대사는 1986년 4월에 국무부로 비밀 메시지를 보냈다. 이것이 바로 "부에노스아이레스 2888" 전보이다.

디트머 국장에 따르면, 4월 8일 오후에 워싱턴 타임즈의 윌리엄 크리츠버그 기자가 그의 사무실에서 아브람 차관에게 접촉하려고 시도했었다고 한다. 전화연결이 되지 못해서, 그는 부차관인 윌리엄 워커에게 접촉했고, 그에게 몇 가지 문장의 진위여부를 확인해 달라고 요청했다는 것이다.

내가 생각하기에, 분명하게, 워싱턴에 있는 모든 사람들이 이 "기밀" 문서를 봤다.

워커 차관은 크리츠버그와 부에노스아이레스 2888을 논하는 것을 거부하였고 즉각적으로 아브람 차관의 사무실에 이 사실을 알렸고, 국무부는 정보가 유출된 것을 즉시 알게 되었다. 부서의 기밀전보에 들어있는 정보가 이제는 언론의 손에 있다는 사실이 확인된 후에 부차관은 이러한 사실을 통보받았다.

"이건 가벼운 일이 아니다." 디트머 국장은 말했다. "국무부는 언론에 이것이 누출된 것에 대해 완전히 화가 나 있어."

"예 알겠습니다."

"국무부가 이 유출의 책임이 누구에게 있는지를 우리가 즉각적으로 파악하도록 요청하고 있어."

"당장 착수하겠습니다." 나는 말했다. "이 사건을 위해 누가 저를 도와줄 겁니까?"

디트머 국장은 나에게 의심쩍어하는 시선을 보냈고, 아무 말도 하지 않으면서 책상위에 무언가에 손을 뻗치며 인상을 썼다. '오 이런, 또 나 혼자 일하는구나'라고 나는 생각했다. 우리 부서는 단지 두 명의 다른 수사관이 있었으며, 둘 다 조사업무가 엄청나게 많았다.

그때, 디트머 국장은 워싱턴 포스트 지 한부를 나에게 건넸고 붉은 색으로 밑줄 친 문장이 있는 기사가 들어있는 첫 장을 훑어보라고 했다.

"대사가 오늘 대표단을 공격하다"라는 헤드라인 아래에, 워싱턴 포스트 지의 기자인 패트릭 타일러는 최근에 국회 대표단이 부에노스아이레스를 방문한 것을 묘사하였고 BA 2888로 밝혀진 부서 기밀문서를 자유롭게 인용하였다.

기사의 첫 시작은 다음과 같았다. "아르헨티나 주재 미 대사인 프랭크 오티즈 주니어는 워싱턴에 보내는 전보에서 국회 대변인인 토마스 오닐 주니어와 함께 온 다른 국회의원들을 강력하게 비판하였다. 전해지는 바에 따르면, 국회 대표단들은 부에노스아이레스에 있는 정치 지도자들에게 레이건 행정부의 중앙아시아에서의 정책들을 비난하도록 압력을 넣기 위해 부에노스아이레스를 방문 중이었다고 한다.

　기밀문서 내에는 오티즈 미국 대사가 이끄는 14명의 국회 대표단이 아르헨티나 대통령 알폰신과 다른 정부 관료들을 만나는 데 동행했으며, 국회 대표단들이 레이건 정부의 라틴 아메리카에서의 외교 정책들에 대한 아르헨티나 관료들의 야비한 비난을 이끌어 내려고 한 노력들이 언급되어 있었다는 것이다. 기사는 "내가 공항에서 대변인이 내리는 것을 보았을 때, 나는 그에게 내 35년의 외교관 경력에서 그러한 행동을 본적이 없다고 그에게 솔직히 말했다. 나에게 있어서 이건 마치 입법부가 행정부의 특권을 침해하는 헌법적 이슈를 일으키는 것과 유사하다"라는 오티스 대사의 말들을 인용하였다. 굳은 표정의 디트머 국장은 나에게 "기밀"이라고 분류된 BA 2888 문서 복사본을 건네주었으며, 타일러의 기사에서 밑줄 친 문장을 잘 살펴보라고 했다.

　특히 워싱턴 포스트의 기사에서 네 번째 단락에 있는 "국회의원 루소는 대통령이 니카라과와 무력 대치를 하려든다고 말함으로서 대통령을 공격하는데 있어서 정도를 넘어섰다"문장은 BA 2888의 내용을 그대로 인용했다. 기사 후반부에는 "방문기간 내내, 루소와 스타크 의원은 대변인 오닐이 레이건 행정부의 정책에 대한 아르헨티나의 공식적인 비난을 이끌어 내려는 노력에 동참했다"라는 문장이 있는데 이것은 BA 2888의 마지막 세 문장을 그대로 인용한 것이었다.

본능적으로 나는 또 다른 기밀문서를 언론에 유출한 부서 내 직원을 찾아내는 일에 착수해야 한다는 사실을 알게 되었다.

"자, 로버트." 디트머 국장은 말했다. "고의든, 부주의하든, 문서를 유출한 그 사람을 찾기 위해서, 그 시간대에 기밀문서를 본 사람이 100명이나 되기 때문에 자네가 범인을 찾아내는 것이 얼마나 힘든지 알아."

"예, 알겠습니다."

"최선을 다하도록. 우리는 가능한 빨리 우리의 예비조사 결과를 국무부 장관에게 보고해야 해." "적어도 7층에서는 우리가 뭔가를 하고 있다는 것을 알게 될 꺼야."

'아, 7층. 거기에 국무부 장관과 블랙 드래곤의 사무실이 있지. 나는 이제 조심스럽게 행동해야해'라고 생각했다.

존경받는 동료의 확신에 찬 발언이 미디어에 제공되었다는 사실에 블랙 드래곤이 무척 화가 나 있을 거라는 것은 확실했다. 나는 워싱턴 포스트 지 기사에서 동그라미 친 문장을 보면서 속으로 웃었다. 기사가 국가안보에 관한 정보를 노출시킨 것은 아니다. 그러나 기사는 미국 대사의 솔직한 견해를 보도하고 있으며, 해당 부서는 그러한 사실이 만천하에 밝혀진 것에 대해 당황스러워 하고 있었다.

디트머 국장이 블랙 드래곤에게 지적하지 않은 것은 바로 내가 이 일을 수행할 유일한 요원이라는 것이다. 나는 매우 특별한 요원이다.

"지금 당장 진행하던 모든 조사를 중단하고 이 일에만 집중해." 디트머 국장이 명령했다.

그의 사무실에서 나가기 전에, 범인을 찾을 가능성이 없는 이 사건에서 우리가 기소를 할지의 여부에 관한 직접적인 대답을 들을 수 있었다. 나는 내 사무실로 돌아와서 "미승인 폭로/워싱턴 포스트"라는 이름이 붙여진 SB12−0846−100−0042 사건을 열어 보았다.

뉴스에 기밀이 유출되는 것은 너무나 흔한 일이어서 우리는 군이 수사를 위해 "푸른 달" 혹은 "팜파스에서 술 마시기 작전"과 같은 근사한 이름을 붙이지는 않는다. 어쨌든, 어떠한 정보유출 조사의 첫 번째 업무는 초기 단계에 전보에 접근한 부서내 사람들을 접촉하는 것이다. 당연하게도, 내가 전화한 모든 사람들은 나에게서 전화가 올 것을 예상했다고 말했다. 이번에는 나는 전염병으로 인해 보호소를 찾는 문둥병자 같은 취급은 받지 않았다.

볼펜, 워싱턴 포스트신문, BA 2888 복사본을 서류가방에 넣고 나는 국무부의 정보관리부서 소속의 특수요원인 엘리야 켈리 주니어를 만나러 갔다. 그는 마치 해외 미션으로부터 받은 전보들의 경로를 알려주고 분배하는 책임을 가진 교통경찰과 같았다. 작은 사무실에 앉아서 켈리 요원은 내가 밑줄 친 전보 복사본을 참을성 있게 검토한 후에 부에노스아이레스 2888은 4월 3일 목요일 새벽 1:52에 국무부에서 받은 것이라고 말했다. 그는 면밀하게 살피고 나서, 그 전보는 NODIS 표제가 붙어있으며 "기밀"이라고 명백히 표시되어있다고 말했다. NODIS는 "국무부 외부로의 분배 금지와 국무부내에서는 특정된 주소로만 제한된 분배[8]"의 약자이다. 불행하게도 이 경우 NODIS는 이 건물의 적어도 9개 부서만이 전보를 받아볼 수 있다는 것을 의미한다.

---

8 No Distribution outside the department and limited distribution inside the department to specific addresses.

게다가, 국무부 장관 직속실의 고위급 관리자인 브런슨 맥칸리의 지시에 따라서, 전보의 복사본은 정치 업무를 위해 차관인 필립 하빕에게 전달되었다는 것이다. 특수요원 켈리의 업무일지에 따르면, 전보 복사본은 백악관의 국가안보위원회로 보내졌다는 것이다. 그러나 누가 국무부 중역 사무실에 그렇게 하라고 지시했는지는 불명확했다.

나의 최초 두려움은 확인되었다. BA 2888이 국무부 내부에서 처리된 후 7시간 이내에 1986년 4월 3일 오전 8시까지 적어도 9개의 사무실의 100명의 직원들이 전보를 볼 수 있었다. NODIS 치곤 너무 많았다. BA 2888을 처음 받은 직원들에 대한 면담을 시작할 때가 왔다. 나의 당혹스러운 마음속에 "Don't Cry for Me Argentin" 노래가 울려 퍼졌다.

관련된 노트에, 나는 1991년 7월 17일에 임시 국무부 장관인 로렌스 이글버그가 국무부 차관인 버나드 아론슨에게 보낸 기밀 비망록의 복사본을 여전히 가지고 있다. 그 비망록은 국무부 기밀 문서가 멕시코의 주간 신문인 프로세코에 유출된 사건을 내가 조사한 내용이 요약되어 있다: "불행하게도, DS는 승인 안 된 폭로에 대해 누가 책임이 있는 지를 찾아내지 못했다." 외교안보국은 조사과정에서 드러난 사실인 "아메리카대륙 간 업무담당국^{Bureau of Inter-American Affairs, ARA}"과 멕시코 간의 전보가 증거 없이 처리되고 분배되었기 때문에 성공적으로 해결하기가 불가능했다고 지적했다.

이런 유감스런 사건에서 배운 교훈 중의 하나는 우리 모두가 좀 더 조심스럽게 전보와 메모를 다루어야 한다는 것이다.

여러 차례 승인 안 된 국무부 전보의 공개사건이 발생했음에도 불구하고, 그러한 사례들이 정보유출을 막고 −또는 더 안 좋은 것은- 수사관들이 범인을 찾아내도록 하는 방식으로 부서 내에서 다루어지지 않았다.

4월 1일에, 나는 국무부 부장관대리 윌리엄 워커, 국무부 최고 부장관대리 제임스 미첼, 특별정책보좌관 로버트 칸간, 국무부 부장관 참모보좌관 밥 로티스 등을 인터뷰했다. 워커는 그가 아르헨티나로부터 국회대표단 사건이 터져 나온 직후인 1986년 4월 1일에 오티즈 대사와 이야기를 나눴다고 나에게 알려줬다. 국회대표단의 행동과 관련한 오티즈 대사의 신랄한 논평을 들은 이후에, 워커는 그 국회대표단의 여행에 관한 솔직한 평가가, NODIS 처리와 함께, 즉시 7층으로 보내지도록 제안했다. 당연히 오티즈 대사는 그렇게 했다.

전보가 워싱턴으로 보내진 후 근무일 4일만인, 4월 8일에 워커는 BA 2888에 대해 묻는 워싱턴 포스트 지 기자 크리츠버그의 전화를 받고 크게 놀랐다는 것이다.

"웃겨요. 크리츠버그 기자는 나에게 BA 2888의 존재 여부를 확인해 달라고 오후에 전화를 했고, 같은 날 몇 시간 후에 에반스 기자도 같은 문의를 해왔어요"라고 말했다.

"그들에게 뭐라고 말했죠?" 나는 물었다.

"나는 둘 모두에게 그런 전보를 지난 며칠 동안 본적이 없어서 BA 2888의 존재 여부에 대해 확인을 줄 수 없다고 말했어요."

"좀 절충된 듯 한데요. 그렇지 않습니까?"

그는 말했다. "부스 씨, 제가 착각하고 있는 게 아니라면, BA 2888은 이미 4월 5일에 다수의 워싱턴 지역 기자들의 손에 있었을 가능성이 높아요."

이후에 나는 그의 이 말을 통해 BA 2888이 워싱턴에 도착한 후에 이미 4월 5~6일 주말 전에 누군가가 문서를 유출했을 것이라는 결론에 도달했다. 나는 워커에게 문서가 유출될 가능성 있는 동기가 무엇인지를 물었고, 그는 자신에게 떠오른 두 가지 가능성을 말했다: 레이건 대통령의 외교정책의 목표를 손상하기 위해 혹은 국회 대표단을 당황시키기 위해 혹은 둘 다일 경우이다.

특별 보좌관인 칸간은 나에게 말하기를, 크리츠버그가 그에게 4월 8일에 전화를 했고 BA 2888의 마지막 단락에 있는 내용을 인용했으며, 칸간에게 해당 내용에 대해 언급하길 원하는지 물어봤다는 것이다. 칸간은 그가 크리츠버그와 이전에 전문적인 논의를 한 적이 있고, 자신의 책임 영역에 관련된 향후 나올 이야기에 대해 의견을 표명할 기회를 언제든 환영한다고 말했다는 것은 인정했다. 그러나 칸간은 BA 2888에 대해 크리츠버그 기자와 논하는 것은 거절했다고 말했다. 크리츠버그는 칸간에게 해당 문서를 부서에서 얻었다고 말했다는 것이다. 칸간은 동일한 인물이 세 개의 모든 미디어에 기밀문서를 유출했을 가능성이 있다고 했다. 부서 내에서 동시에 많은 일을 하는 능력들을 이미 들었기 때문에, 그런 가능성은 놀라운 사실은 아니었다.

내가 인터뷰한 부서내의 남아메리카 출신 젊은 전문가인 제임스는 4월 10일 회의가 있을 때까지 기밀이 유출된 사실을 모르고 있었으며, BA 2888에 대해 묻는 언론사의 전화를 받은 적이 없었다. 그러나 그는 기밀전보의 정치적인 결과에 대해 자신의 의견을 다음과 같이 말했다. "이번 기밀유출은 곧 있을 레이건 대통령의 콘트라 지원 투표의 성공에 악영향을 끼칠 것이고, 곧 있을 아르헨티나 알폰신 대통령이 우리 대사와 토론할 때 솔직해지지 못하도록 영향을 줄 것이다."

"국회 대변인은 어떨까요?"

"당연히, 당황스러웠겠죠."

백악관 대변인인 토마스 필립에게 다가간 한 행정부 관료가 레이건 대통령이 백악관을 차지한 사람 중에 가장 어리석은 사람이었다고 한때 주장했던 사람인 오닐 주니어에게 정보를 제공한 사실을 상상해보라.

4월 17일에 나는 아브람 차관의 화려한 집무실에 불려갔다. 내가 BA 2888에 관한 허가되지 않은 공개사건을 수사하고 있다고 나 자신을 소개하니, 그는 나에게 조사가 진행 중이라는 것을 안다고 말했다.

"1986년 4월 3일에 나는 아이티에 있었습니다. 그리고 워싱턴 DC로 돌아오기 전에 내가 언제 BA 2888을 읽었는지 정확하게 기억이 안납니다."

그의 일정표를 검토한 후에 그는 나에게 그가 4월 7일에 에반스와 이야기했다고 확신에 차서 말했다. 그는 일정표에서 4월 7일에 손으로 쓴 에반스란 이름과 BA 2888을 보여주었다.

"전화로 대화하는 동안 에반스는 BA 2888의 어떤 부분을 나에게 읽어주었습니다. 그리고 나서 그가 기사를 쓰기 위해서 그 문서의 진위여부를 물어 보았습니다."

나는 왜 에반즈가 그토록 편하게 전화하고 요청을 했는지 아브람 차관에게 물어봤다.

"나는 로랜드 에반스의 직업상 친구입니다. 우리가 주말 텔레비전 프로그램에 함께 출연하긴 하지만, 딱히 따로 친하게 지내지는 않습니다." 그리고 나는 에반스 씨에게 BA 2888 복사본을 제공할 수 없다고 확실하게 말했다.

아브람 차관은 로버트 노박이 4월 8일 그에게 접촉해서 BA 2888의 복사본을 받으려고 했지만 똑같이 말했다고 덧붙였다. 노박은 아브람 차관에게 만약 그가 기밀문서를 준다면 라틴 아메리카에서 정부의 입장을 자신이 정말 도와줄 수 있다고 말했다는 것이다. 아브람 차관이 거절한 후에도 노박은 그에게 좀 더 생각해 보라고 요청했다는 것이다. 아르람 차관은 그의 전화 기록을 살펴본 후에, 윌리엄 크리츠버그 기자가 그에게 4월 8일 오후 2시 40분에 전화를 걸어왔었지만, 자신은 그의 전화를 받지 않았다고 말했다.

4월 7일 에반스 기자와 전화를 끊고 난 직후에 바로, 아브람 차관은 국무부 차관보에게 전화해서 국무부 장관에게 언론에 기밀문서가 유출된 가능성이 있다는 것을 보고토록 지시했다고 한다. 차관보인 플랫은 아브람 차관에게 자신이 장관에게 보고했고 장관은 이 사실에 상당히 불쾌해 했다고 전했다.

아브람 차관은 나에게 "특수요원 부스 씨, 더 이상의 도움을 드리지 못해 죄송합니다만, 당신이 유출자를 찾아내길 바랍니다"라고 말했다. 그는 그의 책상 뒤에 서서 나에게 악수를 청하지도 않았고, 내가 좀 더 정보를 원한다면 자신에게 전화를 해도 좋다고 말하지도 않았다. 그러나 나는 그의 말이 진실임을 알 수 있었다.

나는 또 다른 중역인 브론슨 맥킨리와 케네스 퀸을 만나서 인터뷰를 했다. 맥킨리는 그해 하반기에 그가 아이티 미 대사로 있을 때, 나는 그의 지역 보안 요원Regional Security Officer, RSO으로 일을 했다. 모든 직원들은 비록 유출이 보안 체계에서 오점이 되긴 하지만 그래도 국가안보면에서 매우 큰 피해를 주거나 민감한 것은 아니라고 말했다. 그래서 나는 물었다. "그럼 왜 기밀이라고 분류된 건가요?" 그들은 대사가 국회대표단이 외국을 방문한 것에 관한 보고서를 준비할 때 반드시 솔직해야 한다고 주장했다. 또한 대중에게 사실이 알려지는 것은 부서와 해당 기관^{이 경우엔 아르헨티나} 간의 관계에 해가 되기 때문이라고 주장했다.

니콜라스 플랫은 자신이 국가안전보장보회의^{National Security Council}에 있는 로드 맥다니엘에게 연락했을 때, BA 2888이 그곳에 보관되어 있으며 백악관에 전달되지 않았다는 말을 들었다는 것이다.

이론상으로는 수사관은 유출된 정보에 접속한 모든 사람들을 조사해야만 한다. 그러나 사실상, 장관들, 낮은 직급의 행정관들, 이러한 사람들은 단지 이 드라마의 관계자들이 아니기 때문에 거의 조사하지 않는다. 대체로, 그들은 이러한 일에 어떤 특별한 이해관계가 없다. 나는 그러한 사람들이 정보를 언론에 유출했다는 예를 단 하나도 기억할 수 없다.

고용인들에게 당신이 정보를 유출했습니까? 누가 폭로에 책임이 있습니까? 등을 포함해서 비승인 폭로 조사에서 사용되는 표준화된 13개의 질문이 있다. 지금까지 조사한 모든 사람들은 자신이 기밀유출의 출처가 아니라고 부인했지만, 그들 중 몇 명은 내가 어디에 노력을 집중해야 할지에 관해 확고한 믿음을 가지고 있었다. 내가 조사한 모든 사람은 경력이 꽤 있는 사람들이었고, 그들은 한결같이 자신들은 이 유출 사건을 통해 결코 오티즈 대사를 당황스럽게 하거나 해를 입히려고 하지 않으며, 국회와의 관계도 해치려 하지 않는다고 말했다. 기밀유출은 부적절한 행동이며, 직업적으로 역효과를 내는 행동이라는 것이다. 그들에게 있어서 경력이 있는 동료가 가능성있는 용의자가 된다는 것은 절대 말이 안 된다는 것이다.

몇 가지 중요한 단서를 가지고, 나는 그들의 의견을 받아들였고, 나는 엘리야 켈리와의 인터뷰에서 만들었던 노트를 검토하면서 그가 최초에 전보를 부서 내 어디로, 어떻게 보냈는지를 점검하였다. 만약 경력이 꽤 있는 나이든 관료들의 의심이 옳다면, 유출자는 경력이 짧은 부서 사람일 것이다. 나는 BA 2888을 받은 부서 중에서 젊고 경솔한 직원들에게 초점을 맞출 필요가 있었다. 그런 사람들은 부서의 정책계획 직원, 외교 정책안을 만드는 책임이 있는 사람, 국무부 차관과 직접적으로 일하는 사람일 것이라는 판단이 들었다.

나는 이미 4월 11일에 조사를 했던 정책계획 부서장인 리차드 솔로몬의 조사 문건을 다시 살펴봤다. 솔로몬에 따르면 그는 4월 10일 선임 관료 회의에서 기밀이 유출됐다는 것을 알기 이전에 개인적으로 BA 2888을 읽어보지 않았다는 것이다. BA 2888과 같은 민감한 전보의 경우, 직원들이 그것을 자신들의 쉬는 시간에 읽어보기 위해 금고 안에 두는 것이 일반적인 관례라고 말했다.

솔로몬의 답변이 도움이 되긴 했지만, 나의 조사에 견인차 역할을 한 것은 정책계획 부서의 로이드 리차드슨이었다.

4월 15일에 내가 그를 조사하는 동안에 그는 자신의 부서가 BA 2888의 내부 배포용 표지를 만드는 책임이 있다고 말했다.

리차드슨은 말했다. "비록 NODIS가 붙여진 전보가 널리 배포될 의도는 아니라 할지라도, 우리 부서의 관행상 그러한 전보는 정책계획 부서 7311호실의 금고 안에 '읽기 파일'에 보관됩니다."

"읽기 파일에 관련한 부서 내 규칙은 무엇입니까?"

"읽기 파일은 기밀문서와 정책계획 부서의 모든 직원들이 흥미를 가질 것이라 여겨지는 전보들을 담고 있는 폴더입니다."

"읽은 사람은 자신이 그 문서를 읽었다고 표시하기 위해서 종이에 서명을 합니까?"

"아니요. 우리는 명예 시스템을 사용합니다. 명예 시스템에 따라서 우리는 원할 때 문서를 읽을 수 있지만, 서명을 할 필요는 없습니다. 그러나 어떤 문서도 그 방 밖으로 가지고 나갈 수 없습니다."

나는 물었다. "리차드슨 씨 정책계획 부서에 얼마나 많은 직원이 BA 2888이 들어있는 읽기 파일에 접속했습니까?"

그는 즉각적으로 답했다. "15명입니다."

내 단서가 옳다면, 나는 단지 15명의 용의자를 파악한 셈이며 그 숫자는 내가 좀 더 쉽게 감당할 수 있는 숫자이다. 나는 리차드슨에게 나와 함께 7311호실까지 함께 갈 수 있는지, 사무실 직원이 보지 못하도록 내가 BA 2888 사본을 제거하도록 할 수 있는지 물어보았다. 리차드슨의 도움으로 나는 금고 앞에서 내 엄지와 검지손가락을 가지고 2페이지짜리 BA 2888 문서 끝을 부드럽게 쥐어서 쉽게 봉투에 넣었다.

리차드슨 덕분에 나는 내 사무실에 돌아와서 지문인식 분석을 위해 그 문서를 FBI 실험실로 보냈다. 그리고 15명 용의자의 모든 공식적 서류와 보안 서류를 모았다. 15명이 부서에 지원할 때부터 그들에 관한 인적사항, 보안기록, 행정기록들을 모두 모아 폴더에 넣었다. 나는 15명의 성격과 정책계획 부서의 업무에 대해 정보를 줄 수 있는 누군가를 찾았다. 나에게 올바른 방향을 제시해 줄 수 있는 협력자를 찾길 원했다. 정책계획 부서 파일을 2시간 동안 검토한 후에 그 협력자가 누구인지 확실해졌다.

나는 젊은 직원에 관한 정보 파일에 "기밀출처 A"라고 이름을 붙였다. 그는 부서에 들어오기 전에 인쇄물과 전자 미디어 두 곳 모두에서 일한 경력이 있는 사람이었다. 나는 그가 퇴근 후에 워싱턴 포스트 지의 윌리엄 크리츠버그 같은 기자들과 어울렸을 가능성이 있다고 믿었다. 때때로 당신은 성공할 만큼 매우 운이 좋아야만 한다. 정책계획 부서 파일 내용을 토대로 한, 나의 본능에 따르면 "기밀출처 A"는 정보 유출자가 아니라 유출자가 누구인지를 아는 사람인 것이다. 기억이 사라지기 전에 이제 이 사건을 마무리해야겠다. 나의 요청에 따라서 리차드 솔로몬은 내가 정책계획 부서의 중역 사무실 가까이에 있는 방에서 "기밀출처 A"를 은밀하게 조사할 수 있도록 해주었다.

4월 15일, "기밀출처 A"는 정책계획 부서의 중역과 함께 두 개의 의자와 하나의 책상이 있는 작은 방에 나타났다. 형식적인 소개 후에, 나와 "기밀출처 A"만이 비좁은 방안에 남게 되었다.

그의 맞은편에 앉아서 나는 내 신분증을 보여주었다.

"좋은 아침입니다. 저는 특별조사관 로버트 부스입니다. 저는 현재 비승인 폭로 사건을 조사 중입니다."

그는 나를 보면서 어떠한 감정도 표출하지 않았다.

"저는 지금 어떻게 BA 2888이 국무부 내부에서 72시간도 채 안 돼서 로버트 노박과 윌리엄 크리츠버그 기자에게 입수되었는지 조사를 하고 있습니다."

주저함 없이 "기밀출처 A"는 두 명의 기자가 뉴욕에서 일할 때 자신과 직업적으로 관련이 있었다고 말했다. "제가 워싱턴 DC에서 일하기 시작했을 때, 크리츠버그는 워싱턴으로 전근을 왔고, 직업상 예의로, 나는 그가 정책계획 부서와의 접촉이 가능하도록 돕고 싶었습니다."

나는 내가 들은 것을 믿을 수가 없었다. 내가 아마도 지금 뭔가를 알아낸 듯하다. 그는 나에게 크리츠버그 기자가 접촉하던 2명을 제시하였고 한명은 내가 이미 조사한 사람이고 한 명은 새로운 사람인 미스터 펜이었다.

"BA 2888을 읽어나 본적이 있습니까?" 나는 물었다.

"저는 BA 2888 파일을 본적이 없습니다." 그는 답했다.

"공식적인 조사 동안에 당신은 반드시 진실을 말해야 하고, 어떠한 거짓 진술이 후에 당신에게 불리하게 작용할 수 있습니다."

나의 경고를 확실하게 하기 위해서 나는 내가 이미 정책계획 부서의 모든 개인 전화 통화기록을 요청했다는 사실을 그에게 말해 주었다. 전화기록은 나에게 부서로부터 나간 전화, 부서로 걸려온 전화 기록 모두를 보여줄 수 있다. 통화기록은 조사에 있어서 엄청난 자료가 된다. 내가 조사했던 사람들은 사무실 전화로 걸거나 걸려온 특정 전화에 대한 나의 질문 중에 하나를 잘못 대답한 후에 내가 통화기록을 내밀면, 나에게 적대적인 눈빛을 보내왔었다.

"내가 윌리엄 크리츠버그 기자의 집 전화와 사무실 전화번호 모두를 알고 있다는 사실을 당신은 알아야만 합니다." 내가 말했다. "내가 해야 할 일은 그의 두 전화기에서 국무부로 걸었거나 국무부로부터 걸려온 전화번호가 있는지를 국가 전화기록 조사를 통해 알아내는 것입니다."

잠시 멈칫하더니, 그는 4월 7일에 크리츠버그 기자가 그에게 전화를 해서 BA 2888의 진위여부를 확인했다고 말했다. "기밀출처 A"가 모른다고 하자 크리츠버그 기자는 문서의 내용을 인용하면서 그것이 국무부의 누군가가 그에게 준 것이라고 했다는 것이다. "기밀출처 A"는 크리츠버그와 BA 2888에 대해 말하는 것이 불편해서 곧 전화를 끊었지만 기분 좋게 끊었다는 것이다.

"그게 전부입니까?" 나는 물었다. "크리츠버그 기자가 다른 직원들에게 더 이상 전화를 안했나요?" 나는 전화에 대해 좀 더 조사했다.

마침내 내 인내심에 대한 보상이 나타났다.

"4월 첫째 주에, 나는 크리츠버그 기자가 미스터 펜에게 긴급하게 전화해 달라고 하는 메시지를 남겼다는 것을 들은 것이 기억이 납니다." "어떤 비밀을 지금 폭로하려는 건 아니지만, 우리 부서에서 미스터 펜이 라틴아메리카에 대한 백악관의 입장을 완전히 지지하는 것은 잘 알려져 있어요. 만약 펜이 전보를 유출했다면, 그건 행정부의 입장을 지지하는 것이고 국회 대표단 대변인 오닐을 당황하게 만드는 것입니다."

난 믿을 수가 없었다. 운이 정말 좋았다. 만약 그의 말이 반만 옳아도 나의 용의자는 한명으로 좁혀지는 것이다.

"마지막 질문입니다." 나는 물었다. "당신 부서에서 나의 조사를 도와줄 다른 누군가가 또 있을까요?"

1분여쯤 후에 그는 말했다. "내 동료 한명을 소개시켜 드리겠습니다."

10분 후에 "기밀출처 B"가 창문 없는 작은 방으로 들어왔고 우리는 작은 나무 테이블을 너머로 이야기를 시작했다.

그는 미스터 펜이 4월 4일에 BA 2888에 접속했다는 사실을 확인해 주었다. 또한 그는 늘 펜 씨가 언론과 접촉하는 것을 우려스러웠다고 말했다. 한번은 워싱턴 DC의 한 개인 거주지에서 열린 근무시간 외의 사교 모임에서 펜이 호주 기자인 피터 사무엘과 열띤 토론을 벌이는 것을 보았고, 펜이 "만약 당신이 워싱턴과 유럽 간의 전보를 읽는다면…"이라고 말하는 것을 엿들었다는 것이다. "기밀출처 B"는 유사한 경우를 하나 더 제시해 주었고, 펜 씨가 민간인들과 대화할 때 매우 경솔하다고 믿고 있었다.

마지막으로 그는 말했다. "제가 생각하기에, 펜, 크리츠버그 기자, 워싱턴 타임즈 간에 이념적인 친밀감이 있는 것 같습니다."

"당신의 통찰력과 솔직함에 감사드립니다." 나는 말했다.

펜은 GS−13의 신분으로 국무부에 선임된 "스케줄 C" 공무원이었다. 그는 1985년 2월 15일부터 정책기획보좌관으로 연설문을 쓰는 사람이었다. 스케줄 C라는 별명은 행정상의 편의로 부처를 위해 일하는 비경력직 직원 또는 보다 일상적인 용어로는 정치적 지명자를 지칭하는 미국정부의 인사 규정에서 비롯된 것이다. 그의 직위와 신분을 고려해 볼 때, 나는 그를 보호해줄 어떠한 블랙 드래곤도 그가 가지고 있지 못할 것이라는 것을 알았다. 그런 방패막이 없는 상태에서 미스터 펜은 내가 통제하는 적대적인 인터뷰에 출석해야 했다. 나는 "진실은 증인들의 교차심문을 통해 결정될 수 있다"라는 윌리엄 블랙스톤 경의 중요한 전제에 대한 확고한 믿음을 늘 가져왔다. 나는 나의 수사의 진척상황을 내 보스에게 알리는 것을 참을 수 없을 정도로 내 자신이 자랑스러웠다.

그날 저녁에, 나는 디트머 국장의 사무실에 불려갔다. 나는 흥분을 감출 수가 없었다. 여러 해에 걸친 기밀유출사건 조사 후에, 나는 마침내 디트머 국장으로부터 대질심문을 할 수 있는 권한을 요청할 수 있게 되었다.

"디트머 국장님, 저는 누가 BA 2888의 유출자인지를 확신하고 있습니다.”

디트머 국장이 혼비백산한 것처럼 보였을 때 내가 얼마나 당황했는지를 상상해 보라! 잠시 후에 그 이유를 알게 되었다. 우선, 아마도 그는 내가 과장한다고 생각한 것이다.^{원 스트라이크} 두 번째, 만약 나의 단언이 진실이라면, 결과는 나의 “불필요하게 공격적인” 수사 때문이었음에 틀림 없을 것이다.^{투 스트라이크} 세 번째, 최악은, 만약 내가 옳고, 내가 블랙 드래곤과 같은 부서 내 관료를 실제로 지목한다면, 그 관료는 처벌을 받을 것이고 DS 자기 업무를 실제로 수행한 것에 대해 지옥과도 같은 대가를 치러야 할 것이다.^{쓰리 스트라이크} 정보유출의 세계에서 그 누구도 실제로 잡힌 적이 없으며, 설사 잡혔다고 하더라고 거의 처벌을 받지 않았다.

내가 “용의자는 정치적으로 임명된 스케줄 C입니다”라고 말했을 때 그의 얼굴에는 즉각적인 안도의 빛이 보였다.

“로버트 최대한 빨리 대질 심문을 하게나.”

나는 국장에게 FBI의 BA 2888 문서에 대한 지문인식 결과를 기다린 후에 대질심문 날짜를 잡겠다고 말했고, 그는 쉽게 동의했다.

FBI는 5일 후에 나에게 결과를 알려주었는데 펜의 지문이 문서 전체에서 다 발견되었다는 것이었다.

10 장

　미스터 펜과 이야기하기 며칠 전, 나는 펜과의 면담을 어떻게 수행할 지를 논의하기 위해 특수요원 마크 맥마한과 만났다. 그는 1984년에 DS에 합류한 전직 알링톤 카운티 경찰관이었다. 요원들은 질문의 순서와 구조를 결정하기 위하여 조사 대상자의 나이, 부서 직위, 성별, 교육, 근무기록 ─모두 SY파일에 포함된다 ─과 같은 다양한 요소들을 반드시 고려해야 한다. 나는 인터뷰의 시작단계에서 이후 적당한 시점에 용의자가 마주하게 되고 스스로의 자신감이 흔들릴 수 있도록 최초 몇 분 내에 바로 용의자가 거짓말 할 것이라고 확신하는 한, 두 개의 질문을 먼저 하는 것이 중요하다고 생각한다. 언론에 기밀정보를 유출한 사람의 경우에는 연방 수사관에게 거짓말을 하는 것이 반사적인 행동이며 자기를 보호하는 행동이다. 딕 체니 부통령의 보좌관인 스쿠터 리비가 2007년에 발견한 대로, 정보유출과는 반대로 당신을 교도소에 보내지 않기 위하여 대통령이 개입하지 않는다면 거짓말은 사람을 가장 곤란하게 만드는 행동이다.

　마크 요원과 나는 결국 어떤 식의 "무트와 제프" 또는 좋은 친구─나쁜 친구 방식을 피하기로 결정했다. 그리고 고전적인 조 프라이데이 시나리오를 적용하기로 했는데, 많은 질문들을 하면서 단순히 "네" 또는 "아니요"의 대답을 요구하는 것이다. 우리의 접근방식에 자신감이 생겨, 나는 4월 23일에 미스터 펜에게 전화를 해서 내 신분을 밝히고 국무부와 관련해서 조사를 할 것이라고 말했다. 나는 그에게 언제가 좋은지 물어보았고 그는 약 한 시간 후에 가능하다고 말했다. 그는 변호사가 동석하는 것을 요청하지 않았다.

나는 마크에게 조사를 준비하라고 요청했다. 특수 조사실은 참나무 테이블과 참나무 의자 8개가 있는 상당히 작은 방이다. 그나마 조사실을 우아하게 만드는 것은 한심해 보이는 팸플릿, 낡은 전화번호부가 쌓여있는 책장이었다. 조사실에 들어오자마자 펜은 우리 둘을 보고 자리에 앉았다. 시각적으로 산만하게 만들 만한 것도 없었고 테이블 위에는 두 개의 법률 노트만이 놓여있었다. 게쉬타포 본부 같은 분위기는 아니었지만 우리의 목적을 위해서는 충분히 적막했다.

미스터 펜은 2시 15경에 도착했고 비서에게 우리를 기다리고 있다고 말했다. 그의 도착을 알고 나서 나는 마크를 조사실로 들여보내고 밖으로 나가서 나를 소개했다. 수수한 옷차림에 키는 5피트 6인치 정도, 깨끗이 면도했고 머리는 깔끔히 빗어서 뒤로 넘겼는데 눈에 띄는 사람은 아니었다. 나는 빨리 나를 소개했고 그를 조사실로 안내했다.

안에서 마크는 미스터 펜과 악수하고 준비된 자리에 그를 앉혔다. 조사를 시작하기 전에 나는 그에게 표준 "정보를 제공하기 위해 고용인에게 필요한 경고와 확인" 서류를 주었고, 그는 그것을 읽고 서명했다. 서류의 내용은 직무와 관련해서 조사가 진행되는 것이며, 직원들은 만약 그들의 답변이 자신들에게 죄를 씌우는 것이 아니라면 질문에 대답해야 한다는 것이다.

그가 1985년 2월 15일에 연설문 작성자로서 고용되어 업무를 시작했다고 설명하는 것으로 그에 대한 조사가 시작되었다.

"부서에서 당신의 일반적인 책임들은 무엇입니까?" 나는 물었다.

"나의 주된 임무들은 부서 내 관료들을 위해 연설과 기타 발언들의 초안을 만드는 것입니다."

"일을 좋아합니까?"

"예." 그는 말했다. "나는 내 일을 즐기고 있고 동료들과의 업무관계도 좋고, 그들과 퇴근 후에 따로 어울리기도 합니다."

나는 그의 답변 후에 잠시 멈추고 나서 테이블 위 파일을 열었고 약 30초 동안 내용물을 읽었다. 검색한 후에 나는 파일을 닫았고 미스터 펜을 다시 마주보기 전에 마크를 내 오른쪽 어깨 너머로 슬쩍 보았다.

"사무실 내에서 최근에 어떤 문제나 소란스런 일이 있나요?"

"제가 알기론 없습니다." 그는 빨리 답했다.

이 지점에서 미스터 펜은 상냥하고 적극적이었다.

"최근에 부서 내에 문제가 된 언론으로 기밀 유출이 있나요?"

"제 생각에는 없는 것 같습니다." 첫 번째 거짓말이었다.

나는 4월 10일자 워싱턴 포스트 지를 보여주었고 "대사가 오닐 대표단을 공격하다"라는 제목의 기사를 보여주었다. 나는 그에게 기사를 읽은 기억이 있는지 물어보았다. 그는 "네"라고 말했고 그는 매일 워싱턴 포스트 지를 읽는다고 덧붙였으며 그 기사를 그날 읽은 것 같다고 말했다. 나는 그에게 국무부 전보가 인용된 것을 기억하는지 물었고 그는 그렇다고 답변했다.

마크는 그에게 부서 내에서 전보를 읽었는지 물었다. 미스터 펜은 자신이 BA 2888을 읽었을 것이라고 답했다.

그가 누군가와 그 기밀문서에 대해 논한 적이 있냐는 질문에 그는 "그 누구에게도 폭로하지 않았습니다"라고 답변했다. 두 번째 거짓말이다.

이 지점에 다다르자, 용의자는 그의 의자에서 불편하게 몸을 움직이는 것을 나는 알아챘다. 조사 초반 테이블 위에 편안하게 손을 놓고 있었는데, 이제는 그의 뺨을 꽉 쥐고 있었다. 첫 번째 덫을 두는 질문을 해야 할 때이다.

"펜 씨, 워싱턴 포스트 지의 윌리엄 크리츠버그 기자를 압니까?"

"네."

"그와 관련해 얘기를 좀 해주세요."

그는 부서 내 누군가가 처음으로 자신을 크리츠버그 기자에게 소개를 해줬다는 것을 인정은 했지만, 누가 소개해줬는지, 어디서 만났는지는 기억이 안 난다고 했다.

"펜 씨, 현재까지도 크리츠버그 기자와 연락을 하고 지냅니까?"

"네."

"펜 씨, 관계를 어떻게 유지합니까?"

그는 크리츠버그 기자와 주로 전화로 말하고, 1986년 4월 10일 전에 몇 번을 그와 대화했었고, 전화를 하는 목적은 점심 약속을 잡거나 취소하기 위한 것이라고 답했다.

나는 마크에게 아는 체 하는 눈짓을 보냈다. 우리 앞에는 4월 첫째 주에 BA 2888을 읽은 것을 인정하고 BA 2888의 진위여부에 대해 선임 관료에게 처음으로 물어본 크리츠버그 기자를 알고 있는 직원이 있다! 우리의 덫을 치는 질문을 통해 그가 크리츠버그 기자를 알고 있다고 인정을 하거나,^{그럼 우리에게 좋은 것이고} 혹은 모른다고 거짓말을 할 수 있다.^{그래도 우리한테 좋은 것이다}

마크는 물었다. "당신은 BA 2888에 대해 크리츠버그 기자나 승인받지 않은 그 누구에게도 말해서는 안 됩니다. 그렇죠?"

"안했습니다." 세 번째 거짓말이다.

우리의 용의자는 크리츠버그 기자가 그에게 BA 2888에 대해 어떤 언급도 하지 않았으며, 4월의 첫 두주 동안 해당 기자와 연락하지 않았다고 말했다. 자, 이건 네 번째 거짓말이다.

이제는 펜이 얼마나 진실되게 나오는 지를 보면 된다. 나는 크리츠버그가 4월 5일 이전에 정책계획 부서에 전화를 했었고, 직원 중 한 명이 펜에게 "긴급하게 전화달라는" 메시지를 전해달라고 남긴 사실을 알고 있다. 동료에게 메시지를 남기기 위해서 쓰는 표준화된 방법은 작고, 노란 "전화메모"지에 누가, 몇 시에 전화했는지를 쓰는 것이다. 이미 정책계획 부서 직원은 나에게 크리츠버그 기자가 펜에게 4월 4일에 전화를 했고, "긴급"이라는 대문자로 쓴 글자 밑에 밑줄이 쳐져있는 메모를 보여주었다.

"펜 씨, 기밀이 유출된 시점 부근에서 크리츠버그 기자로부터 어떤 전화가 왔었다는 동료의 메지시를 전달 받은걸 기억합니까?"

"아뇨." 다섯 번째 거짓말이다.

네 번째 거짓말 이후에 용의자는 눈에 띄게 안절부절 하기 시작했다.

나는 부서 전화기록을 살펴보고 나서 4월 7일 아침에 미스터 펜의 사무실 전화가 크리츠버그 기자에게 전화하기 위해 사용되었다는 것을 알고 있었으며, 그 시간과 직원 출근기록을 보고 우리의 용의자가 그날 사무실에서 일하고 있던 것을 알고 있었다.

다른 직원이 크리츠버그 기자에게 전화하기 위해서 미스터 펜의 사무실 전화를 사용했을 가능성도 있지만, 그건 마치 시카고 시장인 램 엠마뉴엘이 엄마라는 단어를 사용하지 않고 하루를 보내는 것과 같다.

"BA 2888에 관해 누군가와 이야기한 적이 있습니까?"

이번엔 그는 천천히 답변했다. "제가 기억하기로는 이 건물 내에 그 누구와도 BA 2888에 대해 이야기한 적 없습니다."

"이 건물 안의 그 누구라도 라고 부인하는 진술은 도대체 뭐지?"라고 나는 생각했다.

"그럼 BA 2888에 대해 건물 밖 누군가와 말한 적은 있습니까?"

"그런 적 없다고 확신합니다."

여섯 번째 거짓말이다. 이제 심문을 단계적으로 증가시켜야 할 때이다.

"당신이 BA 2888에 대해 그 어떤 인가되지 않은 사람에게 말했다는 부분에 대해서만 거짓말 탐지기 조사를 받겠습니까?"

30초 정도의 조용한 심사숙고 후에, 미스터 펜은 말했다. "생각해 봐야겠어요." 이제 그는 그의 자리에서 떨어질 정도로 심하게 몸을 뒤틀고 있었다. 그의 손은 머리에서 계속 움직였고, 우리 중 한명의 눈을 똑바로 쳐다보는 것을 힘들어하고 있었다. 우리의 용의자에게 그가 BA 2888의 내용을 승인받지 않은 사람에게 폭로하는 것을 부인하는 진술서에 서명하도록 하는 것을 빼고는 이제 할 일이 남지 않았다. 그는 동의했고, 혐의를 부인하는 한 단락의 문장을 담은 서류에 서명했다. 이로서 그는 서류상에 연방법을 위반하는 어떤 거짓증언도 없음을 인정하게 된 것이다. 이건 바로 2007년에 돈 키저가 중범죄로 수감된 동일한 단서조항이었다. 미스터 펜은 마지막 질문 동안에 신체적으로 심하게 동요했고, 따라서 나는 다음 번 우리가 만날 때는 그의 의자에 안전벨트를 설치해야겠다고 계획했다.

나는 그에게 조만간 확인작업을 위해 다시 한 번 더 만날 것이고, 그에게 연락을 하겠다고 말했다. 우리 모두는 일어서서 악수를 했고 마크는 우리 용의자를 복도까지 배웅했다.

다음 날 아침 나는 디트머 국장에게 미스터 펜이 BA 2888을 언론에 누출했다는 것을 확신하며, 그가 막 거짓으로 진술동의서에 서명했다는 것을 보고하였다. 나는 디트머 국장에게 용의자의 답변 몇 가지를 확인하기 위하여 조만간 그를 두 번째 인터뷰를 위해 다시 부를 것이라고 말했다. 디트머 국장은 꽤 놀랐다. 나는 이것이 부서 내 정보유출 수사에서 처음으로 성공한 사례라는 것을 알고 있었고, 그래서 우리는 미지의 바다를 항해하고 있었던 것이었다. 그는 나에게 수사를 계속해도 좋다고 승인해 주었다.

그날 오후 나는 미스터 펜에게 전화를 했고, 내가 미래의 내 아내가 될 사람과 4일짜리 버뮤다 휴가를 가려고 예정된 4월 25일 다음 날에 그와의 다음 인터뷰를 잡겠다고 말했다. 그는 자기 스케줄을 보고 나에게 다시 전화하겠다고 했다. 그는 내가 사무실에 없을 때 전화를 했고 메시지를 남겼다. 내 비서가 쓴 메모는 다음과 같다. "당신이 휴가에서 돌아올 때까지 기다릴 수 있다." 이런! 그는 나를 다시 보기위해 지옥^{또는 버뮤다}이 모두 얼어붙을 때까지 기다려야 할지도 모른다.

내가 4월 30일 휴가에서 돌아왔을 때 디트머 국장에게 보고를 했고, 그곳에서 내가 없는 동안 미스터 펜이 변호사를 고용했으며, 향후 수사에서 변호사와 함께 출석할 것이라고 통보를 해왔다는 것을 알게 되었다.

무엇이 반전일까? 미스터 펜은 승인되지 않은 공개를 둘러싼 정황을 알게 되었지만, 변호사의 도움을 받을 때만 자백을 하기로 한 것이다.

사실 그날 오후 4시경에 미스터 펜의 변호사 고든 디들메이어는 나에게 전화를 했고, 내게 미스터 펜과 만날 날짜를 잡아달라는 메시지를 남겼다. 변호사에게 전화하기 전에 나는 디트머 국장에게 불려갔다. 국장은 나에게 "L"이라고 부르는 부서의 법률자문팀에서 전달한 내용을 전해 주었다. 우리는 용의자 기소를 위해 법무부에 접촉을 해서는 안 되며, 나는 법률자문팀의 승인 없이 미스터 펜의 변호사와 이야기해서도 안 된다는 것이다. 법률자문팀은 형사적인 조사나 기소를 해본 적이 없으며 나에게 연락하거나 내 조사서를 본적도 없었다. 법률자문팀은 단지 부서의 법률적 대변인일 뿐이다. 젠장, 도대체 지금 일이 어떻게 돌아가고 있는 것일까?

아마도 4월 10일에 디트머 국장의 놀란 표정이 어떤 의미에서는 그 전조였다. 난 내일을 잘해냈고, 워싱턴 포스트 지와 BA 2888을 포함한 SIB의 비인가 공개사건을 마무리 지었으며, 그후 다른 수사들로 넘어가고 있었다. 그리고 5월 중순까지 몇 가지 문제들이 남아있었다.

1986년 5월 16일 오후 12시 35분, 국무부는 늘 그렇듯이 2209

호에서 인가된 기자들 앞에서 언론 브리핑을 진행하고 있었다. 부서 대변인인 찰스 레드먼은 준비된 자료에서 다음 사항을 읽었다.

"우리 부서는 중간 직위의 직원 한 명이 언론에 기밀문서를 유출했기 때문에 그를 해고합니다. 우리는 본 사건을 통해 우리 부서가 생산적이고 믿을 수 있었던 직원을 잃게 되어 유감입니다. 그러나 우리는 비밀정보를 유출하는 것은 공무원에게 필요한 자세에 심각한 흠을 내는 것으로 믿습니다. 대중이 국가의 활동을 알아야 하는 것은 중요합니다. 그러나 우리는 국가의 이익을 위해서는 국가 간, 외교적인 관계에 관한 정보들이 승인되지 않고 공개되는 것으로부터 보호되어야 한다는 것을 인정해야만 합니다."

기밀을 유출하는 공무원은 정보를 유출함으로서 국가적 이익에 큰 손상을 주진 않았다 하더라도, 국가안보를 유지하고, 외교정책을 만드는 과정을 손상시켰습니다. 기밀유출은 신뢰를 배신하는 행위이며, 다른 정부들로 하여금 우리를 신뢰하지 못하게 만들고 당황케하는 행위입니다.

기밀유출은 완전하고 솔직한 모든 견해들이 밖으로 나오는 것을 보장하기 위하여 의사결정 과정에서 필요한 비밀보장을 손상시킬 수 있습니다. 기밀유출은 또한 우리 국가와 우방국의 안보에 위협을 줄 수 있으며, 중요한 정보를 제공하는 개인의 안전에 위협을 줄 수 있습니다. 승인되지 않은 기밀정보의 폭로가 가져오는 잠재적인 심각한 결과를 고려하여, 국무부는 비승인 폭로를 하는 그 어떤 직원에 대해서도 향후에도 엄격하게 다룰 것입니다."

모여 있던 기자들이 흥분하기 시작했다.

질문: "복사본?"이 사람은 유출된 문서의 복사본을 가질 수 있는지 물어봤던 그 기자이다

대변인: 네.

질문: 누구지요? 우선, 둘째, 그 사람은 거짓말 탐지 검사를 받았습니까?

대변인: 당신의 우선 질문이 무엇이지요?

질문: 우리가 그 사본을 받을 수 있는지요?

대변인: 네.

질문: 둘째, 복사본 말인가요? 아님 원본이요?

대변인: 복사본입니다.

질문: 거짓말 탐지 검사를 통해 범인을 찾아냈습니까?

대변인: 아니요. 그 직원은 거짓말 탐지 검사를 받지 않았습니다.

질문: 그럼 그는 누구지요?

대변인: 그 직원의 이름은 말씀 드릴 수 없습니다. 중요한 사실은 국무부는 기밀문서를 유출하는 사람을 엄격하게 다루겠다는 것입니다. 특정한 개인의 이름이 이 문제의 핵심이 아닙니다. 그 사람은 GS 15, 민간 고용인이라는 것입니다.

질문: 어떻게 된 이야기죠?

대변인: 그것을 말씀드릴 순 없습니다.

질문: 그가 법을 어겼다면, 그는 그가 한 일에 대해 기소되는 겁니까?

대변인: 국무부는 기밀정보를 유출한 고용인을 해고할 것입니다. 이번에는 사안의 특수한 상황 때문에 국무부는 유출자를 기소하지 않기로 했습니다. 그러나 향후 필요하다면 형사 기소가 진행될 수도 있습니다. 유출된 정보와 관련해서는 유출과 관련된 특정 정보의 진위 여부를 가려야하기 때문에 이것을 언급하는 것은 부적절합니다. 따라서 말씀드릴 순 없지만, 단지 유출된 정보가 우리의 외교적 관계에 관련된 것이라고만 말씀드릴 수 있습니다. 그러나 국가방위와

관련된 정보는 아닙니다.

질문: 오늘 오후에 누군가 유출자의 이름을 알려줄 때….

대변인: 아니요. 지금 제가 유출자의 이름을 밝히지 않는 것은 공공연하게 그 유출자를 난처하게 만드는 것이 나의 의도도, 국무부의 의도도 아니기 때문입니다. 그는 이미 해고되었습니다. 그는 그의 위반에 대한 대가를 치렀습니다. 문제의 핵심은 그가 기밀정보를 승인받지 않고 유출했고, 국무부는 그러한 비승인 기밀정보 유출에 대해 엄격하게 다루고자 한다는 것입니다.

질문: 그가 그걸 대중이 알게 했습니까?

질문: 그는 자신이 한 일을 인정했습니까?

질문: 당사자가 자신의 행동에 대해 국무부에 사과했습니까?

대변인: 예, 사과했습니다.

질문: 자신이 해고당한 것에 이의를 제기하진 않았나요?

대변인: 그가 국무부에 사과했다고 제가 말하지 않았습니까.

질문: 좋아요. 그럼 다른 질문을 하지요. 그 사람이 이의를 제기한다면, 이에 대해 부서에서 어떤 절차가 진행되고 있는지요?

대변인: 그는 이미 해고되었습니다. 다 끝났습니다.

질문: 그러나 그가 이의를 제기할 방법이 있지요.

대변인: 끝났습니다. 다 끝났다구요.

질문: 그가 위반한 법이 무엇입니까? 향후에 누군가가 어떤 이유로 기소될 수 있는 겁니까? 위반한 법은 어떤 특징이 있습니까? 기밀정보가 유출되어서 그것이 대중에게 알도록 출간된다면 그 법이 적용될 수 있는 것입니까?

대변인: 저는 법에 관련된 사안을 말씀드릴 수 있는 위치가 아닙니다.

질문: 언제 이런 일이 발생했는지 말씀해 주실 수 있습니까? 언제

그가 해고되고, 언제 정보유출이 발생했는지요?

대변인: 그는 오늘 해고되었습니다.

질문: 오늘이라구요?

대변인: 네, 그렇습니다.

질문: 얼마나 오랫동안 조사가 이루어졌습니까?

대변인: 조사는 확실히 이루어졌고, 그게 언제인지에 대해 상세한 정보는 드릴 수 없습니다.

질문: 유출자가 법무부 장관을 만났나요?

대변인: 자세한 부분은 말씀드릴 순 없지만, 하여간 유출자는 사과를 했습니다.

질문: 장관이 그를 직접 해고했습니까?

대변인: 예, 맞습니다. 장관님이 그를 해고했습니다.

질문: 장관이 직접했다구요?

대변인: 당신은 장관님이 몸소 나서서 직접 그렇게 했다고 말하는 거라면, 그렇진 않습니다. 유출자는 국무부에 의해서 해고되었고 장관님은 국무부의 우두머리입니다.

질문: 어떤 형태로 언론에 기밀이 유출되었지요?

대변인: 더 이상을 말씀드릴 순 없습니다. 단지 기밀이 국가 방위와 관련되었다고 보기 보다는 외교관계에 관련된 것입니다.

질문: 유출자를 어떻게 찾아냈죠? 누군가 조사하는 조직이 그 사람을 찾아냈습니까? 아니면 그가…?

질문: 유출자가 스스로 나타났나요?

대변인: 조사를 통해 들어났습니다.

질문: 이런 일이 발생한 것이 처음입니까? 국무부는 최근에 이런 일에 대해 많이 말하던데요.

대변인: 이번 유출자는 비승인 기밀유출 때문에 국무부를 떠난 첫 고용인은 아닙니다.

질문: 그럼 또 다른 사람에 대해서 얘기해 주세요.

대변인: 더 이상은 말씀드릴 수 없습니다.

질문: 날짜 혹은 선례라도….

대변인: 말씀드릴 수 없습니다.

질문: 비경력직 직원이라면 정치적 고용인을 의미하는 건가요?

대변인: 그런 것으로 알고 있습니다.

질문: 그럼 당신이 그 유출자가 기밀유출 때문에 국무부를 떠난 첫 고용인이 아니라고 말했을 때, 그럼 그 사람은 사임하는 것을 거부해서 해고당한 첫 고용인이라는 것입니까?

대변인: 말씀 드렸다시피, 다른 사람의 상황에 대해 상세한 부분을 말씀드릴 수 없습니다.

질문: (들리지 않게), 과거 4~5년 동안 그런 경우가 많았다면. 왜 이제야 이걸 드러내는 거죠?

대변인: 구체적인 숫자에 대해서 말씀드리는 게 아닙니다. 이번 경우는 내용이 대중에 출판되었고, 당신들도 알다시피 이런 이유로 슐츠 국무부 장관이 그저께 해외 언론인 클럽에서 확실하게 말씀했습니다. 장관님은 "그런 짓을 하는 사람을 찾아낼 것이고, 이번에는 우리가 찾아냈다"라고 말씀 했잖습니까?

질문: 이렇게 대중에게 공표하는 게 다른 사람들을 제지하겠다는 의도인가요?

대변인: 제가 드린 보도 자료에 보면, 마지막 부분에 있는 것을 다시 읽어드리겠습니다. 국무부는 비승인 기밀정보를 유출하는 직원을 지속적으로 엄격하게 다룰 것이다.

질문: 저는 공표에 대해 말하고 있는 겁니다. 억제 수단으로서 공표를 의도하는 겁니까?

대변인: 그에 대해 뭐라고 할 수 있는 말이 없습니다.

질문: 제가 질문하나 빨리 할게요. 확실하지가 않네요. 당신이 그 사람이 기밀유출로 국무부를 떠난 첫 고용인이 아니라고 말했죠. 그럼 이번의 유출자는 슐츠 장관이 국무부 장관으로 있는 동안 비승인 기밀유출 때문에 국무부를 떠난 첫 고용인인 건가요?

대변인: 말씀드릴 순 없습니다.

질문: 그럼 과거에 몇 명이나 이런 이유로 국무부를 떠났는지 알려주실 수 있습니까?

대변인: 알아봐야 합니다.

질문: 질문해도 되나요?

대변인: 네.

질문: 그 유출자를 더 이상 처벌하지 않겠다고 했는데요. 이런 식으로 공표를 하면 누군가가 그의 이름을 밝혀낼 겁니다. 그럼 그의 인생 내내 낙인이 찍힐 텐데요. 이건 너무 심한 처벌이 아닌가요?

대변인: 그건 이번 사건에서 그가 감당해야 할 대가 중의 한 부분입니다.

질문: 그럼 왜 지금까지 다른 사람은 이렇게 공표를 안했는데, 이번에 그 유출자는 이렇게 공표되는 거죠?

대변인: 우리가 이런 발표를 하건 안하건 간에, 그건 공문서에 남는 문제입니다. 솔직하게, 결과적으로, 당신들은 우리가 무엇을 할 수 있는지 말해달라고 요청했을 겁니다.

질문: 당신들이 이 이슈를 제기했기 때문에, 우리에게는 자세한 세부사항은 말해주지 않겠죠.

대변인: 아닙니다. 당신이 원하는 만큼의 세부사항은 아니지만 우리는 꽤 상당한 세부적인 내용을 주었습니다.

질문: 아니요. 당신은 단지 이게 국가 방위가 아니라 외교 관계라고만 말했어요.

대변인: 내가 말한건….

질문: 그랬어요.

대변인: 유출자의 국무부 부서 내 직위도 말했습니다.

질문: 알았어요.

대변인: 또한 저는 몇 개 질문에 대한 응답으로 조사에 관해서도 답변했습니다.

질문: 내가 생각하기에 장관이 지난주에 이 부분에 대해 분노를 표출했기 때문에, 사안이 얼마나 심각한지에 대해 우리가 좀 더 알아야 할 것 같습니다. 당신은 이게 외교적 문제라고 말했어요. 우리가 알다시피, 외교관련 내용은 기자들이 끊임없이 다루는 기사이고, 기사의 대부분은 어느 정도의 허위 혹은 불필요한 기밀내용을 다루고 있죠. 문제가 얼마나 심각한지 우리에게 좀 알려주세요. 뭔가 중요한 외교적 협정이 위험에 처했나요?

대변인: 말씀드릴 수 없습니다.

질문: 이번 발표는 장관님이 유출에 대한 캠페인을 하는 마당에 적절한 타이밍에 나왔네요. 이번 사건이 얼마동안 조사되었죠? 너무 적절한 시기에 나왔네요.

대변인: 시기를 딱 맞춘 적절한 것이라고 생각 안했으면 합니다.

질문: 이번 사건을 위해 특별 조사팀이 꾸려지거나 했습니까? 또 다른 조사를 받고 있는 사람이 있습니까?

대변인: 특별한 것은 없습니다. 이번 사건은 부서 내에서 가능했던

일반적인 경로를 통해 조사가 이루어졌습니다.

질문: 그럼 이번 사건에 관련이 있는 언론사는 그 유출자가 처벌을 받았다는 사실을 알고 있나요?

대변인: 저는 모르겠습니다.

질문: 유출된 정보가 정식으로 발표된 적은 있습니까? 당신은 이 정보가 뉴스 미디어에 발표할 수 없는 기밀이라고 말했어요. 이 정보가 정식 발표된 적이 있는지 알고 있습니까? 뉴스 미디어에는 주지 않았지만 대중에게 발표된 적은 있는지요?

대변인: 오늘 이 발표의 취지는 모든 사람이 이 사실을 신속하게 알게끔 하려는 것입니다. 따라서 다른 사안들은 이 자리에서 답변드릴 수 없습니다.

질문: 어떤 근거를 가지고 당신이 정보를 보류하고 있는지를 알고 싶습니다. 기밀정보입니까? 정보가 대중에게 정식으로 발표 됐나요? 유출자의 이름은 기밀입니까? 이러한 사안들을 밝히는 게 결국 또 다른 폭로자를 만들게 되는 건가요?

대변인: 그러한 것들은 정책적 결정들입니다.

질문: 국무부 내에서 뉴스 유출자를 찾아내기 위해서 거짓말 탐지기 조사가 이루어지는게…(들리지 않음)

대변인: 당신이 거짓말 탐지기 이용에 관한 부서 내 가이드라인을 잘 알고 있다고 믿습니다. 또한 저는 가이드라인들이 꽤 효과가 있다고 믿습니다.

질문: 그래서 거짓말 탐지기 조사가 정기적으로 이루어지고 있습니까?

대변인: 그건 부서 가이드라인은 아닙니다. 당신이 새로운 가이드라인을 만들고자 한다면, 당신은 예전 가이드라인을 꼭 읽어봐야 합니

다. 그리고 가이드라인은 국무부 공지사항에 가시면 찾을 수 있습니다. 공지사항은 이 건물 내에서 회람되고 있고, 몇 분 전에 저도 접속해서 공지사항을 봤습니다.

질문: 아마도 뉴스 미디어를 위한 공지는 아니죠?

대변인: 국무부는 첩보활동, 범죄조사, 특별조사의 경우에 자발적 참여를 전제로 거짓말 탐지기 조사를 이용하고 있습니다.

질문: 언론에 유출하는 것도 포함되나요?

대변인: 뭐라구요?

질문: 그게 뉴스 유출을 의미하는 거냐구요?

대변인: 특별조사가 뉴스 유출을 다루고 있습니다.

질문: 대중의 관심을 끄는 유출의 대부분은 최근에 리비아 혹은 서베를린 디스코텍 폭탄 사건들과 관련이 있어요. 그것들이 이번 사건과 관련이 없다고 하실 수 있나요?

대변인: 말했다시피, 이번 사건은 외교적 문제와 관련이 있습니다.

질문: 이번 범인 색출이 그럼 우리나라가 외교적 협상 혹은 다른 접촉을 하고 있는 외국으로부터 불만 제기의 결과인 것인가요?

대변인: 제가 더 이상의 상세한 부분은 답변할 수 없습니다. 자 다른 질문?

질문: 그럼 언론사의 과실에 관해서 국무부가 어떤 논평을 할 수 있습니까? 예를 들면, NBC 방송국이 미국 대통령의 생명을 위협하는 테러리스트를 인터뷰하고 나서는 그 사람이 누군지, 어디 있는지를 밝히길 거부한 것 처럼요.

대변인: 즉각적인 답변을 원하는 겁니까?

질문: 저는 언론사가 기밀정보라는 것을 알고도 기사를 쓴 부분에 대해서 뿐만 아니라, 지난주 NBC처럼 언론사가 그런 일에 가담하

는 것에 대해 국무부가 어떻게 생각하는지 알고 싶습니다.

대변인: 지난주 사건의 경우 우리는 이에 대한 논평을 했고 더 이상할 것은 없습니다. 이번 경우에는 국무부는 언론사에 어떤 언급도할 게 없습니다.

질문: 유출자가 거짓말 탐지기 조사를 받지 않았다고 했는데요. 그가 거부한건가요?

대변인: 말했다 시피, 그 부분에 대해서는 드릴 말씀이 없습니다.

질문: 질문 하나 더요. 우리 정부가 어떤 다른 정부들에게 이러한 조치에 대한 정보를 전달했나요?

대변인: 답변드리지 않겠습니다.

질문: 제 말은 이런 조치가 외국 정부의 항의에 의한 것이었나요?

대변인: 그 질문은 아까 나온 것인데요.

질문: 우리 정부가 사실상 어떤 나라에게 알려줬는지.

대변인: 답변 안 드린다고 했는데요. (웃음)

질문: 거짓말 탐지기에 관한 마지막 질문에 추가질문 할 수 있나요? 만약 우리가 거짓말 탐지 조사가 이루어지지 않았다는 당신의 답변과 거짓말 탐지기에 관한 정책에 관한 당신의 답변, 그리고 당신이 특별조사가 이러한 종류의 사건을 포함한다는 방향으로 우리를 유도하고 있다는 것 등을 모두 종합적으로 고려해 보면, 그 직원이 거짓말 탐지기 검사를 받도록 요구받지 않았다고 결론을 내리기는 상당히 어렵네요. 그 점에 관해 당신이 이미 언급한 것 이외의 어떤 내용을 우리에게 줄 수 있나요?

대변인: 아니요. 당신은 당신만의 결론을 이끌어 냈습니다.

질문: 이게 당신의 마지막 브리핑이란 걸 대통령이 알았으면 좋겠네요. (웃음)

질문: 이 시점에서 나는 우리가 이 사건을 좀 더 알아볼 수 있을 거라 생각합니다. 당신이 중간 직급의 정치적 임명자라고 유출자를 표현했는데 그럼 유출자를 "국무부 차관보라고 할까요?"

대변인: 유출자의 직위를 말씀드렸을 텐데요.

질문: GS-15?

질문: 맞습니다.

대변인: GS-15가 뭔지 말했나요?

질문: 글쎄요, 국무부 차관보 정도인가요?

대변인: 국무부 차관보는 GS-15가 아닙니다.

질문: 다른 발표사항이 있습니까?

질문: GS-15 직급의 예를 좀 주실 수 있습니까?

대변인: 제가 하는 발표는 이게 전부입니다. (웃음)

질문: 국무부에 얼마나 많은 GS-15 직원들이 있나요? 좋아요. 브리핑 끝난건가요?

대변인: 예. 끝났습니다.

이후 몇 분 동안 언론사 기자들은 파라과이, 시리아, 유대 크네셋, 레바논 베카 벨리의 문제들에 대해 논의하였다. 그러나 이내 곧 다시 유출자에 대한 질문으로 돌아왔다.

질문: 그 고용인에 대해 빨리 다시 질문 하나 하겠습니다. 그 직원은 여기 워싱턴에서 국무부에 고용된 사람입니까? 혹은 다른 국가에 있는 우리 국무부 직원입니까?

대변인: 그는 여기 워싱턴 국무부에 고용된 직원입니다.

질문: 그것과 관련해 저 역시 질문드립니다. 왜냐하면 언론 기자들

과 국무부 관료 간에 외교 관계에 대해선 너무나 많은 대화들을 해왔고, 상당부분을 대중이 알도록 해왔기 때문이죠. 국무부 관료가 어떤 부분에 관해 언론사와 논의할 수 있다고 승인받을 수 있는지에 관한 가이드라인이 있습니까?

대변인: 이것이 기밀문서에 대한 비승인 유출이라는 것 이상으로 드릴 말씀이 없습니다.

질문: 그렇지만 그런 일은 항상 일어났었겠죠. 어떻게 기밀이 되는지 좀 말씀해 주실 수 있습니까?

대변인: 만약 그런 일이 항상 일어난다면, 우리는 아마도 우리가 했던 해고보다 더 많이 해고를 했었겠죠.

질문: 하나만 더 할게요. 국무부에서 이와 유사한 해고를 발표했던 걸 기억하나요? 사건 자체가 아니라 이렇게 발표하는 거요.

대변인: 기억나는 건 없습니다.

질문: 얼마나 오랫동안 국무부에서 근무하셨죠?

대변인: 작년 7월부터요. 질문 또 있습니까?

기자들은 이 이슈들에 대한 질문을 멈추었고, 소련 문제들, 사우디 무기 판매, 미국과 멕시코간의 관계들을 질문했다. 그러나 결국 그들은 유출 문제를 다시 질문하기 시작했다.

질문: 지난번 슐츠 국무장관이 해외언론인협회 연설에서, 유출 문제가 발생하면, 그 누구든 유출한 사람은 해고를 당할 것이지만, 이것과 관련해 법무부과 관련하여 조치를 취하는 것은 막겠다고 했습니다.

대변인: 기소와 관련해서요.

질문: 그럼 법무부가 국무부 이외에 다른 기관에서 이런 사건에 관여를 할 것이라는 징후가 있나요? 예를 들면 펜타곤, 백악관을 보도하는 뭔가와 관련된 것에 대한 조치가 진행되나요? 전 행정부가 포함되는 정책으로….

대변인: 제가 왜 그러한 것에 대한 정보를 가지고 있어야 하는지, 왜 당신이 이 사건을 전 행정부가 포함되는 정책 면에서 새로운 것으로 언급하는지 잘 모르겠습니다. 다른 부서뿐만 아니라 우리 부서는 비인가 기밀폭로가 반드시 근절되어야 한다고 말해왔습니다.

질문: 전 단지 궁금해서….

대변인: 구체적인 사건에서의 기소는 법무부가 요청해야할 일입니다. 이번 경우엔 기소가 없다고 말씀드렸습니다.

질문: 저는 이 특정 문제와 관련해서 다양한 기관에서 조사를 진행하도록 명을 받은 국무부내의 사람들에 관해 말하고 싶습니다.

대변인: 이러한 조사는 행상 진행되어 왔으며, 국무부 내부의 사람이 해왔습니다. 그러나 조사 시에는 필요하다면 모든 자원들이 이용 가능합니다.

질문: 국무부 장관이나, 국무부 내의 다른 관료가 다른 특정 정부에게 사과를 하거나 해명을 해야 하는 경우인 것인가요?

대변인: 아니요, 그렇지 않습니다.

질문: 유출자의 직위가 일반인/정치적 임명자라는 한계로 인해서 항소를 못하거나 혹은 해고가 더 쉬웠나요?

대변인: 거기에는 답변하지 않겠습니다.

질문: 정식 공무원과 일반인/정치적 임명자 사이의 차이가?

대변인: 모든 정치적 임명자는 명백하게 장관의 의지에 따라 일하고 있습니다.

질문: 이 사람이 나중에 침묵을 유지하는 것을 조건으로 국무부가 이사람 이름을 말하지 않는다거나, 국무부가 언론에 더 이상의 사건에 관해 말하지 않는다는 어떤 거래가 있었던 건가요?

대변인: 제가 발표 초반에 이것은 정책적 결정이며, 우리는 유출자를 공공연하게 난처하게 만들고자 하는 의도가 없다고 말씀드렸습니다.

오후 1시 4분경에 일일 언론 브리핑 시점에서, 기자들은 대변인인 레드맨으로부터 해당 직원의 신원이 더 이상 밝혀지지 않게 되자 기밀유출 직원의 해고에 대해 더 이상 질문하지 않았다. 기자들은 유출된 기사가 실제로 기사화되었는지, 그 정보가 큰 이야기 거리를 위한 토대로 제공되었는지 알 수 없었다. 아주 드물게, 언론사 스스로가 긴급 뉴스의 주인공이 되기도 하며 기자들은 그 점에 대해 명백하게 불편해 했다. 질문이 쇄도한다는 것은 언론인들이 차관보 급에 있는 선임 국무부 관료들과 향유하고 있었던 그간의 비공식적인 관계들이 위기에 처했다는 것을 암시한다. 왜? 고위급 정부 당국자들의 말이 인용되는 외교정책에 관한 많은 기사들은 차관보들과 차관들에게서 나오기 때문이다. 기자들의 지속된 질문세례는, 기자들이 자신이 소중하게 여겼던 국무부 내 정보 출처들 중의 누가 해고되었는지를 떠올리며 괴로워하는 것을 그대로 반영한 것이다. 두려워할 것 없이, 이번 사건이 사실상 국무부 관료와 언론사 간의 지속되는 비밀스런 관계에 큰 영향을 주지는 않을 것이다. 해고에도 불구하고, 고위급과 중간 단계의 관료들에 의한 문서유출은 지속될 것이다.

1986년 6월 3일, 미스터 펜의 변호사인 세무어 글랜저는 미리 예약된 2422호실에 나타났다. 방의 벽돌 장식은 바뀐게 없었다. 우리는 앉아서 우리의 유력 용의자의 변호사가 우리 부서 법무팀과 작성한 동의서를 검토하고 있었다. 동의서에서 펜은 조사에 협조하는데 동의했다. 그는 BA 2888의 비승인 유출에 대한 그의 참여에 대해 내가 한 모든 질문에 답하겠다고 했다. 만약 도움을 받았다면 미스터 펜이 어떤 부분에서 변호사에게 도움을 받았을까? 들은 말은 없지만 곧 나는 알게 되었다. 나는 그의 변호사, 그리고 마크를 쳐다보았고 마침내 미스터 펜에게 말했다. "전체 이야기를 말해주세요."

미스터 펜이 4월 4일 아침 부에노스아이레스에 있는 미국 대사관에서 온 전보를 읽었을 때, 그는 국회 대변인 오닐이 아르헨티나에서 한 행동에 화가 났다는 것이다. 그는 말했다. "국회의원이 외국에 가서 공공연하게 행정부를 비난하는 것은 매우 부적절하다고 생각했습니다."

"그러나 전보의 내용이 기밀이고, 제한되어 있기 때문에 당신은 그 정보를 보호해야 하는 의무가 있습니다"라고 내가 말했다.

"그러나 대중이 BA 2888의 내용에 대해 안다면, 대중들은 행정부를 비판하는 자들의 전략을 더 잘 이해할 것이라 생각했습니다."

자신이 거짓말쟁이이고 잠재적인 중범죄자라는 것을 이제 인정한 우리의 용의자는 에반스 기자와 노박 기자에게 전화했지만 그들과 직접적으로 이야기를 할 수가 없어서 그들의 사무실에 정보를 우편으로 보냈다는 것이다. 그는 익명의 편지를 썼고 그 편지에서 전보의 내용을 폭로하였고 그날 오후에 보냈다는 것이다. 그들로부터 응답 접촉을 받지 못해서, 미스터 펜은 4월 7일 아침에 윌리엄 크리츠버그 기자에게 전화를 해서 자신에게 전화해 달라는 메시지를 남겼다. 밤 11시나 돼서야 미스터 펜은 크리츠버그 기자에게 전보의 내용들을 공개할 수 있었다. 그 후 그가 크리츠버그에게 말한 것은 4월 15일 점심시간 동안이었다. 그들은 그때 기밀내용에 대해 이야기 했다.

크리츠버그 기자는 미스터 펜에게 정보유출에 대한 조사가 있을 거라고 경고했다. 왜냐하면 로버트 카간이 크리츠버그에게 조사가 있을 것이라고 말해줬기 때문이다. 나는 카간이 왜 기자에게 나의 조사에 대해 말해줬는지 모르겠지만 내게 그것을 조사할 권한은 없다.

크리츠버그 기자는 또한 미스터 펜에게 BA 2888 전보위에 남겨진 미스터 펜의 잠재적 지문은 지워졌기 때문에 걱정하지 않아도 된다고 말했다. 그 말은 크게 웃지 않고서는 듣기 어려운 말이다. 미스터 펜은 또한 백악관 대통령 연설문 작성자인 안소니 도란에게 그 전보와 내용에 대해 말했다는 것이다.

나는 미스터 펜에게 왜 기밀문서를 볼 수 없는 기자에게 기밀문서를 유출했는지를 물어보았다. 주저 없이 그는 말했다. "고위급 국회위원이 외국 지도자 앞에서 미국 대통령을 비평하거나 폄하하는 발언을 해서는 안 됩니다."

나는 다음과 같이 물어보고 싶은 걸 겨우 참았다. —만약 국회 대변인이 공화당이었고, 그가 반대하는 정책을 밀어붙이는 민주당 대통령이었다면, 그래도 당신이 정보를 유출했을까요?

대신 나는 다음과 같이 물어봤다. "당신은 당신이 서명한 보안서약서와 당신의 비승인 폭로를 일치시킬 수 있습니까? 그 보안서약서에서 당신은 권한이 없는 사람에게 기밀정보를 제공하지 않겠다는 것에 동의했습니다."

나는 미스터 펜이 서약한 보안서약서를 미스터 펜이 잘 볼 수 있도록 그에게 내밀었다. 그는 그것을 보지 않고 그의 변호사에게 밀었다. 변호사는 그것을 흥미롭게 읽었다.

미스터 펜은 질문에 대답할 수 없었다. 그는 잡혔기 때문에 기분 나쁜 것처럼 보였고, 그가 잡히지 않았더라면 향후 그런 기회가 생기면 계속 정보를 유출했을 것이라고 나는 믿는다.

나의 마지막 질문에 대한 그의 답변이 내 마음속에 계속 남아있다. 나는 미스터 펜이 적어도 두 개의 다른 정보유출 사례에 책임이 있다고 확신했다. 그래서 나는 나의 다른 정보유출 수사를 위해 그 방에 그가 있는 상황을 이용하고 싶었다. 나는 미스터 펜에게 말했다. "부서 전보가 언론에 노출된 다른 두 개의 신문기사 건에 대해서도 말해봅시다."

미스터 펜은 눈을 깜박거리지 않고 나를 쳐다보았다. "내 변호사 충고에 따라서, 그 질문에 대답하지 않겠습니다." 그리고 나서 그는 폭탄선언을 했다. 그는 미소 짓고 그의 등을 의자에 기대면서 말했다. "저는 부서의 법률자문팀으로부터 당신과 추가적인 유출에 대해 말하지 말라는 특별한 자문을 받았습니다."

이제야 처음으로 나는 법률자문팀이 내 조사국이나 법무부와 단 한마디 상의도 없이 조사의 대상이 되는 사람과 판결전 흥정을 한다는 것을 알게 되었다. 그건 얄팍하고 비겁하고 비전문적인 행동이다. 그러나 미스터 펜은 이미 내가 알고 있는 것을 나에게 제공했고, 내가 이전에 법률자문팀에 대해 확신했던 부분을 고백한 것이다.

국무부 장관은 유출자를 처벌하라고 소리치고 있지만, 조직의 핵심 통치 가치를 대변하는 국부무의 법률자문팀은 더 이상 대중의 관심과 조사를 받고싶어 하지 않는 것이다. 나는 미스터 펜이 나에게 정책계획국과 다른 부서의 또 다른 누가 정보를 유출했는지에 관해 정보를 주었으면 하고 몹시도 원했다. 나는 내가 그런 다른 것들을 추적할 수 없다는 것에 매우 실망했다. 조사는 끝났지만 나는 서서 그들에게 악수를 청하지는 않았다. 나는 법률자문팀에 묻고싶은 것이 많았다.

나는 최종 조사 보고서를 디트머 국장에게 제출했고, 범죄행동과 다른 불미스런 행동으로 의심받고 있는 다른 부서의 고용자를 조사하는 일을 시작했다. 기자들은 무척이나 유출자가 누군지 알려고 하겠지만, 레드먼 대변인은 5월 16일 기자 브리핑에서 미스터 펜의 신원을 말하지 말라는 명령을 받았다.

그러나 다음날 5월 17일, 볼티모어 선 타임즈의 제롬 와슨 기자는 "새로운 유출로 국무부에 의해 직원이 해고되다"라는 기사를 썼다.

"비승인 뉴스 유출에 대항한 새로운 캠페인의 한 부분으로, 국무부는 어제 미국 대사가 아르헨티나에 보낸 기밀전보의 내용을 유출한 연설문 작성자를 해고했다. 국무부 대변인 찰스 레드먼은 해고된 직원이 정치적으로 임명된 자이며, 슐츠 장관에게 사과했고, 기소는 되지 않을 것이라고 밝혔다. 그러나 대변인은 '만약 향후에 필요하다면 형사적 기소가 진행될 것이다'라고 말했다. 대변인은 이번에 유출된 정보는 군사적 비밀은 아니라고 말했다. 대변인은 직원의 이름과 유출된 기밀문서를 받은 언론사를 밝히길 거부했다. 그러나 익명을 요구한 행정부 직원과 국회의원에 의하면, 정보를 유출한 직원은 국무부 정책계획국의 연설문 작성자 스펜서 워렌^{Spencer Warren}이라고 한다. 레드먼은 내부 조사에 따라 범인이 밝혀졌다고 말했다. 이러한 해고를 발표한 것은 슐츠 장관이 기밀유출을 막겠다는 것을 극적으로 표현하기 위해 의도된 것이라는 것이 명백하다."

그때 만약에 내가 볼티모어 선-타임즈 기사에 제시된 신원의 타당성에 대해 논평을 할 때, 혹은 지금 요청을 받는다면, 나는 다음과 같이 답할 것이다. "신문기사의 정확성에 대해 부인도 확인도 해줄 수 없다."

11 장

나는 BA 2888 비승인 유출 조사가 비록 법무부 기소는 없었지만 만족스런 결과를 이끌어냈다고 생각한다. 마크와 나는 자신의 보안유지 서약을 무시하기로 선택한 정부 관료에 대한 흔하지 않은 승리를 목격한 것이 기뻤다. 디트머 국장이 BA 2888 조사를 위해 나를 선택한 이유는 명백하다. 왜냐하면, 노박의 기사 1년 전에 아프리카에 파견된 로스엔젤레스 타임지의 기자에게 민감한 정보를 유출한 외무부 직원을 내가 알아냈기 때문이다.

1984년 팔샤스라고 불리는 곤다르 지역에서 온 수천 명의 에티오피아 유대인들은 모스크바를 지지하는 지도자 멘티투스 헤일 마리엠의 잔인한 통치하에 있었다. 굶주림과 정치적 억압에서 탈출하기 위하여 난민들은 수단에 캠프를 형성했는데, 그 캠프는 굶주린 여성과 아이들로 가득 찼고, 그들은 자신들이 유대인 디아스포라의 한 분파라고 주장했다. 이스라엘이 이를 알아차렸다. "모세 작전"은 수천 명의 아프리카 유대인들을 약속의 땅인 유대로 송환하기 위한 이스라엘의 해결책이었다. 팔샤스^{혹은 혹인 유대인}들을 아프리카에서 이스라엘로 이송하는 일에 이스라엘 정부가 선봉에 섰고, 워싱턴이 재정을 지원하는 비밀 작전이었다. 8천명이 궁극적으로 구조되었지만, 에티오피아에서 수단까지 가는 행진동안에 4천명이 죽었다.

이 작전의 기본은 팔샤스들을 에티오피아에서 수단 국경을 가로질러 C-130이라고 표시된 비행기에 조용히 태워서 이스라엘로 보내는 것이었다.

이 노력은 많은 수단 정부 관료들의 직접적인 이해와 협력 없이는 성취될 수 없는 것이었다. 이런 시나리오에서 흔히 그러하듯이, 성공은 돈과 침묵에 달려있고, 이스라엘 정부는 사람들을 구출하기 위해 돈을 제공했다. 이스라엘은 수단에 외교관을 파견하지 않았기 때문에, 수단에서 이러한 준비들을 할 비공식적인 이스라엘 민간인이 필요했다.

1984년 3월까지 수단 하르툼에 있는 미국 대사관에 난민 프로그램 담당관으로 배정된 미국국제원조청USAID의 직원인 "미스터 리브"가 모세 작전에 온전히 참여하게 되었다. 비록 리브는 지역 아랍어 능력이 전혀 없었지만, 그는 수단에 오랫동안 있어서 그의 대사관 동료들은 그가 토착화되었다고 믿고 있었다. 리브가 미국 대사의 승인도 안 받고 대사가 모르게, 팔샤스 비행기가 무사할 수 있도록 하기 위하여 수단과 이스라엘과 긴밀하게 일을 하고 있었다는 사실에 대해 대사관은 나중에 알게 되었다.

리브가 대사관의 보안직원인 피터 갈란트에게 접근해서 보안 저장소의 금고 비밀번호를 바꿔달라고 요청했을 때, 대사관은 리브가 이 작전에서 척후병의 역할을 한다는 것을 눈치 챘다. 금고 비밀번호는 통상적으로 6개월마다 바꾸거나 혹은 금고 비밀번호를 알고 있는 직원이 영구적인 순환보직을 위해 대사관을 떠날 때 바꾸게 된다.

보안직원 갈란트가 리브의 사무실에 도착해서 비밀번호를 바꾸려고 자물쇠에 접속하기 위해 보안저장소의 4번째 서랍을 열었을 때, 그는 백만 달러 이상이 한 줄로 나란히 깔끔하게 쌓여있는 것을 보게 되었다. 이렇게 엄청난 현금을 그의 사무실 금고에 두는 목적에 대해 질문했을 때, 리브는 대답했다. "이것은 내가 다루고 있는 작전과 관련된 사항이다."

이렇게 답한다는 것은 대화를 끝내는 외교적 방식이다. 보안직원 갈란트는 돈의 양에 대해 다소 불편함을 느꼈지만, 그 문제에 대해 자신에겐 그 이상의 책임은 없었다. 갈란트는 금고 비밀번호를 바꾸었고, 리브의 금고 안에 있는 엄청난 돈에 대해 더 이상의 대화를 하지 않았다. 갈란트는 그의 임무를 다했고, 리브는 공식적, 비공식적인 임무 둘 다를 했던 것이다.

리브는 1~3천 명의 팔샤스들을 수단의 난민캠프에서 최종 도착지인 이스라엘로 수송하기 위한 작전이 준비되고 있는 지정된 공항으로 데리고 가는 모세 작전의 한 부분에 참여하고 있었다.

수단 난민캠프에 음식, 물, 안전을 공급하는 것을 유지하기 위해서는 돈이 필요했다. 비행기 수송 작전을 지휘할 사람도 또한 필요했는데 그 임무를 맡은 사람이 그 바로 리브였다. 모세 작전이 시작될 때, 수단 대통령인 자파 니메이리와 부통령이자 국가보안국장인 오마르 타예브가 확고하게 미국에게 우호적인 것으로 묘사되었다. 그러나 모세 작전에 대한 지지나 관여, 지식 면에서 볼 때, 의문의 여지가 있다. 그러나 밝혀진 대로 그건 별로 문제가 되지 않았다. 1986년 4월, 수단의 니메이리 대통령이 이집트를 방문하는 동안에, 쿠데타가 일어나서 니메이리 16년 동안의 부정부패 통치와 인권 말살은 끝이 났다.

로스앤젤레스 타임즈 기자인 찰스 파워의 두 개의 기사인 "미국이 에티오피아 유대인들을 대피시키다. 마지막 팔샤스 그룹

이 탄 비행기가 비밀리에 수단에서 이스라엘에 도착하다"[1986년 3월 25일 기사]와 "에티오피아인 구출: 미국의 비행기 작전은 이스라엘이 아닌 수단에 있는 관료에게서 나왔다"[1985년 3월 27일 기사]가 신 보수주의 이슬람주의자에 의한 수단 니메이리 대통령에 대항하는 쿠데타를 촉진시키는데 도움을 주었는지 사람들은 물을 것이다. 아마도 그것은 우연의 일치일 것이다.

1985년 7월 7일에 마지막으로 나온 파워 기자의 "에티오피아 유대인 비밀 수송 작전 무용담: 종족의 탈출" 기사는 쿠데타에 도움을 준 것은 아니었다.

쿠데타가 일어났을 때, 경력이 풍부한 흄 호란 대사의 지시하에 있던 미국 대사관은 이제는 공식적인 직원의 숫자를 줄이고 불필요한 인원이나 가족들은 미국으로 돌려보내겠다는 현명한 결정을 내렸다. 그 중의 한 명이 미국국제원조청[USAID] 직원인 리브였다. 1984년 후반에, 지역 상황의 악화로 인해 이스라엘 정부는 이스라엘로 출발하는 팔샤스들의 숫자를 증가시키도록 요청했다. 그렇게 하는 유일한 방법은 많은 수의 팔샤스들을 수용하기 위하여 수단 내에 멀지만 안전한 비행장을 찾아내는 것이고, C-130 비행기가 어디에 상대적으로 안전하고 확실하게 도착하고 출발할 수 있는지 찾는 것이었다. 이스라엘 정부는 수단 사람들에게 접근할 수 있는 필요한 외교적 통로가 부족했고, 그러한 활동은 이미 진행되고 있는 왕복 수송 작전을 위험에 빠뜨릴 수도 있었다.

이스라엘 정부는 미국 정부에 도움을 요청했다. 백악관은 이미 도와주기로 동의했다. 결과적으로 미국 정부의 고위 관리가 수단의 하루툼에 도착해서 호란 대사에게 백악관이 모세 작전을 성공하는 것을 도와야 한다고 전했다. 그러나 리브는 이미 대사관을 떠나라는 명령을 받았기 때문에 이 작전에서 더 이상 의사결정에 참여하고 역할을 수행할 수 없었다.

보안직원 갈란트는 여전히 대사관에 남아있었는데 리브의 조수인 게일 포우레스와 접촉했다. 리브는 게일에게 그의 집으로 와서 그의 침대 밑에 있는 "총 사물함"을 치워달라고 요청했다는 것이다. 수단 거리가 위험했기 때문에, 그녀는 보안직원 갈란트에게 리브의 집에 같이 가달라고 말했다. 일단 리브의 집에 들어가자 두 명의 대사관 직원은 총 사물함 속안에 질 좋은 작은 총, 사냥용 장총, 권총 등이 들어있는 것을 보았다. 게다가 금화, 면세 이스라엘 전쟁 채권이 있었는데, 그중 하나는 10만 달러 이상의 가치가 있는 것이었다.

그들이 사물함에 들어있는 무기 목록을 만드는 동안에, 리브가 수단을 떠난 후 그의 집에 남아있던 리브의 집에서 일하던 소년은 완전하게 장전된 AK−47 총을 들고 침실에 나타나서, 그들이 리브의 또 다른 무기를 원하는지를 물어보았다.

리브의 집을 조사하는 동안에, 나는 다시 디트머 국장의 사무실로 불려갔다. 이번에는 로스앤젤레스 타임지 기사에 인용된 기밀이며 매우 민감한 부서 정보와 관련된 최근의 연속적인 기밀 유출에 대해 블랙 드래곤이 얼마나 화가 나있는지에 대해 장황한 말을 들어야 했다. 당연히 나는 누가 그 유출에 책임이 있는지를 알아내기 위해 조사를 시작하라는 명을 받았다. 로스앤젤레스 타임즈에서 정보유출은 미국이 에티오피아의 유대인들을 이스라엘로 소환하는 작전을 끝내도록 하는데 직접적으로 영향을 주었다. 정보유출이 심각한 영향을 끼친 것이다.

이번 것은 쉬웠다. 보안요원 갈란트에게 걸려온 짧은 전화한 통화를 통해 미지의 유출자가 밝혀졌다. 수단의 하르툼은 외국인의 왕래가 눈에 띄는 도시이다. 기자와 외교관들은 안전 요원들, 관광산업에 관련된 사람들 모두로부터 특별한 주목을 받는다. 갈란트는 리브와 하르툼에 파견된 로스앤젤레스 타임즈 기자인 찰스 파워가 그곳에 있을 때 서로 어울렸다고 말했다.

이 대화를 나누는 동안에, 나는 리브가 총을 수집했다는 사실을 알게 되었고, 미국 정부 영토(집세는 미국 정부가 내는 것이므로) 내에서 이것이 이루어졌으므로 이것은 명백히 대사관 규정에 어긋나는 것이었다. 따라서 나는 AK-47을 제외하고 총 사물함에서 발견된 모든 것들을 모아서 내 사무실로 보내라고 명령했다.

이제는 비공식적인 화기애애한 대화를 위해 리브를 소환할 때이다. 1985년 7월 11일, 리브는 회의실 테이블 건너편에 나와 특수요원 나네트 크레이거를 마주보고 앉아서 이야기를 나누기 시작했다.

"나는 파워 기자와 개인적, 직업적 관계를 맺고 있는 것을 부인하지는 않겠습니다"라고 리브는 말했다. "그러나 파워 기자가 팔샤스를 태운 비밀 수송 작전에 대해 기사를 쓸 것이라고 나에게 말한 그날 밤 전까지 어떠한 기밀정보도 그에게 제공하지 않았습니다."

"계속하세요." 나네트가 독려했다.

"불행히도 파워 기자는 모세 작전에 대해 꽤 상세하고 정확한 정보 조각들을 맞춰나가고 있었습니다." 리브가 말했다. 리브는 파워에게 만약 그가 기사를 내보낸다면, 작전은 영구적으로 끝이 날 것이라고 말했고, 그 작전이 끝날 때까지 기사를 보류할 것을 요청했다는 것이다.

"나는 파워 기자가 기사를 보류하도록 해야 했습니다. 그래서 나는 그에게 만약 그가 기사를 유보한다면, 후에 멀리 떨어진 곳에 비행장을 찾고 있던 모세 작전의 세부적인 사항들에 대해 말해주겠다고 약속했습니다."

결국 파워는 리브의 제안을 받아들였고 리브는 나중에 약속을 이행했다는 것이다. 그 거래를 통해 파워는 그가 원하는 모든 것 이상을 얻었다. 그리고 그는 미국으로 돌아왔다.

나는 리브에게 누가 당신에게 기자한테 기밀정보를 줘도 된다는 허락을 내렸냐고 물어봤다. 나는 또한 누가 파워 기자를 출입이 제한된 군사 비행장에 데리고 가도록 허락했는지 물었다. 그는 약간 몸을 흔들고는 마침내 미 대사인 호란이 자신과 기자간의 딜레마를 알고 있었고, 모세 작전을 보호하기 위해서는 필요한 무엇이든 해도 좋다고 허락했다고 말했다.

나는 그의 이전 언급이 그와 파워 기자가 적절한 때가 될 때까지 폭로하지 않을 것을 약속한 것이라고 생각한다고 말했을 때, 그는 나의 오해를 풀어주었고, 그 약속은 며칠 후에 발생한 것이라고 말했다.

그는 그가 유출된 정보의 주된 출처라는 것을 인정하고 진술서에 서명했다.

나는 그리고 무기와 돈에 주목했다. 총은 그가 미국에서 합법적으로 등록했던 것이었고, 총과 금 동전은 그에게 되돌려졌다. 그러나 완전자동 가릴 공격용 라이플은 그렇지 않았다. 그는 자신은 무기 수집가이며, 사냥을 좋아하는데 수단은 사냥감이 많았다고 설명했다. 금 동전은 사냥할 때 가이드와 서비스 업자들에게 지불했던 것인데, 해당 지역에서는 금 동전이 통용되었기 때문이라는 것이다. 이스라엘 전쟁 채권은 우리 수사의 영역 밖의 주제이므로 문제제기가 되지 않았다. 그러나 나는 리브가 총과 금 동전간의 관련성을 설명하는 것을 들을 때는 무표정한 얼굴을 하는 게 어려웠다는 것은 인정한다.

리브가 조사실을 나갈 때 나네트와 나는 함께 웃었다. 10년 후에 그녀가 DS/CI 국장으로 임명되었을 때 그녀는 나의 직속상관이 되었고, 핵무기와 관련한 민감함 정보가 들어있는 INR의 노트북 실종 사건에서 나의 상관이었다. 그녀의 적극적인 스타일은 매우 인정받았다.

1985년 7월 25일 오전 10시, 훌륭하지만, 매우 짜증이 난 수단의 미국 대사인 호란은 특별조사실 2422호실에서 모세 작전에 대한 그의 이해와 리브와의 관련성을 설명하였다. 그는 절대 대중에게 알려져서는 안 되었던 매우 정치적이고 민감한 사안에 대해 수사 요원에게 설명하기 위해 호출된 것에 대해 매우 불쾌해 했다. 정확한 용어 사용과 느리고 단조로운 톤으로, 대사는 말했다. "나는 리브에게 파워 기자나 다른 사람과 함께 모세 작전의 세부사항에 대해서 검토하라고 허락해준 적이 없습니다."

"진술서에 서명해주시겠습니까?" 나는 물었다. 그는 잠시 그의 볼펜 맨 위를 풀었다가 말했다. "종이를 주세요. 진술서 쓰고 서명하겠습니다."

내가 누구를 믿어야 하지? 호란 대사 혹은 리브? 호란 대사는 1998년 국무부에서 은퇴하기 전까지 그의 뛰어난 경력을 지속하였고, 수단 대사로 일했으며, 영사국의 차관보로 일했다. BBC, NPR, MSNBC 같은 방속국의 중동 전문가로 일한 후에, 2003년 5월부터 11월까지 그는 이란의 바그다드에 있는 폴 제리 브레머 대사의 '종교와 부족 이슈' 선임 고문으로 일했다. 그의 아들은 유럽에서 DS와 밀접하게 일한 전 해군 장교이었으며, FBI 특수요원으로 일하면서 1997년과 2002년 사이에 다수의 외국 정보유출 사건을 나와 함께 밀접하게 조사했었다. 호란 대사는 2004년에 사망하여 알링턴 국립묘지에 묻혔다.

　나는 리브가 1984년 후반에 그가 향후 모세 작전에 참여하는 것으로부터 제외되었다는 사실을 알게되어 실망했을 것이라고 믿었다. 그는 1980년 이후로 수단 내에서 다수의 미국 국제원조청 USAID 프로젝트에서 일을 해왔었다. 나는 그가 자신이 지속적으로 역사적 사건의 일원이 되기를 원한다고 확신했다. 미국 대사로부터 허락을 구하거나 얻지 못해서 민감한 정보를 로스앤젤리스 타임즈 기자에게 주었다고 확신했다. 리브는 미국 국제원조청 직원이었기 때문에 합당한 조치를 위해 내 조사의 결과는 미국 국제원조청 보안 담당자에게 넘겨졌다. 나는 그가 어떤 행정적인 처벌을 받거나 불리한 조치를 당했다는 것을 듣지 못했으며, 사건 검토를 위해 법무부로 넘겨졌다는 소식도 듣지 못했다. 리브가 미국 정부를 위해 지속적으로 일하도록 허락받았다는 사실을 알게 되었다. 그의 신원은 언론에 노출되지는 않았다.

　불행하게도 로스앤젤레스 타임즈의 모세 작전에 대한 기사는 거기서 끝나지 않았다. 1986년 1월 28일, "수단과 미국의 관계에 대한 법정 증언"이라는 기사는 전직 수단 공무원이 모세 작전에 참여한 것에 대해 법정에 서게 됐다는 내용이었다. 기소사건의 대부분은 로스앤젤레스 타임즈 기사에서 다뤘던 내용에서 직접적으로 언급되었으며, 새로운 정부에서 다루는 사건을 지지하기 위하여, 기사의 일부분이 법정에서 인용되었으며, 특히 오마르 타예브에 반하는 내용들이 많이 인용되었다. 오마르를 쿠데타 이전부터 알던 사람에 따르면 오마르가 재판을 기다리는 4개월 동안 60파운드가 빠졌다고 한다. 지역 방송에서 중계된 재판은 또한 최근에 다시 수단대사로 돌아온 흄 호란 대사를 맹공격하기 위하여 검사에 의해 이용되었다. 워싱턴 포스트 지의 사실과 다른 한 문장은 다음과 같다. "수단 국민들은 팔샤스라고 불리는 에티오피아 유대인들을 이스라엘과 미국이 연합하여 공수한 작전, 미국 공군이 뒤쳐진 사람들을 탈출시킨 사건의 폭로에 매우 놀랐다." 이건 분명히 완전한 넌센스다. 기사가 설명하는데 실패한 것은 이스라엘과 미국 미디어가 폭로를 했다는 것이다. 미디어의 폭로가 없었다면, 전직 수단 공무원에 대한 재판은 불가능하다. 정보유출이 심각한 결과를 초래했다.

나는 디트머 국장이 노박 기자 유출사건을 검토하기 위하여 1986년 그의 사무실로 나를 부른 진짜 이유는 내가 로스앤젤레스 타임즈 유출사건과 1983년에 상당한 양의 부서 내 경제 보고서를 유출한 미국 정부 직원을 알아냈기 때문이라고 믿는다. 사실, 나는 대부분의 고위 관료들이 정말 풀고 싶지 않은 상당한 범죄와 잘못된 행동들을 다룬 그 당시 최고의 수사관이었을 것이다. 늘 또 다른 범인을 정확히 찾아냈기 때문에, 나는 부서에서 달갑지 않은 사람이었을 것이다. 그들이 ─ "모든 선한 일은 처벌받는다" 라고 말했듯이.

─ *** ─

로스앤젤레스 타임즈 유출 사건 전에, 디트머 국장은 다급하게 나를 그의 사무실로 불렀고, 나에게 한 뭉치의 신문을 건네면서 블랙 드래곤이 또다시 신문에 있는 대사관 전보의 미승인 유출 때문에 화가 나고 불평을 하고 있다고 전했다. 1982년 후반에 시작된 연속 기사에서, 월 스트리스 저널의 카렌 위쳐 기자는 외국의 수반이 우리 대사관에 제공한 상당한 양의 민감한 외국 재정 관련 정보를 폭로했다. 많은 미국 대사들은 그들의 기밀문서에서 유출되어 작성된 기사가 미국의 양자적 관계에 악영향을 끼치고 있다고 블랙 드래곤에게 보고하면서 조치를 취해야 한다고 요구했다. 블랙 드래곤은 디트머 국장에게 연락했고 조사가 진행되어야 한다고 주장해서, 1982년 후반기에 나는 그 사안에 대한 예비조사를 하도록 지시받았다.

부서 도서관에서 월 스트리트 저널지의 기사 몇 편을 읽은 후에, 나는 기밀전보 보관 기록센터에 가서 기사에 인용된 전보를 찾아냈다. 나는 1982년에 위쳐 기자의 기사 8개가 국무부 기밀전보에서 나온 정보를 포함하고 있는 것을 알아냈다.

1982년 9월 13일자 기사가 첫 기사인데, "미국 관료에 의하면 하바나가 채무지불 연기를 원하고 있다"였다. 하바나의 미국 "이익대표부"의 국장인 존 퍼치가 기밀전보에서 인용되었으며, 쿠바 외무부는 하바나에 있는 외교관 리더들에게 쿠바는 특별한 경우이기 때문에 외화부채 지불연기를 해달라는 특별대우를 요청했다는 것이다. 월 스트리트 저널에서는 이른바 미국 관료의 신원은 밝혀지지 않았다.

부서 기밀전보를 인용하면서, 다른 기사에서는 주 프랑스 미국 대사인 이반 갈브레이스는 쿠바를 둘러싼 이슈들은 여러 이유 때문에 해결하기엔 곤란하며, 프랑스 재정관료들은 그들 나름대

로 문제를 떠맡으려 하고 있다고 보도했다.[9]

런던에 주재하는 미국 대사관에서 보낸 전보에서 인용된 또 다른 기사에서는, 쿠바의 방코 나시오날의 대표인 라울 레온 토라스가 90일 이내에 채권국과 채권 은행간 채무관련 협의를 하길 원한다고 보도했다.[10]

조사 대상이 된 월 스트리트 저널지의 기사인 "전해지는 바로는 프랑스는 미국 은행에 40억 달러를 대출해 주도록 위협감을 주다"에서 위쳐 기자는 1982년 10월 파리의 미국 대사관 전보의 내용을 인용하였다. 위쳐 기자는 1982년 12월 7일에 "미국이 유고슬라비아를 구원해줄 꾸러미를 준비중이다"라는 기사에서 그 기밀전보를 또 인용했다.

위쳐 기자는 앙카라에 있는 미국 대사관의 11월 전보를 인용해서, 12월 27일에 "터키가 좀 더 완화된 IMF 협정을 요청했다: 영국은 쿠바의 지불연기 요청을 비난했다"라는 기사를 작성했다. 위쳐 기자는 라틴아메리카뿐만 아니라 유럽에 있는 우리 대사관으로부터 나온 기밀전보를 획득했다. 기밀전보가 너무나 빈번하게 유출되었고 그렇게 많이 유출된 것을 이전에 본적이 없다. 백악관은 중요한 시기에 뒤통수를 맞은 것이다.

기사와 기밀전보를 처음에 검토했을 때, 흥미로웠던 점은 인용된 대사관 전보는 다양한 국가를 포함하고 있었으며, 부서 내 다양한 기관을 관통하고 있다는 점이었다.

---

9 주 프랑스 갈브레이스 대사는 1985년에 "외교 정책은 외무부 직원들에게 맡겨두기엔 너무나 중요하다"라고 말함으로서 그의 비외교적인 행동때문에 프랑스 정부에 의해서 공공연하게 네 번이나 비난을 받았으며 프랑스에서 큰 관심을 받았다.

10 다행히도, 켄달 마이어스는 그때 당시에 "외무연구소(Foreign Service Institute, FSI)"에서 여전히 일하고 있었다.

부서 내 유일한 공통분모는 '경제, 비즈니스, 농업국^{Bureau of} ^{Economics, Business, and Agricultural Affairs}'이였었다. 그 부서는 정보에 대한 기득권이 있었지만, 의심스런 출처처럼 보였다. 전 세계의 미국 대사관들이 이 이슈에 대해 보고를 하는 상황에서, 부채와 가장 관련 있는 기관은 IMF,^{International Monetary Fund} 세계은행,^{World Bank} 미 재무부^{Department of Treasury}였다. 미 재무부만이 유일하게 국무부 기밀전보에 접속할 수 있으며 전보를 통해 나오는 정보들은 대사관에 지정된 비-국무부 직원에 의해서 만들어진다. 나의 예비 결론은 범인은 재무부 혹은 연방 준비국에서 일하는 직원이라는 것이다.

왜 나의 수사 본능이 그런 결론을 내렸는가? BA 2888의 경우처럼, 나는 유출이 국무부 외부에서 시작되었다고 확신한다. 그 이유로는 BA 2888과 마찬가지로, 국무부 직원이 민감한 양자 간 협상을 누출함으로서 해외에서 근무하는 자신의 동료들을 곤란하게 만든다는 것은 말이 안 되기 때문이다.

기밀유출은 신뢰관계를 파괴한다. 단지 이 민감한 협상에 관련되지 않은 누군가가 경솔하게 대사관의 성공적 업무를 위험에 빠뜨릴 뿐이다. 나는 국무부 직원에서 범인을 찾지 않았다. 그러나 나는 연방 준비국이나 재무부에서 수사를 수행할 권한이 없었다. 예전 경험으로 봤을 때, 만약 내가 다른 연방 기관에 수사 협력을 부탁한다면, 이 요청은 해당 조직의 조사관실을 거칠 것이고 그들은 경험과 자원이 부족하고, 솔직히 말하면 그들은 관심도 부족해서 도와주기는 어려울 것이다. 나는 FBI 동료에게 내가 발견한 것을 전달했다.

나는 지속적으로 월 스트리트 저널지 위쳐 기자의 기사들을 모니터링했고, 1983년 3월 11일, 월 스트리트 저널의 기사 "자메

이카 입장이 IMF와 상충된 것으로 전해졌다: 경제적 성장은 경기 침체기를 만들 수 있다"라는 기사를 보았고, 그 기사는 또 다른 대사관 기밀전보를 인용하고 있었다. 나는 또한 1982년 1월 1일 월스트리트 저널의 위쳐 기자의 "멕시코가 긴축재정을 하는 것이 사회적 불안을 야기한다고 미국 외교관에게 전했다"라는 기사가 또한 다른 국무부 기밀전보를 인용한 것을 찾아냈다.

디트머 국장이 1983년 초반에 또 다른 심각한 사건으로 나를 그의 사무실에 부를 때까지 나의 조사는 정체되어 있었다. 1983년 4월 15일 월스트리트 저널의 헤드라인은 다음과 같았다. "베네수엘라는 석유 가격의 하락이 경제에 타격을 줌에 따라서, IMF 자금 대출을 모색하고 있다." 기사의 40%가 카라카스 대사관 기밀전보에서 인용한 내용을 포함하고 있었다. 기밀전보의 내용은 베네수엘라의 경제적 상황을 솔직하게 묘사하였고, 베네수엘라 재정 장관인 알투로 소사가 미국 선임 외교관에게 은밀하게 한 논평들이었다. 기사가 나간 후에, 소사 장관은 미국 대사 조지 란도를 그의 사무실로 소환했고, 매우 화가 난 어조로 어떻게 월스트리트 저널 기사가 양국의 외교적 관계를 위험하게 할 수 있는지를 항의했다. 기밀유출은 심각한 결과를 초래한다.

소사 베네수엘라 재무 장관은 기밀유출이 중단되는 것을 확인할 때까지, 베네수엘라 정부는 미국과 기밀에 대해 논의하지 않겠다고 말했다. 그는 기밀이 유출되기 전까지, 베네수엘라 정부는 기밀정보를 미국과 기꺼이 공유하려고 했었지만, 이제는 베네수엘라의 부채를 재정 보충하려던 국내 은행들과 재무 장관과의 관계가 악화되었다고 결론내렸다. 란도 미 대사는 국무부에 전보를 보내서 국무부는 기밀메시지를 보호하는 것을 확실하기 위해 어떠한 조치든 착수해야 한다고 요청했다.

디트머 국장이 물었다. "로버트, 월스트리트 저널 조사에 대한 당신은 입장은 어떠한가?"

"없습니다." 나는 순순히 답했다. "용의자도 없고, 단서도 없고, 아무것도 없습니다. 유출된 기밀이 부서 내부와 외부에 배포되었다는 것은 수사를 어렵게 만듭니다. FBI가 개입하지 않으면 수사를 진전시키는 게 어렵습니다."

FBI를 언급하자, 디트머 국장은 그의 눈동자를 굴렸고, 얼굴을 찡그렸다. 그는 FBI를 그다지 좋아하지 않았다. "국장님, 제가 생각하기에 범인은 국무부 직원은 아닙니다. 따라서 제가 다른 조직의 직원들을 조사하는 데 어려움이 있습니다. 그리고…."

"윗선에서는 국무부가 민감한 외국 정부 정보를 보호하는데 있어서 책임감이 없다고 불평하고 있는 게 문제야." 국장은 말했다.

나는 내 방으로 돌아왔다.

다행히도 위쳐 기자가 쓴 기사 대부분의 출처를 내가 발견하는데 도움이 되는 또 다른 사건이 내 책상 위에 있었다. 1983년 5월에 애틀란틱 지가 "대사관 문서 – 어떻게 미국 대사관이 국무부에 쿠웨이트 경제위기를 보고했는가"라는 제목의 기사를 내보냈고, 이것을 쓴 기자는 에드워드 제이 엡스테인이었는데, 그는 쿠웨이트 미국 대사관의 5개 기밀문서를 인용했다. 기밀문서는 쿠웨이트의 지도자들과 쿠웨이트의 특정한 사회적, 경제적 상황을 있는 그대로 묘사하고 있었다. 엡스테인 기자는 다음과 같이 썼다. "10월 10일에 보내진 기밀문서에 따르면, '주식 시장이 너무나 쿠웨이트를 감싸고 있어서 그 주제에 대해 말하지 않고서는 30초 이상 쿠웨이트 사람하고 앉아있을 수 없을 정도이다. 장관들이 그들의 주식 중개인을 부르기 위해 자리를 뜨는 바람에 각료회의는 어수선해졌다. 공격적인 쿠웨이트 젊은이들은 몇 달 새에 백만장 자가 되었고, 쿠웨이트 여성들은 이득을 보고 즐길 수 있는 활동 을 찾았다. 쿠웨이트 사회는 끝이 없는 흥청망청한 탐욕에 탐닉해 있다."

　나는 문제가 되는 전보를 점검했고, 인용은 옳았다. 엡스테인 기자의 기밀유출은 지속되었다. "대사관 기밀전보에 따르면, 주식 을 하지 않는 사람들은 시대에 뒤떨어지고 보수주의적이라고 놀 림을 받고 있다. 젊은이들은 덜 알려진 가문에서 탄생한 졸부들을 새로운 영웅으로 생각하고 있다." 이 인용 또한 정확한 인용이다. 기사는 계속되었다. "미 대사관은 정부 내부의 출처를 기반으로 한 보고서를 통해서, 대중을 평안한 상태로 유지시키는 것과 지역 유동성을 유지하는 것, 이 두 가지 우선사항들이 주식시장의 상승 에 의해 정부의 예상을 뛰어넘어 충족되었다. 정부 지도자들과 사 바들은 당연히 주식시장에서 자신들의 활동으로부터 막대한 이득 을 획득한 것에 상당히 즐거워하고 있다." 그러나 기사는 여기서 멈추지 않았다; 기사는 또 다른 기밀전보를 인용하였다. "대사관 에 따르면 바레인 은행들은 미국인 소유의 것들이 있는데 예를 들면 채이스 맨하탄과 아메리칸 익스프레스와 같이 미국인이 소 유한 몇 개의 은행들을 포함한 바레인 은행들은 그들이 쓸모없는 종이조각들을 저당잡고 돈을 빌려준 것을 알게 되었다." 마지막 으로 "또 다른 쿠웨이트 미국 대사관 전보에 따르면, 자심 알 마 르주크가 매우 적극적인 시장 운영자 중의 한 명이며 가장 많은 부정부패를 저지르며, 부정하게 영향력을 행사하는 성향이 있는 고위 관료 중의 하나라는 것이다."

엡스테인 기자가 1982년에 쿠웨이트 주재 미국 대사관에서 보낸 네 개의 기밀전보와, 국무부에서 대사관에 보낸 하나의 기밀 전보를 복사해서 이것들을 몇 개의 기사작성에 선택적으로 인용했다는 것은 명백하다. 또한 서류를 빠르게 검토해보니 그가 민감한 '석유수출기구^{OPEC}'의 정책심의를 폭로하기 두 달 전에 애틀란틱 지의 기사를 썼다는 것을 알 수 있었다. 그러나 좀 더 면밀하게 조사해보니 이 기사들은 중동 재정 이슈에 관한 그의 유일한 기사들임을 알 수 있었다. 내가 위쳐 기자의 유출 정보에서 고려했듯이, 국무부 직원이 기밀을 유출한다면 쿠웨이트에 있는 그들의 동료 국무부 직원들이 BA 2888의 경우처럼 고통을 받을 것이다. 따라서 나는 국무부 직원이 애틀란틱 지에서 인용된 정보를 유출하지 않았다는 것을 확신했다. 국무부 직원들은 자신들을 외교적으로 곤란한 상황에 처하도록 만들고 싶어 하지는 않을 것이다.

별안간 어디에선가 엡스테인 기자와 위쳐 기자는 1982/1983년 국무부 전보를 본 것이다. 엡스테인과 위쳐를 위한 미 정부 출처가 같은 사람인가? 나는 그 가능성에 흥미가 생겨서 몇 시간 동안 계속 조사를 했고, 이러한 가능성이 충분히 있는 듯 보였다. 보스턴으로 가서 하버드 대학교 자료 보관실에서 익명으로 힘들게 조사를 한 후에, 나는 위쳐, 엡스테인, 그리고 내가 가장 혐의를 두었던 재무부의 현재 직원 간의 강력한 서류상 연결고리를 찾았다. 사실상 재무부는 미국에 영향을 주는 국제적이며 경제적, 재정적인 이슈들을 분석해서 모든 부서에 문서를 배포한다. 그리고 몇 년 동안 미국 대사관에 몇 명의 직원을 파견해서 재무부와 관련이 있는 경제적 이슈들을 독립적으로 보고하도록 하였다. 외교적 전문용어로 그들은 재무 외교 주재관financial attache이라고 불린다. 나는 내 용의자를 묘사하기 위한 또 하나의 비외교적 용어를 사용했다.

내가 하버드 대학교에서 발견한 것에 따르면, 나의 위쳐-엡스테인 조사는 재무부 수사관인 시 오글레스비까지 이르게 되었다. 1983년 5월 17일, 우리는 함께 앉아서 내 예비조사 결과를 검토하였다. 검토 후에 우리는 FBI에 접촉하는 것에 동의했다. 나는 이 과감한 결정을 디트머 국장에게 알리진 않았다. 나는 FBI 친구에게 국무부나 재무부 외에도 다른 기관에서 일하고 있는 사람들 중에 용의자가 있기 때문에, FBI가 우리의 조사를 위한 연락관을 지정하기를 원하는 지 물어보았다. 나는 FBI가 기꺼이 참여한다고 했을 때 기뻤다. DS, FBI, 재무부의 첫 번째 합동 회의가 내 사무실에서 열렸고, 수사와 관련된 많은 선택사항들이 제안되고 논의되었다. 어느 시점에서 나는 유출자를 파악하는 가능성있는 하나의 방법은 엡스테인과 위쳐의 사무실, 혹은 그들의 집 전화선에 추적 장치를 설치하는 것이라고 제안했다. 우리가 회의를 갖기 전에 뉴욕 지역 사무소에 지정된 특수요원인 버나드 존슨은 뉴욕시 전화목록을 나에게 주었다. 추적 장치가 어떠한 대화내용을 포착할 순 없지만, 위쳐 기자와 엡스테인 기자의 사무실과 집에서 나가고 걸려온 전화번호는 기록할 수 있었다.

내가 전화추적을 제안하자, FBI 요원은 나에게 제정신이 아니라고 공손하게 말했다. 전화추적은 간첩활동에만 적용될 수 있었다. 그러나 다른 기술적인 선택의 여지가 우리 팀에겐 없었다. 오글레스비와 FBI 요원은 다음번 회의 때는 용의자를 지목할 수 있길 바라며, 국무부 기밀이 유출되었기 때문에 내가 리더의 역할을 수행해주길 바란다고 말했다.

오글레스비와 나는 함께 계속 수사를 했고 결국 두 명의 용의자를 지목하는데 합의를 보았다. 두 명의 용의자는 모두 재무부 직원이었다. 한 용의자는 백악관 국가안보위원회에 배정된 재무부 직원이었으며, 또 다른 한 명은 중동에 있는 미국 대사관에 파견된 재무부 직원이었다. 이 시점에서 모든 가능성 있는 수사 단서들은 고갈되었으며, 두 명의 용의자가 내 조사영역 밖이기 때문에 내가 할 수 있는 것은 아무것도 없었다. 디트머 국장은 만족하지 않았지만, 이번에는 나에게 구실이 있었다. 디트머 국장에게 나의 조사 결과를 알리기 전에, 우리와 함께 조사를 했던 FBI 요원은 나의 조사 결론에 대해 만족하며 FBI가 이 사건을 처리할 것이라고 말했다.

몇 달 후에, 이 사건을 담당한 FBI 요원은 나에게 그 역시 나와 같은 결론에 도달했고 FBI 본부에서 두 명의 재무부 직원에게 거짓말 탐지기 조사를 요청할 수 있는 권한을 부여했다고 말했다. 이른 봄에, 첫 거짓말 탐지기 조사 과정에서, 국가안보위원회에 파견된 재무부 직원은 기밀문서를 기자에게 주었다는 것을 부인했다. FBI 보고서에 따르면, 재무부 직원은 조사 동안에 관련 질문에 대해 "거짓 아님" 반응이 나왔다고 한다. 이 재무부 직원은 이후에 어떤 부정적인 결과 없이 재무부에서 그의 업무를 지속했다.

또 다른 용의자와 관련해서는 FBI는 중동 지역 대사관에 팀을 파견해서 용의자에게 거짓말 탐지 조사를 하지 않고, 그가 1983년 후반부에 워싱턴 DC로 돌아오는 것을 기다리기로 했다는 결정을 나에게 알려줬다. 그가 워싱턴으로 돌아온 직후 그는 FBI와 접촉되었고 조사내용에 대해서 모른 채 조사받는 것에 동의했다고 한다. 조사 동안에 그는 외국 혹은 미국 기자에게 부서의 기밀문서를 유출했는지의 여부를 질문받았다. 그가 엡스테인 혹은 위쳐 기자의 출처라는 것을 부인하면서도 그는 거짓말 탐지기 조사를 거부했다. 몇 주 후에 그는 갑자기 미국 재무부에서 사임했다.

두 번째 조사한 재무부 직원이 유출의 소스인가? 그는 확실히 기자들의 소스임을 부인했다. 내가 그를 범인이라고 믿는 근거는 그가 "타당한 의심"과 "가능성의 균형" 사이의 어느 지점에선가 거짓말을 했을 것이라는 사실이며, "타당한 의심을 능가하는" 이란 기준을 적용한 것은 아니다. 그러나 재무부 직원의 사임 이후에 엡스테인이나 위쳐 기자가 기밀문서를 인용한 사건은 발생하지 않았다. 아마도 거짓말 탐지기 조사를 통과한 또 다른 재무부 직원은 한 번의 위기로 충분하다는 결정을 한 것 같다. 하여튼, 언론에의 기밀유출은 멈췄다. 어떤 방식으로든 내가 또 다른 유출 통로를 막는데 도움을 준 셈이다.

내가 특별수사국 지부장으로 일하는 동안에 1985년에 "정보공동체Intelligence Community, IC" 대표가 나에게 전화를 해서 내가 즉각적으로 검토해야만 하는 정보를 정보공동체IC가 최근에 처리했다고 말했다. 1980년대 초반에, 적은 규모와 인식 부족, 수사 관할 등 때문에 내 사무실은 정보공동체IC와 최소한의 접촉만을 하고 있었다. 나는 정보공동체IC 우두머리가 나에게 직접적으로 전화했다는 사실에 흥미가 생겼다. 나는 다음 날 당장 회의를 잡았다.

두 명의 정보공동체IC 보안 요원들이 예정대로 도착했고 나에게 서류 하나를 내밀었다. 그 서류에 의하면, 그들의 요원 가운데 한 명이 워싱턴 사교 파티 동안에, 국무부 직원이 일본 외교관에게 곧 있게 되는 레이건 대통령과 일본 수상의 무역 협상에서 최저 숫자를 말해주는 것을 엿들었다는 것이다. IC는 국무부 직원의 신원에 대해서는 모르겠지만, 기록된 대화는 곧 있을 협상에 대한 국무부 직원의 믿음, 의견, 태도를 그대로 들어내고 있었다. 미지의 직원을 묘사하는 문구들은 그가 다른 속셈이 있는 사람임을 암시하고 있었다. 정보기관^{IC} 문서에 강조되어 있는 문구들을 살펴보면 다음과 같다. "사자를 우리에 다시 넣어야해"라는 일본 대표단과의 힘든 협상을 원하는 미국 공무원을 지칭하는 것 같다. 그 직원은 확실히 레이건 대통령이 도쿄에서의 협상을 하는 것에 대해 우호적이지 않은 것 같았다. 일본에 대해 전문성을 가진 고위직의 규모, 특히 일본 대사관 사람들을 방문하는 사람들의 수가 적다는 사실을 고려해 본다면 나의 용의자 집단은 아주 작았다. 정보공동체^{IC} 요원들과 논의 후에, 디트머 국장에게 내가 그들을 만난 것을 보고했다.

"로버트, 비록 자네가 이것을 절대 해결할 수 없을 거라는 걸 자네는 알겠지만, 수사를 시작하게나." 국장은 말했다.

아, 디트머 국장은 항상 용기를 준다. 내 사무실로 돌아와서 나는 폴더를 열고 SB12-0185-100-0059라고 쓰고, 새로운 기밀문서 유출 사건의 수사를 시작하였다.

약간의 조사를 한 후에, 부서 내에서 다가오는 협상에 관련이 있는 사람은 "동아시아 태평양 업무국$^{Bureau\ of\ East\ Asian\ and\ Pacific\ Affairs,\ EAP}$"에 배정된 직원들이란 것이 확실해졌다. "동아시아 태평양 업무국^{EAP}"의 중요한 내부 출처를 통해, 나는 가능한 용의자를 3명으로 압축했고, 그중에 한 명의 협상에 대한 의견이 외부로 표출되었다. 1957년에 일본의 수상인 키시 노부수케가 미국을 방문한 이래로 미국은 일본에 경제적인 부분에서 많은 양보를 해왔다. 아마도 이번 협상이 공평한 경쟁의 장을 여는 것일 수도 있다. 아닐 수도 있지만….

그러나 용의자들을 조사하기 전에, 1978년부터 1980년 사이에 나와 함께 일본에서 일했었고, 지금은 지역 차관보로 일하고 있는 윌리엄 셔만을 만나야만 했다. 그의 직원들이 일본 대사관 직원들과 협상에 관해 이야기를 할 수 있도록 승인받았는지를 그에게 확인해보고 싶었다. 그러나 그를 만나기 전에, 나는 디트머 국장에게 내 조사가 블랙 드래곤을 관련시키거나 건드릴 수 있다는 사실을 알려야 했다. 놀랍게도, 한치의 주저도 없이 국장은 나에게 수사를 진행하라고 허락했다.

1985년 1월 9일, 셔만과 만났고, 내가 민감한 정보의 유출 사건을 조사하고 있고, 그의 직원 중 한사람이 유력한 용의자라는 것은 너무나 명백했기 때문에, 그 만남은 다소 긴장감이 맴돌았다. 나는 그가 나와 같은 지나치게 열정적인 수사관으로부터 자신의 부하를 지키길 원한다고 확신한다. 그러나 결국 그는 뛰어난 전문가였다. 그는 유출된 정보가 "기밀정보"인지에 대해 확인도 부인도 하지 않았다. 나는 결론을 내릴 필요가 있었다. 그날 오후에 나는 첫 번째 용의자인 에드가에게 전화를 해서 다음날 오전 9:30으로 약속을 잡았다.

에드가는 2422호실에 도착했고, 수사관 마이클 포실리코와 나는 조사를 시작했다. 모든 질문을 마친 후에 에드가는 그가 일본 대사관 직원과 일본차의 미국 수입할당량에 대해 검토를 했다는 것은 인정했다. 협상이 시작되기도 전에, 일본은 미국의 입장에 대해서 엄청난 이점을 건네받은 셈이다. 카드놀이가 시작되기 전에 카드가 어떻게 쌓여있는지를 아는 것은 중요한 시작 포인트다. 에드가는 사실상 그의 폭로는 협상이 성공적이라는 것을 확실하게 했다고 설명했다. 국무부 장관이 이 외교적 폭로를 승인한 것인가? 더 중요한 것은 일본의 체면이 선 것은 확실하다. 일본차에 대한 미국의 무력위협은 대중과 자동차 생산지인 디트로이트를 위한 쇼였나? 레이건 대통령은 미국 대중을 위한 공공연한 이야기와, 일본 정부를 위한 비밀 이야기를 가지고 있었던 것인가? 아마도 협상에서 다른 부분에 대한 일본의 양보가 결과적으로 따라 올 것이다. 나는 그의 솔직함과 정직함에 감사하면서 조사를 마치고 최종보고서를 디트머 국장에게 보냈다. 디트머 국장은 정말 이상하게도 후에 나와 이 수사에 대해 다시는 논의하지 않았다.

에드가의 직위는 그의 행동에 의해 영향을 받은 것 같지 않았고 그는 국무부 최고 선임 지위까지 올라갔다. 아마도 이것은 실제로 승인된 유출인 듯 했고, 나 혹은 정보공동체^{IC} 수사관도 알 필요는 없을 것이다. 아마도 셔만은 1월 9일 오후에 나에게 힌트를 준 듯하다. 이때까지, 나는 나와 디트머 국장의 직위 이상의 것이 필요로 하는 무엇인가에 고전을 면치 못하고 있었던 것이라고 생각한다. 내가 아는 전부는, 2013년에 13만대 이하의 미국산차가 일본에서 팔린 반면, 일본 자동차 회사는 미국에 1.5백만대 이상의 차를 보냈다.

— *** —

유출 사건은 절대 멈추지 않는다. 심지어 내가 전국 신문에 정보를 유출했다는 의심을 받았을 때 나는 기분이 무척 나빴다. 1990년 10월 17일, 내가 특별수사팀 팀장으로 있을 때, 디트머 국장이 나를 불렀다. 그는 나에게 "부시 전 대통령의 참모가 짐바브웨 특사자리를 그만두다"라는 빨간 색으로 동그라미를 친 기사가 있는 워싱턴 포스트 지를 건네주었다. 화가 나서 얼굴은 붉어지고, 팔을 휘두르면서 그는 소리쳤다. "로버트, 자네가 이걸 유출했나?"

나는 천천히, 조심스럽게 신문 기사를 읽었다. 앤 데브로이가 쓴 기사에 따르면 "부시가 부대통령 시절에 부시의 수석 고문관이었던 스티븐 로드가 짐바브웨 미국 대사가 된지 5개월도 되지 않아서 사임했다. 국무부 관계자는 그의 사임 이유를 개인적인 이유라고 했다. 39세의 로드가 여름에 마약과 관련된 사건에 연루되었다는 고발을 접수한 후에 국무부는 짐바브웨에서 그를 8월에 워싱턴으로 소환했다고 한 고위급 행정관료가 어제 말했다. 그 관료에 따르면, 로드는 양쪽 국가에서 형사적 조사를 받지는 않을 것이라고 했다. 그 관료는 로드가 국무부 지도부와 논의를 한 후에 사임했다고 말했다. 국무부 대변인 아담 셔브는 로드가 10월 4일에 부시대통령에게 사표를 제출했다고 말했다. "사표가 개인적인 이유로 제출되었다 할지라도, 이와 관련된 이유에 대해 논평하지 않는 게 국무부의 관행이다"라고 셔브가 말했다. 셔브가 말하길 로드는 그가 정부를 떠나기 전에 90일간의 유예기간을 가졌다는 것이다. 여기 호텔에 도착해서 로드는 논평을 거부했다. 그 관료는 마약 사건과 관련한 상세한 정보는 제공하지 않았다. 단지 "마약과 관련된 사건이 있었다"라고만 언급했다. " '심의가 열렸고, 그는 사임했다. 그것이 우리가 말할 수 있는 전부다'라고 말했다."

국장에게 내가 뭐라고 말할 수 있는가? 확실히, 워싱턴 포스트 지가 조심스럽게 표현한 것처럼, 나는 "고발" 사건의 수사에 책임이 있는 리더급 요원이었다. 모든 고발 사건을 면밀하게 수사하여야 하며, 특히 미국 대사관에 근무하는 사람에 대한 고발은 그러하다. FBI의 기술적 지원을 받은 나의 수사결과는 지난 1990년 9월에 제출되었다. 추측하건데, 로드 대사와 국무부 간의 "심의"는 나의 조사 보고서의 결과로 나온 것 같다.

디트머 국장은 나의 최종 보고서가 디트머 국장 사무실과 자신이 그 보고서를 공유한 사람들에게만 제한된다는 것을 알고 있었다. 로드 대사의 사생활을 존중하기 위해 보고서 내용은 매우 엄격하게 제한되었으며, 부서의 누구도 그런 충동을 느끼지 않았다. 기사가 완전히 정확하진 않았지만, 내 보고서를 보았던 한 블랙 드래곤이 워싱턴 포스트 지 기자에게 내 최종보고서의 일부분을 누출했을 것이다. 로드 대사는 BA 2888 유출자처럼 정치적으로 임명된 사람이었으며 진정한 블랙 드래곤은 아니었고, 경솔함 때문에 희생되었다.

나는 디트머 국장에게 그를 제외한 그 누구와도 내가 로드 대사와 관련된 정보에 대해 이야기 한 적이 없다고 확실하게 답했다. 나는 유출자가 아니다. 왜 나인가? 지금까지도 나는 국무부의 누군가가 왜 정보를 유출했는지에 대해 당황스럽다. 그것은 그렇다 치더라도, 로드 대사의 리더십 하에서 나는 즐겁게 대사관 업무를 수행했다. 다행스럽게도 나는 이 정보유출 사건에 대한 수사를 요청받지 않았다.

내 경력기간 중에, 적어도 또 다른 25개 또는 그 정도로 중요한 부서의 정보분실과 유출 수사를 지원했다. 유출자와 유출된 정보를 받은 사람들의 신원이 FBI나 DS에 알려졌기 때문에 어떤 사건들은 매우 민감한 상태로 남아있다. 어떤 부서의 유출자들은 그들의 신원이 밝혀졌음에도 불구하고, 법무부나 국무부가 폭로된 정보의 진위여부를 공공연하게 법정에서 확증하고 싶지 않아서 혹은 더 심한 경우엔 왜 정보가 기밀이 되었는지에 대해 보호하기 위하여 유출자를 기소하지 않았다.

— *** —

해외 임무에 관해서 기자, 정부관료, 심지어 DS 요원 사이에 발생하는 정보유출의 어떤 전체 범주가, 그것들의 상당수는 기밀로 간주될 수 있다. 나의 좋은 친구인 시드 발먼 주니어는 10년간 나와 함께 어린이 축구팀 코치를 맡았었는데, 1990년대에 연합국제통신사^{United Press International, UPI}의 외교와 국가안전 특파원으로 일했다. 그는 부시 대통령, 클린턴 대통령, 제임스 베이커, 로렌스 이글버거, 워렌 크리스토퍼, 메들린 올브라이트 국무부 장관들과 전 세계 미션을 다녔다.

이러한 해외 순방의 정규적인 절차로서, 대통령이나 국무부 장관의 최고 보좌관은 비행기의 언론인 구역에 와서 기자들이 쓰길 원하는 이야기에 관한 정보들을 전해준다. 말하자면, 평화협상을 위한 시리아 방문, 무역관계 논의를 위한 중국 방문, NATO의 발칸 전쟁계획을 논의하기 위한 브뤼셀 방문들이 그 예이다. 만약에 정보들이 너무 기밀이거나 민감해서 어떠한 기사도 원치를 않는다면, 보좌관은 단지 배경만을 설명한다. 만약 정말로 민감한 사안이라면 보좌관은 화장실 근처에 뉴욕타임스의 톰 프리드먼, 연합뉴스의 베리 슈워드, 혹은 CNN의 스티브 허스트와 같은 특히 영향력있는 기자들을 앉히고, 국무부에서 그날 뉴스에 톱으로 실리는 것으로 끝나길 원하는 뭔가를 유출시킨다.

그러나 어떤 이야기들은 이와 같은 비행기 안의 일반적이지 않은 구석에서 유출된다. 시드는 1990년대 중반에 모스크바에서 러시아 외교장관 안드레이 코지레브와의 회담을 마치고 워렌 크리스토퍼와 함께 돌아오고 있었다. 회담에서는 발칸반도와 중동 평화협상을 포함한 많은 갈등에 대한 논의들이 있었다. 시드는 보잉 707의 군대 버전인 에어 포스 VC-137기에서 국무부 차관인 마틴 인딕이 화장실을 다녀온 후 바로 화장실에 갔다. 시드는 화장실 안에서 "일급기밀"이라고 표시된 8페이지 문서를 보았는데, 이것은 러시아와의 회담 내용을 조목조목 담고 있으며, 이 문서를 인딕 차관이 놓고 간 것이다. 시드가 묘사했듯이, 그것은 무지개 끝에 있는 기자의 금 단지인 것이다. 그러나 그는 기자로서 경험이 많았으며, 기밀문서 절도처럼 비춰지는 곤경에 처하고 싶지 않았다. 시드는 내용의 대부분을 그의 기자 수첩에 쓰고, 문서를 찢어서 쓰레기통에 버림으로서 그의 법적 부인권을 확보하고, 자신의 특종을 보존했다. 시드는 더욱이 워싱턴으로 돌아온 후 자신이 모스크바와 워싱턴에서 상당한 외교적 동요를 일으켰던 일련의 이야기들을 보도하기 전에 그 비행으로부터 조금 더 시간적 간격을 확보하기 위하여 며칠을 더 기다렸다.

인딕 차관은 기밀문서를 잘못 다룬 이유로 그가 이스라엘 주재 미 대사로 임명된 동안에 그의 부서 내 기밀문서 열람허가를 DS에 의해서 제지당했다. 나는 DS의 특별수사팀 팀장이었으며, 국장인 로버트 할팅과 함께 1999년 인딕 차관의 "부주의한 기밀문서 취급" 사건을 조사하였다. 그러나 로버트와 내가 1999년 10

월 25일에 인딕 대사의 기밀문서의 취급에 관한 부서 안전가이드라인 준수를 조사할 때, 이 비행기 에피소드에 관해서 나는 전혀몰랐었다. 알려진 바에 따르면 인딕의 일급비밀 문서열람은 클린턴 대통령의 지시에 따라 다시 가능해졌다.

12 장

내가 젊은 특수요원이었을 때, 내가 풀어야만 했던 첫 부서의 어려운 문제 중 하나는 워싱턴 DC 근처의 연방 교도소 내 중범죄자들 사이에서 공유된 일급비밀문서 사건이었다. 이 사건에서 다행스러운 것은, 수형자들 사이에서 외교정책에 대한 흥미가 그다지 높지 않았다는 점이다. 교도소 내에서 금지물품이나 물품과 쉽게 거래되는 만화책, 마약 등과는 달리, 평범한 수형자에게 기밀문서는 거의 가치가 없다. 놀랄 것도 없이, 기밀문서 분실의 책임이 있는 부서는 "정보와 연구국^{the Bureau of Intelligence and Research: INR}" 이외에는 없었다.

이처럼 상당히 기밀을 요구하는 부서의 문서분실 사건이 1983년 11월 10일 워싱턴 포스트 지가 "슐츠는 비밀문서를 교도소에 흘린 사람을 찾으라고 명령했다"라는 제목의 기사를 내놓았을 때 대중에 알려졌다. 기사에 따르면, 슐츠 국무부 장관이 일본으로 가기 위해 알래스카에 들렀을 때, 이 상황을 알게 되었으며, 정부의 가장 민감한 문서 유출 사건을 조사하도록 명령했다는 것이다. 그것은 부처에 있어서 워싱턴의 정치꾼들과 전문가들의 비난과 조롱을 초래하는 또 다른 심각한 타격이었다.

워싱턴 포스트 지에 기사가 등장하기 7일 전에 나는 내 책상에 앉아 있었고, 전화가 울렸을 때, 나는 아직 해결되지 않은 사건을 응시하고 있었다.

"특수요원 부스입니다." 나는 대답했다. "국무부 특별조사팀입니다. 뭘 도와드릴까요?"

"저는 로톤 교도소 교도관 찰스 라이스입니다. 저는 모든 연방 수사기관에 전화를 해봤는데 아무도 기꺼이 저를 도와주려하지 않는 것 같습니다."

로톤 교도소는 버지니아 오코콴에 세워진 낡고 과밀수용된 교도소로서 매우 악랄하고 폭력적인 수형자를 수용하고 있는 연방정부 관할의 교도소였다. 그곳에선 늘 좋지 않은 일만 일어나고 있었다. 아무도 교도관을 도와주려하지 않는 건 당연했다. 그런데 왜 그는 국무부에 전화를 한 걸까?

"글쎄요, 한번 말해보시겠어요. 듣고 나서 제가 도울 수 있는 일인지 결정하도록 하겠습니다." 나는 말했다.

"네, 약 한 달 전에, 로톤에 수용된 수형자가 낡은 캐비닛을 보수했는데, 거기서 정부 문서를 발견했습니다." "아, 정말이요?"

"네, 저는 교도소장님께 이것을 보고했고, 그는 나에게 잊어버리라고 말했습니다. 그렇게 하고나서 저는 FBI 알렉산드리아 지부에 전화를 했고 제리 요원에게 이 이야기를 했는데, 그는 나에게 그만 잊으라고 했습니다. 그리고 저는 국무부에 일하는 직원인 셸리에게도 전화했는데, 그녀는 그녀의 관할권이 아니라고 했어요. 그래서 당신에게 전화한 겁니다."

'오, 제길, 미친 사람 전화구나'라고 나는 생각했다. "좋습니다. 근데 왜 국무부에 전화를 했지요?" 나는 물었다.

"예, 제가 생각하기에 이 문서가 국무부 문서인 듯 합니다. 서류 꼭대기에 국무부 전보라고 쓰여 있었습니다."

'진짜 문제가 생긴 것일지도 모른다'는 생각이 들었다. "나를 위해 종이 가운데 한 장 왼쪽에 있는 것부터 읽어주시겠습니까?"

교도관 라이스는 국무부의 전보와 일치하는 시간, 날짜, 추가적인 약자들을 불러주었고, 90일 이전에 만들어진 것이었다. 그가 읽는 것을 중단하면서 나는 물었다. "맨 위 중간하고, 바닥에 큰 마크가 있나요?"

"네, 있습니다. 기밀이라고 쓰여 있네요."

"왼쪽에 무슨 단어가 있습니까?"

"그레나다. 아마 당신이 흥미 있을 만한 문장은 '혐의가 있는 KGB 요원이 유럽으로 갔다'라는 문장일 것 같은데요." '아, 이제 누군가가 이것 때문에 죽겠구나'라고 생각했다. "좋습니다. 여기에 연락하신 건 잘하신 일입니다." 나는 재빨리 그에게 언제 내 사무실에 들를 수 있는지 물어보았고, 그는 바로 다음 날 올 수 있다고 했다.

11월 4일 오후 3시 45분, 나는 교도관 라이스를 부서의 외진 곳인 2422호실로 안내했고, 마이클 콘시딘과 함께 그를 면담했다. 마이클은 6피트 4인치 키의 농구선수 출신으로 뉴욕주립대 브락포트 대학교를 졸업했으며, 늘 웃는 다정한 사람이었다. 우리는 1980년대 초반에 국무부 장관의 보호대상 정보와 관련하여 함께 일했으며, 함께 일하는 것을 즐겼다. 일단 우리가 앉자, 라이스 교도관은 이야기를 풀어놓았다. 라이스에 따르면 1983년 10월 초반 어느 날, 그가 로톤 교도소의 캐비닛 안에서 기밀서류를 발견했다는 것이다. 몇 년간, 미국 정부는 "게으른 손은 악마의 도구이다"라는 모토 하에, 수형자들의 교정교화 작업을 제공하고, 비용을 절감하기 위해서 낡고 살짝 흠이 간 가구를 로톤 교도소에 보내서 수리토록 하였다. 이번 경우는 부처 직원들의 총체적인 게으름 때문에, 국무부가 매우 민감한 정보를 상당히 유실해서 곤혹을 치른 것으로 드러났다. 라이스 교도관에 따르면, 문제가 된 그날, 그는 로톤 교도소의 가장 경계가 삼엄한 구역에서 근무를 서고 있었다. 약 오전 9시경, 수형자 한 명이 자기 방에 이불이 없다고 해서 깁스 교도관은 라이스 교도관에게 필요한 물건을 가져다주라고 했다는 것이다. 영화 "위대한 탈출"의 제임스 가너가 내 머릿속에 떠올랐다.

라이스 교도관이 물건을 찾기 위해서 1블럭에서 3블럭으로 걷는 동안에 복도의 앞, 뒷 문이 열려있는 것을 알아차렸고, 작업장의 깃대를 향해있는 앞문도 열려있는 것을 보았다. 수형자가 작업장 안에 숨어있을 가능성이 있었기 때문에 그는 콜먼 교도관에게 타워 7로 와서 빨리 수형자 수색을 해달라고 요청했다. 비록 그가 그 안에서 수형자를 찾지는 못했지만 라이스 교도관은 열려져 있는 문이 여전히 의심스러웠고, 금지물건이 작업장 어딘가에 비밀스레 숨겨져 있을 것이라 믿었다.

다양한 수리단계에 있는 많은 가구들을 수색하다가, 라이스 교도관은 캐비닛을 열어보았고, 거기서 기밀문서를 발견했다. 그는 "일급기밀", "기밀"이라고 도장이 찍힌 서류 몇 개를 수거하였다. 그는 자신의 발견이 상급자들에게 알려줄 만큼 중요한 것이라고 생각했다. 그의 초기 통지는 어떤 관심도 끌지 못해서 그는 30분 후에 다시 전화를 했다. 그러나 라이스 교도관은 상급자인 더 함 교도관으로부터 지정된 근무 장소를 이탈하지 말라고 야단을 맞았다.

라이스 교도관은 파일을 캐비닛에 넣고 작업장의 앞문을 잠그고 다시 그의 근무 장소로 돌아갔다. 그는 즉시 사건을 묘사하기 위한 사건일지를 작성했고, 그의 근무가 끝날 무렵에 세 명의 상급자와 더함 교도관에게 사건일지의 복사본을 주었다. 자신의 말을 믿지 않을까봐 걱정스러워서 그는 "그레나다"라는 표시가 있는 국무부 전보 하나를 자신이 가지고 있었다.

그의 이야기를 들으면서 나는 그의 사물함이 아마도 "정보와 연구국INR"의 캐비닛보다는 더 안전하다고 생각했다. 다음날, 라이스 교도관은 로톤 교도소의 행정가인 윌리엄 플롯이 자신이 쓴 사건일지를 봤다는 것을 알게 되었다. 그러나 몇 주 동안 아무도 그에게 그 문서에 대해 물어보러 오지 않았다.

더 심한 것은, 그는 운동장에 있던 수형자들이 기밀문서를 발견했다는 것을 들었다는 사실이다. 라이스 교도관에 따르면 비록 교도소 규정에 따라 모든 수형자들은 작업장에 교도관과 함께 가야하지만, 사실은 교도관들은 배관이나 전기 일을 하는 수형자는 감시하지 않는다는 것이다. 9월에 시작된 로톤 교도소 보수작업 이래로 약 100명의 민간인 계약 노동자와 페인트 공들이 건물에 있었다는 것이다. 그는 교도관들이 작업장에 들어갈 수 있도록 허락을 받은 수형자 명단을 가지고 있어야 하는데, 사실은 명단이 정확하지도 않고 업데이트되지도 않았다고 인정했다.

1983년 10월 26일, 미군이 그레나다 섬을 침범했다는 발표가 난 후, 라이스 교도관은 기밀문서의 진위여부에 대해 확신을 가지게 되었다. 다음날, 그가 근무지에 있을 때, 가구 건물로 돌아와서 캐비닛에 있는 모든 서류를 가져와서 복사를 한 후에 원본을 캐비닛에 다시 가져다 놓았다.

"말씀드렸다시피, 저는 여러 건물의 많은 FBI 요원들과 법무부 인권부서에 있는 여직원에게도 전화했지만 어떤 성과도 없었습니다." 그는 설명했다.

"그런데 왜 우리 사무실에 전화했죠?"

"글쎄요, 저는 국무부 직원이 서류를 가지러 로톤 교도소에 온다고 들었는데, 아무도 우리 직원을 만나서 인터뷰하지 않았어요. 아무 일도 일어나지 않았습니다. 아무도 그 어떤 조치도 하지 않았어요. 국무부 문서가 교도소 안에서 떠돌아다니고 수형자들 사이에 거래되어도 아무 조치도 없는 것입니다."

마이크와 나는 누구건 서류를 가져간 자가 이 사건을 대중이 모르도록 하는 임무를 수행했다는 것을 깨달았을 때 우리는 서로를 응시했다. 나는 기밀문서의 분실을 은폐하기 위한 부서의 전략에 직면한 것이다. 라이스 교도관과의 면담 이후에 나는 누가 로톤 교도소에 가서 기밀문서를 가져왔는지를 조사하기 시작했다. 그의 이름은 내 수사의 최종보고서 안에 있다.

"아무 조치도 하지 않았다는 것을 알고 화가 났습니다." 라이스 교도관은 말했다. "저는 국무부 내에서 누가 이 사실에 대해 알아야만 하는지를 알아냄으로서 이것을 바로잡고 싶었습니다. 교도소 6블럭 안의 살인범인 엘로이 루이스, 코니 윌킨즈, 샘슨이 이 서류들을 공유했다구요."

"당신은 옳은 일을 하신 겁니다. 조사국에서 즉시 수사에 착수할 것이고, 우리는 지속적으로 연락을 해야 합니다." 잠시 후에 나는 덧붙였다. "이 사건은 약간 좀 위험합니다. 본 사건에서 우리가 당신의 신원을 기밀로 처리하길 원하십니까?" 그는 말했다. "그렇게 해 주세요."

그는 쉽게 동의했고 우리는 다음 주에 다시 만나기로 했다.

그가 건물 밖으로 나가도록 함께 배웅한 후에 나는 즉각적으로 특별조사국 팀장인 번 샤움버그에게 보고를 했다. 그리고는 퇴근하기 위해 집으로 향했다.

집에 돌아온 7시 30분경에 텔레비전 뉴스에서 흘러나오는 기자의 보도에 내가 얼마나 놀랐는지 상상해보라. "WTTG-5의 단독보도입니다. 우리는 로톤 교도소의 교도관과 이야기를 했는데 그는 교도소 내에서 국무부 기밀문서를 발견했습니다." 밤 11시 채널 5의 뉴스에서는 국무부 입구에 서서 기자와 이야기하고 있는 라이스 교도관의 모습이 방송되었다. 라이스는 뉴스에서 다음과 같이 말했다. "몇 분 전에 나는 특수요원 부스와 콘시딘과 면담을 했다. 그리고 그들은…." 이게 바로 워싱턴 전체가 로톤 교도소 기밀문서 사건을 알게 된 이유이다. 이 사건에서 라이스 교도관의 신원보호 요청은 이제 그만. WTTG-5의 보도가 중간쯤 진행되었을 때, 우리 조사국 지부의 월터 디어링은 나에게 다음날 사무실에서 일이 잘 진행되길 바란다고 전화를 주었다. 그의 놀림 전화는 그날 밤 걸려온 수많은 전화 중 하나였다. 그의 전화는 그래도 상당히 덜 유머러스한 것이었다.

아주 이른 아침시간 동안에 내가 심사숙고한 질문은 이것이다: 라이스 교도관은 우리와 면담하기 전에 텔레비전 인터뷰를 계획한 것인가? 아니면 항상 우리 건물 밖에서 뉴스 데드라인을 맞추기 위해 기사거리를 찾고자 모여 있는 기자들과 우연히 만난 것인가? 누가 알겠는가? 누가 신경 쓰겠는가? 어쨌든 나는 곤경에 처했다. 슐츠 국무장관은 이 사건에 대한 전면적인 조사를 지시했고, 나는 빨리 보호막을 찾아야 했다. 그렇지만 나처럼 젊고, 공격받기 쉬운 특수요원, 심지어 보안조직 내의 요원이 보호막을 찾는다는 것은 어렵다.

　다음 날인 월요일, 나는 FBI 특수요원인 팀과 워싱턴의 FBI 지부 사무실 0630호에서 수사 관할에 대해 논의하기 위해 만났다. 기밀서류가 로톤 교도소에서 발견되었기 때문에 FBI 관할권에 속한다는 결론을 내렸다. FBI가 주된 조사 책임이 있다. 나는 내 보안부서에서 나의 짧은 임기에 큰 치명타를 입힐 수 있었던 큰 총알을 성공적으로 피했다.

　얼마 후에 국무부 대변인인 알랜 롬버그는 언론 브리핑에서 기자들에게 로톤 교도소에서 발견된 문서들은 수리를 위해 교도소로 보내진 국무부 가구 안에서 발견된 것이라고 말했다. 그는 또한 문서들은 국무부의 "정보와 연구국INR" 문서들이라고 말했다. 1983년 8월 첫째 주에, 계약 노동자들이 "정보와 연구국INR"에 와서 빈 캐비닛과 중고 가구들을 보수하기 위해 가져갔고, 그들이 본의 아니게 서류가 꽉 차있지만 잠겨있지 않은 캐비닛을 가져갔다고 말했다.

　관련된 많은 질문, 당황스러움을 주는 질문들이 터져 나왔다. "정보와 연구국INR" 건물에서 나가는 모든 가구들 안에 기밀문서가 없다는 것을 확인할 책임이 있는 직원은 누구인가? 누군가가 부서 내에 기밀문서를 가득 담고 있는 캐비닛이 사라졌다고 이에 책임 있는 직원에게 말하지 않았는가? "정보와 연구국INR"에서 누가 "일급비밀" 서류를 다루는가? 사무실 장비와 가구를 통제 구역 밖으로 내보내는데 있어서 내부적으로 어떤 통제를 하고 있는가? 부서 내 효과적인 보안 프로그램을 확인하는 데 있어서 선임 "정보와 연구국INR" 관리자는 어떤 책임과 역할을 하고 있는가? 만약 분실을 알아채지 못한 채, 민감한 문서들이 사라진다면, 확실히 "정보와 연구국^{INR}"의 보안 관행에 대해 문제가 제기될 수 있다.

롬버그 대변인은 국방부는 발견된 문서의 대부분이 적에게 유출된 것으로 보지는 않는다고 말했다. 만약 국무부의 지휘부가 한 달 전에 보호되지 않은 채로 연방교도소로 보내진 일급기밀문서들이 유출되지 않았다고 가정한다면, 국가 보안정보의 유출이 과연 무엇이란 말인가? 언론 브리핑은 무슨 일이 발생했는지를 설명하는 것과 아무 관련이 없었다. 브리핑의 목적은 국무부의 신뢰와 이미지에 손상을 통제하는 것이었다.

1983년 11월 10일, 로톤 교도소 직원은 FBI의 도움으로 수형자들 방을 수색했고 몇 장의 정부 기밀문서를 찾아냈다. 로톤 교도소에서 회수된 기밀문서는 미국 정부 무기와 관련된 가장 민감한 문서라고 밝혀졌다. 불행하게도 "정보와 연구국^{INR}"은 유실되거나 손상된 모든 문서를 밝혀내질 못했다. 천천히, 국무부 지휘부들이 안도할 만큼, 신문 헤드라인에서 이 뉴스는 사라졌다.

FBI가 이 사건은 형사사건으로 진행하기에는 증거가 충분치 않다는 결론을 마침내 내렸을 때, 이 수습안 되는 사건은 해결을 위해 국무부로 넘겨졌다. DS에 수사를 요청하는 것 대신에, 국무부 선임은 그 당시에 독립적인 법적 권한이 없는 힘없는 부서의 일반 조사관에게 사건을 넘겼다. 롬버그 대변인이 조사를 통해 범인으로 밝혀진 그 사람은 누구건 간에 적절한 처벌을 받을 것이라고 말했지만, 아무도 처벌을 받지 않았다. "정부와 정보국^{INR}" 선임 관료는 모든 것을 단지 덮어버렸다.

수사의 유일한 중요 결과는 보관되었던 보안문서 및 물품들이 부서에서 옮겨질 때 확실하게 조사해야 한다는 외무부 매뉴얼,

부서의 내부 규율이 성문화된 것이다. 금고나 파일 캐비닛들이 부서에서 옮겨지거나 폐기될 때 기밀문서들을 철저하게 조사하는 것에 대한 필수사항이 생겨난 것이다. 또한 부서 내 어떠한 가구든 옮겨질 때 문서화되도록 하는 새로운 규제도 요청되었다. 이 모든 것은 평범한 상식이 있었으면 충분했을 것이다.

─ *** ─

또 다른 기밀정보를 포함한 문서 유출 사건이 1970년대 초반에 타일랜드 우돈에 있는 미국 영사관에서 발생했다. 이 사건들은 내가 일을 시작하기 전에 발생한 사건들이기 때문에 내가 인용할 수는 없다. 그러나 그 사건들은 교훈적인 사건들이었다. 또 다시 보안 규칙을 무시하고 따르지 않아서 기밀문서들이 유실되고 손상되었다. 결국 국무부는 지역 경제에 의도치 않게 기부를 하게 되었다.

그 당시에 미국 영사관은 두 명의 미국인과 6명의 태국 현지 직원들로 구성된 타일랜드 북부에 있는 아주 작은 전진기지였다. 베트남 전쟁은 캄보디아와 라오스에서 전쟁노력을 지원하는 그 지역 내 미군작전들에 붙여진 프로파일을 더 부각시켰다. 영사는 그 당시에 문서를 파기하는 장비를 가질 만큼의 호사를 누릴 수 없었으며 많은 기밀문서를 주거나 받지도 않았다. 영사관들이 기밀문서를 파기하는 방법은 바닥에서 불을 붙여 태우는 것이었다.

미국 영사가 파기될 민감한 문서를 모으면 타이 직원이 그 문서에 불을 붙였다. 서류들을 태우는 방법이 문서를 철저하게 파기하고 다시 그것들을 복원하지 못하게 하는 방법이었다. 그러나 영사는 서류들이 완전히 불타서 파괴되는 것을 확인하지 않은 채 영사관으로 돌아간 것이 실수였다. 타이인 직원은 곧 불을 끄고 타지 않은 서류를 꺼냈다. 모든 게 다 값어치가 있는데, 타이 직원은 왜 미국인들이 지방 시장에다가 연습장으로 내다 팔면 되는 종이들을 태우는지 이해가 되지 않았다. 명백히 직원은 재활용을 하려한 것이다. 어느 날 한 타이 회사가 영사에게 연락할 때까지 타이 직원의 종이 재활용은 꽤 지속되었다. 타이 신사는 영사에게 미국 정부가 기밀문서를 다시 구입하길 원하는지 물어봤다. 타이 영사관 직원이 우돈 시내의 지역 생선상인에게 종이를 팔았던 것처럼 보였다. 미 국무부 기밀문서와 전보들이 메콩강에서 잡히는 게를 싸는데 쓰이고 지역 시장에서 팔리는 맛있는 생선들을 포장하는데 쓰인 것이다. 이제 타이 신사는 시장에서 쓰이고 있던 모든 종이를 다 사서 미국 정부에게 다시 팔려고 하는 것이다. 전해지는 바에 따르면 미국 정부는 그들의 기밀문서를 사기 위해 몇 천 달러를 썼다는 것이다. 우리에게 천만다행인 것은 타이 지방에서 영어를 읽을 줄 아는 비율이 상당히 낮았다는 것이다.

— *** —

정부 공직자들은 부서 기밀을 지키는데 있어서 고르지 못한 이력을 가지고 있다. 1982년 이래로 수년 동안 나와 나의 FBI 동료들이 심각한 방첩활동 위반에 대해 논의하기 위해 수많은 회의장에서 커피를 마실 때마다, 기밀문서들을 파일폴더, 봉투, 서류가방, 지갑 등에 넣어서 밖으로 가지고 나가는 것을 금지하는 보안규정을 정부 공직자들이 심각하게 여기지 않는다고 불평하는 FBI

의 "아군에 의한 포격"을 나는 감수해야만 했다. 나는 예의 바르고 조용하게 그 불평들을 참아냈다. 즉, 2001년까지 FBI의 뉴욕지부 국가안보부서 수석 특수요원인 존 오닐이 기밀문서 유출로 범죄수사를 받는다는 사실에 대해 FBI를 꾸짖는 기쁨을 가지게 될 때까지 나는 참았다. 2000년 여름에, 오닐은 플로리다 탐파에서 FBI 회의를 마친 후에 그의 호텔방에 테러리즘, 첩보활동 조사에 관한 민감한 내용을 담고 있는 서류들로 가득 찬 서류가방을 놓아두었고, 이것을 그 지역 도둑이 훔친 것이다. 다행히 지역 경찰이 발견해서 도난당한지 24시간만에 서류가방을 다시 찾게 되었다. 오닐 요원에게는 불행하게도, 법무부는 그의 판단 잘못에 대해 범죄수사를 하겠다고 결정했다. 조사를 마친 후에 법무부는 오닐을 기소하지는 않기로 결정했고 그는 이후 곧 은퇴했다_{오닐은 뉴욕}
세계무역센터의 보안과장이 되었고, 이후 2001년 911 테러사건으로 세상을 떠났다.

FBI 요원들이 나의 잔소리를 더 이상 견딜 수 없게 되었을 때, 그들은 그들 부서에서 발생한 "서류가방 범죄" 사건으로 나에게 기습을 가했다.

1995년 9월 28일, 국무부 정무차관 피터 타노프와 그의 보좌관 다니엘 루셀, 중국과 몽고 사무소 소장 제프리 베이더_{그는 후에 미국}
법원에 돈 키저를 위한 지지 서한을 보냈다로 구성된 미국 대표단은 맨해튼에 있는 주 유엔 중국 대표부 앞에서 자동차에서 내리고 있었다. 그들은 오후 1시로 예정된 중국 외교부 차관인 리 자오징과의 회의를 위해 도착한 것이다. 건물 안에서 미국 대표단은 로비에서 회의장까지 안내되었다. 40분간의 토론 끝에 타노프 차관은 중국 리 차관과 둘이만 논의를 하자고 청했고 미국 대표단들과 중국 직원들은 회의장을 빠져나갔다. 10분 후에 미국 대표단은 주 유엔 중국 대표부 건물을 떠났고, FBI 동료에 따르면, 소설보다 더 기이한 현실이 발생했다는 것이다.

미국 대표단이 묵고 있는 월도프 아스티라아 호텔 본부로 돌아오는 길에 대표단들은 미국과 중국의 입장을 담은 기밀문서로 가득 찬 타노프의 서류가방이 사라진 것을 알게 되었다. 세 명의 대표단들은 타노프가 그날 아침 언젠가 가방을 잃어버렸다고 결론 내렸다. 그들은 주 유엔 중국 대표부로 가기 전에 타노프가 유엔빌딩 지하에 있는 D 회의장에서 인도네시아 외무부 장관과의 회의를 가졌다는 사실을 기억해냈다. 하급직원인 러셀은 가방을 찾는 임무를 맡게 되었다. 부처 차량으로 러셀이 유엔에 도착하자, 그는 재빠른 수색을 위해 지하로 향했다. 아무것도 찾지 못하자 그는 길을 건너서 주 유엔 미국 대표부로 향했다. 어떤 시점에서도 그 세 명 가운데 어떤 누구도 유엔 보안 담당자나 DS에게 그들이 가방을 잃어버렸다고 알리지 않았다.

이 시점에서 러셀은 주 유엔 미국 대표부의 자동차를 타고 주 유엔 중국 대표부로 가서 중국인 안내 데스크 직원에게 중국 대표부 직원인 리 샤오밍을 만날 수 있느냐고 물어보았다. 안내 직원은 전화연결을 해봤지만 리씨와 연결이 안 된다고 말했다. 러셀은 그녀에게 그가 회의장에 부주의하게 "notebook"을 놓고 왔으니 그를 회의장까지 에스코트 해 줄 수 있느냐고 요청했다. 내 FBI 동료에 따르면, 그 안내원은 러셀에게 "서류가방"을 의미하는 지를 물어봤고, 안내 데스크의 바닥에 있던 쇼핑백에 담겨있던 서류가방을 건네주었다는 것이다.

러셀은 쇼핑백을 가지고 주 유엔 중국 대표부 건물을 나왔다. 주 유엔 미국 대표부 차량 안으로 들어오자, 러셀은 서류가방을 열어봤고 부서의 삐삐, 타노프의 안경, 그리고 대략 50개의 비밀과 기밀서류들을 그 안에서 발견했다.

내가 이 이야기에서 이 부분을 들었을 때 머릿속에 떠오른 첫 생각은 당연히 신사들은 서로의 문서를 훔쳐보지 않는다는 것이다. 주 유엔 중국 대표부 내의 MSS^{중국 안전부 요원} 직원들은 외교적 관습을 결코 위반하지 않았다. 그래서 세상이 이렇게 평화롭다. 글쎄, 아마 아닐지도.

왈도프 아스트리아 호텔에 돌아오자, 러셀은 서류가방을 타노프의 수행 보좌관에게 주었고 3주 후 FBI 요원이 전화할 때까지 이 모든 에피소드를 완전히 잊고 있었다. FBI가 세 명의 대표단들을 조사할 때, 세 명은 그들의 이야기를 제대로 맞추는데 어려움이 있었지만, 결국 법무부는 기소를 하지 않았다. FBI 보고서가 주무부에 넘겨졌을 때, 국무부 고위관리인 리처드 무스^{국무부의 5번째 고위관리이며 모든 예산, 행정, 인사문제를 책임지는 관료이다}는 조사를 어떻게 결론을 내릴지를 결정하는 임무를 맡았다.

FBI가 리처드 무스의 이름을 언급했을 때 나는 크게 웃을 뻔했다. 이 리처드 무스는 아프리카 업무를 담당하던 인물로 1980년 브라니프 항공 704에서 다른 승객을 매우 화나게 했던 그 사람이었다. 무스는 비행기 안에서 기밀문서를 읽고 있었고, 정보기관 직원이었던 한 승객이 그에게 대중이 보는 앞에서 기밀문서를 볼 수 없다고 경고하고 항의했다. 무스는 그 승객에게 자신이 기밀문서를 검토하는게 사실이지만 그는 긴급히 초안을 작업할 필요가 있으며 더 이상 응대하기엔 자신이 너무 바쁘다고 말했다. 무스의 이러한 태도는 정보기관 직원을 격분케 했다. 일단 비행기가 착륙하자 정보기관 직원은 브라니프 항공사 카운터로 가서 자신의 신분을 밝히고 무스의 좌석번호를 통해 무스의 신원을 확인하고 국무부에 이 사실을 알렸다. 1980년 8월 18일 무스는 이 사건으로 인해 국무부의 벤 리드에게 구두 경고를 받았다.무스는 1996년 공무집행을 위해 출장을 함께 갔던 여직원과의 불륜관계로 인해 사임했다.

DS는 기밀 분류된 문서들이 노출된 것을 부처에 알리지 않은 그 세 명에게 문서로 된 경고를 주어야 한다고 권고했다. 무스는 문서화된 경고는 그러한 위반에 대해서는 너무 심한 처벌이라고 결정했고, 대신 국무부 외교안보국 부국장이자 경력직 블랙 드래곤인 앤소니 쿠안틴에게 타노프를 구두 경고하도록 지시했다. 타노프가 잘 나가는 블랙 드래곤 쿠안틴에게 예정되어 있던 심한 질책을 받기 위해 DS 사무실에 보고하였다는 것을 몇 년 뒤에 들을 때까지 이 이야기가 너무 심해서 나는 FBI의 "도시 전설"같은 이야기를 믿지 못했다. 쿠안틴은 자신의 특별보좌관 토마스 맥커버를 나가게 해서 아무도 닫힌 문 안에서 벌어진 "처벌세션"을 목격한 사람은 없었다.

— *** —

1998년 3월 9일, "국무부 기밀유출을 조사하다"라는 제목의 기사가 워싱턴 포스트 지에 실렸고, DS와 FBI는 신원이 밝혀지지 않은 한 남성이 국무부 중역사무실 밖에 나타나서 두 명의 직원이 보는 앞에서 일급비밀서류를 가지고 걸어 나간 사건을 조사하고 있었다. 국무부의 익명을 요구한 한 관료는 말했다. "그 누구도 이것이 평범한 것이라고는 결론 내리진 않았지만, 명백히 이것은 어떤 스파이 행동이 보여주는 행태는 아니다. 이는 비밀작전이 아니다. 우리는 어떤 국가안보 정보가 누출되었었는지는 아직 모른다." 그 당시에 나는 DS/CI의 부국장이었으며 이 사건에 대해 언론에 논평을 한 그 관료의 말에 동의하지 않는다.

1998년 2월 5일 오전 7시 경에 목에 금속 목걸이와 함께 직원 신분증을 걸은 6피트 정도의 키에 안경을 쓰고, 꽁지머리가 있는 스포츠형 머리의 남성이 국무부 장관 올브라이트의 7층 집행부 사무실 밖 7-2 복도로 들어왔다. 그날 아침, 사무실 관리자인 셜리 M. 해치와 수잔에게 자신을 소개하거나 신원을 밝히지 않고 또는 심지어 "좋은 아침입니다"라는 말조차 없이 그는 걸어 들어와서 "일일국가정보^{National Intelligence Daily, NID}"를 포함하고 있는 19개 폴더들로 구성된 아코디언 파일이 위에 놓여있는 나무로 된 탁자로 갔다. "수퍼 파우치"라는 별명을 가진 CIA의 일급비밀 "일일국가정보^{NID}"는 국가안보부^{NSA} 보고서 그리고 국가정찰국^{National Reconnaisance Office} 위성사진을 포함한 CIA와 DOD가 수행하는 비밀작전에 관한 보고서를 포함하고 있다. 보통 10에서 12페이지로 이루어져 있는 국무부의 NID 사본은 잠겨진 캔버스 형태의 서류가방에 담겨서 CIA 전달자에 의해 운반된다. INR로 전달된 서류들은 빠르게 분류되고, 그리고 국무부 장관에게 즉시 전달하기 위하여 미국 외교관계에 가장 큰 영향을 미치는 정보들이 파악된다. 이는 아침에 자신의 사무실에 도착해서 국무부 장관이 읽는 첫 번째 공식 문서들이다.

그날 입은 것으로 묘사된 자켓때문에 이후 수사에서 "트위드 코트 미스터 브라운^{Mr. Brown Tweed Coat: BTC}"이라고 불리는 그 정체를 알 수 없는 인물은 그 사람을 파악하지 못했던 두 명의 사무실 관리자들이 아주 불편하게도 그 폴더를 꼼꼼히 살피기 시작했다.

그가 나타난 지 2분 후에, 해치는 그에게 도움이 필요한지 물어봤다. 그는 "우리는 이 서류들을 계속 활용해야 한다"라고 말했는데 이건 부서에서 흔히 쓰는 표현이었고 그는 계속해서 몇 분 더 그 폴더들을 살피기 시작했다.

이 시점에서 해치는 일어서서 그에게 보다 강한 어조로 도움이 필요한지 물어봤다. 자신에게 시간이 얼마 남지 않았음을 간파한 그는 아무 말도 없이 NID 서류들을 갈색 비닐 서류 가방에 넣고 밖으로 나갔다. 그때 이후로 그를 보거나 그에 관해 들은 사람이 없다.

그 사람이 국무부를 빠져나간 몇 분 후에 두 명의 직원은 뭔가 잘못된 것을 감지했다. 나중에 그 직원 중의 한명은 조사에서 그 범인이 어떤 한 특정 서류를 찾는 것 같았다고 말했다. 두 직원은 상급자에게 보고했고, INR 직원이 서류를 가져간 것으로 착각한 상급자는 침착하게 그 서류를 찾으러 갔다. 국무부 장관 비서 팀장인 윌리엄 번은 INR의 메리에게 전화해서 직원의 인상착의를 이야기하고, 그가 "슈퍼 파우치" 서류를 가져갔으니 돌려달라고 말했다. 메리는 그녀가 아는 직원 중에는 전해 받은 인상착의를 한 직원이 없었기 때문에 누군지를 알아내기 위해서 몇 통의 전화를 더했다. 아무도 그런 사람을 모른다는 것이었다. 그 시점에서 약간 불안해져서 메리는 오후 1시 5분경에 320명의 직원들에게 이메일을 보냈다.

"S/S[the Secretary Office: 국무부 장관실]는 오늘 아침에 안경을 쓴 큰 키의 남성이 국무부 장관실에 나타나서 장관실의 INR 파우치의 일부를 빼내서 가져갔다고 조금 전에 알렸습니다. 장관실은 내가 문제의 그 남성이 INR 소속이라고 입증하기를 바

랍니다. 통상적으로 7층으로 정보를 가지고 드나드는 일반 용의
자가 아직 보고하기 위해 나타나지 않았다면 전화해주기를 부탁
합니다. S/S에 올라왔던 사람은 장관실이 평정을 되찾을 수 있도
록 내게 알려주시기를 부탁드립니다. 감사합니다."

　　그날 저녁 근무를 마칠 때까지 INR이나 국무부 비서실은
DS에 서류를 잃어버린 것을 보고하지 않았고, 메리는 몇 통의 부
인하는 이메일만 받았다.

　　2월 6일 금요일 늦은 아침까지, 일급비밀 NID 문서가 분실
된 지 24시간 후에, 그 누구도 자신이 그것을 가져간 사람이라는
답은 없었으며 도와주겠다는 25개의 이메일만이 왔을 뿐이다.
INR과 비서팀은 경보를 울렸다. 비록 DS가 보안문제들을 도와주
기 위하여 INR에 전일제 특수요원을 배치하였지만, 지난 금요일
오후까지 우리 요원인 맥엘해탄에게 이 사실이 비밀로 붙여졌었
던 것이다. 마침내 오후 4시경에 차관보 사무실에서 DS에 전화를
했고 수사 방첩부서 수장인 특수요원 토마스 맥키버가 지명되었
다. 4:30경에 문서유출이 알려졌고 즉각적으로 수사 계획을 세우
기 시작했다.

　　사건의 내용을 들어보면 내가 생각건대 그 범인은 특정문서
를 찾기 위해서 대범한 외국 정보국에 의해 지시를 받은 사람일
것이다. 앞으로 있을 이라크와 우리나라의 전쟁에 관한 정보 혹은
구 유고슬라비아에서 나토 평화유지군의 역할에 관한 정보인 것
일까? 게다가 용의자는 그의 목에 국무부 신분증을 걸고 있었다.
비밀 침투요원인 부서직원인 것일까? DS/CI는 인터뷰를 시작할
준비가 되어있었다. 하지만 내가 HST에 있는 INR 직원들에게 사
전예비적인 전화를 걸기 시작했을 때, 거의 모든 직원들이 주말을

보내기 위해 집에 갔고 전화를 받지 않거나 이메일에 답하지 않았다. 거의 오후 6시 30분이었다. 만약 내 6명의 요원으로 구성된 작은 DS/CI 수사팀이 인터뷰를 하기 위하여 미리 알리지 않고, 수사관 배지를 흔들면서 분실된 문서들에 대해 이야기를 한다면, 우리는 키스톤 경찰들보다 더 안좋게 비쳐질 것이다. 내 결정은 월요일까지 수사를 연기하는 것이었다.

2월 9일 월요일 오전 7시에 DS 특수 요원인 맥키버의 작지만 잘 정돈된 사무실에서 상황을 검토하기 위해 만났다. 내가 기쁘게도 맥엘하탄 요원은 금요일 오후와 주말 동안에 자신만의 조사를 했고, 존 피네간 요원의 도움을 받아서 이미 두 명의 국무부 장관 비서실 직원을 면담했고 추가적인 정보를 모아놓았다. 그러나 우리는 이 문서가 "잃어버린 게 아니라" "도난당했다"고 결정했기 때문에 FBI가 관여해야 한다고 결정했다. 기밀문서 절도는 평범하고 일반적인 절도가 아니기 때문이다. Section 1924, Chapter 93 of 18 United States Code(Title VIII) Section 808에 따르면 만약 권한이 없는 한 개인이 승인받지 않은 장소에서 자료를 가지고 있기 위한 의도로 이런 절도를 했다면 이것은 중범죄이며, 천 달러의 벌금 혹은 1년 이하의 징역형 혹은 둘 다를 받을 수 있다. 이런 이유로 FBI가 이 BTC 사건에서 선도 수사기관이 되며 DS가 지원하게 되었다.

한 불평이 가득한 FSO에게 혐의가 갔지만 이내 취소되었다. CIA는 BTC 용의자가 자신의 요구를 들어주지 않으면 민감한 정보를 유출하겠다고 협박하는 국무부내 내부직원이라는 소문을 냈다. FBI는 수백 명을 조사하고, 거짓말 탐지기 조사를 했으며 심지어 직원들의 사적인 주거지까지 조사했다. 모든 게 소용없었다.

NID 서류를 가져간 사람이 누구든 의도적으로 그렇게 했을 것이
다. 범인은 틀림없이 외국을 위한 첩보활동을 하는 침투요원일 것
이다. "우리는 확실히 이 사건을 심각하게 받아들이며 분명히 진
상을 규명할 것입니다"라는 제임스 폴리 부대변인의 확언에도 불
구하고, 우리는 진상을 규명하지 못했다. 나는 그 범인이 여전히
국무부 내부에서 일하고 있을까봐 걱정스럽다.

제4부

성 안에서

왕은 알고자 하는 모든 사람들에 대한 메모를 가지고 있었다. 그들이 꿈도 꾸지 못할 방법으로 정보를 가로채어서...

　　　　　　　　　　　　　　　　　　　　　-윌리엄 세익스피어

13 장

　1999년 러시아 해외정보기관인 SVR은 미국 워싱턴 DC의 러시아 대사관에 소속된 외교관의 신분으로 위장한 정보관들^{Intelligence} ^{officers: IOs}로 구성된 팀을 파견한다. 이들은 HST에 침투하여 이 건물의 7층에 있는 회의실에 고성능의 송신기를 설치하고자 하는 목적을 갖고 있었다. 이 건물의 7층에는 국무부산하의 사무실들과 정부 부처의 고위공직자들의 사무실들이 즐비한 곳이다. 미국의 수도 한 가운데 위치해 있는 삼엄한 경비의 미국 정부건물을 해외정보기관이 기술적으로 침투한다는 것은 그리 간단히 재주를 부려서 될 수 있는 일은 아니었다.

　성공적인 SVR 작전을 가능하게 한 보안상 허점에 대한 책임은 자신들의 정책적 결정들을 통해 그들의 관대함을 ―그리고 미국의 비밀들을 이용하는 비밀 정보원들에게 부처의 문을 열어 준 국무부의 고위급 구성원들에게 돌려져야 한다. 이 사례에서, 블랙드래곤들의 잘못된 결정들이 HST에 대한 접근통제조치들을 느슨하게 하는데 직접적으로 기여하였고, 이는 SVR의 비밀요원들이 이 건물에 침투하는 것을 더 쉽게 해주었다.

　나는 송신기를 찾아내고, 이용하고, 그리고 궁극적으로 압수하고 그리고 그 임무를 관리하는 러시아 기술정보관을 무력화시키기 위한 DS/FBI 합동방첩작전에 처음부터 참여하였다. 이는 Sacred Ibis 작전이라고 불렸다. 그리고 이 작전은 나의 경력에서 가장 중요한 사례 중 하나로 꼽힌다.

1992년 당시 외교안보국의 부국장인 셸던 J. 크리스는 DS의 국내작전부에 모든 부처 직원들에게 보내어진 1992년 6월 24일자 기밀 해제된 회보인 C92-19를 발행하도록 지시했다. 블랙 드래곤은 최소한의 보안, 정보, 또는 법집행의 경험만이 있었던 크리스를 경력직 해외보안요원으로 직접 선발하였다. 이 공문내용에는 다음의 내용이 담겨있었다. "러시아와 루마니아 외교관들이 DOS 시설 내에 있을 때, 내부직원들에 의해 에스코트를 받아야만 한다는 조항이 더 이상 적용되지 않으며, 이 내용은 즉각적으로 유효합니다. 이들은 다른 방문객들과 동일한 절차를 거치게 될 것입니다. 이로서 어떤 국가도 에스코트 요청리스트에 남게 되지 않을 것입니다."

공문은 1992년 4월 2일자 업무마감 전에 발급되었다. 공개적 메모가 유럽사무국의 총괄이사인 더글라스 L. 랜간으로부터 DS 국내작전부서의 제임스 W. 샌들린에게로 전달되었다. 이 공문은 불가리아 외교관들에게 건물 에스코트를 요구하는 규정이 삭제되었다는 내용이었다: "불가리아의 급진적 정치 변화와 함께, 우리는 합법적으로 보안을 유지하기 위해 불가리아 외교관들에 대한 건물 에스코트가 필요하다고 보지 않습니다. 따라서 오늘 이 요구사항을 신속하게 제거하고 예전인력과 보안인력에게 본 내용을 안내해 줄 것을 요청합니다. 우리는 에스코트 리스트의 요청리스트에 남아있는 두 국가, 소련과 루마니아에 대한 이러한 요구사항을 철폐할지 여부에 대해 고려중입니다. 확실한 결정이 곧 내려질 것으로 기대하고 있습니다."

국무부의 고위 공직자들은 이상한 결론에 다다랐던 것이다. 베를린 장벽 붕괴 이후 단 3년간의 짧은 경험과, 러시아, 불가리아, 그리고 루마니아 정보요원들을 포함한 외교관들과 40년간의 냉전경험에도 불구하고, 갑자기 이들이 신뢰할 수 있고, 친절한 사람들이라는 결론을 내린 것이다. DS의 하위직 공무원들은 이러한 결정에 매우 강력히 반발하였다. 그러나 이들은 이 결정을 철회할 수 있을 만큼의 힘은 없었다. 블랙 드래곤이 국무부 보안조직의 리더십들을 완전히 장악하고 있었기 때문이었다.

그렇다면 왜 랜간은 그의 요청에 대해 "곧" 확실하고 긍정적인 반응을 기대한다고 이야기 했을까? 대답은 간단하다: 그의 업무상 동료 셸든 크리스와 그 건물의 고위급 관리자들이 이미 그러한 외교관 에스코트 정책에 대해 논의했고, 그것이 바뀌어야 한다고 결정했다. 이것은 이미 사전에 결정된 사항이었다. 랜간의 메모와 크리스의 DS에 대한 지도력에 앞서, 고위급 국무부 관리들은 냉전의 종식은 변화하는 시대와 새로운 지정학적 현실에 적응하기 위해 오래되고 경직된 보안활동들이 완화되어야 한다는 것을 의미한다는 내용으로 자신들의 DS 상대자들을 설득하는데 실패했다. 그들에게 있어서는 러시아 외교관들이 미국 국무부에 더 이상 위협이 되지 않는다는 것이었다.

크리스의 1992년 6월 결정이 있기 전까지, 러시아 외교관들과 여타 다른 구소련 블럭에 포함되어있던 국가들의 외교관들은 HST 외교관 입구의 국무부 접견직원에게 직접 자신을 밝히도록 되어있었다. 거기서 자신의 신원을 밝히고, 방문하게 될 부서의 이름을 알려주어야 했다. 접견직원은 방문부서의 직원을 호출하여 방문사실을 확인하고, 방문부서의 에스코트를 요청한다. 이 에스코트는 외교관이 유니폼을 입은 보안요원들과 보안지점들의 절차를 통과하도록 안내하는 역할을 한다.

대부분의 DS 관리자들은 이와 같은 변화의 진짜 이유가 크리스의 블랙 드래곤 동료들에 의한 것일 뿐만 아니라, 중요하게는, 그 건물에서 근무하는 스텝들이 러시아와 다른 국가의 외교관들을 C 스트리트에 위치한 외교관 전용 입구까지, 그리고 해당 입구부터 안내하는 성가시고 시간만 소비하는 일로 방해받고 싶지 않은 이유 때문이라고 믿고 있었다.

그 이후 얼마 안 돼서 크리스는 DS를 떠났고, 최고위급 블랙 드래곤인 앤소니 세실이든 "에이스"[DS의 많은 사람들이 그에게 붙여준 별명이다] 쿠안틴은 1992년에 외교 안보를 위한 국무부 차관으로서의 권위를 가지고 있었다. 에이스[앤소니 세실 이든의 별명]는 프린스톤 대학교에서 학사학위[1955]와 영국의 옥스퍼드에서 문학사를 마치고,[1958] 1959년 미국 국무부에 들어오게 된다. 외교 업무부서에서 초고속 승진을 경험하고 중앙아프리카제국,[1976~1992] 니카라과,[1982~1984] 쿠웨이트,[1984~1987] 그리고 페루에서 미 대사를 역임하였다. DS의 리더십을 맡는 동안, 그는 즉각적으로 DS 자원들을 삭감하고, 기술적 방첩임무들, 예산, 그리고 인력을 감축하기 위한 비공개 프로그램을 이행하였다[정확한 통계와 수는 국무부에 의해 편집되었다]; 그는 동시에 DS의 범죄수사와 보호권한을 FBI, USSS, 그리고 기타 연방기관들에게 이전하려는 시도를 하였다. 블랙 드래곤들은 DS의 새로운 법집행과 안보 책임들에 대해서 점차적으로 불편해 하였고, 미 국무부의 전형적인 역할과 이미지로부터 동떨어진 DS의 새로운 임무들 ─대테러업무, 고위사절들에 대한 보호, 그리고 전국적인 다수의 법집행 기관들로 구성되는 합동테러리즘 태스크 포스에 참여하는 것을 포함한 범죄수사—에 대해 두려워하였다. 그들은 그와 같은 변화들이 예산관련 이유들과 냉전의 종식이 가져다 준 "평화의 배당"과 함께 "정보의 개혁"이라는 백악관의 요구에 부응하는 것, 그리고 다른 변화들과 함께 DS의 핵심과제가 재평가되어야 한다는 것 등과 같은 이유 때문이라고 주장하였다. 그러나 DS의 직원들은 이러한 주장에 설득되지 않았다.

1993년 에이스는 요원들과 분석가들을 절반가량으로 줄이고 예산을 75% 삭감하는 방식으로 방첩국을 축소하기 시작하였다^{정확}_{한 통계와 수는 국무부에 의해 편집되었다.} 여기에 명시된 숫자만으로도 이 조직의 가장 밑바닥부터 파괴하려고 한 그의 의도를 알 수 있게 해준다. 국무부차관 데이비드 카펜더는 2000년 의회에서 다음과 같이 증언하였다:

"구소련 붕괴 이후, DS는 오직 소수의 요원들, 기술자들, 그리고 민간대상공무원 인력을 고용할 수 있도록 허가를 받아왔습니다. 전 세계의 DS 근무처의 21%가 감소하였습니다. 보안과 관련된 규정과 규율들이 보안관련 문제에 대해 책임 있는 직원들의 고용을 유지하는 것이 더욱 어려워 질 정도의 수준까지 느슨해졌고…."

"DS 프로그램들이 이 시기동안 어떻게 간소화되었는지를 설명할 수 있는 몇 가지 예를 들어드리도록 하겠습니다. 영향을 받는 업무활동들 가운데는 우리 방첩부서가 있습니다. 부서의 직무 자리수가 41에서 26으로 감소하였고 프로그램을 위한 예산이 $225,000에서 $65,000으로 축소되었습니다. 절차적이고 정보적 보안문제를 담당할 수 있는 국무부 프로그램을 위한 인력충원이

50% 이상 감축되었습니다···. 강요된 재정긴축에 대한 국무부의 대응과 냉전이 끝나고 세상은 더 나은 곳이 되었다는 의견은 DS 프로그램들을 황폐화시키는 결과를 가져왔습니다."

DS 프로그램들을 무력하게 하는 에이스의 적극적인 지도력에 대한 뉴스가 특수요원들에게 알려지게 되자, 그는 아마도 DS에서 함께 한 인물들 중 가장 욕을 많이 먹은 사람이 되었을 것이다. 어떠한 법집행관련 경력도 없어서, 그는 지휘선상에 있는 모든 요원들로부터 신뢰받지 못했고 미움을 받는 존재가 되었다. 1995년 12월 DS를 떠났고 외교 업무의 총책임자가 되었다. 1997년 그는 인디아 주재 미국 대사 −1966년에서 1969년까지 그가 젊은 시절 외교관으로 근무하였던− 로 지목될 가능성이 있었는데 은밀한 DS의 특수요원들은 효과적이고 은밀하게 이를 저지하였다. 그 후로 외교 업무에서 곧 은퇴하고 만다. 에이스는 DS의 차관으로서 자신의 행동이 "확실하게 DS의 많은 사람들과 함께, 자신을 망쳤다고" 인정할 때가 올 수도 있을 것이다.

에이스의 방향성은 이전 DS의 방첩전력을 견고하게 하려는 노력들로부터 갑작스런 "뒤로 돌아" 구령이었음을 보여준다. 그리고 이는 1987년 전직 모스크바 주재 미국 대사관과 비엔나 해병대 보안요원인 클레이턴 J. 론트리 상사의 SVR을 위한 스파이 행위에 대한 체포와 궁극적인 유죄확정의 부정적인 여파를 만들어냈다. 국무부장관 조지 슐츠는 1987년 4월 8일 그의 간단명료한 발표를 통해 말했다. "우리가 그들의 대사관을 침투한 것이 아닙니다; 그들이 우리 대사관을 침투했습니다. 그들이 우리의 주권영토를 침범했고, 우리는 이 일에 관해서 미치도록 화가 나있습니다."

DS의 방첩기능을 견고하게 하는 노력은 경력직 FSO이자 SVR 침투요원 용의자 펠릭스 블로흐 —전 비엔나 대사관의 상임 외교관— 에 대한 FBI/DS의 수사에 대한 대응으로 1998년에도 계속되었다. 그리고 겨우 5년 후에, 블랙 드래곤들은 러시아의 곰이 완벽한 동면에 들어갔다고 판단한 것이었다.

아마도 랜간, 크리스, 그리고 에이스 세 명의 제군들은 전 로날드 레이건 대통령이 겨우 7년 전에 미국에서 근무하던 80명의 SVR, GRU, 그리고 외교부 러시아 외교관들의 미국 영토 내에서의 악의적인 정보작전을 막기 위한 시도로 이들의 추방을 명령하였던 것을 완전히 잊어버렸던 것 같다. SVR의 미국인 요원들을 성공적으로 모집한 결과는 흔히 '스파이의 해'라고 불리는 1985년 한해에만 20명의 미국인들이 체포되는 결과를 가져왔다. 블랙 드래곤들에 따르면 아마도 유령외교관의 위장 아래에서 일하던 러시아 정보요원들은 더 이상 방첩위협이 되지 않는다고 주장하였다. 에이스의 리더십 아래, C92—19의 공문서는 다시 유효해졌다. 오랜 기간 동안 해외 공관에서 근무하면서 비밀 정보요원들과 함께 일하기도 하고 어울리기도 하였던 —우호적이거나 비우호적인 관계 모두를 경험한— 에이스가 어떻게 그렇게 쉽게 정보기관들이 일상적으로 자신들의 외교부를 활용하여 워싱턴 DC 또는 어딘가 다른 지역들에 공식적으로 근무하는 외교관으로서 자국의 요원들을 침투시키고 있는지를 잊을 수 있었을까? 적어도 에이스에게는 이처럼 너무나도 잘 알려진 비밀정보관행이 1992년 이후로 명백하게도 전혀 심각한 안보의 위협으로 다가오지 않았던 것이다. 오직 그는 단순히 국무부를 운영하고 있는 블랙 드래곤의 의지를 실천에 옮기고 있었던 것이다. 그는 충성심에 문제가 있는 것처럼 보여 자신의 경력에 해를 끼칠 수도 있는 사소한 문제들^방을 가지고 블랙 드래곤들과 싸우려 하지 않았던 것이다. 그리고 그에게는 뉴델리에서 미 대사로서의 지위가 거의 눈앞에 다가왔었다.

이제는 사장되어버린 보안 에스코트 프로그램을 관리할 책임이 있는 DS 요원들은 이 결정에 섬뜩해 졌지만 크리스와 에이스의 결정을 뒤집을 수 있을만한 권한이 없었다. 그 섬뜩한 일은 실제로 발생했다. 러시아 외교관들^{그리고 SVR의 정보요원들}은 곧 HST의 내부를 자유롭게 돌아다녔다. 한 국무부 관리자는 1995년 12월 한 러시아 외교관이 자신의 사무실에 말도 없이 나타나서 사무실의 직원들에게 성탄절 초콜릿과 꽃다발 선물을 건네었던 일을 회상하였다. 또 다른 관점에서 보면, 러시아 외교관들이 속박받지 않고 사무실과 직원들에게 접근할 수 있게 된 것은 너무나도 민폐여서 유럽담당부서에서 일했던 국무부의 오랜 경력직 직원은 보안 통제가 부족한 상황에 대해 DS에 불만을 토로하였다. 어떤 블랙 드래곤들은 매우 근시안적이었지만, 일부 국무부의 직원들은 나무를 보기 위해 숲을 보는 능력이 있었다.

느슨해진 에스코트 정책의 결과, 우리들 대부분은 명확하게 잘못 조언된 정책들과 쉽게 일하려는 관료주의로 인해서 HST의 보안이 심각하게 훼손된 것으로 판단하였다. 과거에 비해서 SVR이 미국을 겨냥해 구 동유럽의 정보원들을 통한 다양한 정보작전에 대한 의존도가 줄어들었고 과거 소련의 중앙공산당 주석인 유리 안드로포브와 콘스탄틴 체르넨코의 지휘아래 있었던 SVR의 공격적인 정보활동이 구소련의 붕괴 이후 점차 약해지고 있다는 초기의 징조들이 있었다. 그러나 미하엘 고르바초프 또는 보리스

옐친 중 어느 누구의 정부도 그들의 정치적, 외교적, 군사적, 또는 상업적 경쟁자들에 관한 민감한 정보를 획득하는 데 관심을 덜 보이고 있다는 징후는 어디에서도 찾아볼 수 없었다. 그렇게 믿는 것은 그저 순진한 희망사항일 뿐이었다. 구동독, 폴란드, 그리고 불가리아의 비밀첩보기관에서의 완전한 이념적인 숙청이 선행 되어야만 햇병아리 민주주의 정부가 목적을 달성할 수 있을 것인데, 과거의 정보국 보스들과 중간위치의 간부들이 여전히 그 나라들에서 자신들의 지위와 SVR과의 정치적 연대를 유지하고 있었다. 결과적으로, 이들은 첩보 세계에 상당한 수준의 영향력을 유지하고 있었다.

에스코트 규율을 정지시킬 것을 요구하기 위해 제시하였던 랭간의 잘못된 정당화는 구소련 블록의 국가들에서 나타난 "급작스런 정치적 변화"에 기인한다. 그러한 예술적인 진술은 SVR 및 대리기관들이 국무부 대신 첩보활동을 줄일 것이라 주장했다. 랭간과 에이스는 분명히 전직 SVR의 악명 높은 인물이었던 블라디미르 푸틴이 급격히 부상하게 될 것에 대해서 예측하지 못하였을 것이다. 푸틴의 부상은 경력직 외교관들이 국무부 보안프로그램은 보안전문가의 손에 맡겨 두어야만 한다는 주장에 신뢰를 더하게 만들었다. 이들 신사들이 믿고 싶어 했던 것과는 달리, 비밀정보수집 영역에서는, 우방이나 적대국 모두를 포함하여, 워싱턴에 외교 임무를 부여받고 배치된 대부분의 해외 정보요원들은 미국의 외교관들 및 다른 대상을 이용하려고 시도하였다.

그러면 내가 어떻게, 왜, 그리고 어떤 상황에서 오랫동안 이어져 온 HST 러시아 외교관들의 에스코트 규정이 철폐되었다는 것을 처음 알게 되었을까? 1998년 여름, 워싱턴의 FBI 현장 사무소 방첩국장으로 배치된 SSA의 돈 설리반이 나를 회의에 소집하였다. 큰 키에 호리호리한 체격, 그리고 부드러운 목소리를 지닌 돈은 그의 경력의 많은 시간을 러시아 방첩활동에 보냈다. 멀지 않은 장래에, 우리는 한센이 체포되어 비밀감청혐의로 유죄판결을 받은 2001년 이전에 로버트 한센 사건을 함께 맡았다.[11]

1998년에는 이미 돈과 나는 다양한 소련연방 정보활동관련 이슈들에 대해 함께 일해오고 있었다. 그리고 나는 그의 매우 적극적인 방첩에 대한 태도에 대해서 잘 이해하게 되었다. 나는 언제나 그의 전화를 반겼다. 돈은 FBI 잠복 근무팀이 HST 인근에 자리잡은 러시아 외교관들의 최근 동향에 관해 발견한 새롭고 흥미로운 정보들의 일부를 함께 나누고 싶다고 했다. 며칠 뒤에, 내가 그의 WFO 사무실에 앉아있는 동안 돈은 서류들이 정신없이 흩어져 있어서 넘쳐나고 있는 그의 책상 위에서 그 서류들에 담긴 정보들의 중요성에 대해서 설명하였다.

참을성있게 그리고 간결하게, 돈은 일곱 명의 특정 러시아 외교관 및 그들의 차량동선을 지목하였다. 그들은 워싱턴 DC 북서부에 있는 위스콘신 가에 위치한 러시아 대사관을 출발해서 DC, 버지니아와 매릴랜드에 있는 여러 목적지로 운전해갔다.

돈은 FBI 감시팀이 지난 12개월 동안 관찰한 것과 매우 다르게 특정 러시아 외교관들이 최근 들어서 HST에 더 빈번히 드나들고 더 오래 머무른다는 사실을 파악하였다는 것을 내게 설명하

---

11 그러나 돈의 가장 중요한 임무는 그가 FBI를 은퇴하고 테네시 주의 내쉬빌로 2009년에 이사하고 난 몇 년 뒤에 있었던 일이다. 2009년에 돈과 나 그리고 우리의 배우자들은 돈이 새로운 잠복임무를 하던 곳에서 만나 브런치를 하면서 즐거운 한때를 보내고 있었다. 그 임무는 반데빌트 대학을 다니고 있던(2009-2013) 나의 딸 클로에를 관찰하는 일이었다. 내 딸이 큰 사고 없이 결국 졸업을 했기 때문에, 이 일은 확실히 성공적으로 마무리되었다.

였다. 보다 불길하게도, 돈은 "당신에게는 불행한 일이지만, 국무부 주변에서 걸어 다니고 있는 그 러시아 외교관들 대부분이 미국 내에서 외교관 신분으로 활동하는 SVR의 정보요원들로 강하게 의심된다"고 말했다.

나는 "이 사안은 까다로운 일이다"라고 말했다. "진짜 러시아 외교관들은 다양한 합법적 이유를 가지고 미국 국무부를 방문합니다. 그리고 그들 중 일부는 정보요원들일 겁니다." 돈의 표정을 보면 내 대답이 그에게 만족스럽지 못하다는 것을 장담할 수 있었다. "글쎄요, 현실적으로." 나는 답변을 이어나갔다. "정보요원들은 해외에서 외교관을 가장하여 작업을 합니다. 어떤 나라에서든지, 그들의 비밀스러운 비밀신원을 보호하기 위해 유사한 활동들을 하게 되겠지요."

돈은 말했다. "그건 나도 알아요. 로버트", "그렇지만 우리 FBI 또는 DS에 있는 당신들은 그처럼 짧은 기간 동안에 HST 내부로 러시아 정보요원들이 갑작스럽게 유입된 것을 어떻게 설명할 것인가요?"

"솔직히, 지금으로서는 좋은 답변이 떠오르지 않는군요. 그러나 어떤 러시아 정보요원의 위협이라도 국무부의 엄격한 에스코트 정책에 의해서 최소화될 것입니다." 오, 이런 무지한 답변에 대해 내가 나중에 얼마나 후회하게 되었을지!

내 사무실로 돌아와서 HST의 접근통제 관련 이슈들을 찾아보고 나서 그제야 회보 92-19를 발견하였다. 러시아 외교관들이 백악관, NSA, CIA, 그리고 펜타곤, 또는 DOJ에는 에스코트 없이는 접근이 허락되지 않음에도 불구하고, 미 국무부 내부에는 그들이 원한다면 어떤 문제도 없이 자유롭게 돌아다닐 수 있었다. 러시아 모스크바에 근무하고 있는 미국 외교관들에게는 러시아 외교부에 의한 어떠한 유사한 종류의 상호호혜적인 정책도 없었다. 러시아의 국가외교활동사전에는 간단히 말해서 주고받기 정책은 존재하지 않았다. 내가 생각해 낼 수 있는 전부는 바로 미 국무부가 미국의 "개방문호" 정책과 관련하여 지나치게 관대한 해석에 어느 정도 집착해 왔었다는 것 뿐이다.

1998년, 미국 비밀정보국United States Secret Service 특수요원으로 클린턴 대통령의 경호와 관련된 책임을 담당했던 경력을 가진 데이비드 카펜터가 외교안보국the Department of Diplomatic Security의 새로운 차관보로 지명되었다. 1995년 클린턴 대통령의 프랑스 스트라스부르크 방문에 대한 준비를 하면서 함께 일한 경험이 있던 나로서는 새로 카펜터를 지명한 것이 반가웠다. 그는 체격이 좋고, 프로였을 뿐만 아니라 정부 관리자들로서는 흔하지 않게 대인 경호와 물리적 보안에 대해서 잘 이해하고 있었다.

1998년 11월, 탄자니아와 케냐의 미 대사관에 대한 폭탄테러에 직접적인 대응으로, 그리고 자신의 전문성을 갖춘 DS 직원의 자문을 받고 카펜터는 새로운 방문자 에스코트 정책결정을 발표했다. 이는 1998년 11월 17일자 국무부의 통지를 통해서 발표되었다. 이 통지의 내용은 에스코트 규정을 상당한 수준으로 강화하였고, 그 대상에는 외국 외교관들에 대한 제한도 포함되어 있었다.

차관보 카펜터의 수석 보좌관인 특수요원 페트릭 도노반에 따르면, 국무부의 통지가 발표되고 난 뒤 48시간이 지나서 차관인 피커링의 보좌관 중 한 명인 다니엘 러셀PRCMUN 러셀과 같은 사람이다로부터 급히 전화가 왔었다고 한다. 이 전화로 카펜터의 통지가 철회되었다. 쉐브론의 보안책임자로 옮기면서 2009년 11월 국무부를 떠난 도노반에 따르면, 그 차관의 참모는 에스코트 업무가 직원들에게 얼마나 부담이 되고 많은 시간이 소요되는 일인지에 대한 불평들과 이 업무가 국무부에 방문하는 우호적인 외교관들과의 관계를 냉담하게 만들어 버린다고 불평하는 수많은 성난 전화통화를 받아왔었다. 2000년의 의회증언에서 카펜터는 그 정책을 발표한 지 "몇 시간 내에" 피커링이 그에게 전화를 했다고 하였다. 카펜터에 따르면, 피커링이 "사람들이 느끼기엔 이 방법이 지나치게 억압적일 수 있고 적절하지 않으며, 그리고 [피커링]이 [카펜터]에게 이 정책을 철회해 줄 것을 요구했다"고 진술했다고 하였다.

결과적으로 새로운 에스코트 정책의 메모는, 피커링의 사무실에 의해 수정되고 검토된 채로, 1998년 11월 23일 발령되었다. 이 정책은 유형별로 세분화됐는데, 외교관들에 대해서는 외교관들의 출신국가와 관련 없이 에스코트 요구사항이 적용되지 않았다. 방첩과 대테러와 관련된 고민들과 단지 명백한 상식이 이 사항과 관련해서는 이겨내지 못했다.

나는 1992년에서 1995년까지 파리의 미국 대사관에서 근무했었는데 1986년 이래로 HST의 내부근무를 하지 않았었다. 따라서 이 건물에 방문하는 방문객들에게 적용되는 이 에스코트 규정에 대해 완전히 무지하였다. 그러나 파리에서는 미국 대사관을 방문하는 외국 외교관들 모두, 프랑스의 외무부 관료들을 포함해서, 어떤 목적으로 방문하던지 공관의 리셉션 데스크의 미국인 직원에 의해 입구부터 출구까지 에스코트를 받아야만했다. 프랑스의 외무부도 같은 방법으로 같은 정책을 집행하였다. 1994년 4월 한 사건에서, 나는 케도르세 ─프랑스 외무부가 위치한 세느 강변의 이름이자 프랑스 외부무의 별칭─ 의 프랑스 외무부와 미팅에 참석한 미국인 파견단의 한 일원이었다. 그리고 전 미국인 파견단은 프랑스 외무부에서 발급한 아이디 카드를 지급받았고 외교부 건물 내부에 있던 모든 시간동안 전원이 에스코트를 받았다. 프랑스의 외교부는 심지어 자신들의 동맹 국가들에 대한 방첩규율들을 심각하게 생각하고 있었다. 파리의 미국 대사관 에스코트 정책은 모든 대사관과 영사관에서 강력히 집행되었는데 불합리하게도 HST에서는 집행되지 않았었다.

돈과 나는 급히 러시아 외교관들이 새로운 정책아래서 HST 리셉션 데스크를 통해 자신들의 방문을 알리고 난 뒤에, 어떻게 다루어지고 있는지에 대해서 재구성해 보았다. 외교관이 HST 프론트 데스크에 도착할 때마다, 그 외교관은^{여성 또는 남성} 수교관계에 있는 모든 국가들의 국기들을 줄줄이 이어놓은 장식물로 꾸며놓은 거대한 로비 한 가운데에 위치해 있는 목조 리셉션 구조 뒤에 앉아 있는 여러 명 중의 한 리셉션 직원에게 어떤 형태의 신분증명서를 제시하도록 되어 있었다.

로비의 나머지 부분은 양쪽으로 십자형 회전식 문으로 된 입구로 출입을 통제하도록 되어 있었다. 이 출입구는 전자보안장치칩이 내장되어있는 국무부의 아이디카드에 의해 작동하도록 되어 있었다. 그리고 방문자 출입구로 접근하는 것은 무장한 경비원들에 의해서 모니터되고 있었다. 리셉션 직원은 HST의 내부 입장 허가를 위해 사전에 방문자 신원이 확인이 되었는지를 파악하기 위해서 매일 출입기록을 확인하게 된다. 만약 사전에 신원확인이 된 기록이 있다면 그 외교관은 옷깃에 붙일 수 있는 흰색 종이스티커형의 일일입장권을 발급받게 된다. 그리고 방문객 통행게이트 옆에 설치된 보안 엑스레이 검사기계로 이동하도록 지시받는다. 보안검색지점에 위치한 유니폼을 입은 경비원은 외교관의 서류가방 안에 있는 내용물들 가운데 폭발물이나 무기가 있는지를 찾기 위해 엑스레이검사를 하게 된다. 그러나 다른 개인 소지품들, 예를 들면 핸드폰이나 다른 전자제품들과 같은 물건들은 보안규정에 따라 소지가 허락된다.

통과된 외교관은 다음엔 자기력 감지기계 또는 "걸어서 통과하는 금속탐지기" – 국무부 직원들이 흔히 이 장치를 자주 부르는 이름 – 를 통과하게 된다. 그리고 물리적 보안검사대로 향한다. 이 보안검사는 실리적이기보다는 일종의 형식적인 목적으로 수행된다. 왜냐하면 지금까지 이 과정에서 어떤 외교관의 경우에도 경보가 울린 적이 없었으며 실제로 물리적 보안수색을 당한 외교관이 없었기 때문이다. 보안설계자들에게는 이러한 사실이 솔직히 탐탁지 않은 일이다. 위와 같은 검사과정을 통과함으로서 그 해당 외교관은 에스코트 없이도 본인이 가고자 하는 HST 내부사무실에 접근할 수 있는 신뢰를 얻게 되는 것이다.

특정한 국무부의 사무실들은 사무실의 밀폐된 문 내부에서 수행되고 있는 작전들이나 업무들의 성격에 의해서 접근이 통제되거나 민감하고 구획으로 차단된 정보 시설$^{\text{Sensitive Compartmentalized Information Facility :SCIF}}$ 영역들로 설계되었다. 이러한 사무실로의 접근 허가를 얻는 것은 아무래도 훨씬 더 어려운 일이겠지만 불가능한 일만도 아니다. 건물 대부분의 구역들이 활짝 열려있고 훔쳐보는 것이 능숙하게 이루어질 수 있다. 이 건물 내에는 국무부의 느슨한 보안절차를 이용할 만한 배짱이 충분히 있는 사람들이 이득을 취할 수 있을 만큼 나무의 아랫부분에 열려 따먹기 쉬운 열매들이 많이 있었다. 그리고 HST는 펜타곤과 로널드 레이건 빌딩에

이어서 워싱턴 지역에서 세 번째로 규모가 큰 건물이었기 때문에 따먹을 과실이 매우 많은 과수원이나 다름이 없었다.

불행하게도 내가 유일하게 직접 경험한 매우 비통한 국무부 통과규정의 문제점을 알게 된 것은 1985년이다. 이 때 관료주의적인 비효율성이 한 국무부 직원의 죽음을 가져왔다. 그 해 2월에 44세의 비서 캐롤 도스터는 건물의 보안사무실에 그녀의 부양가족인 아들 에드워드 스티븐 도스터에게 임시국무부통과증을 발급해 줄 것을 요청했다. 이 통과증은 국무부의 신원증명서로서 활용되어 통행증을 소유한 사람이 이 건물에 출입할 때 보안경비원에 의한 개인 소지품 수색을 받지 않는다. 왜 그녀가 이 통행증을 요청했는지에 대해서는 아직도 미스터리에 싸여있다. 왜냐하면, 불행하게도 우리가 나중에 발견한 사실이지만, 젊은 에드워드는 그의 엄마를 물리적으로 폭행하여 왔었고 그가 엄마와 함께 살았던 집안에서 폭력이 있었다는 일화들이 나타났기 때문이다. 5월 30일, 그녀의 아들에게 임시국무부통과증이 발급된 지 약 90일이 지나지 않은 시점에서, 그녀는 자신의 생명에 위협을 느끼고 그 통과증을 철회해 줄 것을 요청하는 요청서를 제출하였다. 그 당시에는 국무부에 자동화된 신원확인 시스템이 갖추어져 있지 않았던 때였다. 그리고 통행증의 철회 역시 접근금지 경계선에서 방문자들의 얼굴을 기억하고 사진들을 확인하는 경비원들의 날카로운 눈썰미에 의존해야만 했었다. 전자화된 신원확인카드 시대가 열리기 전 시기에 건물에 방문이 거부된 사람들을 지속적으로 모두 추적하는 것은 실제적으로 불가능한 업무였다.

1985년 6월 21일 오후, 총소리가 들렸다고 전달된 이 건물의 7층에서 발생한 사건에 대해 보고하라는 매우 격앙되고 당황한

DS 집행부 사무실에서 직접 지시하는 전화 한통을 받게 되었다. 그 당시에 특별수사부서의 유일한 요원이었던 나는 나의 스미스 웨센 모델 19.357 리볼버와 권총케이스를 급히 찾아서 나의 코트 안쪽에 숨기고 2층에 있는 내 사무실 밖으로 뛰쳐나와 내부계단 으로 올라갔다.

숨이 거의 턱에 차고 어떤 일이 벌어질지 알지 못한 채, 나는 7층의 계단 문을 열었다. 내 리볼버를 꺼내들고 7층을 엇갈리며 가로지르는 9개의 복도들 중 한 곳을 조심스럽게 응시하였다. 그 복도에는 특별한 징후 없이 아무도 다니지 않았고 조용했다. 심장 이 사정없이 쿵쾅거리는 채로, 복도의 첫 교차지점에 도착할 때까 지 복도 오른쪽 측면으로 몸을 붙이며 조심스럽게 그 복도를 걸 어 내려갔다. 복도의 구석 주변을 응시하면서 나는 동료 DS 요원 을 발견하고 그를 불렀다.

"존." 나는 내 머리 위로 손을 흔들었다. "로버트…. 이 쪽으 로 와 보게나." 그는 나를 바로 알아보았고, —우리는 1970년대 중반에 베이징에서 함께 근무했었다— "누군가가 내 뒤 사무실에 서 방금 직원 한 명을 쏘았고 자신도 쏘았네"라고 말하였다. 그는 자신의 뒷편 문을 가리켰다.

내가 그에게 도움이 필요한지를 물었지만, 그는 경찰이 이미 내부에 도착해 있다고 말해주었다. 그제야 내 사무실로 급하게 걸 려왔던 당황한 목소리의 전화는 좀 늦게 걸려왔던 것이라고 생각 하고 내 리볼버를 권총집에 집어넣고 나의 동료에게로 다가갔다.

"안으로 들어가 보겠나?"라고 그가 물어왔다. "내 생각에는 자네 사무실에서 앞으로의 수사에 관여하게 될 것 같네만."

나는 고개를 끄덕이고 한 젊은 청년의 시신을 바라보고 서있는 경찰관을 만나기 위해 그 문을 열었다. 우리는 몇 마디 소개를 나누었고, 경찰관은 이 사건이 신원이 확인되지 않은 남성이 임시 통행증을 사용하여 원래 공군을 위해서 개발된 AR−7.22구경의 롱 서바이벌 브레이크다운 조립용 라이플총을 몰래 숨겨서 이 건물 안으로 들어온 것으로 보인다고 이야기하였다. 냉담해 보이는 얼굴의 경찰관은 내 얼굴을 보고, 복도에 누워있던 한 여성의 시신을 지목하고 말을 이었다. "이 젊은 청년이 여기 여성을 쏘고 난 뒤 자살을 한 정황이 아주 명확히 보입니다. 확률이 매우 높습니다. 이 청년이 이 빌딩 내부를 라이플을 손에 쥐고 걸어 다녔던 것은 아니기 때문에 이 녀석이 아마도 분해된 라이플을 어떤 종류의 가방 안에 넣어서 이 건물 안으로 몰래 들여오고 이 층 관리실의 작은 방들이나 화장실에서 재조립했을 겁니다."

그 사무실에서 내가 있어야 할 필요가 더 이상 없었기 때문에, 나는 총격과 관련된 어떤 증거라도 찾을 수 있도록 바로 옆 화장실을 수사하기로 하였다. 그런데 그 사무실을 떠나기 바로 전에, 나는 Mr. 왕의 책상 위의 컴퓨터를 흘긋 보게 되었다. 그리고 컴퓨터의 스크린이 물리적 학대를 포함하는 사건들의 일대기를 보여주고 있었다는 것을 알아챘다. 보다 가까이 살펴보고, 그 학대자가 "E"라는 단순한 이름으로 확인이 된다는 것을 발견하였다.

복도로 다시 걸어 돌아와서 존에게 나의 임무에 대해 알려주었고 즉시 그 사무실의 남성화장실 개인칸으로 들어갔다. 거의 코미디의 한 장면처럼, 나는 내 배지를 떼고 문을 열고, "연방요원이다. 내부에 아무도 없나?"라고 경고를 하고 진입했다.

아무도 없었다. 복도바닥 위 쓰레기통 옆에 운동용품가방과 수건이 널브러져 있었다. 나는 즉시 밖으로 나가서 외쳤다. "존,

지금 여기 화장실을 수사를 위해 보존하고 기술자들이 여기로 빨리 와야 할 것 같네."

"여기서부터 이곳 화장실로의 접근을 통제하겠네. 그리고 수사관들에게 사무실 밖에 일부 가능성 있는 증거물들을 확보하기 위해 표시를 해 두라고 일러두겠네."

우리는 나중에 사망한 남자와 여자의 신원을 알게 되었다 – 에드워드 도스터와 그의 엄마, 캐롤이었다. 그 화장실에서 내가 발견한 가방은 에드워드가 AR-7을 숨기기 위해 사용했었던 바로 그 물품임이 밝혀졌다.

이 끔찍한 사건은 이러한 불행한 죽음들과 나와의 짧은 만남으로 끝났다. 아이러니하게도 약 12년 정도 지난 뒤에 이 HST의 같은 층에 다시 오게 되기 전까지, 이 사건이 아마도 국무부 접근 통제시스템과 관련된 마지막 업무였을 것이다. 이 사건에 관해서 비극적인 첨언을 덧붙이면, 캐롤 도스터의 5월 30일 철회요청서가 6월 21일까지 경비원의 책상에 도착하지 못하였다는 사실이 국무부 감찰국장에 의해서 나중에 알려졌다.

성의 잠금장치와 출입문이 제구실을 하지 못할 때, 그 결과는 실로 엄청날 수도 있다.

14 장

　우리가 좀 뒤늦게 발견하였지만 러시아 외교관들이 사전 통보 없이 HST의 외교관 출입구에 불쑥 나타나 출입을 허가해 달라고 요청하는 경우가 허다하였다. 건물의 리셉션 직원이 방문자 허가증을 발급하기 위해 건물 내부의 직원에게 연락을 취할 수 있는 경우에는, 사전통보 없이 방문한 외교관이 사전에 신원이 확인된 방문자처럼 취급되어 출입이 허가되었다. 요점을 말하자면, 단 한통의 전화면 에스코트를 받지 않는 외교관이 HST 건물의 내부에 출입을 허가받을 수 있다는 것이다.

　이러한 시스템이 내제적인 문제점들을 가지게 되는 것은 분명한 일이다. 예를 들면, 리셉션 직원이 외국 외교관의 사전신원 조회를 위한 전화가 실제로 자신이 근무하는 건물의 내부사무실로부터 걸려온 것인지를 확인할 수 있을까? 다시 말하면, 영어를 완벽히 구사하는 한 러시아 외교관이 리셉션 직원에게 전화를 걸어서 건물 내부에서 근무하는 직원이라고 신원을 확인시키고 자신이 어떤 시간에 러시아 외교관을 만나기로 되어있다고 이야기하고 출입을 허가하도록 할 수도 있다는 것이다. 전화를 접수한 후에, 그 리셉션 직원은 늘 하던 업무 방식대로 방문자 명부록에 그 러시아 외교관의 이름을 기록하고 그 방문자의 도착을 기다릴 것이다. 그 건물의 리셉션 직원들이 사용하던 당시의 전화시스템은 건물 내부의 전화와 외부의 전화를 구별할 수 없었다. 합법적인 국무부 직원들도 건물 내에서의 미팅약속을 잡기 위해서 레스토랑이나, 거주지, 또는 어디서든지 리셉션 직원에게 전화할 수 있었다. 이는 모두 신뢰를 기반으로 하는 매우 위험한 게임이었고 결국은 SVR 요원들은 이러한 약점을 이용하였다.

이러한 시스템은 간단히 말하면 SVR이나 다른 경쟁관계에 있는 정보기관들이 우리의 명예시스템을 존중해 줄 것을 지나치게 바란 것이다. 슬픈 사실은 바로 어느 파견국 외교관이던지 담당 국무부 직원들과의 회의를 마치고 난 뒤 그 외교관이 외교관 출입구로 곧바로 에스코트 되지 않는 한 목적 없이 건물 내를 돌아다닌다거나 또는 목적을 가지고 국무부를 샅샅이 뒤져볼 수도 있다는 것이다. 지난 2년간 보안 방문자 명부의 검토를 통해서 다루기 힘든 외교관이 국무부 직원이나 보안요원들과 대치를 하거나 문제를 일으켰다는 사례를 단 하나도 발견할 수 없었다. 나중에서야, 송신 장치를 발견하고 난 이후에, "익명을 조건으로 AP통신에" 기본정보를 제공한 한 고위급 직원인 국무부의 조사국장이 "방문자들이 자신들이 회의가 있다고 주장한 사무실로 이동할 때 일상적으로 에스코트 되지 않았다"는 것을 발견하였다는 것을 알려주었다.

그 조사국장의 보고가 설명하지 못하는 것은 어째서 이 같은 흐름을 막기 위한 아무런 조치도 이루어지지 않았는가 하는 점이다. 심지어 그 익명제보자인 고위급 직원도 "이렇게 오래된 시스템 아래서 … 방문자들은 전화만으로 프론트 데스크에서 신원확인이 되었고, 그들이 원하는 것을 할 수 있었다. 이것이 바로 문제였다"고 설명하였다.

고위급 부처 관리부서는 이 같은 방첩관련 문제를 인지하고 있었지만 아무것도 하지 않았다. 이러한 사실은 곧 정보공동체 앞에서 DS의 당혹스러운 악몽이 되었다.

1999년 초봄, 방첩기관들의 고민거리는 이 문제를 해결하기 위해 조직된 합동 DS/FBI팀에게는 매우 분명한 것이었다. 그렇지만 걱정할 대상이 단지 러시아만은 아니었을 것이다. 이 새로운 팀은 즉각적으로 새로운 모니터링 프로그램에 착수하였다. 이 프로그램은 모든 러시아 외교관들과 국무부의 보안에 정보위협을 미칠 가능성이 있는 몇몇의 선별된 기타 국가 외교관들의 물리적 도착과 출발을 감시하는 것이다. 이 임무는 말로 하는 것보다 실제로 행해지는 것이 더 어려웠다. 어떻게 러시아나 다른 외교관들을 경계시키지 않고 이들을 감시해야하는 임무를 완수할 수 있을까?

다행히도 HST의 C도로 외교관 출입구는 주로 삼각대를 갖춘 카메라 장비와 붐 마이크 등으로 무장된 직원들로 팀을 이룬 대규모 언론인들로 둘러싸여 있었다. FBI와 DS 요원들의 손에 카메라를 들리고 비디오 장비를 갖추게 하여 수십 명의 언론인들, 여행객들, 구경꾼들 가운데 섞이게 위장하는 방법은 어떤가? 여기에 더해서 차량행렬과 경호원들과 함께한 외국 외교관들의 잦은 도착과 출발을 결합한다면 우리가 필요한 모든 은밀한 위장을 갖추게 되었다. 우리는 단지 어떤 차량을 C도로에 주차시키고 무엇을 입거나 목에 두를지를 결정하기만 하면 되었다. 사실, 우리도 감시할 대상자의 명단 없이 다양한 위장요원들을 외교관출입구 주변에서 서성거리도록 배치하는데 어려움을 겪었다. 따라서 어떤 러시아 방첩감시팀이라도 완전히 혼란스러웠을 것이다.

DS/CI는 외교관 출입구에 배치된 리셉션 직원들은 외교관들의 도착과 출발, 특히 러시아 외교관들의 도착과 출발을 감시하는 우리의 관심사에 대해 경고를 할 정도로 우리 DS 국내작전팀들과 협력할 수 있었다. 우리는 친구들이 우리가 그들의 출현에 갑작스럽게 관심을 가지게 된 것을 알게되길 원치 않았기 때문에 환대 프로토콜의 갑작스런 수정을 원하지 않았다.

돈과의 첫 미팅 후 2주 내에 DS/FBI 감시팀은 C도로출입구 앞에 주차하는 러시아 외교관들의 차량을 사진촬영하고 외교관들이 건물에 들어가고 나오는 것을 촬영하는 작전전략을 맞추고 있었다. DS/FBI의 합동프로젝트가 시작된 지 삼일 째, 이 팀의 멤버였던 한 젊은 DS 특수요원으로부터 라디오 메시지를 전달받았다.

"로버트." 그는 흥분해서 외치길, "우리가 방금 러시아 외교관 한명이 리셉션 데스크에 사전통보 없이 나타났다는 것을 알아냈어요. 그리고 그 외교관은 전화로 에스코트 없이 국무부 사무실에 출입할 수 있는 허가를 받았다고 합니다. 어떤 식으로든 그가 우리를 피해서 HST 건물로 들키지 않게 들어가려고 했어요."

리셉션 직원은 계획된 대로 그 외교관이 나타난 것을 우리에게 알려주었다. 그러나 기자단으로 가장한 우리의 감시팀은 그가 도착한 것을 알아차리지 못하였다. 게다가 건물 앞 주차장에 외교관 차량을 위해 마련해 둔 주차공간에서 러시아 외교관 차량번호판을 단 차를 한 대도 발견하지 못하였다. 작전계획의 일부는 특정 러시아 대사관 직원들이 운행하는 차량의 정확한 제조사와 모델을 알아내는 것이었다. 때로는 이러한 구체적인 업무는 매우 위험한 야바위꾼 카드게임으로 드러나기도 한다. 돈을 받을 수 있는 카드는 가끔씩 파악하기 어렵고, 우리가 러시아와 한통속인 자와

속이는 상대를 제대로 보고 있는지 항상 확실하지 않았다.

　나는 전화를 끊고 내 상관인 특수요원 스티브 젠킨스의 책상 쪽으로 걸어가서 말했다. "나가서 산책을 좀 하면서 맑은 공기를 좀 마시지요." 그는 나를 기이한 듯 바라보았다. 왜냐하면 내가 그를 알고지낸지 20년이 더 되었지만 이런 건 내가 전혀 하지 않는 종류의 행동이기 때문이다. 수년 동안 조지 워싱턴 대학교 스미스 센터 근처의 체육관을 일주일에 3일씩 사용하는 동안, 파워워크는 내가 주기적으로 하는 운동은 아니었다. 나는 재빨리 우리가 "무장"을 할 필요가 있고 "YR" －러시아 대사관에 등록이 유효한 번호표시가 된 차량－ 을 찾기 위해 컨스티튜션 가와 C도로 사이의 21번가와 2번가를 수색할 필요가 있다는 것을 설명하였다. 왜냐하면 그에게 말한 대로－"지금 인근에 우리가 상대할 살아있는 적이 있었다." 곧바로 스티브의 얼굴에서 안도한 표정을 볼 수 있었다.

　우리 계획의 일부는 정보활동의 실마리나 징후들을 찾아내기 위해 모든 러시아 외교관들의 차량내부를 관찰하는 것이었다. 스티브와 나는 우리의 Sig Sauer 권총과 유비쿼터스 플라스틱 와이어와 이어폰들을 갖춘 모토롤라의 양방향 라디오를 숨기기 위해 정장코트를 갖추어 입었다. "5분 내에 C도로의 출입구 근처에 있을 겁니다." 우리는 버지니아가 편에 위치한 건물을 떠나면서 라디오를 통해 감시팀에게 알려주었다. "계속 새로운 정보를 알려주시기 바랍니다."

　스티브와 나는 23번가와 C도로 일대를 돌아다니면서 YR로 시작되는 외교관 차량번호판을 찾기 위해 주차된 차량들의 번호판들을 철저히 조사하기 시작했다. 워싱턴 DC에서 수상한 것을 발견하지 못하고, 보안관련 업무를 하는 약 두 명의 특수요원들이 HST의 근방을 걷고 있었다. DS 또는 US 비밀정보 특수요원들, 어디 소속인지는 그다지 중요치 않다. 이들은 여전히 신원을 감추고 있었다.

그날은 선선한 아침이었다. 나는 감시팀 전화로 사무실에서 벗어나 일할 수 있는 흔치 않은 기회를 가질 수 있어서 기분이 좋았다. 우리는 우리 우측편의 국립과학아카데미건물을 따라 걸었으며 찾고자 하는 차량을 살폈다. 갑자기 한 목소리가 내 이어폰에서 크게 들려왔다: "로버트, 주변을 돌아보거나 이상한 행동을 하지 마세요. 그 러시아 타겟이 지금 바로 당신 뒤에 있어요!"

DS/CI 특수요원 토마스 헤이크래프트는, 그 날 아침에 함께 했던 팀 멤버 중의 한 명이었다. HST 건물을 빠져나오고 있던 그 러시아 외교관을 알아차렸다. 그리고 그를 조심스럽게 따라가는 도중에 한 블록 먼저 앞서 느리게 걸어가고 있던 우리를 발견하였던 것이다. 그의 지시가 중요한 것임에는 의문의 여지가 없었다. 그래서 나는 오른쪽을 바라보고 과학아카데미 운동장에 서 있던 앨버트 아인슈타인의 조각상을 지목하면서 관광객 흉내내기에 최선을 다하였다. 나의 손가락 지목행동은 매우 운이 좋았던 것 같았다. 마침 몇 초 뒤에 스티브와 나는 스포츠코트와 넥타이 없이 흰 셔츠만을 착용한 한 중년 남성이 우리에게는 신경도 쓰지 않은 채, 우리를 지나간 것이다. 그는 우리보다 약 30야드 정도 앞선 곳에 주차된 차에 급히 올라탔다. 그리고 그 차는 YR 외교관 번호판을 붙이고 있었다. 우리가 그 차 앞을 지나치기 전에, 그 러시아 외교관은 주차장에서 벗어나서 사라져 버렸고, 우리에게는 그 차량의 내부를 힐끔거릴 수 있는 기회조차 주지 않았다.

그 날의 이벤트들에 대해서 서로 검토하려고 오후에 만났던 DS/CI 컨퍼런스 룸 안에서 우리 팀이 다시 모였을 때, 우리 모두는 그날의 사건에 대해 웃으며 이야기할 수 있었다. 어떤 관점에서는, 우리는 매드 잡지에 나오는 만화의 스파이 대 스파이의 인물들처럼 느껴지기도 했다. 아마도 이런 묘사는 적절한 것 같다. 그 만화는 안토니오 프로히아스라는 쿠바 국적의 인물에 의해 창작되었는데, 그는 1960년 피델 카스트로가 쿠바의 자유언론을 통제하기 바로 며칠 전에 미국으로 도망을 나온 사람이다.

인물설정의 정확성과 관계없이 우리는 바보가 되지 않았으므로 모든 것이 잘 흘러간 것이다.

단지 혼란스러운 의문사항은 왜 그 러시아 외교관이 국방부 건물에 사전 통보 없이 나타났고 단지 10분에서 15분 정도만 머물다 떠났는가 하는 것이다. 애석하게도 우리 팀 한 명이 그를 따라서 건물 안으로 들어가기도 전에 그 러시아인은 국방부 건물에 출입이 허가되었다. 우리는 그에게 출입허가를 내 준 국방부 직원을 인터뷰할 수 없었다. 그렇게 함으로서 그 외교관의 행동에 대해 우리가 관심을 가진다는 것에 대한 말들이 수시간 내에 그 건물 전체에 퍼져나가 SVR에서 정확히 무슨 일을 하고 있는지를 알아낼 수 있는 모든 기회가 날아가 버리게 되었을 것이다. 이는 계산된 위험이었지만 우리가 감수하기로 한 위험이다.

주어진 인력과 시간의 제한으로 인해서, FBI/DS 합동 감시 팀은 이어진 여러 달 가운데 ―2주 동안― 단 세 번만 배치될 수 있었다. 그러나 노련하고 경험 많은 DS와 FBI 방첩요원들에게는 갑작스럽게 증가한 러시아의 정보요원들과 외교관들의 그 건물 출입이 분명히 이상한 일이었다. 그들의 해당 건물 방문의 진짜 목적을 찾아내려는 우리 노력을 더욱 어렵게 만든 것은 그 러시아인들이 일단 건물 내부에 출입하게 되면 우리 자신을 숨기고 미행하는 것이 실제적으로 불가능하다는 사실이다.

우리는 우리 작전에 관해서 국무부의 러시아 관련 직원들에게 브리핑하지 않기로 이미 결정하였다. 우리가 의심하고 있는 것이 불가피하게 새어나가거나 우리 조사를 명백히 비외교적인 행위라고 생각할 수 있는 블랙 드래곤에 의해서 조사가 끝날 수도 있다는 걱정때문이었다.

흥미로운 사건 하나가 발생했다. 우리 팀에게 잘 알려진 SVR 정보요원 한 명이 외교관 신분으로 가장해서 외교관 출입구로 입장하던 사진을 찍고 약 40분 정도 지나 진짜 러시아 외교관을 발견한 것이다. 이로써 우리는 이들이 다른 공적 역할들을 하고 있었다는 것을 알 수 있었다. 그러나 이들이 그 건물을 함께 나서고 국무부의 외교관 주차공간에 주차된 같은 러시아 외교관차량에 올라타는 것이 사진에 찍혔다. HST의 건물 그늘 아래서 동일한 외교관차량에 같이 동승하는 것은 그들의 스파이 활동지식에서 저지를 수 없는 끔찍한 실수를 저지른 것이다. 다시 생각해 보면, SVR이 이용하는 국무부의 보안프로그램은 우리에게도 총체적 오명이 된다. 가방을 들고 가거나 큰 서류봉투를 가지고 다니는 러시아 외교관들의 사진은 어떠한 스파이 활동의 단서라도 발견하기 위해서 속 시원한 해결도 없이, 끝없이 분석되었다. 우리는 끈기 있게 단조로운 일들을 지속했고 진척을 이루지 못했다. 그렇지만 다른 활동들은 심지어 더 당황스런 것으로 드러났다.

어느 날 아침 일찍, 우리 팀은 러시아 외교관 한 명이 외교관 출입 로비로 들어가서 국무부 내선전화가 위치한 테이블쪽으로 걸어가는 것을 관찰하였다. 그 외교관의 바로 왼편과 오른편의 보안검색대 뒤쪽에 국무부의 두 기념명판이 자리잡고 있었다. 백악관 옆에 위치한 올드 이그젝큐티브 오피스 빌딩의 헨리 스팀슨 국무부 장관에 의해 1933년에 최초로 도입된 그 기념명판에는 65명의 이름이 새겨져 있었고 직무 중이나 영웅적 또는 영감을 주는 상황에서 사망한 국무부의 가족 구성원들의 명예를 기리고 있었다. 이 명판에는 현재 244명의 명단이 올라있는데, 윌리엄 팔프레이를 시작으로 -1780년에 바다에서 실종되었다- 크리스 스티븐슨 대사와 그의 3명의 동료들 -이들은 2012년 9월 12일, 리비아 벵가지의 우리의 특수임무복합시설에 대한 공격 중에 사망하였다- 까지 기록되어 있었다. 워싱턴의 비평가들은 "칵테일 외교관들"이라고 놀리는 것을 좋아하지만, 해외에서 외교적 임무를 수행하는 다수의 남성과 여성들이 국가를 위한 봉사에 있어 가장 값비싼 대가를 치르고 있다. 러시아 외교관들이 이를 인지하고 있거나 신경쓰고 있다고는 생각하지 않는다.

바로 조금 뒤에, 두 번째 러시아 외교관이 로비에 들어왔다. 그리고 리셉션 직원에게 자신을 소개하고 전화를 통한 출입허가를 받기 위해 특정번호에 전화를 걸도록 요구하였다. 국방부 전화선은 5개의 번호로 된 전화번호이므로 그 전화번호를 확인할 필요 없이, 리셉션 직원은 그 번호로 전화를 걸었다. 첫 번째 벨이 울린 벨소리에 처음 도착한 그 외교관이 로비 테이블에서 해당 전화를 받아들고 자신의 공범에게 출입을 허가해 주었다. 이런 상황은 정말 예상치 못하였던 것이어서, 감시팀은 그 러시아 외교관의 내부출입을 미행할 수 있는 요원을 준비시키지 못하였던 것이다. 로비에서 기다리고 있던 그 러시아인은, FBI에 SVR의 정보요원으로 잘 알려진 인물이다. 미국 영어를 유창하게 구사하였고 어떤 의심도 불러일으키지 않았다. 그는 자신의 임무를 완수한 뒤에 차분히 그 건물을 걸어서 빠져나왔다. 별 다른 사항이 없다면, 그 SVR은 어떻게 취약점들 — 인적인 면이나 기술적인 면들 모두를 포함하여 — 을 이용할 수 있는지를 잘 알고 있었다. 어떤 경우건, 우리는 다시 한 번 더 우리 자신의 꾀에 당한 것이다. 이를 지켜보고 아무것도 할 수 없다는 것이 절망스러웠다.

다른 시간대에, 아에로플로트^{러시아 항공사}의 직원이면서 오랫동안 SVR의 정보요원으로 의심되었던 인물 중의 한 명이 1층 보안검색대 뒤편에서 에스코트를 받지 않은 채 걸어다니고 있는 것이 한 FBI 요원에게 발견되자 합동팀의 멤버들은 그 로비에서 다수의 행동들을 관찰하였다. 즉각적으로 리셉션 직원들이 방문자 명부를 검사하였지만 그 개인에 대한 어떤 출입허가나 사전출입허가도 찾아낼 수 없었다. 우리가 최선을 다했음에도 불구하고 그 아에로플로트 직원이 어떻게 그 건물에 대한 접근허가를 받아냈는지, 그리고 그가 어느 곳으로 향했는지, 만약 특정한 곳으로 이동했다면 알 수가 없었다. 이 간첩행위로 완전히 당혹스러웠다!

그러나 그 이후에 러시아 외교관과 의심스러운 정보요원들의 HST에 대한 사전연락방문이나 급작스런 방문의 수와 빈도가 갑자기 심각하게 줄어들었다. 이 러시아인들이 분명히 방첩과 관련된 문제를 내포하고 있다는 것은 확신하였지만, FBI도 DS도 SVR이 건물 내부에서 하려고 했던 것이 무엇인지 어떤 것도 확실히 알 수 없었다. 그럼에도 불구하고, 우리가 발견한 것들이 결론이 난 것은 아니지만 블랙 드래곤이 이 사실에 대해 알고 있을 필요가 있다고 믿었다. HST의 보안취약점과 SVR의 실현가능한 내부에서의 작전에 대한 이 합동팀의 결론이 피터 버긴 외교 보안 서비스국의 국장에게 보고되었고, 그는 우리가 발견한 내용의 심각성을 즉각적으로 인지하였다. 나는 1975년 베이징의 USLO에서 보안직원으로서 피터를 대신해 일한 적이 있었고, 이후로 훌륭한 직업적인 관계를 지속해왔다.

내 프레젠테이션의 결론에서 피터는 나에게 브리핑에서 사용된 사진들과 분석서류들을 선임 국무부 관리자에게 제공할 수 있도록 FBI에 사용허가를 받아올 것을 지시하였다. 1998년 5월 20일 FBI의 사진들과, 서류들, 그리고 기도와 함께 나는 DS 부보좌관비서인 웨인 레이첵과 함께 7층의 회의에 참석했다. 그 회의는 정치부 국무차관과 전 모스크바 미국 대사인 토마스 피커링에 의해 주관되었다. 회의는 제한된 시간 내에서 진행되었고, 차관들은 일정이 꽉 차있었으며, 나의 메시지는 외교정책관심사와 전혀 관련이 없었고 단지 지루한 물리적 보안문제들에 대한 것들이었다.

타겟 대상의 이름, 도착과 출발 시간들의 정보를 담은 스프레드 시트과 흑백 사진들을 급히 진열하고 나의 브리핑을 다음 이야기로 끝을 냈다. "우리와 FBI는 SVR이 현재까지 특별한 수익을 얻지 못했다고 확신합니다만, 지금까지 이 러시아인들이 HST에 그토록 자주 방문한 이유가 무엇인지에 대한 특정한 이유를 찾지 못하였습니다."

피커링 차관과 그의 보좌관들은 조용히 나를 응시하였다. 아주 길었던 45초의 정적에 이어서, 피커링이 레이첵에게 몸을 돌리고는 "당신의 기술보안직원이 건물 내부의 사무실 문에 설치되어 있는 지문코드전자기 자물쇠를 리셋해서 문이 열리는 시간이 5초에서 3초로 단축되도록 해 두었나요?"

"네, 피커링 차관님. 오늘부터 시작되었습니다"라고 레이첵이 바로 답변하였다. 피커링의 생각에는 이 보안 "강화"방법으로 러시아 외교관들이 국무부 직원들의 뒤에서 편승하는 것, 즉 제한구역이나 HST의 SCIF에의 접근허가를 얻는 것을 포기할 것으로 생각하는 것처럼 보였다. 증거로 ─ 러시아인들이 국무부의 내부에 출현하는 것이 현재는 감소되었다. 피커링 차관은, 국무부 내의 세 번째 서열인물, 몇몇 질문을 던지고 내 프레젠테이션의 사진들과 서류들을 흘긋 보고 지나가는 것으로 우리의 작전에 대해서 관심이 거의 없다는 것을 증명하였다. 사무실 문 잠금장치의 잠금 시간을 단축하는 것이 건물 내부에서 통제를 받지 않는 SVR 요원들의 문제를 해결하는 방법이었다. 레이첵 역시 비슷하게 FBI/DS 합동 방첩팀의 발견사항에 대해서 크게 걱정하지 않는 것처럼 보였다. 이 일에 대한 내 열정은 급격히 떨어져버렸다.

우리가 떠날 준비를 하자, 피커링의 스태프 중 한 명이 내가 브리핑에 언급한 다른 방첩관련 문제에 대해 질문을 하였다. 우연한 기회로 DS/FBI 팀은 한 이스라엘 외교관을 알고 있었다. 이 외교관은 국무부가 자신의 출입을 스폰서해준 사무실을 벗어나서 에스코트되지 않은 채로 HST 일층에 있는 카페테리아로 향하는 습관을 가지고 있었다. 한손에 커피 잔을 들고, 이 이스라엘 외교관은 아마도 손을 흔들면서 다양한 국무부 직원들과의 즉흥적인 대화를 가질 것이다. 국무부 직원들은 에스코트되지 않은 이스라엘 외교관이 자기가 있어야 할 곳에서 벗어나서 다른 이들과 어울리고 있는 것에 대해서 거의 걱정하고 있지 않은 것처럼 보였다.

나는 피커링 대사에게, "DS/CI는 미국인과 이스라엘인들의 HST 카페테리아 대화에 대한 국무부 직원들의 리포트를 단 하나도 찾아볼 수 없었다"는 것을 알려주었다.

"그렇다면, 당신은 왜 그렇다고 생각하지요?" 피커링의 조언자들 중 한 명이 쏘아붙였다.

"글쎄요, 제 생각에는 이 외교관이 정보수집의 임무를 가지고 있을 가능성이 있다는 사실에도 불구하고 단순히 이 이스라엘 외교관이 어떠한 안보위협도 가지지 않는다고 믿고있기 때문에 이들의 대화내용이 직원들에 의해 보고되지 않았다고 생각됩니다." 모든 부서의 직원들이 입사 초기에 그리고 입사 기간 동안 간헐적으로 다음의 보안 브리핑을 받게 된다. 이런 경우와 같이 국내에서나 해외의 대사관들 모두에서 그들이 우연히 만나게 되는 사항들에 대해서 보고서를 작성해서 DS에 제출해야 하는 책임이 있다. 나는 그 이스라엘 외교관의 이름이 무엇인지 질문을 받았고 내가 그의 이름을 알려주자, 스태프 중 두 명이 웃기시작했다.

한 명은 말하길, "아 네, 그 사람은 베니내요. 그 사람은 괜찮아요." 또 다른 스태프도 설명하길, "모두가 베니에 대해서 상당히 잘 알고 있습니다"라고 하였다.

나는 그들이 계속 말을 이어가자 침묵하였다. 같은 스태프가 다시 말하길, "나는 베니가 미국 국무부의 심장에서 그의 브리핑을 한다는 이야기를 듣는다고 해도 전혀 놀라지 않을 겁니다. 그는 강심장의 사나이에요. 괜찮습니다."

아마 이 문제가 그들에게는 웃을 수 있는 일이었을 수도 있다. 그러나 HST의 내부에서 발생하고 있는 이스라엘 정보수집활동에 대한 선임 국무부 직원들의 명백한 고민의 부재를 믿을 수가 없었다.

내가 뭔가 웃기는 급소문구를 놓쳤던 걸까? 단지 나만 그런가? 그러면 다시, 아마도 그들의 생각 속에는 카페테리아에 있는 아무것도 모르는 속고 있는 국무부 직원들로부터 훔쳐낸 것들이 아무런 가치가 없다고 판단한 것일 것이다.

수년이 지나고 2005년, 베니 −그의 진짜 이름으로 더 잘 알려진, 노아 길리온− 는 이스라엘 대사관에 파견된 정치 카운셀러였고, 펜타곤의 이란계 분석가 로렌스 프랭클린으로부터 미국의 비밀문서들을 받은 혐의가 FBI의 26페이지에 달하는 기소문서에 나타나있다. 로렌스 프랭클린은 로비스트인 스티븐 제이 로젠과 미국이스라엘 공공문제연합회the American Israel Public Affaires Committee: AIPAC의 멤버인 케이스 베이스만에게 비밀문서를 넘겨준 스파이 혐의로 기소된 자이다. AIPAC는 미국 내에서 가장 영향력 있는 친이스라엘 로비기관이고 자신들의 정치적 의지를 의회에 주장하는데 있어서 라이벌이 될 수 있는 다른 기관들은 단지 전국총기연합회the National Rifle Association와 the AARP 뿐이다. 프랭클린이 펜타곤에서 입수한 비밀정보들은 특정 언론인들과 이스라엘 정부에 정보의 일정부분을 보낸 혐의를 받고 있는 로젠과 베이스만이 공유하였다. 심지어 기소 이후에, 길리온은 미국 국무부와 펜타곤의 공식회의들에 지속적으로 참석하였다.

외교관으로 파견된 길리온은 자국 정부가 그의 외교관으로서의 면책특권을 특별히 포기하지 않는 한, FBI에 의해 체포되지 않고, 법무부에 의해서 연방 또는 주정부 법률위반 혐의로 인해 재판을 받지도 않는다. 어떤 국가도 필수적인 정보수집요원에 대한 면책권을 포기하지는 않을 것이다. 모든 외교관들은 비엔나 협약에 따라 어디를 가든지 또는 무엇을 하던지 "자유롭게 감옥에서 나올 수 있는" 카드를 들고 다닌다.

2005년 10월, 프랭클린이 노아 길리온과 AIPAC 로비스트들과 적어도 8차례의 만남을 가졌다는 것에 대한 유죄인정을 하고 엘리스 판사는 그에게 비밀정보를 권한 없는 사람들에게 넘긴 죄목으로 12년 6개월의 실형을 선고하였다. 프랭클린이 정부에 협조한 대가로 그의 형량은 이후에 집행유예로 감형되었다. 2009년, 법무부는 1917년의 반스파이법을 위반한 혐의로 기소된 로젠과 바이스만에 대한 재판을 철회하였다. 이는 형사소송재판과정 중에 피고들에 대해서 반드시 압도적으로 우세하게 이길 수 없을 것 같았으며, "비밀정보에 대한 내용이 불가피하게 폭로되는 것을" 피하기 위함이었다.

나는 피커링 차관과 그의 스텝들에 의해 내 경고가 인정받거나 이해되었다는 느낌을 받지 못하였다. 그리고 동시에 그들은 공개회의에서 외교업무를 담당하는 부처 공무원들을 어렵게 만드는 규정들을 제정하는 업무를 하는 자들도 아니었다. 떠나기 전에 우리가 국무부 국장들에게 그 건물과 직원들이 적대적인 정보활동의 타겟이 될 수 있는 취약한 상태에 있다는 사실을 경고하기 위하여 우리의 기밀자료가 삭제된 보고서를 제공할 수 있다는 사실을 피커링에게 설득시켰다. 무언가를 하는 편이 아무것도 하지 않는 편보다는 났다. 피커링 차관은 일어서더니 우리에게 시간을 내주어서 감사하다는 인사를 했다. 그리고 그의 사무실에서 나서는 것을 안내해 주었다. 우리는 우리의 꼬리를 다리 사이에 말아 넣고 대체로 낙담했다. 가치가 있는 것이라면, 내가 여전히 어떤 자존감이 있다는 것과 돌아오는 길에 문짝이 나를 치지 않도록 했다는 것이다.

피커링의 7층 사무실에서 걸어 나오면서 나는 레이첵에게 몸을 돌리면서 물었다. "그 사람들 못 알아듣는 것 같지 않았어요?" 그는 대답하지 않았다.

피커링 차관과의 미팅 이후, 존 텔로와 나는 국무부 사무실 국장들과 관리자들에게 수십 차례의 브리핑을 했다. 우리가 보다 엄격한 에스코트 정책을 적용하려고 하기 위해 그들의 지원이 필요하다는 것을 강조하기 위함이었다. 내가 놀랍고 만족스럽게도 대부분의 부서와 사무실의 책임자들은 더 젊고, 의심이 없고, 경험 없는 외교업무 직원들이 외교관들 특히 쇼핑목록과 같은 질문들을 갖고 HST 카페테리아 커피 컵 뒤에서 웃고 있는 자들과 어떻게 교류할 것인지에 관해 설명들을 수 있도록 확실히 조치하는 브리핑을 알려주는 즉시 추가적인 에스코트와 업데이트된 접촉과 관련된 사무실 맞춤형 안전조치들을 마련했다.

우리 등 뒤에서 러시아 외교관이 건물에 출입하기 위해 저지르는 장난질을 발견한 것과 함께 나의 관심은 한동안 관심을 기울이지 않았던 여러 개의 방첩사례들로 다시 돌아갔다. 건물의 출입통제 이슈로부터 내 관심의 전환은 그리 오래가지 못하였다. 1999년 초, 나는 선임 FBI SSA로부터 전화 한통을 받는다. 워싱턴 현장사무실에 배치된 그들의 요원들 중 한명으로부터 곧 전화를 받게 될 것이라는 내용이었다. 그 후 곧바로 FBI 특수요원 "앤디"로부터 전화를 받았다. 앤디는 내가 이미 자신의 본부로부터 소식을 들었는지를 물어보았다. 나는 차분히 그렇다고 대답하였고, 열심히 귀를 기울였다.

앤디는 나에게 아주 민감한 정보를 알려줄 것이지만 내용을 알려주는 것은 전화를 통해서가 아니라 SCIF^Sensitive Compartment

Information Facilities 기능이 되는 장소의 내부에서만 가능하다고 이야기했다. 나는 앤디에게 그가 올 수 있는 빠른 시간 내에 언제든지 내 사무실SCIF의 기능이 갖추어져 있음에 방문해 줄 것을 요청했다. 며칠 뒤, 그는 내 책상위에 일련의 사진들을 진열해 두었는데, 이 사진들이 나를 깜짝 놀라게 하였다. 앤디는 중년의 남자가 어디인지 특정하기 어려운 공원의 나무벤치에 앉아있는 흑백사진을 지목하였다.

"이 사람은 스타니슬라브 구세프입니다. 외교관 신분을 가장해서 워싱턴에서 근무하고 있는 SVR 기술요원으로 의심하고 있습니다"라고 그는 말했다.

나는 그 사진을 집어들고 더 가까이에서 관찰하였다. 구세프는 약 5.5피트 정도의 키에 약간 대머리 전체적으로 흰 머리를 하고 있었으며 하체가 좀 더 살이 찐 체형이었다.

"이 사진은 국무부 외부에 위치한 공원 벤치에 앉아있는 구세프를 찍은 겁니다"라고 앤디는 계속 이야기했다.

갑자기 나는 그 벤치와 주변지역을 인지할 수 있었다. DS/CI 사무실은 HST 건물로부터 버지니아 가를 바로 가로지른 곳에 위치해 있었다. 내 사무실에서 FBI의 사진 속에 있는 그 공원 벤치를 실제로 볼 수 있었다. 지금 무슨 일이 일어나고 있는 거지? 나는 궁금해졌다.

"이 사진은 얼마나 오래된 것인가요?" 나는 물었다.

"이 사진은 1999년 초에 촬영된 것입니다." 다른 사진을 그의 손가락으로 가볍게 두드리면서 앤디가 말을 이었다. "이 사진을 보세요. 구세프가 자신의 손을 저 공원 벤치 위에 올려놓은 검은 가방위에 올려 둔 것이 보입니까?"

나는 고개를 끄덕였다.

"네, 이건 FBI에서 생각하고 있는 것인데 그 가방에는 구세프가 스스로 만들어 둔 전자장비들이 있었을 겁니다. HST 내부의 음성청취장치를 활성화하기 위한 거겠죠."

이제 내가 응시하고 아무것도 말하지 않을 차례였다. 아마도 피커링 차관은 내가 훨씬 전에 그에게 보여주었던 FBI의 흑백사진을 보고 너무 어이없어 말도 못하였었던 것 같다. 이 사진들은 특수훈련을 받은 FBI 요원들에 의해서 촬영이 되었고, 이 사진들은 SVR이 옛날 방식의 작전을 사용하고 있다고 강하게 말하고 있었다. 나는 결국 FBI가 어떻게 구세프를 애초에 지목하게 되었는지를 물었다.

"사실 약간 운이 좋았습니다." 앤디가 대답하였다. "워싱턴 DC에서 활동 중이라 의심받는 정보요원들의 사진에 친숙한 우리 FBI 감시팀의 한 멤버가 HST의 근방에 위치한 벤치에 앉아있는 그를 발견하였고 그의 수상한 행동들을 상관에게 보고하였던 겁니다." 그 뒤, FBI는 지목된 그 남성이 실제로 오랫동안 FBI의 관심대상이었던 SVR 정보요원인 구세프가 맞는지를 확실히 확인하기 위하여 그 지역에 감시팀을 가득 배치하였다. 그리고 정말 그였다!

앤디에 따르면, 감시팀은 구세프의 신원을 확인했을 뿐만 아니라, 구세프가 그의 러시아 외교관 번호판이 부착되어 있는 4도어형 흰색 쉐브론 말리부 차량을 22번가와 23번가, 그리고 버지니아 가의 경계부분 지역에 주차하는 습관이 있다는 것을 알아냈다. 이곳은 HST의 C도로 외교관 출입구의 반대편이었다. FBI팀은 구세프가 여러 개의 큰 검은색 캔버스가방을 그의 차 트렁크에서부터 옮겨가는 것과 HST 건물의 북동쪽 외관을 마주보고 있는 여러 개의 공원벤치들 중 한 자리에 앉았던 것을 기록하였다. FBI는 어떻게 구세프가 그의 머리 쪽에 이어폰을 견고하게 부착하는 동안에 그의 손이 하나 또는 두 개의 핸드백 속으로 사라지는 지를 사진으로 포착하였다. 사진을 보면, 구세프가 한손 포커게임을 하고 있는 것처럼 보인다. 이 경우에는 그의 눈이 건물의 외관에서 떨어지지 않은 것과, 그 가방들을 한 번도 직접 똑바로 본 적이 없었다는 것만 제외한다면 그렇다.

앤디는 이러한 이상한 행동들이 수개월에 걸친 기간 동안 수십 번에 걸쳐 관찰되어 왔다고 설명했다. 비디오에 잡힌 영상들 중 가장 우스웠던 에피소드는 구세프가 단순히 공원벤치에 앉아 신문을 읽으면서 시간을 보내는 관광객 행세를 하려고 시도했던 일이다. 거기에는 단 한 가지 문제가 있었다. 12분 가량의 클립가운데 구세프의 한 손은 운동가방 안에 넣어둔 채로 신문을 읽는 척을 하였던 것이다. – 그런데 신문이 거꾸로 뒤집혀 있었던 것이다!

앤디는 그의 팀이 최근에 구세프가 벤치위에서 곡예를 부리는 일을 그만두었고 지금은 HST 근방을 방문하면서 전혀 새로운 일을 하는 모드에 들어간 것 같다고 설명하였다. FBI의 사진과 비디오 영상에서 나타난 것처럼, 구세프의 새로운 일상 활동은 그의 쉐브론 차량을 타고 버지니아 가를 천천히 운전하면서 그 건물의 북동쪽 외관 면을 직접 바라보고 있는 주차공간을 찾아다니는 것이다. FBI의 사진 검사자는 차량이 방향을 바꾸어도 전혀 움직임이 없었던 티슈박스가 뒷좌석의 패널 위의 뒷 유리 아래에 똑똑히 보이는 위치에 고정되어 있다는 것을 알아차렸다. 검은 캔버스 가방들을 차에서 꺼내는 대신, 구세프는 반짝거리는 금속 25센트 동전을 꺼내서 주차미터기에 넣고 조지 워싱턴 대학교 캠퍼스로 2시간 동안의 산책을 떠났다.

FBI의 기록들은 구세프의 방문시간이 다양하지만 대부분 주중 아침시간에 이루어졌다는 것을 보여주었다. 그러나 왜 그런지 이유는 모르지만 금요일에는 전혀 나타나지 않았다. 단 한가지 지속적인 패턴은 그가 항상 그의 차를 HST 북동쪽 외관이 보이는 곳에 주차하였다는 점이다. 앤디는 구세프가 그의 한 손을 차량의 대쉬보드 아래로 뻗고 있는 장면을 찍은 사진을 지목하였다. 그는 구세프가 자신의 2시간 동안의 일과를 위해 자기 차가 떠날 때마다 매번 그 행동을 했다고 설명하였다. FBI의 기술 분석가들은 구세프가 어떤 종류의 장치, 일반적인 쉐보레 부품 카달록에서 찾을 수 있는 액세서리가 아닌 어떤 장치를 활성화시키고 있었다고 추측하였다.

앤디는 그의 프레젠테이션을 마치고 의자 뒤로 깊숙이 앉았다. 더 이상 어떤 말을 하거나 다른 사진이나 비디오를 함께 검토할 필요가 없었다. 이 사진증거들은 확실했다. 의심의 여지가 없었다. SVR은 HST 내부에 성공적으로 기술장치를 장착했었다.

나는 앤디에게 물었다. "국무부의 얼마나 많은 사람들이 FBI가 의심하는 이 일에 대해 알고 있나요?"

그는 미소를 지었다. "국무 장관 매들린 올브라이트, 국무부 부장관 리차드 아르미타지, A.S. 데이비드 카펜터, 존 텔로, 그리고 지금까지는 당신뿐입니다."

앤디가 나에게 브리핑을 한 목적은 만일 합동 DS/FBI 방첩팀이 잠복하고, 정보를 찾아내고, 궁극적으로 이 "벌레"를 잡아내어 덤으로 러시아 정보요원을 무력화하기 위한 작전을 수행할 수 있을지 알아보기 위해서였다. 나의 첫 번째 고민거리는 어떻게 국무부가 이처럼 매우 민감한 조사가 언론이나 또는, 더 나쁜 경우에, 러시아 스파이들에게 새어나가지 않게 할 수 있을까 하는 것이었다. 나는 또 다른 매스컴으로 정보의 유출이, 플릭스 블로흐 사례처럼, 지금의 FBI와의 훌륭한 업무관계를 영원히 망쳐놓지는 않을까 해서 극도로 걱정이 되었다. 지금도 정보공동체 내부에서는 대부분 국무부의 어떤 인물이 언론에 분별력 없는 말을 해서 펠릭스 블로흐에 대한 FBI의 간첩사건 수사에 훼방을 놓았다고 생각하고 있다. 나의 또 다른 걱정거리는 만일 내 부서가 이 수사에 능동적으로 참여하게 되면 대부분의 작전활동이 이 건물 내부에서 일어나게 될 것이며, 그리고 나의 직원으로 발령받은 14명의 특수요원들은 길고 힘든 시간동안 일을 하게 될 것이라는 점이다. 이미 우리에게는 해야 할 수사사건 업무로드가 가득했고 이 사건은 우리를 더 깊이 일에 파묻히게 할 것이기 때문이었다. 대답을 하는 데는 5초가 채 걸리지 않았다. DS/CI가 이 업무를 맡을 것이다! 나는 나의 바로 위 상사인 존 텔로가, 아침에 함께 수사를 나갔던, 나의 지원약속에 동의해 줄 것을 열렬히 바랬다. 최악의 경우, 그는 격분하면서 머리를 흔들며 나가서 조지 워싱턴 대학교 캠퍼스에서 긴 산책을 하며 머릿속의 열을 식히게 될 것이다. 그러다 아마도 우연히 구세프를 만날지도 모르겠다!

앤디는 사진들과 기록들을 그의 서류가방에 다시 집어넣고 앞으로 72시간 내에 우리의 최초이자 공식적인 다자기관 합동회의에서 만나기로 약속하였다. 작전명 "Sacred Ibis"가 곧 개시되려 하였다.

15 장

존 텔로가 사무실에 복귀하자 나는 앤디와의 대화를 그에게 전달하였다. 그는 미소지으며, "승선을 환영하네"라고 속삭이면서 즉시 우리에게 주어진 모든 가능한 DS/CI 자원을 사용하여 이 수사를 지원할 필요가 있다고 합의했다. 나는 그럴 줄 알고 미리 DS를 그 사건에 투입시켜 놓았다. 부서의 우선업무순위와 자원들에 대해 의논하면서, 나는 곧바로 부서 책임자로서 나의 주요 업무 때문에 "Sacred Ibis" 작전의 하루하루 작전활동에 투입되는 것은 적당치 않다고 이야기했다. 우리는 이 사건을 특수요원 폴 가프니에게 맡기기로 동의하였다. 그는 라틴아메리카와 유럽의 악의적인 정보활동을 감시하는 책임을 담당하는 사무실의 지부 책임자였다.

20년 경력의 DS 베테랑인 폴은 하바나의 미국 이해관계 대표부US Interests Section에 배치되어 지역보안담당자로서 매우 성공적인 업무수행을 인정받아 DS/CI 내의 부서장으로 임명되었다. 또한 모스크바 대사관의 보안부서 내에 새롭게 만들어졌던 방첩업무를 담당하며 1986년부터 1988년까지 근무하였다.

러시아에서 폴의 재직기간 동안, SVR을 위한 해병대 보안요원 클레이튼 론트리의 스파이 행위가 발각되었다. 상당 부분에 걸친 론트리 상사의 스파이 활동들이 모스크바에서 이루어졌기 때문에, 폴은 국무부의 다자기관 간첩수사에 국무부의 참여를 조율하는 책임을 맡았다. 이와 유사한 일을 "Sacred Ibis"에서 하게 될 것이다. 폴과 나는 1980년대 초반 국무부 장관 알렉산더 헤이그를 보호하는 보안업무를 함께 담당했다. 나는 그의 판단에 대해 절대적으로 신뢰하고 그의 인격과 성격이 익숙하고 편하다. 내 판단에 그는 이 업무에 이상적인 인물이다. 그가 그때 미혼이었던 것 또한 우리에게는 다행이었다. 왜냐하면 앞으로의 몇 달 동안 그의 저녁시간과 주말을 당장 해결해야 할 이 업무를 위해 희생해야만 할 것이기 때문이다. 브리핑을 듣고 난 뒤, 폴은 기꺼이 이 수사를 이끌어 갈 것에 대해 동의하였다.

첫 번째 업무명령은 HST 내부에 SVR이 심어놓은 송신기가 정확히 어디에 있는지를 알아내는 것이었다. 폴은 시작부터 이 건물의 북동쪽 측면의 구석구석을 파악하기 위해 이 건물의 청사진들과 복도설계도를 얻기 위해 노력하였다. "재량권" 그리고 "비밀엄수"는 고통스러운 경험을 통해서 배운 모든 방첩기관 요원들의 표어이다. 앞선 수사사건들에서는 DS/CI 요원들이 국무부 직원들에게 질문을 하거나 서류들을 요구할 때 반드시 루머와 가십들이 재빨리 나돌아 비밀유지를 위한 기회를 망쳐버렸다. 사람들은 본능적으로 이야기를 한다. 그러나 폴은 그의 업무에 불필요한 이목을 끄는 것을 피하기 위해 노력하였다. 그는 애써서 비밀정보들에 대한 논의가 일어날 수 있는 사무실들을 찾아내었다. SVR 송신기가 민감한 대화가 오고가는 사무실에 설치되었을 것으로 쉽게 짐작할 수 있기 때문이다. HST의 복도설계도를 유심히 검토한 결과 상당한 양의 공간이 화장실, 복도, 계단, 다용도실, 엘리베이터, 물건보관실, 개방형 착석 공간들, 그리고 공공사무실 공간들이라는 것을 발견하였다. 다행스럽게도 폴의 조사결과 회의실들과 개인사무실들, "타겟 공간들"이라고 불릴 수 있는 공간들은 실제로 그리 넓지 않았다.

타겟 공간들이 파악되자, FBI는 기술적 수사 도구들에 의존할 시기라고 판단했다. 이 단계의 작전은 조안 롬바르디의 우수한 조력 덕분에 성공적이었다. 롬바르디는 DS의 간부직원으로 화도 내지 않고 "Sacred Ibis"의 기술적 대응방안을 위해 사용할 수 있는 공간을 마련해 주었다.

이 조력의 정확한 성격은 비밀정보로 분류되어 있다. 그러나 이 대응책이 작동된 지 48시간도 못되어서, HST 북동쪽 건물 7층의 한 창문과 가까운 위치에서 의심되는 라디오 발신기를 찾아내었다. 다음날 아침, 존 텔로, 조안 "피츠" 피츠시몬스, 우리의 소중한 보안 기술직원, 그리고 나는 FBI 동료와 함께 앉아서 그 수상한 라디오 시그널에 기초해서 다음의 활동을 결정하였다. 행동을 위한 결정은 바로 이루어졌다.

같은 날 저녁 11시 30분경, 폴 가르니는 송신기의 반경을 찾아내기 위해서 FBI와 DS 특수요원들, 그리고 기술전문가들로 구성된 팀을 해양과 국제환경 그리고 과학업무국The Bureau of Oceans and International Environmental and Scientific Affairs: OES 7층에 위치한 회의실로 안내하였다. 한 시간 내에, 그 팀은 나무의자의 레일 부분에 부착되어 있던 전기 송신기장치를 발견하였다. 이 레일은 허리높이의 몰딩으로 방의 크기에 맞추어서 적당한 크기와 규모로 제작되어 있었고 벽에 의자자국들이 생기는 것을 막아주는 역할을 하는데 그 방을 전체적으로 두르고 있었다. 의자레일에서 발견한 문제의 장치는 버지니아 가를 마주보는 컨퍼런스 룸의 7피트 높이 창문아래 벽면에 안전하게 숨겨져 있었다. 진입팀은 SVR의 꼼꼼함을 인정하였다. 그 방의 의자레일과 거의 정확하게 일치하는 장식된 나무몰딩 조각을 복제하여 붙여두었던 것이다. 더 대단한 것은 이 위조 몰딩이 컨퍼런스 룸의 천정에서 바닥까지 덮고 있는 창문커튼 뒤에 숨어있어서 시야에서도 가려졌다는 것이다. 그 커튼이 열려있든지 닫혀있든지 여부에 관계없이 러시아 정보원들은 문제의 몰딩이 벽에 부착되어 있는 방의 특정 구석에 그 장치를 항상 숨겨둘 수 있었던 것이다.

심지어 직원이나 청소담당 스텝들 중 어떤 사람이 커튼의 한 면을 잡아당겨도 약간 빗나가서 붙여져 있는 이 몰딩조각이 특별한 의심을 끌지는 못했을 것이다. 6피트 크기의 화분에 심겨져 있는 식물이 그 커튼의 바로 앞에 세워져 있어서, 그 장치가 숨겨진 위치주변에 손이 닿기 어려웠다. 비밀 조직된 SVR 조사팀은 업무를 잘 처리하였다. 이 작전은 비밀장치의 위치파악업무 교과서에 소개될 사례였다.

진입팀은 방첩탐지장비와 매우 정교한 사진장비들로 몰딩을 조사하였고, 은밀하게 숨겨진 송신기의 존재를 즉각적으로 찾아내었다. 이 송신기는 다량의 배터리들이 들어갈 수 있게 되어 있었고 나무 내부에 깊숙이 박혀 있었다. 당장은 달리 해야 할 일이 없었으므로, 진입팀은 신속하게 업무를 처리하고 조용하게 철수하였다.

고위급 관리자들은 청취 장비를 발견한 사실에 대해 전달받았고, 72시간 내에, FBI, CIA, NSA, 그리고 법무부 대부분의 고위급 대표들이 급히 JEH 건물 내부에 있는 SCIF 설비를 갖춘 회의실에서 발견한 SVR 송신기에 대해 어떤 대응을 할 것인지를 결정하기 위한 회의를 위해 모여들었다. 존 텔로와 나는 그날 아침에 참석한 사람들 중 유일한 국무부 직원들이었다. 그날 회의는 충성심과 함께 매우 강렬한 토론이 벌어졌다. 우리는 토론 내내 말을 아끼고 조용히 있었다. 여러 정보기관들이 모인 이 회의에서 어떤 결과에 도달하던지 DS/CI에게 이번 수사에 중요한 기여를 해 줄 것을 부탁할 것이 강하게 예상되었기 때문이었다.

회의에 참석한 대표들이 송신기의 발견, 송신기 작동으로 제기된 잠재적 폐해, 그리고 잠재적인 미국 정부의 행동 계획 등에 대해 논의할 때, 나는 생각이 복잡해지면서, 스스로에게 물었다 – 왜 OES 컨퍼런스 룸이었을까? 러시아 외교관들이 양자 또는 삼자협상을 하는 과정 중에 이 컨퍼런스 룸에 들어와서 회의에 참석하였다는 것에 대해 잘 알고 있다. 그러나 OES는 SVR의 중요한 타겟으로 여겨져 오지 않았다.

우리는 곧 몇 명의 사람이건 몇 개의 부서건 간에 그 수에 관련 없이 국무부 내 부서의 사람들은 OES와 관련되지 않은 주제들에 대해 이 회의실을 사용할 수 있었다는 것을 알게 되었다. 폴 가프니는 OES 컨퍼런스 룸의 사인북을 검토하고 다수의 민감한 토론들이 이 방의 내부에서 진행되었다는 것을 알아냈다. SVR이 포착해 간 정보들은 폭넓고 다양하였다. 일부는 비밀로 분류된 정보들이었고, 일부는 개인적으로 민감한 정보들이었으며, 일부는 생각없이 들을 수 있는 세속적이고 일상적인 내용들이었다. 내 생각에는 OES 컨퍼런스 룸에서 유출된 정보들은 어떤 형태로든지 우리에겐 다행스럽게도 크레믈린에게 전술적 또는 전략적 이점을 줄 수 없었다.

활발한 토론이 벌어지는 동안, 특정 참가자들은 앞으로의 컨퍼런스에서 잘못된 역정보를 제공하여 그 장치를 역으로 이용하기를 선호하기도 하였다. 러시아 정보 분석가들을 혼란에 빠뜨리려는 기대를 가지고 말이다.

일부 FBI 직원들은 구세프를 신속히 체포하고 송신기에 대한 즉각적인 검사를 진행할 것을 원하였다. 다른 사람들은 그 장치를 고장나게 한 뒤 그 장치를 고치거나 교체하기 위해 어떤 인물이 컨퍼런스 룸에 나타나는 지를 지켜보자고 제안하기도 하였다. 마지막으로 기술업무 직원들은 가장 우선되어야 할 일이 그 장치를 제거하고 적절한 기술적 방첩대응기기를 개발하기 위해 그 기기의 디자인성능을 파악하는 것이라고 주장하였다. 이들은 그 송신기가 그날 오후에 바로 제거되어야 한다고 주장하였다.

몇 시간 뒤, 회의는 그 송신기를 그 장소에 그대로 두기로 합의하였다. 그러나 법무부에서 기소 가능성을 열어두고 이 장치들을 발견한 것과 관련한 모든 법적 그리고 기술적 이슈들에 대해 철저한 검토를 마칠 때까지 OES 컨퍼런스 룸과 청취 장치에 대해서는 24시간, 7일 기반으로 항상 전자감시를 지속하도록 되어 있었다. 또한 회의에 참가한 대표들은 FBI 기술자들이 컨퍼런스 룸 내부에 필요한 전자 은닉감시 장치를 설치하는데 동의하였다. 이는 DS 특수요원들이 먼 거리에서 그 회의실을 감시하고 은닉하는동안 그 장치에 대한 작업을 하거나 조작을 하려고 시도하는 어떠한 개인에 대해서도 "체포"할 수 있도록 조치하였다.

JEH 건물을 떠나면서 존 텔로와 나는 우리의 요원들에게 어떻게 하면 시간이 많이 드는 새 임무에 대해 가장 잘 설명해 줄지에 대해 논의했다. 우리는 둘 다 우리 사무실이 지금 막 연루된 개방적 성격의 업무에 대해서 마음이 편하지 않았다. 사무실의 직원들에게 앞으로 다가올 수개월 동안의 업무에서 그들이 보다 특별한 분별력과 규율을 가질 필요가 있다는 우리의 메시지를 강력하게 전달해야만 한다는 것을 깨달았을 때 우리의 걱정은 더 커졌다. 부주의로 인해 작전이 노출됨으로 인한 불행한 결과는 너무 심각해서 우리는 경계를 소홀히 할 수 없었다.

창문하나 없는 HST의 내실에서 주중에 몇 시간씩 앉아서 OES 컨퍼런스 룸의 내부로부터 지속적으로 흘러들어오는 감시비디오를 살펴보는 것을 끝내는 것보다 더 지루한 단 한가지의 일은 매우 길고 긴 주말의 저녁과 한밤중의 수 시간 동안 동일하게 정신을 놓고 카메라를 지켜보는 일이었다. 이 지루한 일은 정신을 멍하게 하고 몹시 고통스러운 일이었다. 그러나 전문가의 손길로 회의실 내부에 설치한 작은 사이즈의 텔레비전 카메라들과 오디오 장치들은, 국무부 직원들이 알지 못하는 장치들이다. 멋지게 일을 해냈다. 그 카메라들이 작동되기 시작한 순간부터, DS/CI 요원들은 조심스럽게 OES 회의실 내부에서 발생한 모든 행동들과 대화를 모니터하고 기록하였다. 작전이 끝나기까지 몇 달동안 모든 DS/CI 요원들은 이 지루한 업무에 돌아가면서 참가하였다.

이 시기 동안에는 개인적 희생들이 일상이 되었다. 추수감사절 저녁을 나의 어머니, 아내, 딸, 형, 그리고 형수와 함께 즐기는 동안, 나는 파이를 먹기 직전까지 와인에 손도 대지 않았던 것을 회상했다−이는 내가 할 수 있는 매우 어려운 희생이었다. 그리고는 일어서서 일하러 가야 한다고 가족들에게 이야기했다. 나의 형, 톰은 내가 하는 업무에 대해 직감적인 이해력을 가지고 있는 사법부의 변호사로 25년도 넘는 기간 동안 일했던 재치있고 경험 많은 사람이다. 그는 내가 일을 하러가기 위해 옷을 챙겨 입는 동안 이상하다는 눈으로 바라보았다.

　또 다른 상황에서, 근무 중이던 요원들 중 하나인 크리스토퍼 라이온스는, 지루한 한밤중의 업무를 수행하고 있는 중이었는데, 그의 팀 동료가 불평하는 것을 듣고 또 듣고 하느라고 고생하였다: "이 제기랄 같은 일은 절대 끝이 안 날거 같아!" 대부분의 시간동안 근무하는 요원들의 좌절의 수준은 믿을 수 없을 만큼 높았다.

　DS의 컨퍼런스 룸 모니터링과 함께, FBI는 구세프를 지속적으로 감시하였다. 활동 중 좀 웃기는 상황들도 발생했다. 구세프가 버지니아 가에서 주차할 공간을 찾고 있는 중이라는 FBI 감시 팀의 경고를 받은 적이 있었다. 내 사무실에서는 버지니아 가의 전망을 막힘없이 볼 수 있으면서, HST 북동쪽 외관을 마주보고 있었다. 그리고 가끔은 내 이마를 사무실 창문에 기대고 구세프가 그의 차를 주차하고 그의 산책과업을 떠나기 전 주차미터기에 동전을 넣는 것을 관찰하였다. 나는 내 사무실에서 커피를 마시고 나의 동료들과 업무를 수행하는 동안 SVR 요원을 감시하는 것을 어느 정도는 즐겼다고 인정하지 않을 수 없다.

　다른 경우에는, 존 텔로는 우리 사무실에서 단지 30야드 정도 떨어진 코너에 위치한 CVS 약국 내부에서 글자그대로 구세프와 우연히 만나서 거의 부딪힐 뻔하기도 하였다. 한번은 23번가를 걷고 있는데, 존과 나는 구세프가 조지 워싱턴 대학교의 스미스 센터 방향에서 그의 말리부스키 차량이 주차된 곳으로 돌아가는 길에 우리에게 다가오는 친근한 장면을 포착하였다. 우리는 정말 다음 블록에 다다를 때까지 웃음이 나오는 것을 참았는데 누가 봤으면 미친 사람처럼 보였을 것이다.

많은 연방기관들이 이 "Sacred Ibis" 수사에 관여되었다. 그리고 DS/CI는 전체 작전에서 중요한 역할을 담당했다. 이 작전을 어떻게 최선을 다해 수행할 것인지와 마지막으로 이 작전을 끝낼 수 있는 최종적인 결정은 법무부와 정보공동체에 달려있었다. 다행히도 모든 일은 반드시 끝이 있듯이, "Sacred Ibis"의 경우에는 끝나는 시기가 언제라도 빠르다는 느낌은 들지 않았을 것이다. 법무부가 이제 구세프를 체포하고 송신기를 제거할 시기라고 결정하였을 때, 존은 DS/IC의 컨퍼런스 룸의 모든 요원들에게 전화를 걸어서 이 게임이 곧 끝이 날 것이라고 알려주었다. 모든 요원들의 얼굴에 분명히 안도의 표정이 나타났다. 그들은 헌신적으로 실수하나 없이 자신들의 임무를 완수하였다. 그리고 이제는 주말과 저녁을 집에서 보낼 수 있기를 기대하게 되었다. 이제는 이 사건이 공식적으로 종료되기 전까지 해결해야 할 마지막 업무들이 몇 가지만 남았을 뿐이다.

비밀정보요원 용의자의 억류를 집행하는 것과 관련된 법률적 그리고 행정적 문제들은 어렵고 전례가 없는 사례들이다. 이는 모든 스파이 수사에서 마찬가지이다. 이러한 사건들에서 하나의 독특한 특징은 말리부스키 차량 내부에 설치되어있는 수신기와 기록 장비를 확보하는 것이 구세프를 체포하는 것보다 더욱 중요한 일이라는 것이다. 정식 러시아 외교관으로서 구세프는 기껏해야 단지 몇 시간 정도 구금되고 그의 대사관내 억류를 위해 석방시켜야만 할 것이다. 말리부스키의 경우도 마찬가지다; 이 차량은 러시아 대사관의 사적인 소유물이다. 그 전자장치들이야말로 스파이 대 스파이 게임에서 진정한 전리품인 것이다.

보다 확실히 하기 위해, 법무부는 구세프를 성공적으로 기소하기 위해서, 만약 러시아 대사관에서 어떤 이상한 이유로 스파이 행위의 법적 기준에 맞추도록 하기 위해 그의 외교관 면책권을 포기한다면, OES 컨퍼런스 룸에서 구세프의 말리부스키 차량의 녹음장치로 수신된 대화가 "비밀" 수준의 분류된 정보이어야만 한다고 판단하였다. 법무부는 그들의 임무를 우리의 사무실로 전달하였다.

최종적으로 존 텔로는 DS/CI의 지부장으로 방첩분석가인 프란 손더스를 지목하였다. 정말 비밀로 분류된 내용의 브리핑을 준비시켜서 그녀와 그녀의 스태프들이 OES 내부의 컨퍼런스 룸에서 발표하도록 하기 위해서였다. "Sacred Ibis" 작전이 심지어 우리의 작은 사무실 내에서도 비밀스럽게 수사되고 있었기 때문에, 그녀에게 송신기의 존재와 이 작전의 마지막 순간에 그녀가 곧 해야 할 역할에 대해 알려주었을 때 그녀의 충격받은 얼굴을 생생하게 기억한다.

그리고 난 뒤 그녀는 웃으면서 말했다. "내가 당신과 존을 지난 몇 주 동안 지켜보고 있었어요. 그리고 뭔가 큰 일이 벌어지고 있다고 의심했었죠. 왜냐면 당신 요원들의 업무일과들이 날마다 전부 바뀌었기 때문이었죠." 진정한 프로페셔널로서 그녀는 "알아야 할 필요에 대한 원칙"을 위반하려 하지 않았고, 존과 내게 질문하지 않았다. "내게 24시간 내에 준비할 수 있는 그럴듯한 스크립트가 있어요"라고 그녀가 말했다.

우리가 넘어야 할 마지막 장애물은 어떻게 DS/CI가 손더스의 팀으로 하여금 OES 컨퍼런스 룸에 들어가서 "비밀로 분류된 정보의 송신"이라는 법무부의 법적처벌을 위한 한계선을 넘어서는 20분 가량의 "비밀" 수준의 대화를 진행하도록 할 것인가를 고민하는 것이었다. 성공을 위해서는 타이밍이 절대적으로 중요했다. 법무부가 지정해 준 "비밀" 대화를 시작하려는 시간에 OES 컨퍼런스 룸에 다른 회의가 진행되고 있을 수도 있어서 그러한 가능성도 대비하여야 했다. 화재대피훈련, 전자기기의 문제, 상황적 문제, 또는 방안의 사람들을 대피시키기 위한 다른 어설픈 구실거리들이 우리의 다른 선택사항들이었다. 이 컨퍼런스 룸을 관리하는 행정 책임이 있는 기관인 OES에게는 일부러 이 "Sacred Ibis" 작전에 대해 브리핑을 하지 않았다. 만약에 있을 지도 모르는 OES 직원들의 불필요한 말이나 행동으로 인해 이 작전이 발각될까하는 염려 때문이었다. 그런 이유로 우리 계획에서 이들의 도움을 기대할 수는 없었다. 우리는 전형적인 정부의 일처리 방식으로 해결책에 도달했다－우리가 건너는 다리가 불타 없어지는 것을 바라지 않았다.

구세프의 구속과 SVR 송신기 검사를 준비하면서 DS와 FBI의 기술전문가들로 구성된 팀은 DS/CI의 OES 감시팀으로 인해 사람들로 가득 찬 같은 관찰실 내부에 끼여서 같이 기다리게 되었다. FBI는 구세프의 구속에 이어서, 이 기술팀이 OES의 컨퍼런스 룸에 들어가서 이 장치에 대한 즉각적인 법적 증거수집활동과 기술적 검사를 수행하기를 위해서였다.

마지막 사항들에 대한 작업이 완료되고 요원들과 기술자들은 준비가 되었다. 우리는 구세프가 11월 마지막 주 언제쯤 구속이 될 것이라고 생각했다. 그가 월요일 아침에 버지니아 가를 자주 방문했기 때문에, 그의 구속일은 아마도 1999년 11월 29일이 될 것이라는 데 동의했다. 모든 것이 잘 진행된다면 말이다.

1999년 11월 29일 오전 6시 30분, 나는 사람들로 꽉 찬 관찰실/모니터링 실의 복도 바닥에 앉아있던 합동 DS/FBI 기술팀 멤버들을 방문했다. 이들 주변에는 전자장치 가방들로 둘러싸여 있었다. 이들은 여전히 OES 컨퍼런스 룸의 모니터링 비디오를 관찰하고 있는 DS 요원들을 방해하지 않으려고 애를 썼다. 그곳에는 긴박감이 감돌았다. 모든 사람들이 다음 몇 시간 안에 발생할 무언가를 예측하고 있었기 때문이다. 나는 내 사무실로 다시 돌아와서 분석가 톰 랠리와 프란 손더스와 함께 앞으로 OES의 컨퍼런스 룸 내부에서 비밀정보에 대해 논의하는 20분간의 드라마 속 고위직원 역할에 대해 이야기를 했다. 그들의 긴장을 풀어주기 위한 노력의 일환으로 나는 장난처럼 만일 그들이 한번이라도 외국 세력을 위해서 스파이 활동을 한 일이 있었는지를 물어보았다. 나는 그들에게 SVR 장비에 그들의 목소리가 영원히 녹음되어 있을 것이라고 경고하였다. 그들은 매우 자신감이 있어 보였고 이 사이코드라마의 배우로서 역할을 기대하고 있다고 이야기했다.

마침내 나는 FBI의 구금팀 내에서 DS/CI를 대표하는 특수요원인 켄트 록덴과 존 노스워시와 함께 이야기를 하였다. 그리고 FBI의 WFO에 위치한 "Sacred Ibis" 지휘소로 배치받은 특수요원 올리 엘리슨에게 안전한 전화선으로 이야기함으로써 우리가 준비되었다는 확인을 마쳤다. 모든 것이 준비되었다. 그리고 모든 사람들이 범죄자에게 달려들어 붙잡기 위한 준비가 되었다. 그러나 고닷처럼, 구세프는 절대 나타나지 않았다.

월요일이 오고 그냥 지나갔다. 화요일도 그랬다. 구세프는 보이지 않았다. 사실 버지니아가 근방에서 러시아 외교관 차량번호판을 부착한 의심스러운 차량은 한 대도 볼 수 없었다. 갑자기 구세프 그리고 국무부와 연관된 모든 활동들이 중단되었다.

무언가 크게 잘못된 것 같았다. 나의 첫 번째 추측은 뭔가 정보가 새나갔다는 것이었다. 누군가가 말해선 안 될 사람에게 전화나, 실세들의 오찬에서 또는 비밀로 분류된 회의에서 부주의하게 어떤 말을 한 걸까?

올브라이트 장관은 이미 제임스 루빈에게 브리핑을 받았다는 것을 알고 있었다. 루빈은 국무부 공공업무부서의 장관보좌관이고 국무부의 책임 대변인이었으며, CNN 특파원 크리스티안 아만푸르와 결혼한 사람이었다. 언론과 루빈의 관계는 수사공동체의 많은 사람들을 불편하게 하였다. 허가받지 않은 정보가 언론으로 흘러들어가 노출되었을까 하는 두려움이 가득해서 나는 구세프가 잡히기 5분전까지 기다리지 못하고 국무부 공공업무사무실에 브리핑을 한 것이 내 개인의 잘못이라고 말했다. 이런 성격의 결정들은, 더 좋은 것이든지 또는 더 나쁜 것이든지, 국무부의 장관에 의해 이루어진다.

12월 3일, 금요일, FBI/DS 팀 분위기는, 조심스럽게 말하자면 엄숙했다. 나는 그 전날 감시실에 방문해서 빈 커피 컵들과 패스트푸드 종이 쓰레기들이 버려져있는 방바닥에 앉아서 기분이 잔뜩 가라앉은 한 그룹의 사람과 인사를 하였다. 누구도 말하지 않았지만 실패했다는 것을 인지하는 분위기가 가득했다. "다 잘되나요?" 나는 재빨리 물었다. 그리고 대답을 듣기 전에 더 빠르게 복도로 후퇴해서 돌아왔다. 나는 특수요원 데이비드 카펜터에게 우리의 사냥감이 빠져나갔을 수도 있다는 우울한 가능성을 알려주었다. 항상 그렇듯이 프로의 냉정함을 유지하고 있던 존 텔로와 이 상황을 검토하였다.

피할 수 없는 손가락질이 곧 시작될 것이라는 공포감에, 특히 엄청난 노력과 인력이 "Sacred Ibis"에 투입된 상황에서, 이 주말은 나의 경력에 있어서 가장 길었던 시간이었던 것 같았다. 나의 아내 로리는 나의 불안함을 감지하고 직장에서 뭔가가 잘못되었다고 정확하게 짐작하였다. 월요일 아침이 오고 갔다. 그리고 사무실과 관찰실 내의 긴장감은 정말 대단했다. 수요일, 12월 8일, 버지니아가와 OES 컨퍼런스 룸 근방에 모든 인력들이 제자리에 잘 배치되어 있는지를 확인하기 위해서 내 사무실에 도착하였다. 그리고 나는 우울한 기분으로 남아있어야 했다. FBI와 DS는 간단히 이러한 인력이 집중되고 기다리고 지켜보는 작전을 더 이상 오래 지속할 수 없었다. 그리고 나는 벌써 누가 이 작전 실패에 가장 큰 책임을 질 희생양으로 지목될지 생각했다. 그 대답은 간단했다. 나였다.

그 러시아인들이 어떻게 이 수사에 관해서 알아챘을까? 예정되었던 체포 5일 전에, 구세프는 침착하게 버지니아 가 상의 주차미터에 동전을 넣고 그의 일상적인 2시간 산책을 즐겼다. 우리가한 주 정도 그를 놓치고 있는 것처럼 보였다.

내가 좌절과 실망에 빠져있는 동안, 여전히 FBI의 "Sacred Ibis" 지휘소에 배치되어 있는 특수요원 올리 엘리슨에게 말을 해주어야 한다는 것을 기억해냈다. 오전 9시 15분 경, 나는 결국 엘리슨에게 전화를 걸어 기분 좋은 인사말들을 나누었다. 암호화된 보안 전화선을 사용하는 것이라 우리는 신중했다. 이런 상황에서는 특히 위험하다.

우리가 이야기를 하기 전에 올리가 불쑥 말했다. "로버트, 지금 내 FBI 상대팀에서 미친듯이 수신호를 보내는 것을 받았어요. 구세프가 말리부스키를 타고 막 러시아 대사관을 떠나는 것이 목격되었답니다. 그리고 국무부로 향하는 길로 오고 있는 것으로 보인답니다!"

나는 전화를 던지듯 끊고 사무실에서 뛰쳐나갔다. 그리고 도와줄 사람들을 찾아 주변을 살폈다. 그러나 거기에서는 내가 유일한 요원이었다―꽤 늙은데다가 좌절에 빠진 요원. 걱정이 나를 빠르게 덮쳤다. 모두 대체 어디에 있는 거지? 구금과 제거 작전에 부여되었던 긴장감이 지난 열흘 동안 감소되어 매일 아침의 열정이 일상적으로 8시 45분에 천천히 모닝커피를 사는 것으로 바뀌어버렸다. 복도를 급하게 내려와 빈 방들을 힐끗 들여다보니 나의 가장 나쁜 공포가 확인되었다. 나는 혼자였고 패닉에 빠져 있었다!

그 순간, 폴 가프니가 한 손에 커피 잔을 들고 체념한 얼굴로 DS/CI 사무실 공간의 문을 열었다. 나는 말 그대로 비명을 질렀다. "구세프의 차량," 작전의 마지막 구절을 숨기기 위한 암호였다.

20년 동안 나의 빗나간 유머감각에 노출되었던 그는 처음엔 나를 믿지 않았다. 나를 스치고 지나가면서, 그의 유일한 대답은 "맞아"가 전부였다. 구세프의 도착이 곧 닥쳐왔다는 것을 그가 깨닫게 하는 데, 세 번 또는 네 번에 걸친 설명이 필요했다. 비서의 책상위에 그가 들고 있던 커피를 차분히 내려놓고, 윙크와 미소를 나에게 띠며 말했다. "걱정 말게. 어떻게 할지 알고 있으니까." 그는 트렌치코트의 단추를 끼우고 사무실을 급히 빠져나가 열정적인 요원들과 기술전문가들로 가득 차 있을 가능성이 있는 HST의 감시실 방향으로 향했다.

DS/CI 요원들은 핸드폰과 손에 들고 있는 라디오로 그들의 예정된 장소들로 즉시 이동할 것을 지시받았다. FBI 팀들과 함께 일하도록 배치 받은 DS 특수요원들이 이들과 최대한 빠르게 연결되어야만 했다. 존 텔로는 OES 컨퍼런스 룸에 근접한 미리 선택된 장소에 가짜 브리핑 팀을 에스코트하기 위해서 사무실로 되돌아 왔다. 감사하게도 하나님의 은혜로 모든 것이 계획하고 훈련한 장소에 떨어졌다. 특수요원 엘리슨과의 전화 후 5분 이내에, 나는 구세프의 차를 나의 사무실 창문에서 발견하였다. 분명히 주차 지점을 찾기 위해서 존 F. 케네디 공연예술 센터 방향을 향해 버지니아 가의 북쪽을 천천히 지나가고 있었다. 나는 우리 요원들에게 암호화된 라디오를 사용해서 말리부스키가 이 블럭을 돌고 있고 지금은 CVS 약국을 대각선으로 지난 공간에 주차하려고 시도하고 있다고 알렸다. 우리가 운이 있었는지, 그날 아침에는 회의가 전혀 잡혀있지 않았고, DS/CI 팀은 바로 회의탁자 주변에 자리를 잡고 그들의 상상속 비밀 논의를 시작했다.

버지니아 가의 북쪽 면 빈 공간에 주차하기 위해 차를 세울 때, 그는 완벽한 위치에 주차하려고 조정하면서 그의 앞에 주차되어 있던 밴 차량을 살짝 들이받았다. 그날 아침 일찍 FBI는 구세프의 마지막 행동들을 필름에 담기위해 TV 카메라들이 설치된 특징이 없는 흰색 밴을 주차해 두었다. 정말 대단한 우연으로 구세프가 고른 이 빈 주차 공간은 바로 FBI 감시 승합차-바로 구세프가 부딪친 바로 그 차량의 바로 뒤였던 것이다. 이후에 이 감시 카메라의 필름을 재생할 때, 그의 차량이 FBI 밴에 부딪히자 말리부스키의 앞면 유리 뒤에 있던 구세프의 얼굴을 보고 웃지 않을 수 없었다. 밴 내부의 녹음된, 조용히 하라는 FBI 감시팀의 말은 그렇게 예의바르지는 않았다. 구세프는 그의 차량을 2피트 앞으로 그리고 1 피트 뒤로 계속 이동하였고, 그의 운전대를 거리 쪽으로 돌리면서 다시 제자리로 돌렸다. 모든 움직임이 나를 긴장하게 하였다. 그가 FBI 감시차량을 알아채거나 또는 OES의 컨퍼런스 룸에 장착된 송신기와 연결된 수신기를 잘 조정하지 못할까 봐 조마조마했다. 다른 이유로 오늘 일을 마치지 않고 돌아갈까 걱정이 되었다. 구세프가 자신의 차량을 완벽하게 평행주차하려고 하는 짧은 순간 동안 구세프는 나의 패닉버튼들을 눌러댔었다.

나의 불안감이 커지고 내입에서 선별된 욕설들이 터져 나오자, 나의 비서인 테레사 블랙은^{이 사건의 중요한 요점들에 대해서 조금 전에 브리핑을 받았다} 비정하게 나를 놀려댔다.

"부스 씨, 이번 건 그리 중요하지 않은 것 같아요. 안 그래요?"

"글쎄, 친절하네요. 그래, 그러네."

"이번 일이 잘 안 되도 아무도 해고되지는 않을 거예요. 그렇죠?" 그녀는 체스선수의 웃음을 얼굴에 띤 채, 나를 와락 안아주었다.

"나만 해당되겠지."

나는 큰 창유리로 길거리 아래를 계속 지켜보았다. 그리고 아무에게나 말했다. "도청을 한 기관의 방첩사무실 계단 문에서 스파이 사건을 종식시킨 이 사건은 아마도 스파이 역사에서 유일한 사건이 될 거예요."

"좋은 거예요, 부스 씨?" 테레사가 계속 말했다. "뭐 마실 것 좀 가져다 드릴까요? 커피 또는 안정이 될 만한 것? 지금처럼 계속 이러시다간 아침이 지나기 전에 못 버티고 쓰러질 거예요."

내 혈압이 머리꼭대기까지 곧 올라갈 것 같은 동안 구세프는 여전히 그의 차를 앞뒤로 아주 조금씩 움직이고 있었다.

마침내 구세프가 차에서 내렸고, 차문을 닫았다. 그리고 바지

주머니에서 25센트 동전들을 한손 가득히 끄집어내었다. 밝은 회색 겨울 자켓과 진회색 바지를 착용하고 구세프는 주차미터에 2시간의 최대주차시간만큼 동전을 신중하게 밀어넣었다. 그는 아주 짧게 HST를 향해 눈길을 한번 주고 북쪽으로 걸어서 25번가 방향으로 향했다. 나는 눈을 크게 뜨고, 머리를 흔들고, 깊은 숨을 들이쉬었다. 내가 언제라도 뇌출혈을 일으킬 것이라고 생각했던 테레사에게는 웃기는 일이었을 것이다.

구세프가 산책을 떠난 지 약 20분쯤 지나서, 이 길고 복잡한 수사의 마지막 연극이 펼쳐졌다. 내가 바라본 것은, 세 명의 승객을 태우고 버지니아 가의 남쪽으로 진행하던 정체를 알 수 없는 차량 한 대가 갑자기 유턴을 하고 구세프의 차량 바로 옆에 급히 정차하였다. 두 사람이 차량에서 급히 나왔고 말리부스키의 앞좌석 문을 열었다. 단 몇 초 만에 두 차량이 동시에 나란히 사라졌다. 방금 FBI가 구세프의 차량을 압류한 것이다. 나는 텔로에게 이 사실을 알렸다. "존, 이제 당신의 위장 브리핑팀을 해산시킬 때가 되었어요. 그리고 기술팀을 OES 컨퍼런스 룸으로 안내해 주세요."

오전 11시 30분, 이미 없어진지 오래인 그의 말리부스키 차량으로 돌아왔을 때, 구세프는 조지 워싱턴 대학교 스미스 센터 근방에서 DS와 FBI 요원들로 구성된 팀에 의해 구금되었다. 수많은 학생들, 사무실 근로자들, 그리고 쇼핑객들이 무슨 일이 벌어지고 있는지 모르는 채, 이 5명으로 구성된 작은 그룹 주변을 조용히 걸어서 지나쳐갔다.[FBI 요원 한 명이 그녀의 한 쪽으로 수갑을 옆에 차고 있었는데도] 러시아어를 구사하는 한 FBI 요원이 구세프에게 미국을 대상으로 스파이 행위에 관여된 혐의를 받아서 구금되는 것이라고 설명하였다. 그가 그의 권리에 대해 들었는지 여부는 알 수 없다. 구세프는 단지 몇 마디의 "예." 그리고 "아니오" 대답, 그리고 가끔 고개를 끄덕이거나 머리를 흔드는 것을 제외하고는 어떤 대화를 나누는 것도 예의바르게 거절했다.

위트는 없지만 매우 협조적인 두 명의 비밀정보국 유니폼 부서 경찰관들이 그들의 마크가 그려진 순찰차를 운전하고 있었고 DS 특수요원인 존 노스워시에 의해서 업무에 참여하게 되었다. 이들은 모든 차량통행을 길모퉁이에서 우회하게 하여서 인도에서 벌어지고 있는 스펙터클한 광경을 넋을 잃고 바라보느라 차를 정차하거나 차 속도를 줄이는 일이 발생하지 않게 하여 우리 임무의 마무리를 지원하였다.

FBI가 구세프를 체포한다는 신호를 주기 전에 앞뒤로 길거리 무대는 약 2분간에 걸쳐 계속되었다. 구세프가 순순히 전략적으로 주차된 정부차량에 올라탔을 때 수갑도 채우지 않았고 신체적 힘도 가해지지 않았다. 이 차량은 즉시 FBI 워싱턴 현장 사무실 방향으로 속도를 높였다.

특수요원 엘리슨은 몇 분 뒤에 구세프가 WFO로 인도된 것을 확인하기 위해 전화를 걸었다. 이 소식은 내가 아무도 남아있지 않은 DS/CI 사무실과 OES 컨퍼런스 룸을 떠날 수 있는 라이센스가 되었다. D 도로의 직원 출입구를 통해 그 건물에 들어가기 위해 내 신분증을 사용하고, 마침내 스스로 안도하고 방금 일어난 일에 대해 곰곰이 생각할 수 있었다. 정보의 유출도 없었고 SVR의 비밀정보요원이 억류되었고, 말리부스키의 내부에 장착되었던 기술 장비들도 지금은 러시아 송신기와 수신기를 조사했던 정보공동체의 손아귀에 들어왔다. 방첩의 좁은 세계에서 정말 소수만이 이해할 수 있는 이 세계에서, 이보다 더 좋을 순 없었다.

내가 부드럽게 OES 컨퍼런스 룸 문을 두드리자, 존이 문을 열고 나를 맞았다. 컨퍼런스 룸은 이제 사실상 범죄현장이었고 지켜야 할 수사프로토콜이 필요했다. 내가 처음 해야 할 일은 거대한 컨퍼런스 룸 테이블 위에 놓여 있는 클립보드에 부착되어 있는 출입자 기록지에 내 이름을 적고 사인을 하는 일이었다. 이는 반드시 필요한 훈련절차인데, 앞으로 있을 어떤 법원출두에서나 피고인의 변호인이 이 송신기를 증거의 아이템 가운데 하나로 제시하는 것을 막기 위한 시도로 "오염되었음", 또는 또 다른 법적 장애물로 만들 것이기 때문이었다. 거기에는 단지 8명의 FBI와 DS의 인력들만이 있었다. 모두가 의자몰딩에 장착된 여러 종류의 기술 장비들 주변을 조심스럽게 걸었다. 이 몰딩은 오른편 측의 창문커튼이 아래로 내려져 의자에 걸쳐져 있어서 지금은 완전히 노출되어 있었다. 정밀한 법적증거물 수집절차에 따라서 송신기가 들어있는 몰딩조각은 벽에서 아주 조심스럽게 벗겨졌다.

빠르게 진행된 조사는 8인치 위조몰딩조각이 한쪽 끝에 덮여 있었고 연귀 이음으로 벽쪽에 부착되어 있는 다른 한쪽으로 2개의 못질과 소량의 접착제로 되돌려져 부착되어 있었다. 수많은 대중 매체들이 주장하는 것처럼 위장몰딩이 현재 존재하는 몰딩의 정확한 복제품이라는 것은 사실이 아니다. 위장몰딩의 모습은 진짜 몰딩을 어느 정도 닮기는 했지만 위조몰딩의 착색이 주변의 조각들보다 더 밝은 색이었다. 솔직히 이러한 물리적 차이점들로는 어떤 사람들도 의심을 가지지 못했을 것이다. 왜냐면 이 방의 나머지 의자몰딩이 부조화된 착색들을 하고 있었기 때문이었다. 아마도 "가장 값싼 입찰자," 그리고 "정부작업으로 충분한" 문구들이 러시아 요원들이 그들의 장치를 최상의 품질이 아닌 목재 작업 장치 가운데 숨기는 것을 도왔을 것이다. 1998년 OES 컨퍼런스 룸의 건조벽 파티션들, 코브 베이스, 천정, 문, 그리고 의자 레일이 임시적으로 확인된 콘솔리데이티드 엔지니어링 서비스라는 회사에 의해서 재작업되었다. 그리고 아마도 HST 내부를 에스코트되지 않은 채로 걸어 다니던 러시아 외교관들이 이 리모델링을 이용했을 것이다. 단지 우리가 모른 것이었다.

계속해서 진행된 FBI의 현장검증을 통해 몰딩 내부에서 매우 작은 핀 홀을 하나 발견하였다. 이 핀 홀은 마이크로폰 구멍용으로 뚫은 것이란 것을 금방 파악해내었다. 이 상태에서, 현장을 훼손할 수 있는 분석은 더 이상 진행되지 않았다. 그리고 이 장치를 분리하여 이와 같은 장치들을 특별히 검사하기 위한 정보공동체 연구실에 보내기로 하였다. 이 송신기에 대해 출간된 보고서는 이 기기는 매우 정교하고 섬세하게 디자인된 종류 중의 하나였을 것이라고 하였다. 그러나 사실은 그렇지 않았다. FBI 부지휘관인 네일 갈라거는 1999년 12월 9일에 열린 국무부 브리핑에서 언론인들에게 진행중인 기술적 검사들을 통해서 그 장치의 정교함을 측정할 필요가 있다고 말했다; 우주시대 기술적 도청신화는 오늘날까지 지속되었다. 실제로 그 송신기는 고성능의 개별적 성분들로 구성되었다. 그러나 말리부스키 차량으로부터 송출되는 트랜스폰더의 라디오 주파수에 의해서 활성화되는 송신기에 부착된 여러 개의 평평한 셀 배터리들로 작동을 하도록 되어있는 단순한 마이크로폰에 지나지 않았다. 폭발하는 송신기도 없었고, 위성과 연결되지도 않았으며, 200년 수명의 배터리가 장착되었거나, 또 다른 Buck Rogers 기술을 가진 기기도 아니었다. 단지 SVR에서 수십 년간 사용해 온 기본적인 사양의 일반적인 스파이 기술이었다.

컨퍼런스 룸을 떠나기 바로 전에, 나는 이 작전을 지휘하고 있는 기술직원인 존 피츠시몬스를 잠시 슬쩍 쳐다보았다. 우리 모두 웃으면서 머리를 끄덕였다. 24시간 내에 언론과 의회가 느슨한 국무부의 보안활동에 대해서 이야기하면서 대 성공을 거두게 될 것을 모두 다 너무 잘 알고 있기 때문이었다. 기술적 정리를 FBI에 맡겨 두고, 존과 나는 예정되어 있는 혼란에 직접 부딪히기 위해 버지니아 가의 길 건너 우리 사무실로 걸어갔다.

둘이 한 팀을 이룬 DS와 FBI의 특수요원들은 OES 컨퍼런스 룸에 출입했던 모든 사람들에 대해서, 청소직원들부터 시작해서 OES의 매우 협조적인 국무부 차관을 마지막으로, 합동으로 심문 조사를 시작하였다. 이 팀들은 조사를 HST까지 확대하여 어떤 사람이던지 어떻게 이 장치가 비밀리에 제한된 컨퍼런스 룸 안으로 들어오게 되었는지에 대한 어떠한 생각이나 정보가 있는지를 알아내려 했다. 다들 협조적이었지만, 속담에 나오는 세 마리의 현명한 원숭이들처럼, 어떤 사람도 자발적으로 어떤 악마를 보았거나, 들었거나, 말했다는 것을 이야기하겠다고 나서지 않았다. 놀랍지도 않겠지만, 물리적 보안은 우리의 가장 우선된 관심사가 아니었다. 수백 명의 국무부 직원들을 인터뷰하는 가운데 어떤 실마리도 발견되지 않았다.

존과 나는 이 단계에서 지쳐버렸다. 그리고 수사의 이 시점에서 우리가 제안할 수 있는 단 하나의 선행은 수사를 진행하는 요원들의 앞을 가로막지 말고 조지 워싱턴 대학교 스미스 센터의 체육관 방향으로 운동을 하러 가는 것이었다. DS/CI 특수요원들 중 많은 이들이 우리가 운동가방을 어깨에 메고 사무실을 걸어

나가는 것을 보면서 믿을 수 없다는 표정을 지었다. 그렇지만 솔직히 말하면, 이 중요한 시기에 우리가 기여할 수 있는 일은 없었다. 진행 중인 수사는 바로 어떻게든 정보를 이끌어 내기 위한 명백한 작업들이었기 때문이다. 약 90분가량 뒤에, 우리는 FBI와 DS 특수요원들이 그들의 대단한 능력으로 수행한 수사의 내용을 보기 위해 돌아왔다. 내 혈압은 정상으로 돌아왔다.

안타깝게도 나는 이미 이 인터뷰에서 건질 것이 별로 없을 것이라는 결론에 도달해 있었다. 만일 SVR이 이 장치를 일 년보다 더 전에 내부조력자의 도움이 없이 OES 컨퍼런스 룸에 심어두었다면, 혹시 그렇게 오래 전에 발생했던 이 사건에 관해 사람들에게 인터뷰를 하는 것으로부터 귀중한 내용은 거의 들을 수 없을 것이라는 게 나의 생각이었다. 그보다 더 중요한 사실은, 만일 국무부 내의 어떤 공모자가 SVR을 도왔다면, 그 자는 자신의 동료직원들에게 어떤 의심도 불러일으키지 않아왔다는 것이다. 국무부 직원들과의 인터뷰들은 이 수사에 앞서서 진행되지 않았다. 존과 나는 SVR 송신기를 내부에 심어놓는 행위가 내부 조력자와 함께 일어났는지 아닌지에 관한 이 특정한 문제에 대해서는 다른 의견을 가지고 있었다. 13년이나 알고 지냈지만, 누가 옳은가에 대한 자신들의 생각을 누구도 바꾸지는 않았다는 점에 대해서는 유감이었다.

OES 컨퍼런스 룸에서 송신기가 제거되자, 구세프는 그의 FBI WFO 인터뷰 팀에게 어색한 영어로 자신은 비엔나 조약아래 보호받는 정식으로 파견된 러시아 외교관이라는 것을 주장하였다. 그는 이 후에 이 이상의 어떤 대화에도 응하지 않을 것이다.

구세프의 면책권 주장은 전혀 놀라운 것이 아니다. 외교관 면책권 주장은 이런 상황 아래서 미국에 파견된 어떤 외국인 외교관이라도 제안할 표준화된 대응이다. 해외에 파견된 미국인 외교관들도 외국 정보기관이나 법집행기관들과 대치상황일 때 동일한 주장을 펼친다. 이 비엔나조약은 양날의 검이다.

　　FBI가 구세프의 협력을 이끌어 내기 위한 모든 노력들은 성공적이지 못했다. 심지어 단순한 질문에 대한 답도 얻어내지 못하였다. 그러나 공식적인 "심문"이 끝났다는 것이 그에게 분명해 지자, 구세프의 요구는 유쾌하고 사교적이 되었다. 그의 영어구사 역시 향상되었다. 사실 그는 지나치게 상대방의 경계를 풀게 했다. 그를 심문했던 요원들 중 한 명으로부터 양복 깃에 달린 FBI 기념 핀을 빼서 그가 적군진영에 방문했던 기념품으로 가져갈 수 있도록 설득했던 것이다. 이제는 구세프를 그의 대사관으로 석방시키고 다시 러시아로 보내버리는 것 외에는 아무 것도 할 수가 없었다.

　　미국 국무부는 약 오후 1시 32분에 놀란 한 러시아 직원에게 FBI가 현재 러시아 외교관이라고 주장하며, 스파이법을 위반한 어떤 미스터 구세프를 구금하고 있으며, 그의 신원과 공식적 지위를 대사관이 확인해 줄 수 있는지 러시아 대사관에 연락했다. 확실히 러시아 대사관 직원들은 무슨 일이 벌어지고 있는지 전혀 알지 못하고 있었으며, 심지어 구세프의 이름의 철자를 확인해 달라는 요구까지 해 왔다. 일단 이름이 제공 된 뒤에, 어이없어 말도 잘 못하는 러시아 직원은 신속히 답변전화를 주겠다고 약속하였다.

　　DS와 FBI 요원들 모두 러시아 대사관 내에서 명백하게 불편한 사건이 벌어질 것을 예견하며 한바탕 웃었다. 우리는 러시아 대사와 SVR 요원들 사이에 최근 미국 국무부에 대한 SVR 위반 행위에 대해서 미국 국무부 장관 메들린 올브라이트에게 어떻게 사과를 할 것인지를 고민하는 대화내용에 관해 상상했다. 러시아 대사관에서 대답을 조율하는 데 약 1시간 이상이 걸렸다. 이처럼 장시간의 지연은, 만일 있다면, 아주 소수의 합법적 러시아 외교관들이 SVR 요원들이 하는 업무에 대해서 특히 비밀리에 HST 내에 송신기를 설치하고 감시하는 행위에 대해서, 알고 있었기 때문일 것이다. 그러나 지금 이들은 외교적 대혼란에 대응해야 하고 외교관 삶의 어두운 면의 업무를 수행하는 형제들에 의해 남겨진 실수의 뒷처리를 담당할 책임이 있었다.

대사관 내에서 진정한 러시아 외교관들과 그들의 상대 파트너인 SVR들을 분리하는 사회적 전문가적 벽은 상당히 견고하고 엄격했다. 그러나 작전보안의 관점에서는, 진행 중인 SVR 활동들이 훼손되는 것을 피하기 위해 이 분리는 절대적으로 필요하였다. "좋은 울타리는 좋은 이웃을 만든다." 그럼에도 불구하고, 이 내용은 러시아에도 적용된다.

러시아 대사관 직원이 마침내 전화를 걸어서 스타니슬라브 구세프가 비엔나 회의의 규정에 의해 보호받는 러시아 대사관의 직원이라는 것을 알려주었다. 이 직원은 대사관을 대표하는 직원이 구세프를 대사관으로 다시 데려가기 위해 WFO에 도착할 것이라고 말했다. 약 45분 쯤 뒤에, 두 명의 러시아 직원들이 WFO 로비에 걸어 들어와 방탄유리로 둘러쳐진 부스의 뒤에 있는 리셉션 직원에게 자신들을 밝혔다. 이는 무장을 한 FBI 경관들의 감시아래에서 이루어졌다. 이 러시아인들은 자신들의 동료를 데려가기 위해서 왔다고 무뚝뚝하게 말하였다. 구세프를 로비로 데려와서 그의 대사관 동료들에게 넘겨주었다. 그들은 구세프를 데리고 재빨리 사라졌다. 두 명의 미소 짓는 고참 FBI 직원들이 FBI 현장사무실 밖을 둘러싸고 있는 3피트 높이의 화강암 벽 위에 앉아서 구세프가 지나갈 때 정중하게 손을 흔들었다. 도스비다냐,^{Do} svidaniya: 잘 가시게 - 러시아어 구세브 동무!

이후 그날 오후에, 정치부 국무차관인 토마스 피커링은[12] 구세프의 "외교관적 지위와 어울리지 않는" 미국 내에서의 행위에 대해 항의하기 위해서 러시아 대사 우샤코프를 그의 사무실로 소환하였다. 추가로, 피커링은 러시아 대사에게 구세프가 미국 정부로부터 "페르소나 논 그라타 - 기피인물^{persona non grata}"로 선정되었고 그리고 이 나라를 떠나기까지 열흘이 주어졌다고 알렸다. 아이러니한 점은 이 대화가 러시아인들이 감청장치를 심어놓았던 바로 그 컨퍼런스 룸에서 백 야드도 안 떨어진 곳에서 이루어졌다는 것이다.

구세프는 정기적으로 덜레스 국제공항에서 출발이 예정된 아에로플로트 비행기로 팬들이나 언론의 노출 없이 미국 국무부의 데드라인인 열흘의 유효기간이 지나기 전에 미국을 떠나 국외로 추방될 것이다.

1999년 12월 9일, 네일 갈라거와, FBI 국가안보부를 지휘하는 부국장, DS A/S 데이비드 카펜터는 "Sacred Ibis" 작전에 관해 공식 언론 브리핑을 하였다. 이후에 미스터 갤라거와 미스터 카펜터는 수사에 관한 간략한 사실을 의회 공공세션에서 간단히 브리핑하게 될 것이다. 2000년 2월, 나는 웨인 레이첵과, 토마스 피커

---

12 내가 이전에 에스코트 되지 않는 러시아 정보요원들과 합법적 외교관들이 HST의 내부를 돌아다닌다는 문제에 관해 브리핑을 했던 바로 그 공직자.

링 차관의 사무실에서 나의 브리핑에 참석했던 그 DS 간부, 함께 상원의원 정보위원회에서 주관하는 비공개회의에서 "Sacred Ibis" 작전을 수행하는 과정 중에 발견한 보안 실패들과 문제점들에 대해 논의하기 위해서 동행했다.

12월 10일에, 전형적인 맞대응 외교 양식으로 ·러시아 외교부 1등 서기관 알렉산더르 안드레예프가 미국 대사 제임스 콜린스를 모스크바 내의 러시아 외교부로 소환했다. 미국 형사사법기관들에 의한 구세프에 대한 불법적 처우에 대해 러시아의 "직접적인 항의"를 표하기 위해서였다. 안드레예프는 더 나아가 "미국당국의 행위들은 이 회의에 포함된 국가로서 비엔나 회의와 외교적 관계 및 의무들에 대한 중대한 위반입니다"라고 항의하였다.

안드레예프의 콜린스 대사에 대한 외교상 항의는 법무부가 스파이 혐의를 제시한 내용에 대해서는 언급이 없었고, 단지 자신의 대사관 직원 중 하나가 부당한 처우로 고통을 당했다고 불평하였을 뿐이었다. 콜린스-안드레예프의 내밀한 단 둘의 밀담이 모스크바에서 있은 며칠 뒤, 나는 정보공동체 방첩직원과 함께 비공식적인 대화문 번역기록을 볼 수 있는 기회가 있었는데, 우리의 비밀들을 훔치려는 행위로 인해 현행범으로 체포되었을 때 러시아인들이 사용한 외교적인 쓸데없는 긴말이나 용어들 때문에 그 내용을 읽고 우리는 낄낄거리고 웃을 수밖에 없었다. 국외에서 외교관의 신분으로 위장하여 활동하고 있는 비밀정보 직원들이 똑같이 러시아의 쿠키단지에 손을 대어 현행범으로 체포될 때, 우리 정부도 기본적으로 똑같은 언어를 사용하고 있다는 사실을 역시 잘 알고 있다. 이는 단지 서로의 비밀들을 훔치려고 집중하고 있는 상대방 사이에 있는 단지 "게임의 법칙"이었다.

국내와 해외 언론들은 이 사건에 대해 신속히 보도했다. 그리고 SVR이 어떻게 국무부 보안시설에 침투하여 국무부장관의 사무실이 위치한 같은 복도에 있는 방에 감청장치를 설치할 수 있었는지에 대해 의문을 가졌다. 이는 논리적인 의문이었고 오늘날까지도 외교적 보안 업무에서 명확히 결정되지 않는 어려움이다. 일부 언론매체들은 구세프의 억류와 러시아로의 송환을 1999년 12월 1일 모스크바의 미국 대사관에 이등 비서관으로 발령받았던 체리 레버크나이트에 대한 억류 및 강제추방에 대한 보복이라고 부각하여 보도하였다. 러시아 국내 보안 기관에 따르면 레버크나이트는 위장근무를 하는 CIA 정보요원으로 러시아 내부에서 "스파이 작전을 펼치는 중에 현장에서 체포된" 혐의가 있었다.

내 의견으로는 이 사례의 가장 큰 성공은 방첩역사에 있어서 최초로 미국정부가 송신기가 송신을 시작할 수 있도록 하는 "작동장치"라고 불리는 전자장치를 손에 넣었다는 것이다. 비밀송신기 마이크로폰은 과거에도 발견된 적이 있었지만, 작동장치의 경우에는 전혀 그렇지 않았다. 이는 정보 공동체에게는 적은 성과가 아니었다. 말리부스키 차량의 뒤 유리의 카페트에 벨크로 스트립 ─나일론제 접착제의 일종─ 에 의해 부착되어 고정되어 있던 그 휴지박스는 안테나를 숨겨두고 있었는데, 이 안테나는 OES 컨퍼런스 룸의 대화를 잡아서 그 차량의 앞쪽 승객 좌석의 아래에 숨겨져 있던 녹음장치로 송신하였다.

제한된 회의실에 송신기를 심어두는 것은 SVR이 하는 새로운 일은 아니었다. SVR은 공공세션을 하는 동안에 의회 위원회 회의실에 도청을 하려고 시도했었다. 그 방에서 민감한 내용에 대한 비공개 청문회가 있을 때 비밀정보대화를 도청할 수 있는 기회가 있을 수 있지 않을까 하는 기대감을 가지고 있었을 것이다. 플라밍고라고 알려진 한 작전에서 SVR은 비슷하게 송신기를 버지니아 주 알링턴에 위치한 시스템 플래닝 코퍼레이션^{System Planning Cooperation: SPC}이라는 회사가 소유한 한 회의실을 사용한 적이 있었다. 이 사건은 국방부와 SPC 직원들이 이후 날짜에 같은 회의실을 사용하기로 결정했던 SPC 직원들과 러시아 대표들이 참석한 공개회의가 진행되는 도중에 발생했다. 빅토르 로젠코^{외교관의 신분으로 위장한 SVR 직원}가 SPC의 회의테이블 아래에 송신기를 부착하였고, 민감한 미국 군사작전에 관한 대화들이 러시아 외교관 차량번호판을 부착한 근방의 차량으로 송신되었다. 모두 매우 비슷한 이야기들이다. 이 SPC 작전은 최근의 것으로 그 송신기의 배터리가 수명이 다 되기 10개월 전에 수행되었다.

로젠코는 결과적으로 이 공적으로 붉은별 훈장을 수여받았다. 나는 구세프의 귀환에 그 같은 명예가 뒤따를지 궁금해졌다.

1999년 8월에, OES 컨퍼런스 룸에 숨겨진 SVR 장치를 발견한 지 몇 달이 지난 뒤, 외국 외교관들에 대한 제한을 포함한 에스코트 정책이 다시 복원되었다.

에필로그

버지니아주 랭리에는 중앙정보부^{the Central Intelligence Agency}라 불리는 1950년대 지어진 하얀 돔 형태의 유리와 강철구조물이 있다. 공식적으로는 본부 오디토리움으로 명명된…. 하지만, 기관 직원들에게는 "비누방울"이란 정감어린 애칭으로 불린다. 많은 점에서, 그것은 거대한 이글루를 닮았다, 그러나 그 이상한 모양은 그 디자인이 또한 전자적 도청에 대한 방어를 제공하는 것과 같은 보다 실질적인 목적을 갖고 있다. 7000 평방피트 오디토리움은 가장 최신의 오디오와 비디오 기술로 설비되고, 470명을 위한 좌석이 있으며, 염탐하는 눈으로부터 프라이버시를 보장하기 위해 천장에서 바닥까지 닿는 커튼을 달고 있다. 그것은 또한 수상식을 위한 행사장으로 쓰인다.

나는 이전에 그 비누방울을 방문한 적이 있다. 그러나 2000년 8월 30일의 나의 방문은 훨씬 더 개인적이었다 ―단지 구경꾼으로서가 아니라 우리나라의 최고 방첩 명예상의 수상자로서. 나는 약간 떨렸고 그 날의 행사가 다른 여타의 상들 가운데 HST 내부에 있던 SVR이 설치했던 송신기를 찾아낸 우리의 업적을 기리는 모든 것으로 인해 겸손해졌다. 과거에는 나는 그러한 기능을 회피하는 것을 선택했을 것이다. 그러나 그와 같은 상황에서는 그 행사의 비밀성과 분위기, 그리고 대체적인 소동은 지나치기에는 단지 너무도 내게 와 닿았다.

　대통령 직속 미 해병대 밴드가 그 해의 정보 공동체 수상식의 시작을 알리는 국가를 연주할 때 내 손을 내 심장에 대고 나는 자신있게 그리고 자랑스럽게 지난 2년 동안 나의 직속 상관이었던 존 텔로 옆에 서 있었다. 미국 국가^{the Star Spangled Banner}의 끝부분에, CIA 국장인 조지 J. 테넷이 언론인들과 기자들이 아무도 초청되지 않은 정말 몇 안 되는 연방 기념식 가운데 하나를 공식적으로 진행하기 위해 자신있게 연단 위로 올라왔다. 놀랄 것 없이 모든 것이 드러나지 않는 부류의 사람인 스파이들은 그러한 환경에 약간 불편해 한다.

　행사의 주최자로서 테넷 국장은 수상자와 정보 공동체 직원들, 그리고 초대된 게스트들에게 앉으라고 요청했다. 그는 어두운 회색의 아주 흔한 워싱턴 파워 수트와 흰색 버튼다운 셔츠, 그리고 빨간색 줄무늬 넥타이를 착용하고 휘황찬란하게 나타났다. 그는 측면에는 미국기와 CIA 깃발이 놓인 연단 가운데 커다란 강단 뒤에 섰다.

　그는 우리나라의 안보를 지키는 정보 공동체의 임무의 중요성과 왜 CIA 국장이 미국을 위해 놀랄만한 봉사를 한 연방 공무원들을 기리기 위해 정보 공동체 상을 만들었는지에 관해 청중에게 간략하게 상기시킴으로서 자신의 연설을 시작했다. 그 연설은 빨간, 흰, 그리고 파란 상징성을 심하게 띤 감동적이었고 강력한 말이었다. 그리고 그것은 참석한 모두의 애국적인 심장을 흔들었다.

　그의 개회사 이후에, 행사는 국가 영상 지리국^{the National Imagery and Mapping Agency}, 연방수사국^{the Federal Bureau of Investigation}, 국방정보국^{Defense Intelligence Agency}, 그리고 미 공군^{United States Air Force}을 위해 일한 개인들

에게 국가 정보 영예상the National Intelligence Certificates of Distinction을 수여하는 것을 시작으로 개인에 대한 수상식으로 이어졌다. 각각의 사례에서 개인들의 이름이 각자의 업무에 관한 간략한 소개와 함께 발표되었다. 내 관심을 끈 한 상은 "국가안보 정책 결정들에 요구되는 정보를 제공하기 위하여 명백히 뛰어난 방식으로 매우 어려운 임무를 훌륭하게 수행한 것"에 대한 국가 정보 성취 훈장the National Intelligence Medal of Achievement이었다.

중년의 남자가 연단을 향해 계단을 오를 때, 나는 그의 발표된 NSA에서 일한다는 사실만이 사실이고 그의 가짜 수염, 부분가발, 그리고 가명은 단지 그의 실제 신원을 보호하기 위한 소품들이었다고 결론지었다. 국가안보를 보호하기 위한 뛰어난 업적을 공식적으로 기릴 때에 —심지어 제한된 지역에 위치한 보안조치가 된 시설 내에서 조차 초대받은 게스트에 한정되는— 정보공동체는 때때로 대단한 익명성을 요구했다. 테넷은 다수의 국가 정보 우수 근무 훈장National Intelligence Distinguished Service Medals과 하나의 정보 공동체 문장 메달Intelligence Community Seal Medallion 수여를 계속 이어갔다.

대중이 우리 병사들의 용기와 업적을 기리는 훈장을 수여하는 것과 마찬가지의 공공 정신으로 우리의 정보기관 직원들의 성취를 기리는 이러한 행사를 지켜보거나 함께하도록 허락되지 않는 것은 불행한 일이다. 나는 미국 국민들이 직업적인 성격 때문에 비밀과 모호함 속에서 일을 해야 하는 자신들의 공직자들을 매우 자랑스럽게 여길 것이라고 믿는다.

테넷의 마지막 행위는 정보 공동체에 명백히 뛰어난 특성을 갖고 중요한 이익을 가져다주는 업적을 이룬 단체나 집단에 주어지는 국가 정보 모범 단체상National Intelligence Meritorious Unit Citations을 수여하는 것이었다. 이 상의 표준 프로토콜은 테넷이 수상내용을 읽을 때 지명된 대표자가 강단으로 나아가서 청중 안에 남아있는 다른 사람들을 대표해 수상하면서 국장과 악수를 한다는 점이 다른 이전의 수상들과는 다른 점이었다. 이제 우리가 지명될 차례이다. 테넷은 다음의 말을 하면서 일곱 번째 그룹의 수상이유를 발표하기 시작했다. "Sacred Ibis 작전이 1999년 6월부터 2000년 2월까지 뛰어난 집단적인 업적을 인정하는 국가 정보 모범상을 수여받았습니다. 이 기간 동안 연방수사국과 중앙정보부, 그리고 국무부 외교 안보국 사이의 뛰어난 협조관계는 합동 기술 방첩 작전의 성공적인 결과를 이끌어 냈습니다. 어떻게 미래의 기술 작전이 실행되어야하는 지에 대한 사례 연구로써 활용될 이러한 노력은 건초더미에서 바늘을 찾는 것과 같은 궁극적인 탐색이었습니다. 그러나 작전의 위대한 성공 가운데 하나는 국무부의 주 본부에서 의자 레일 안에서 오디오 장치를 찾아낸 것은 아니었습니다…."

같은 문장에서 국무부와 기술적 침투에 대한 언급을 하자, 어떤 유감의 표시로 고개를 가로젓는 행위와 함께 몇몇 탄식과 웅성거리는 소리가 있었다. HST의 7층에 발각되지 않고 걸어 들어와 접근 제한된 컨퍼런스 룸 안에 도청장치를 몰래 설치한 SVR 요원들의 이미지는 블랙 드래곤이 그저 보안 문제들을 심각하게 여기지 않았다는 것에 대한 궁극적인 증거였다. 상부에서부터 누출되기 시작하는 유일한 함선인 국무부에 대한 예전 조롱이 내 뇌리에 스쳤다.

우리가 차렷 자세로 그 순간을 즐길 때, 존과 나는 수 년 동안 정보 공동체에 만연했던 다른 심각한 보안 침해들을 매우 잘 인지하면서 서로에게 곁눈질을 보냈다. 그리고 비록 우리가 우리 자신이 책임져야 할 몫 이상으로 경험했을지라도 대체로 보안 기준들이 느슨해지거나, 집행과 처벌이 부재했거나 부주의한 것에 대해 직원들에게 개인적으로 책임을 물리는 것들을 실패함으로써 정보활동에서의 패배로 고통 받았던 것은 언제나 국무부인 것만은 아니었다. 어떤 완전히 어리둥절한 사건이 CIA가 부주의하게 해외 기지로 기밀 문건들로 가득 찬 컨테이너를 보냈을 때 일어났다. 그리고 그 사안은 몇 달 동안 파악되지 못했다. 관련된 우리들에게 "문서들의 코넥스"라고 불리는 그 사건은 내가 의회에 출석해서 의회 위원회 비공개 회의에서 증언하도록 만들었다. 그 상황과 많은 다른 것들은 은혜롭게도 국무부 도청사건과는 달리 언론에 노출되지 않았다.

테넷은 다음과 같이 계속했다. "그러나 그 발견은 대신에 팀 정신이 공통된 목표에 헌신하는 다양한 배경과 문화를 가진 공직자들을 얼마나 강하게 결합시킬 수 있는지를 보여주었습니다."

"Sacred Ibis 작전의 구성원들에 의해 미국의 국가 안보에 공헌한 이타적이고 매우 소중한 헌신들은 그들의 소속 기관과 정보 공동체에 자산이 될 것입니다."

공손하고 형식적인 박수가 Sacred Ibis 작전의 지정 수사자인 FBI 앤디 요원이 수상하기 위해 연단으로 걸어갈 때 테넷의 말을 뒤따랐다. 테넷 국장은 악수를 했고 그리고 그 젊은 FBI 요원이 연단을 떠났을 때, Sacred Ibis 팀은 자리에 앉았다.

13년 뒤에도, SVR이 내부로부터 도움을 받았는지를 파악하기 위해 FBI는 Sacred Ibis 사건을 계속해서 이끌었다.

― *** ―

Sacred Ibis가 내 경력의 정점은 아니었지만 매우 만족스런 것이었다. 나는 이후 삼년 동안 국무부 직원들을 포섭하고 채용하려고 하는 외국 정보기관들을 찾아내고 무력화하는 합동수사에 FBI, CIA와 계속 함께 일했다.

2002년 후반 내 50번째 생일에 나는 DS 수석 부차관 피터 버긴에게 내가 50세가 되는 달에 퇴직하겠다고 나 스스로에게 늘 다짐했던 것을 상기시켜주었다. 그는 내가 그다지 장황하거나 미묘하지 않은 표현으로 직업적 또는 개인적 상황에 구애받지 않고 50세에 은퇴하겠다고 그렇게 말하는 것을 자주 들었다. 피터는 내 생각을 바꾸기 위해 진급이나 더 핵심적인 보직, 또는 대단한 경력의 가능성에 대한 환상적인 약속들이건 간에 어떤 인센티브도 제시할 게 없었다는 것을 알았다. 피터는 2003년에 펩시콜라의 고위급 관리자 지위로 옮기기 위해 DS를 떠났다.

왜 그렇게 급하게 떠났을까? 내 딸 끌로에가 그 때 열 살이었다, 그리고 내 아내가 국내와 해외 출장을 모두 포함하여 한 주에 6일 또는 그 이상 일을 해야 하는 매우 힘든 노동 강도를 감당해야 하는 굴지의 국제로펌에 파트너로 일했다. 1995년 우리가 파리에서 돌아온 이후로 그녀를 돌보았던 베이비시터가 있었던 끌로에는 이제 학교를 마친 후에는 전적으로 그녀를 돌봐야 하는 부모가 필요했다. 내 아내는 보다 가정에 전념할 수 있는 파트너를 필요로 했다. 이제는 내가 아빠이자 배우자가될 차례이다. 이는 내가 1989년에 우리의 가톨릭 결혼예비클래스에서 한 약속이었다.

2002년 9월에, 나는 나의 특수요원 신분증을 반납했고— 내 개인 사물을 박스에 담아서, 내가 지난 7년 이상 일해 왔던 방첩

사무실을 걸어 나왔다. 내가 부서를 떠날 때, NSB 비밀 정보관인 이사벨 쳉은 워싱턴 DC에 막 도착했고, 국무부 수석부차관인 도널드 키저에게 막 소개받을 것이었다. 동시에, INR 분석관인 켄달 마이어스는 자신의 쿠바 담당관을 만나기 위해 남아메리카로 비밀리에 날아가려고 준비하고 있었다.

2003년까지, 어느 정도 주저함이 없지는 않았지만, 나는 고위급 DS 공직자들의 요청으로 파트타임 DS/CI 계약자로 돌아왔다. 이후 7년 동안, 나는 여전히 매일 끌로에를 학교에 데려다주었으며 그리고 픽업하기 위해 정시에 DS/CI를 떠났다.

저자 : 윤민우

성균관대학교 정치외교학과 학사
미국 인디애나 주립대학교 범죄학과 범죄학석사
샘 휴스턴 주립대학교 형사사법대학원 범죄학 박사(테러리즘, 조직범죄 전공)
서울대학교 외교학과 국제정치학 박사후보 - 박사논문 작성 중(국제안보,
국제분쟁, 러시아 지역 전공)
현) 가천대학교 경찰안보학과 부교수

스파이 전쟁: 미 국무부 요원의 이야기

초판인쇄	2017년 1월 10일
초판발행	2017년 1월 20일
지은이	Robert David Booth
옮긴이	윤민우
펴낸이	안종만
편 집	강상희
기획/마케팅	강상희
표지디자인	김연서
제 작	우인도·고철민
펴낸곳	(주)**박영사**
	서울특별시 종로구 새문안로3길 36, 1601
	등록 1959. 3. 11. 제300-1959-1호(倫)
전 화	02)733-6771
f a x	02)736-4818
e-mail	pys@pybook.co.kr
homepage	www.pybook.co.kr
ISBN	979-11-303-0418-2 93350

* 잘못된 책은 바꿔드립니다.
* 역자와 협의하여 인지첩부를 생략합니다.

정 가   25,000원